케라스부터 쿠버네티스까지

머신러닝, 딥러닝 모델 개발부터 배포까지 단계별 가이드

케라스부터 쿠버네티스까지

머신러닝, 딥러닝 모델 개발부터 배포까지 단계별 가이드

다타라지 재그디시 라오 지음   김광일 옮김

i!i
에이콘

에이콘출판의 기틀을 마련하신 故 정완재 선생님 (1935-2004)

책을 사랑하는 법을 가르쳐주시고
글쓰기의 힘을 보여주신
돌아가신 나의 아버지
재그디시 라오에게 바칩니다.

| 지은이 소개 |

다타라지 재그디시 라오^{Dattaraj Jagdish Rao}

제너럴 일렉트릭^{GE}의 수석 엔지니어로서 인도 방갈로르에서 근무하고 있다. 기계공학을 전공했으며 가스 터빈, 컴프레서, 기관차 같은 산업용 기계를 모니터링하고 통제하는 GE 빌딩 소프트웨어에서 19년째 일해왔다. 글로벌 리서치에서 제품 설계를 위한 지식 기반 엔지니어링을 맡으면서 경력을 시작했다. 그 후 미국 버지니아주 노퍽의 GE 파워에서 가스 터빈 상태 모니터링 소프트웨어의 리더로 합류했다. GE 파워에서는 원격 모니터링 및 진단 사업의 최고 소프트웨어 설계자를 포함한 여러 역할을 수행했다. 2013년 인도로 돌아가 GE 트랜스포테이션에서 비디오 분석 및 예측 프로그램의 혁신 리더로 합류했다.

현재 운송사업부문의 애널리틱스 및 인공지능 전략 그룹을 이끌고 있으며, 예측 정비 predictive maintenance, 머신 비전machine vision, 디지털 트윈digital twins과 같은 산업용 IoT 솔루션을 구축하고 있다. 그의 팀은 데이터 정제, 준비, 모델 선택, 하이퍼파라미터 튜닝, 분산 훈련, 자동 배포와 같은 주요 데이터 과학 문제를 해결하기 위해 최첨단 머신러닝 플랫폼을 구축하고 있다. 쿠버네티스Kubernetes에 기반을 둔 이 플랫폼은 차세대 운송 산업용 인터넷 솔루션을 호스팅할 것이다.

GE를 통해 출원한 11개 특허를 보유하고 있으며 공인 GE 애널리틱스 엔지니어다. 인도의 고아공과대학교에서 기계공학 학사를 취득했다.

dattarajrao@yahoo.com, linkedin.com/in/dattarajrao, 트위터 아이디 @DattarajR를 통해 만날 수 있다.

| 감사의 글 |

수년 동안 많은 영감과 가르침을 준 제너럴 일렉트릭의 지금과 과거 동료들에게 고마움을 전하고 싶다. 특히 나의 멘토인 라비 살라가메, 에릭 헤인즈, 앤서니 메이엘로, 웨슬리 무카이에게 감사드린다. 이 분야에 대한 나의 관심을 북돋우는 데 도움을 준 여러 인공지능 프로젝트 멤버 니디 나이타니, 슈루티 미탈, 란지타 쿠루프, S. 리티카, 니킬 나페이드, 스콧 넬슨에게 감사하고 싶다. 또한 GE 트랜스포테이션의 뛰어난 CTO 팀 아론 미티, 마크 크릴링, 샬린다 라나싱허, 니나드 쿨카니, 아나톨리 멜라무드, 앙코르 파텔, 리차드 베이커, 고쿨나트 치담바람에게도 감사를 드린다. 또한 고아공과대학과 피플즈 하이스쿨의 동료들에게 감사드린다.

또한 편집자인 케지아 엔즐리에게 그녀가 보여준 인내심과 전문 지식에 크게 감사하고 싶다. 책의 내용을 체계화하고 더 읽기 쉽도록 만든 그녀의 도움은 정말 놀라웠다. 조그만한 내용도 놓치지 않는 케지아의 집중력은 최고였으며 더 좋은 글이 되도록 주요 문제들을 짚어줬다. 풍부한 지식을 공유해 책의 내용을 크게 개선할 수 있게 해준 기술 편집자 쿠날 미탈에게 감사하고 싶다. 이 프로젝트를 주도하고 귀중한 지도를 해준 와일리의 데본 루이스에게 감사하고 싶다. 또한 이 책을 세상에 내놓는 데 도움을 준 와일리의 모든 대단한 분들과 특히 제작 편집자인 아티야판 랄리스 쿠마르에게 감사하고 싶다.

나의 든든한 기둥이신 어머니 란자나와 사랑스러운 아이들 바라다와 유에게 감사드린다. 마지막으로 이 책을 쓰면서 영감의 원천이 된 나의 아내 스와티에게 감사한다. 그녀는 이 책을 마칠 때까지 내내 나에게 영감을 불어넣어주고 동기를 부여해줬다.

쿠날 미탈 Kunal Mittal

20년 이상 정보 기술 분야에서 일해왔으며, 여러 신생 기업의 고문 겸 CTO 컨설턴트로 활동하고 있다. 가장 최근에는 마인드바디MINDBODY라는 20억 달러 규모의 상장 회사의 CTO였다. 효과적으로 기술을 사용해 비즈니스 문제를 해결하는 열정을 가지고 있으며, 성과가 높고 효과적인 팀을 구축하는 것으로 유명하다. 제품이 비즈니스 성과를 달성하는 동시에 배포 과정에서 혁신적이고 민첩한 환경을 조성하는 일에 관심이 있다.

클라우드 컴퓨팅, 서비스 지향 아키텍처, Java, J2EE 및 주요 모바일 플랫폼에 관한 40권 이상의 기술 서적을 저술하거나 기술 감수를 했다.

| 옮긴이 소개 |

김광일(kikim6114@gmail.com)

한국과학기술원 경영과학과에서 수리 알고리즘을 전공했으며 소프트웨어 개발자의 삶
을 살았다. 몇몇 소프트웨어 벤처기업을 경영하며 성공과 실패의 굴곡을 두루 거치는 사
이, 대학에서 강의를 하기도 했다. 2014년부터 머신러닝에 몰두해 프리랜서로 활동하면
서 한국외국어대학교 및 경희대학교에서 머신러닝을 강의했으며, 2017년부터 동국대학
교 융합교육원 및 인공지능대학원에서 머신러닝, 데이터과학, 인공지능수학 등을 가르치
고 있다.

| 옮긴이의 말 |

먼저 이 책은 데이터 과학, 머신러닝 혹은 딥러닝을 가르치는 책이 아니다. 그렇다고 쿠버네티스를 처음 접하는 사람에게 개념부터 실용까지를 친절하게 안내하는 핸즈온^{hands-on} 타입의 책도 아니다. 그럼에도 꼭 읽어봐야겠다고 생각했다. 이것이 처음 이 책을 접했을 때의 느낌이다. 그런데 이 책은 누구를 위한 책일까?

국내에 인공지능의 바람이 불기 시작하던 10년 전과 비교하면, 웹에는 인공지능에 대한 정보가 넘쳐나고 있다. 특히 요즘은 이론보다는 실습을 위주로 하는 핸즈온 방식의 서적이 그득하다. 머신러닝이나 딥러닝 강의를 듣고 이론을 코드로 구현하는 것이 훨씬 용이해졌다는 뜻이다. 인공지능에 열정이 있고 코딩 소질이 있는 학생들은 약간의 이론만 듣고도 꽤 멋있는 애플리케이션을 만들어 와서 나를 감탄하게 한다.

그러나 최신의 딥러닝 알고리즘을 응용해 멋진 애플리케이션을 만들었다고 하더라도 고객에게 서비스하려면 추가로 많은 노력과 지식이 필요하며 사내 다른 부서나 동료들과의 협업이 필요하지만 학교 교과 과정을 통해 전달하거나 경험하기엔 다소 부족한 면이 없잖다.

현대 소프트웨어 개발은 애자일 방법론으로 전환된 지 오래다. 컨테이너 오케스트레이션 플랫폼인 쿠버네티스는 사실상 업계 표준으로 여겨지고 있다. 이 책은 머신러닝 엔지니어 또는 데이터 과학자가 머신러닝 개발의 수명주기의 각 단계에서 실무적으로 고려해야 할 것들과 도움을 줄 수 있는 도구 그리고 개발을 완료한 이후 쿠버네티스에서 마이크로서비스로 배포하는 과정들을 쉽지만 자세히 설명하고 있다. 간단한 머신러닝 모델에서 시작해 모델의 구축, 훈련 및 배포의 각 단계별로 소스 코드와 함께 친절히 설명하고 있다.

독자가 머신러닝이나 데이터 과학 분야를 담당하는 엔지니어라면, 효과적이고 효율적으로 배포하기 위해 알아야 할 것들을 짧은 시간 내에 전체적으로 훑어보고 향후 공부해야 할 방향을 잡는 데 큰 도움이 될 수 있을 것이다.

차례

1장   빅데이터와 인공지능   27

| 들어가며 |

환영한다! 이 책은 머신러닝[ML, Machine Learning]과 딥러닝[DL, Deep Learning]의 여러 주제를 실무자의 관점에서 소개하고 있다. 이 기법들의 작동 원리와 관련된 핵심 알고리즘의 기본 개념에 관해 설명하고자 했다. 이러한 기법을 사용해 현실 세계의 시스템을 구축하는 것에 주안점을 뒀다. 많은 머신러닝 및 딥러닝 서적이 알고리즘을 심도 있게 다루고 있으나, 그 알고리즘들을 프로덕션[1] 시스템으로 배포하기 위한 분명한 방법을 보여주지는 않는다. 또한 이러한 인공지능[AI, Artificial Intelligence] 시스템을 빅데이터[Big Data]라고도 하는 대규모의 데이터를 처리하도록 확장하는 방법과 관련한 이해에 있어서는 커다란 격차가 있음을 종종 목격하게 된다.

오늘날 우리에게는 소프트웨어 코드를 패키징하고 대규모 사내 시스템 또는 클라우드 시스템에 완벽히 배포하는 것을 도와주는 도커[Docker]나 쿠버네티스[Kubernetes] 같은 시스템이 있다. 쿠버네티스는 확장, 장애 극복, 부하 균형, 네트워킹, 스토리지, 보안 같은 하위 수준의 모든 인프라스트럭처 관련 사항을 관리한다. 이 책에서 머신러닝 및 딥러닝 프로젝트에서 쿠버네티스가 제공하는 풍부한 기능을 이용하는 방법을 보여줄 것이다. 아울러 머신러닝 및 딥러닝 알고리즘을 규모에 맞춰 배포하는 것과 대규모 데이터를 처리하기 위한 요령에 초점을 맞출 것이다.

또한 널리 사용하는 알고리즘에 대해 설명하고 이를 사용해 시스템을 구축하는 방법을 보여줄 것이다. 이 책에 포함된 코드 예제들에는 독자가 쉽게 이해하고 사례를 재현할 수

---

1   실가동(Production)은 개발된 소프트웨어가 검증이 완료돼 실제 운영 환경(또는 판매, 또는 실제 서비스)에서 사용되는 것을 의미한다. – 옮긴이

있도록 가능한 한 상세하게 설명했다. 이미지를 로드해 유명 브랜드의 로고를 분류하는 딥러닝 모델을 예제로 사용한다. 그런 다음 이 모델을 분산 클러스터에 배포해 클라이언트들의 대규모 요구를 처리할 수 있게 한다. 이 예제는 딥러닝 모델을 구축하고 프로덕션 시스템으로 배포하기 위한 종단간 접근법^{End-to-end Approach}을 알려준다.

또한 이 책에서 깊이 다루지 않는 주제들의 세부적인 내용을 다루는 서적과 웹사이트에 관한 참조를 제공한다.

이 책의 구성

1장에서 5장까지 전반부에서는 머신러닝과 딥러닝에 중점을 둔다. 파이썬^{Python} 코드를 사용해 머신러닝 모델을 작성하는 예를 보여주며, 이 과정을 자동화할 수 있는 도구의 예를 보여준다. 케라스^{Keras} 라이브러리와 텐서플로^{TensorFlow} 프레임워크를 사용해 이미지 분류 모델을 작성하는 예제를 보여준다. 이 로고 분류기 모델은 이미지에 들어 있는 코카콜라와 펩시콜라 로고를 식별하는 데 사용된다.

6장에서 10장까지에서는 이들 머신러닝 및 딥러닝 모델들을 실제로 프로덕션 환경에 배포하는 방법을 설명한다. 데이터 과학자들의 몇 가지 공통 관심사에 관해 얘기하며, 소프트웨어 개발자들이 이 모델들을 구현하는 방법을 논의한다. 앞에서 나온 로고 분류기를 쿠버네티스를 사용해 규모에 맞춰 배포하는 예를 설명한다.

이 책의 대상 독자

이 책은 소프트웨어 개발자와 데이터 과학자를 위한 것이다. 머신러닝 모델을 개발하고, 이것을 애플리케이션 코드에 연결하며, 도커 컨테이너로 패키징된 마이크로서비스^{Microservice}로 배포하는 과정을 설명한다. 최신 소프트웨어는 많은 부분이 머신러닝에 의해 구동되고 있으며 데이터 과학자와 소프트웨어 개발자는 서로의 영역에 대해 많이 알수록 더 큰 이득을 볼 수 있다고 생각된다.

여러분이 소프트웨어 개발 또는 데이터 과학의 초보자이든 혹은 전문가이든 상관없이, 이 책에는 여러분을 위한 무엇인가가 있을 거라고 생각한다. 예제들을 잘 이해하기 위해서는 프로그래밍에 대한 사전 지식이 있으면 가장 좋겠지만 코드와 예제는 매우 일반적인 독자를 대상으로 하고 있다. 제시된 코드에는 상세한 코멘트가 달려 있으므로 따라가기 쉬울 것이다. 파이썬, 싸이킷런Scikit-Learn 그리고 케라스와 같은 특정 라이브러리를 사용했지만 R이나 MATLAB, Java, SAS, C++ 같은 다른 언어나 라이브러리로 코드를 변환하기 위한 동등한 함수들을 찾을 수 있을 것이다.

개념을 이해하고자 코드를 자세히 살펴볼 필요가 없도록 가능한 한 많은 이론을 제공하려고 노력했다. 여러분의 데이터에 개념을 적용하기 쉽도록 코드는 매우 실용적으로 작성됐다. 자유롭게 예제 코드를 복제해 자신의 데이터셋에 적용해보기를 권한다.

NOTE 모든 코드는 다음에 표시된 깃허브(GitHub)에 있으며 무료로 사용할 수 있다. 이 사이트에는 예제에서 사용된 데이터셋 샘플과 이미지들이 포함돼 있다. 데이터셋은 CSV(Comma Separated Value) 형식으로 돼 있으며 data 폴더에 들어 있다.

https://github.com/dattarajrao/keras2kubernetes

에이콘출판사의 깃허브 저장소(https://github.com/AcornPublishing/keras-kubernetes)에서도 동일한 데이터셋을 다운로드할 수 있다.

필요한 도구들

여러 개념에 대해 가능한 한 많은 이론을 제공하고자 노력했다. 코드는 실용적이며 이해하기 쉽도록 코멘트가 달려 있다. 오늘날 대부분의 데이터 과학자들처럼 프로그래밍 언어로 파이썬을 선호한다. 파이썬의 최신 버전은 https://www.python.org/에서 내려받아 설치할 수 있다.

파이썬 사용하기

파이썬 코드를 작성하는 가장 일반적인 방법은 주피터 노트북^{Jupyter Notebook}을 사용하는 것이다. 주피터 노트북은 파이썬 코드를 실행시키기 위한 웹 브라우저 기반의 인터페이스다. 브라우저에서 웹 페이지를 열고 실행할 파이썬 코드를 작성하면 동일한 웹 페이지에서 실행 결과를 즉시 확인할 수 있다. 뛰어난 사용자 친화적 인터페이스를 가지고 있으며 개별 코드 셀을 실행시켜 결과를 즉시 볼 수 있다. 이 책에서 제공하는 예제들도 작은 코드 블록들로 돼 있어 주피터 노트북에서 빠르게 실행시켜 볼 수 있다. http://jupyter.org에서 설치할 수 있다.

파이썬의 큰 장점은 여러 다른 문제들을 풀 수 있는 다양한 라이브러리들에 있다. 머신러닝 모델 구축에 사용할 데이터를 로드하고 조작하기 위해 특별히 판다스^{Pandas} 라이브러리를 사용한다. 그리고 대부분의 머신러닝 기법을 제공하는 유명한 라이브러리인 사이킷런을 사용한다. 이 라이브러리들은 다음 링크에서 내려받을 수 있다.

https://pandas.pydata.org/
https://scikit-learn.org/

프레임워크 사용하기

특히 딥러닝에서는 모델 구축을 위해 프레임워크를 사용한다. 사용할 수 있는 여러 가지 프레임워크가 있으나, 예제를 위해 우리가 사용할 것은 구글의 텐서플로다. 텐서플로는 딥러닝 모델을 파이썬으로 코딩하기 위한 훌륭한 파이썬 인터페이스를 가지고 있다. 텐서플로의 맨 위에서 실행되는 고수준의 추상화 라이브러리인 케라스^{Keras}를 사용한다. 케라스는 텐서플로에 포함돼 있다. 파이썬을 위한 텐서플로는 https://www.tensorflow.org에서 설치할 수 있다.

한 가지 알려줄 것이 있다. 텐서플로가 프로덕션 버전이기는 하지만 구글에 의해 활발히 개발되고 있고, 구글은 2~3개월에 한 번씩 새 버전을 내놓고 있다. 일반적인 소프트웨어 개발에서는 전례 없는 일이다. 그러나 오늘날의 애자일^{Agile} 개발과 지속적 통합 관행에
힘입어 구글은 방대한 기능들을 수개월이 아닌 수주만에 릴리스^{release}할 수 있다. 따라서
이 책에서 딥러닝을 위해 보여주는 케라스와 텐서플로 코드는 라이브러리의 최신 버전으
로 업데이트가 필요할 수도 있다. 이는 일반적으로 매우 간단하다. 논의되는 개념들은 계
속 유효할 것이며, 주기적으로 코드를 업데이트해야 할 수도 있다.

노트북 설정하기

만일 자신만의 파이썬 환경을 구축하기를 원하지 않는다면, 완전히 클라우드에서 실행되
는 호스팅된 노트북을 사용할 수 있다. 이런 방식을 쓰면 필요한 것은 파이썬 코드를 실
행하기 위한 인터넷이 연결된 컴퓨터뿐이다. 설치할 라이브러리나 프레임워크가 없다.
클라우드 컴퓨팅 덕택에 이 같이 마법 같은 일이 가능하다. 여기서 선택할 수 있는 널리
사용되는 클라우드는 아마존의 세이지메이커^{SageMaker}이고 다른 하나는 구글의 코래버러
토리^{Colaboratory}이다. 나는 모든 머신러닝 라이브러리를 지원하는 코래버러토리를 특히 선
호한다.

구글의 클라우드 호스팅 기반의 프로그래밍 환경, 즉 코래버러토리를 사용해 노트북을
설정하는 방법을 보여주겠다. 이러한 호스팅 환경을 구글 계정만 있으면 누구나 공짜로
사용할 수 있게 한 구글 사람들에게 특별히 감사를 보낸다. 환경을 설정하기 위해서 구
글 계정이 있는지 확인하자(없다면 하나 만들어야 한다). 웹 브라우저를 열고 https://colab.
research.google.com으로 간다.

구글 코랩^{Colab 2}은 (이 책을 쓰고 있는 현재까지는) 노트북을 생성하고 파이썬 코드로 손쉽게
실험해볼 수 있는 무료 주피터 환경이다. 이 환경에는 판다스, 싸이킷런, 텐서플로, 케라
스 같은 최고의 데이터 과학 및 머신러닝 라이브러리가 미리 설치돼 있다.

---

2   구글 사람들도 Colaboratory의 약칭인 Colab을 더 자주 사용하므로 우리도 코랩이라고 하기로 하자.

새로 만드는 노트북(즉, 작업 파일들)은 구글 드라이브 계정에 저장된다. 로그인했으면 그림 1에 나타낸 두 가지 그림 중 하나의 화면을 보게 될 것이다. 여기서 새 파이썬 3 노트북을 선택한다.

그림 1 구글 코래버러토리에서 새 노트북 열기

다음 그림 2와 같은 화면이 보이며, 첫 번째 파이썬 3 노트북의 이름은 Untitled1.ipynb로 표시된다. 이름은 적당한 것으로 변경할 수 있다. 연결^{Connect}을 클릭해서 환경에 연결해 시작한다. 이 작업은 백그라운드의 클라우드 머신을 요청하며 코드는 그 가상머신^{virtual machine}상에서 돌게 된다. 이것이 클라우드 호스팅 환경의 장점이다. 처리, 스토리지, 메모리 관련한 모든 사항을 클라우드가 처리해주며 개발자는 로직에만 전념할 수 있다. 이것은 SaaS^{Software-as-a-Service}(서비스로서의 소프트웨어) 패러다임의 한 예다.

그림 2 연결을 클릭해 가상머신 시작하기

노트북이 클라우드 런타임에 연결됐으면 코드 셀을 추가하고 슬라이드의 **실행**^{Play} 단추를 클릭해 코드를 실행시킬 수 있다. 정말 간단하지 않은가? 코드가 돌면 셀 아래에서 출력이 나온다. 텍스트 블록을 추가해 포함시키려는 정보를 추가하고 서식을 적용할 수 있다.

그림 3은 텐서플로 라이브러리를 체크하고 판다스 라이브러리를 사용해 공개 데이터를 다운로드하는 코드 조각으로 된 노트북의 간단한 예다. 파이썬에는 데이터를 로드하고 처리 및 시각화하는 데 도움이 되는 라이브러리가 많이 있음을 잊지 말자.

그림 3 노트북에서 코드를 실행한 예

데이터셋 찾기

앞의 그림 3의 세 번째 코드 블록을 보자. 이 코드는 인터넷에서 CSV 파일을 로드하고 데이터프레임DataFrame으로 데이터를 보여준다. 이 데이터셋은 시카고 시의 여러 교차로에서 교통 흐름을 보여준다. 이 데이터셋은 시가 유지 관리하고 있다.

데이터 과학계의 놀라운 노력 덕분에 이와 같은 많은 데이터셋들을 무료로 사용할 수 있다. 이 데이터셋들은 정제됐으며 데이터는 모델을 구축하기에 좋은 형식으로 돼 있다. 이 데이터셋들은 여러 가지 다른 머신러닝 알고리즘과 그 성능을 이해하는 데 사용될 수도 있다. https://catalog.data.gov/dataset?res_format=CSV에 가면 상세한 데이터셋 목록을 볼 수 있다. CSV를 입력하고 CSV 아이콘을 클릭해 데이터셋을 다운로드하거나 링크를 복사할 수 있다.

구글에는 모델 구축에 사용할 수 있는 데이터셋들을 검색할 수 있는 전용 웹사이트가 있다. https://toolbox.google.com/datasetsearch를 들러보기 바란다.

정오표

한국어판 정오표는 에이콘출판사의 도서정보 페이지 http://www.acornpub.co.kr/book/keras-kubernetes에서 찾아볼 수 있다.

질문

한국어판에 관한 질문은 이 책의 옮긴이나 에이콘 출판사 편집 팀(editor@acornpub.co.kr)으로 문의해주길 바란다.

요약

이제 실제 이용 사례를 위한 머신러닝 및 딥러닝 모델을 구축하는 여정에 착수하려 한다. 파이썬 프로그래밍 언어와 싸이킷런, 텐서플로, 케라스 같은 널리 사용되는 라이브러리들을 사용할 것이다. 환경을 처음부터 새롭게 구축해 이 책에 실려 있는 코드로 작업을 시도해볼 수 있다. 또 다른 옵션은 구글의 코래버러토리에서 호스팅된 노트북을 사용해 코드를 실행하는 것이다. 모델을 구축하고 실험을 위해 사용할 수 있는 공개된 데이터셋이 많이 있다. 이 데이터셋들을 통해 데이터 과학 기술을 향상시킬 수 있다. 이 책에서 그런 예를 보여줄 것이다. 자, 이제 시작해보자.

01

빅데이터와 인공지능

1장은 빅데이터^{Big Data}와 인공지능^{Artificial Intelligence}을 중심으로 벌어지고 있는 산업계의 커다란 트렌드를 간략히 설명한다. 소비자 영역과 생산자 영역에서 빅데이터 현상으로 이끄는 디지털화가 세상을 어떻게 변화시키고 있는지에 대해 설명한다. 데이터 규모는 테라바이트 단위에서 엑사바이트 단위로 또 제타바이트[1] 단위로 지수적으로 증가하고 있다. 컴퓨터의 처리 능력은 수십 수백 배씩 증가하고 있다. 그것이 TV 퀴즈 쇼 〈제퍼디!〉에서 인간 챔피언을 이긴 IBM의 왓슨, 사진 속에서 사용자 친구들을 찾아서 태그를 달아주는 페이스북, 또는 구글의 자율주행 자동차와 같이 인공지능의 적용으로 더욱 스마트해지고 있는 소프트웨어에 대해 이야기하고자 한다. 끝으로 애널리틱스^{Analytics}[2]의 유형과 애널리틱스로 구동돼 결과물을 만들어내는 시스템 구축의 간단한 예를 설명한다.

---

1 1 zettabyte = 10^{21}, exabytes = 10^{18}, terabytes = 10^{12} – 옮긴이

2 Data Analysis는 주어진 데이터셋에 대해 개별 부분을 조사하고 유용한 정보를 추출하기 위해 특정 방식으로 검사, 변환 및 정리하는 과정을 말한다. Data Analytics는 데이터의 완전한 관리를 포괄하는 가장 중요한 과학 또는 학문이다. 여기에는 분석(analysis)뿐만 아니라 데이터의 수집, 정리, 저장 및 사용된 모든 도구와 기법이 포함된다. 따라서 부분 집합인 data analysis와의 혼동을 피하기 위해 흔히 '애널리틱스'라고 발음대로 사용한다. 단, 다른 단어와 결합된 '〜 analytics'과 같은 표현에서는 '〜 분석'으로 번역하기도 한다. – 옮긴이

데이터는 새로운 석유이며 AI는 새로운 전기다

우리는 인터넷 시대에 살고 있다. 아마존에서 쇼핑하고 우버를 통해 택시를 예약하며 넷플릭스에서 TV 프로그램을 몰아 보는 것까지, 이 모든 성과는 인터넷에 의해 가능하다. 이 성과들은 컴퓨팅 기기들로부터 클라우드의 원격 서버들로 끊임없이 업로드되고 다운로드되는 거대한 양의 데이터를 수반한다. 컴퓨팅 기기 자체는 이제 더 이상 개인용 컴퓨터, 노트북, 스마트폰 같은 것들에 국한되지 않는다. 오늘날, 수많은 스마트 기기나 '사물Things'(예: TV, 에어컨, 세탁기 등)이 인터넷에 연결돼 있다. 이 기기들은 컴퓨터에 들어 있는 것과 같은 마이크로프로세서에 의해 구동되며 클라우드로 데이터를 전송하기 위한 통신 인터페이스를 가지고 있다. 이 와이파이나 블루투스 혹은 셀룰러 같은 통신 프로토콜을 사용해 데이터를 클라우드로 전송할 수 있다. 또한 최신 버전의 소프트웨어 업데이트를 포함한 최신 콘텐츠를 원격 서버로부터 다운로드할 수 있다.

사물인터넷IoT, Internet of Things은 10년 전쯤의 공상과학소설에서나 나올 법한 성과들로 우리의 삶을 바꾸려 하고 있다. 생활 패턴을 근거로 운동 일정을 제시하는 스마트 밴드Smart Band, 심장 박동의 이상을 모니터하는 손목시계, 음성 명령을 인식하는 가전 기기와 더불어 유명한 자율주행 자동차와 트럭도 있다. 인터넷에 연결된 이들 기기는 이미지images, 동영상videos 또는 소리audio 같은 복잡한 데이터를 분석하고, 기기 주변 환경을 이해하며, 예상되는 결과를 예측하고 추천 행동을 직접 실행하거나 인간에게 알려줄 만큼 충분히 스마트하다.

핏빗Fitbit은 사용자가 하루 동안 운동을 충분히 했는지 체크하고는 빨리 일어나 운동을 시작하라고 사용자에게 공손하게 요구한다. 방이 비었으면 움직임이 없음을 감지하고 조명을 자동으로 끄는 센서도 있다. 애플 워치 4는 사용자의 심장 상태를 측정하는 기본적인 EKG[3] 기능을 가지고 있다. 테슬라Tesla 자동차 소비자는 무선 통신에 의한 소프트웨어 업데이트를 통해 새로운 기능들을 직접 전달받는다. 서비스 센터를 방문할 필요가 없는

---

3 심전도(독일어: Elektrokardiogramm), 영어로 ECG(electrocardiogram)라고도 한다. - 옮긴이

것이다. 최신 IoT 기기들은 연결돼 있을 뿐만 아니라 놀라운 성과를 달성할 만큼 스마트하다. 몇 년 전만 하더라도 공상과학소설에서나 볼 수 있었던 것들이다.

IoT 혁명의 충격이 너무나 커서 우리는 그러한 성과들을 기대하는 데 익숙해져 가고 있다. 이 기술은 우리 곁에 존재한다. 얼마전 나의 네 살배기가 아마존 에코Amazon Echo에게 "알렉사, 내 숙제 해줄 수 있어?"라고 물었다(그림 1.1). 이와 같이 현대 소비자는 기기들이 새로운 기능을 제공할 것을 기대하고 있다. 소비자는 아직 성능이 모자란다는 것을 이해해주지 않는다!

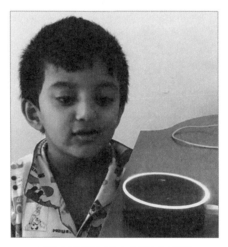

그림 1.1 알렉사, 내 숙제 해줄 수 있어?

이처럼 광범위한 성과에도 IoT 기기 또는 사물things에는 어떤 공통적인 점이 있다. 이들은 환경을 관측하고 데이터를 수집할 수 있는 센서를 가지고 있다. 이 데이터는 온도 측정 같은 단순 센서 값에서부터 소리나 동영상 같이 복잡하고 비정형적인 형식일 수도 있다. 어떤 것들은 장치 자체에서 처리되는데, 이를 엣지 프로세싱edge processing이라고 한다. IoT 장치는 비용이 낮아야 하므로 일반적으로 대단히 제한적인 처리 및 저장 용량을 가지고 있다. 더 큰 처리 용량이 필요하거나 과거 데이터와의 비교가 필요하면 원격 서버나 클라우드에 데이터를 업로드한다. 진보된 IoT 장치는 와이파이, 블루투스 또는 셀룰러를 통해 클라우드에 접속할 수 있는 연결 기능이 내장돼 있다. 저전력 (그리고 저성능) 장치는 일반적으로 클라우드에 접속하고 게이트웨이gateway를 통해 데이터를 업로드한다. 클라우드의 데이터는 더 크고 빠른, 흔히 대규모 클러스터들로 정렬된 하는 데이터 센터의 컴퓨터에서 처리될 수 있다. 또한 장치의 데이터를 동일한 장치 및 다른 많은 장치들의 과거 데이터와 결합시킬 수 있다. 이러한 방법으로 엣지 자체에서는 할 수 없는 새롭고 더욱 복잡한 결과를 만들어낼 수 있다. 생성된 결과는 동일한 연결 방법을 통해 장치로 다시 다운로드된다. 이 IoT 장치들은 적시에 소프트웨어를 업데이트하고 구성하기 위해 원격으로 관리될 수 있어야 한다. 이러한 일들도 클라우드를 통해 수행된다. 그림 1.2는 각 단계에서 취급되는 데이터 규모에 대한 최상위 레벨의 개요를 보여준다.

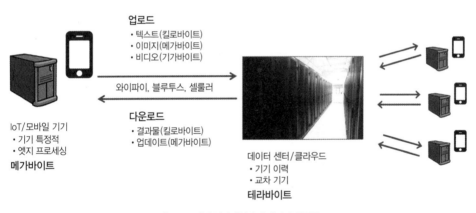

그림 1.2 소비자 인터넷상에서 데이터 용량들

인터넷에는 수십억 개의 연결된 스마트 기기들이 있다. 수 테라바이트의 사진과 비디오를 찍고 저장하고 전송하는 스마트폰들이 있다. 보안 카메라들은 하루 24시간, 주 7일 비디오 자료를 수집한다. GPS 기기, RFID 태그, 피트니스 트래커fitness trackers는 끊임없이 움직임을 모니터하고 추적하며 보고한다. 우리는 책들을 책꽂이 선반에서 킨들Kindle 이북eBook으로 옮겨버렸다. 테이프나 CD는 앱의 음악 라이브러리로부터 다운로드하기 위한 MP3로 바뀌었다. 넷플릭스는 전 세계 인터넷 대역폭의 15%를 소비한다. 이 모든 것은 소비자 인터넷에 국한했을 때의 현상이다.

기계들의 부상

더 커다란 성과를 내는 데이터 혁명이 동시에 산업계에서 일어나고 있다. 특히 산업 응용 분야에서 제너럴 일렉트릭, 지멘스, 보쉬 등에 의해 지지받고 있는 완전히 새로운 인터넷이다. 이는 산업용 인터넷 또는 유럽의 경우 인더스트리 4.0이라고 알려져 있다. 작은 소비자용 기기 대신 가스 터빈, 기관차, MRI 장치 같은 대형 기계들이 스마트 기기로 변신해 인터넷에 연결된다. 이 기계들은 엣지 애널리틱스^{Edge Analytics}와 산업용 클라우드 접속성을 위해 센서, 접속성 및 처리 능력이 업그레이드됐다. 산업용 기계는 매일 테라바이트 또는 페타바이트 단위의 데이터를 생성하는 데 아마도 이것은 소비자 기기들보다 훨씬 클 것이다. 이 데이터는 기계가 말하려고 하는 것을 이해하고 기계의 성능을 개선하기 위해 실시간으로 처리돼야 한다. 센서 데이터를 관측함으로써 항공기가 정비받을 때가 됐는지, 비행에 투입하지 말아야 하는지 판단해야 한다. MRI 스캐너는 환자의 상태를 진단할 충분한 근거를 의사에게 제공할 수 있도록 극도로 높은 정밀도의 이미지를 만들 수 있어야 한다.

그림 1.3은 산업계에서는 데이터 처리 및 결과 산출의 적시성의 중요도에 따라 데이터의 규모가 증가한다는 것을 잘 보여준다. 우리는 좋아하는 영국 드라마 〈블랙 미러^{Black Mirror}〉 에피소드가 다운로드되는 몇 초 동안 기다릴 수 있다. 그러나 의사가 MRI 결과를 읽는 데 몇 초가 지연되면 환자에게는 치명적일 수도 있다.

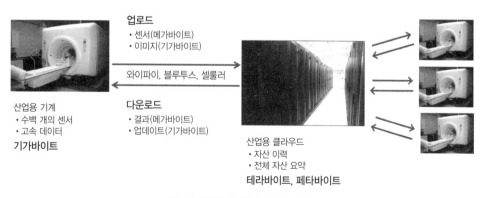

그림 1.3 산업용 인터넷에서의 데이터 용량

처리 능력의 지수적 성장

지금 시대는 빅데이터 혁명이며 우리 모두가 그 일부분이다. 데이터를 적시에 처리하고 가치를 뽑아내지 못한다면 이 모든 것은 아무 쓸모가 없다. 컴퓨팅 기기의 처리 능력은 전례 없이 성장해왔으며 저장 용량 역시 비슷한 성장을 보였다. 반도체 집적회로에 대한 무어의 법칙$^{Moore's\ Law}$은 컴퓨팅 기기의 처리 능력이 전자공학의 발전으로 매 2년마다 두 배씩 높아진다는 것이다. 기본적으로 동일한 면적에 두 배 많은 트랜지스터를 집적할 수 있고 따라서 처리 능력도 두 배가 될 수 있다. 현대 컴퓨터 기술은 이 법칙을 거의 쓸모 없는 것이 되게 하고 있다. 엔비디아^{NVIDIA} GPU, 구글 TPU[4], 시스템 온 칩$^{SoC,\ System-on-Chip}$ 기술을 이용해 집적된 특수 목적의 FPGA[5] 같은 진보된 프로세서들을 사용해 처리 능력은 매년 10~100배 성장하고 있다. 컴퓨터를 떠올릴 때 이제 더 이상 책상 위에 놓여 있는 커다란 화면과 키보드 그리고 본체가 아니다. 텔레비전, 에어컨, 세탁기, 기차, 비행기 등 많은 사물들에 마이크로프로세서가 장착돼 있다. 데이터 저장 장치 용량은 테라바이트 단위에서 페타바이트 혹은 엑사바이트 단위로 성장하고 있으며, 이제는 빅데이터를 나타내기 위해 제타바이트라는 새로운 단위를 쓰기 시작했다. 우리는 장치(엣지^{edge})에서의 처리 능력은 향상시키되, 더욱 집중적인 저장 장치와 처리 능력은 클라우드로 이전하는 데 능숙해지고 있다.

데이터와 처리 능력의 성장은 데이터에 대한 분석 유형의 진보를 이끌고 있다. 전통적으로 우리는 수행해야 할 특정 명령어들로 컴퓨팅 기기를 프로그램했으며 기기들은 의심 없이 이 알고리즘들을 성실히 실행했다. 이제 우리는 이 기기들이 더 스마트해지기를 기대하고 있으며 대량의 데이터를 사용해 더 좋은 성과를 얻고자 한다. 항상 미리 정의된 규칙대로만 실행되는 것을 원하지 않으면서도 앞서 언급한 성과들을 얻고 싶은 것이다. 컴퓨터가 소리 및 광센서들을 통해 세상에 대한 시각적·청각적 지각을 갖게 되기를 기대

---

4   Tensor Processing Unit. 구글이 2016년 5월 발표한 데이터 분석 및 딥러닝 용 하드웨어로서 벡터/행렬 연산의 병렬 처리에 특화돼 있다. – 옮긴이

5   Field Programmable Gate Array. 특정 목적에 맞게 사용자가 직접 프로그래밍할 수 있는 집적 회로 – 옮긴이

한다. 컴퓨터가 자동차에 엔진 과열로 인한 문제들이 발생할 것인지 미리 알려주고 묻는 질문에 인간처럼 응답해주며 인간 비서처럼 일정을 만들어주기를 기대한다.

애널리틱스의 새로운 유형

이 모든 것들을 위해서는 애널리틱스를 개념화하고 구축하는 방법에 있어 완전히 새로운 패러다임의 전환^{paradigm shift}이 있어야 한다. 미리 정의된 규칙 기반 방법 대신 처리 시스템에 인공지능을 구축하려고 한다. 애널리틱스를 구축하는 전통적인 알고리즘적 방법은 이 시스템들이 처리해야 할 데이터의 용량, 속도, 다양성에 있어서의 엄청난 증가를 따라갈 수 없다. 이제, 인간만이 할 수 있고 컴퓨터로는 구현할 수 없다고 알려진 진보된 개념을 구현하는 특별한 애플리케이션이 필요하다. 오늘날 컴퓨터는 지적인 과제를 수행하는 방법을 학습하며, 특정 분야에서는 인간보다 우수하기조차 하다. 스탠퍼드대학교 교수이자 코세라^{Coursera} 창립자 앤드류 응^{Andrew Ng} 박사는 "AI는 새로운 전기다"라는 유명한 말을 했다. 산업혁명 동안 전기가 모든 산업과 인간 생활의 모든 면에 영향을 주고 그것을 완전히 바꿔 놓았듯이 AI도 똑같은 일을 하고 있다. AI는 우리 삶의 너무나 많은 부분에 영향을 주고 있으며 과거에는 컴퓨터로도 불가능하다고 여겨지던 일들을 가능하게 하고 있다. 빅데이터와 인공지능은 우리 삶의 모든 면을 바꿔 놓고 있으며 세상을 변화시키고 있다.

지능적인 과제를 수행하는 AI의 예로는 사진 속 사람을 인식하기(구글 포토^{Google Photo}), 음성 명령에 응답하기(알렉사^{Alexa}), 비디오 게임하기, MRI 스캔 영상을 보고 환자를 진단하기, 채팅 메시지에 응답하기, 자율주행 자동차, 신용카드 부정 사용 탐지 외에도 많다. 이것들은 모두 인간만이 할 수 있는 특별한 과제라고 여겨져 왔다. 그러나 컴퓨터가 이것들을 하기 시작했으며 어떤 경우는 인간보다 더 잘한다. 한 예로 IBM의 AI 왓슨은 세계 체스 챔피언을 이겼다. 자율 운전 트럭은 미국 대륙을 횡단할 수 있다. 아마존 알렉사는 사용자의 명령을 듣고, 해석하고, 대답을 주는 데 모든 것이 순식간이다. 산업용 인터넷도 동일한 상황이다. 최근의 예를 들자면 자율 운전 트럭 및 기차, 예측 보전으로 바뀌는 발전소, 이륙 전에 연착을 예측하는 항공사 등 AI는 산업계에서도 중대한 성과들을 내고 있다. 그림 1.4를 보자.

그림 1.4 철도 건널목에서 컴퓨터 비전을 위한 AI

AI는 2~3년 전에는 아무도 생각하지 못했던 영역에서 역할을 하고 있다. 최근 AI가 그린 그림이 무려 432,500달러에 팔렸다는 뉴스가 있었다. 뉴욕 크리스티에서 경매된 그림에는 〈Edmond de Belamy, from La Famille de Belamy〉라는 제목이 붙어 있다. 이 그림은 생성적 대립 신경망GAN, Generative Adversarial Networks 6 이라는 AI 알고리즘에 의해 생성됐다. 6장에서 사례와 이미지 생성을 위한 코드를 보게 될 것이다. 여러분도 AI로 그림을 그려 돈을 벌 수 있지 않을까!

---

6   생성적 적대 신경망 또는 적대적 생성 신경망 – 옮긴이

또 다른 흥미로운 AI 프로젝트는 엔비디아의 연구원들이 연예인을 포함한 유명 인사들의 얼굴 사진을 가지고 새로운 얼굴들을 만들어낸 것이다. 결과는 놀라울 만큼 실제 인물처럼 보이면서도 어떤 인물과도 같지 않은 새로운 이미지였다. 바로 모조품이었다! 초 스마트한 AI는 실제 유명인들의 사진을 보고 학습한 패턴들과 무작위 수를 사용해 구분이 불가능한 모조품을 생성할 수 있었다. 이와 같은 AI의 멋진 사례도 6장에서 볼 수 있을 것이다.

무엇이 AI를 그렇게 특별하게 하는가

철도 건널목에 설치된 보안 카메라를 생각해보자. 이 시스템은 여러 대의 카메라들로부터 하루 24시간 × 주 7일 쉬지 않고 수테라바이트의 동영상 자료를 촬영한다. 여러 카메라에서 들어오는 자료를 동기화시켜 각 동영상에 있는 시간 정보와 함께 하나의 화면에 보여준다. 이 자료를 실시간으로 보거나 특정 시간에 무슨 일이 있었는지 알아보기 위해 재생시킬 수 있다. 이런 경우 컴퓨터 시스템은 데이터를 정확한 형식으로 받고 저장해야 하며, 여러 개의 자료들을 동기화하고 상황실 화면에 표시해야 한다. 컴퓨터는 이러한 작업을 지치거나 불평 없이 극도로 효율적으로 수행한다.

동영상에 대한 실질직인 해석은 인간이 한다. 기차가 오고 있는데 철로를 건너고 있는 사람이 있는지 체크하려고 하는 경우, 동영상 자료 체크와 보고를 위해 우리는 사람에 의존한다. 공공장소에서의 수상쩍은 행동, 선박에서 화재 위험 또는 공항에 버려진 수하물 등을 감시하기 위해 유사한 감시 시스템이 사용되고 있다. 관심 유형을 포착해 행동을 취하기 위해서는 인간 두뇌에 의한 최종 분석이 요구된다. 인간의 뇌는 놀라운 처리 능력과 지능을 가지고 있다. 초당 수백 개의 이미지들을 처리해 관심 대상물(사람, 불 등)을 찾아낼 수 있는 지능이 있다. 단점은 인간은 시간이 지나면 피로를 느끼며 실수를 저지르기 쉽다는 것이다. 경비원이 오랫동안 계속해서 실시간 동영상 자료를 지켜보면, 그 경비원은 피로해질 것이고 중요한 사건을 놓칠 수 있다.

인공지능이란 컴퓨터 시스템에 구축된 인간과 유사한 지능을 갖는 모든 것들을 의미한다. 보안 카메라의 예를 보면 동기화된 동영상을 표시하는 것과 함께 시스템은 중요한 움직임을 인식할 수 있으며 이는 AI 시스템이 된다. 이를 위해서 시스템은 대규모의 데이터 및 처리 능력 그 이상의 것을 필요로 한다. 데이터를 이해하고 패턴을 추출해 새로운 데이터에 대한 예측을 수행할 어떤 스마트한 알고리즘이 필요하다. 이 알고리즘이 AI 시스템의 두뇌를 이루며 컴퓨터가 인간처럼 행동하도록 돕는다.

보통의 컴퓨터 시스템은 반복적인 작업을 수행하는 데 능숙하다. 이 시스템은 데이터에 대해 수행할 정확한 명령문을 사용해 명시적으로 프로그램돼야 하며, 그러면 이 시스템은 시스템에 들어오는 모든 새로운 데이터에 대해서 이 명령을 지속적으로 수행한다. 이러한 명령은 코드로 프로그램되며, 컴퓨터는 이 코드를 수백만 번 반복해서 수행하는 데 아무런 문제가 없다. 또한 최신 컴퓨팅 시스템은 다중 코어 프로세서에서 여러 개의 작업을 병렬로 동시에 처리할 수 있다. 그러나 각 작업은 여전히 미리 결정된 순차적 명령으로 프로그램돼 있다. 여기까지가 앞에서 봤던 동영상 자료를 처리하고 표시하는 일에 딱 들어맞는 부분이다. 컴퓨팅 자원(CPU, 메모리, 저장 장치)만 적절하다면, 수백 개의 카메라에서 들어오는 동영상 자료를 하나도 놓치지 않고 시스템에 입력하고 동영상을 포맷해 저장하고 화면에 표시할 수 있다.

그러나 이 동영상들을 이해하고 귀중한 정보를 추출하기 위해서는 완전히 다른 능력이 필요하다. 이 능력은 우리가 당연한 것이라고 여기는 이른바 지능이라는 것으로, 컴퓨터에게는 대단히 어려운 일이다. 지능은 우리가 동영상을 보며 그 안에서 무슨 일이 일어나고 있는지 이해할 수 있게 한다. 지능은 우리가 수백 페이지짜리 책을 읽고 짧은 글로 요약해 다른 사람에게 전달할 수 있게 한다. 지능은 우리가 체스 게임을 할 수 있게 하며 시간이 지나며 능숙해질 수 있게 한다. 어떻게든 이 지능을 컴퓨터에 집어넣을 수만 있다면 속도와 지능이 결합된 치명적인 무기를 갖게 되는 셈이며 어떤 놀라운 일들을 할 수 있을 것이다. 이것이 인공지능에 관한 모든 것이다!

인공지능의 응용

AI는 일상생활에서 많은 응용 분야가 있다. 바로 지금 이 순간에도 많은 AI 애플리케이션들이 스마트한 엔지니어들에 의해 개발되고 있으며, 우리 생활의 여러 부분을 개선하고 있다.

잘 알려진 AI의 응용은 지식 표현knowledge representation이다. 이것은 질문에 답하기 위해 저장된 정보를 쉽게 꺼내오고 상호 관계를 지을 수 있는 인간 두뇌의 뛰어난 능력을 모사하려는 시도와 관련된다. 만일 어떤 사람에게 생애 첫 직장에서의 첫날에 대해 물어본다면 상당히 잘 기억하고 있을 것이다. 그러나 근무 15일째 되는 날에 대해서 물었을 때 그날 중요한 일이 없었다면 그리 잘 기억해내지 못할 수도 있다. 우리의 뇌는 어떤 정보를 저장할 때 그 맥락context과 관련 지어지는 많은 정보를 저장하는 데 능숙하다. 따라서 필요할 때면 맥락에 기반해 정보를 빠르게 찾아 꺼내 올 수 있다. 유사하게, AI 시스템은 원시 데이터raw data가 맥락과 함께 저장돼 쉽게 답을 찾아 꺼내 올 수 있도록 지식의 형태로 변환해서 저장해야 한다. 이에 대한 좋은 예가 IBM의 왓슨이다. 왓슨은 인터넷상에 있는 수백만 개의 문서들을 읽고 내부에 그 지식을 저장해 학습할 수 있는 슈퍼 컴퓨터다.

그림 1.5 〈제퍼디!〉 챔피언을 꺾은 IBM 왓슨(출처: 위키미디어)

왓슨은 이 지식을 이용해 질문에 대답함으로써 퀴즈 게임인 〈제퍼디!〉에서 인간 챔피언을 이길 수 있었다(그림 1.5). 또한 IBM은 왓슨에게 의료 진단 지식을 훈련시킴으로써 의사들이 처방을 내리는 데 도움을 주고 있다.

널리 사용되며 멋진 또 다른 AI의 응용은 기계에 인식 능력을 구축하는 것이다. 여기서 기계 내부의 컴퓨터는 첨단 센서들을 통해 들어오는 데이터를 수집하고 해석해 기계가 환경을 이해할 수 있게 한다. 도로상의 물체를 감지하기 위해 카메라, 라이더^{LiDAR}, 레이더^{RADAR}, 초음파 센서 등을 사용하는 자율주행 자동차를 생각해보자. 자율주행 자동차는 도로상의 보행자, 자동차, 교통 표지, 신호등을 인식해 장애물을 피하고 교통 법규를 따르도록 도와주는 AI 컴퓨터를 가지고 있다. 그림 1.6은 구글의 자율주행 자동차 웨이모^{Waymo}다.

그림 1.6 구글의 자율주행 자동차(출처: 위키미디어)

AI는 전략 및 계획 수립에 사용될 수도 있다. 여기에는 현실 세계의 객체들과 상호작용해 주어진 목표를 달성하는 방법을 아는 스마트 에이전트^{Smart Agent}가 있다. 스마트 에이전트란 체스 게임 세계 챔피언을 꺾는 AI일 수 있으며, 아마존에서 온라인 주문을 받아 가장 신속한 배송 방법을 준비하는 산업용 에이전트 또는 로봇일 수도 있다.

AI의 또 다른 응용 분야는 아마존 같은 회사가 사용하고 있는 추천 엔진^{recommendation engine}이다. 추천 엔진은 고객의 구매 이력을 바탕으로 그 고객이 좋아할 것 같은 상품을 제안한다. 넷플릭스는 사용자가 과거에 본 영화들을 기반으로 사용자가 좋아할 것 같은 영화를 추천한다. 온라인 광고는 사용자의 활동 패턴을 이해해 판매 제품의 노출을 높이기 위해 AI가 사용되는 거대한 시장이다. 구글과 페이스북에서 사진 속 친구들을 자동으로 태깅해주는 것 역시 AI를 사용한다.

동영상 감시 역시 AI에 의해 혁신이 이뤄지고 있는 또 다른 분야다. 최근 많은 경찰 조직이 보안 카메라로부터 나오는 동영상 자료에서 관심 대상인 사람들을 찾아내고 이들을 추적하기 위해 AI를 사용하기 시작했다. AI는 보안 동영상 자료에서 단순히 사람을 찾는 것 말고도 훨씬 많은 일을 할 수 있다. AI가 인간의 표정과 몸동작을 이해해 사람이 피로하거나, 화가 났거나 또는 폭력적인 행동을 하는 것 등을 알아낼 수 있다. 병원은 동영상 자료와 AI를 사용해 환자가 스트레스가 높은 상태인지 여부를 파악해 의사에게 알려준다. 최신의 자동차, 트럭 및 열차는 운전자 카메라를 사용해 운전자가 스트레스를 받은 상태인지 또는 졸린 상태인지를 감지해 사고를 예방하고자 한다.

마지막으로 AI를 적용하는 데 가장 앞서 왔으며 최근의 AI 발전에서 가장 많은 부분을 차지하는 산업 분야는 동영상 게임이다. 최신 게임의 거의 대부분은 사용자를 상대로 전략을 수립하고 플레이할 수 있는 AI 엔진을 가지고 있다. 어떤 게임은 현실 세계를 매끄럽게 연출해내는 놀라운 게임 엔진을 가지고 있다. 이를테면 내가 제일 좋아하는 게임 중 하나인 〈GTA V〉에서는 철길을 건너는 상호작용이 극도로 현실감이 있다. 게임 내의 AI는 교통을 멈추고 건널목 신호등을 켜고, 기차가 지나가고, 다시 차단기를 올려서 차량이 통과할 수 있게 하는 일의 모든 측면을 정말 완벽하게 담아낸다. 강화학습^{Reinforcement Learning}과 같은 방법을 사용해 취할 행동에 대한 다양한 전략을 학습하면서 인간과 경쟁할 수 있는 에이전트를 구축해 사용자를 계속 즐겁게 해줄 수 있다.

지난 수년에 걸쳐 일약 유명해지고 주목을 받은 AI의 영역은 머신러닝^{ML, Machine Learning}이다. 머신러닝이 이 책에서 중점적으로 다루는 분야다. 머신러닝이란 데이터로부터 학습해 패턴을 추출하고 이를 사용해 예측을 하는 것이다. 많은 사람들이 머신러닝을 AI의 범주 안에 넣기도 하지만 현대 머신러닝은 AI 응용 영역과는 다른 영역에서 대단히 크고 중요한 영향력을 가지고 있다는 것을 알게 될 것이다. 사실 머신러닝의 요소들을 배우지 않고 AI를 알려는 시도를 할 수도 있다. 앞에서 설명한 AI의 여러 응용 분야를 살펴보면, 그것들이 머신러닝에서 이미 다뤄지고 있다는 것을 알 수 있다.

IBM의 왓슨은 처방prescibing 솔루션을 위해 지식 베이스Knowledge Base를 구축하고 머신러닝의 한 분야인 자연어 처리NLP, Natural Language Processing를 사용해 지식 베이스로부터 학습한다. 자율주행 자동차는 대량의 비정형 데이터unstructured data를 처리해 보행자나 다른 차량의 위치, 교통 신호등 같이 중요한 지식을 추출하기 위해 머신러닝 모델(더 구체적으로는 딥러닝DL 모델)을 사용한다. 체스 게임을 하는 에이전트 역시 머신러닝의 한 분야인 강화학습을 사용한다. 게임을 반복 관찰함으로써 여러 다른 전략을 학습하며, 마침내 인간을 이길 만큼 능숙해진다. 이러한 과정은 어린이가 게임하는 법을 배우는 것과 비교할 수있다. 다만 어린이는 가속도가 붙어 훨씬 빠르게 학습한다. 끝으로, 사용자가 주문한 상품을 찾아내 배송을 준비하는 로봇은 10명 또는 그 이상의 창고 직원들이 하고 있을 일을 흉내 내는 것이다. 물론 로봇은 휴식 시간이 없다.

AI 분야에서 많은 주목을 받고 있는 한 주제는 인공일반지능AGI, Artificial General Intelligence 이다. AGI는 인간과 거의 구분할 수 없을 만큼 진보된 인공지능이다. AGI는 인간이 할수 있는 거의 모든 지적인 과업을 수행할 수 있다. 기본적으로 AGI는 사람이 AGI를 정말 사람이라고 착각하게 만들 수 있다. 이것이 〈블랙 미러Black Mirror〉나 〈퍼슨 오브 인터레스트Person of Interest〉 같은 TV 드라마에서 보게 되는 인공지능이다. 나는 2018년도 구글 행사 때 구글의 CEO 순다르 피차이Sundar Pichai가 구글의 가상 비서가 레스토랑에 전화 예약을 하는 것을 데모했던 것(그림 1.7)을 기억하고 있다. 레스토랑 직원은 상대방이 컴퓨터라는 사실을 전혀 눈치채지 못했다. 이 데모는 AI의 윤리에 관한 논쟁을 일으켰으며 구글이 사람들을 오도하고 있다는 비판을 많이 받았다. 예상대로 구글은 사과문을 냈으며 AI를 나쁜 목적으로 사용하지 않는다는 AI 윤리 강령을 발표했다. 그러나 AI의 능력이 날로 성숙해지고 있으며 우리의 삶에 점점 더 큰 영향을 줄 것이라는 사실은 그대로다.

그림 1.7 레스토랑 직원을 속이고 있는 가상 비서 듀플렉스(Duplex)를 데모하고 있는 구글 CEO(출처: 위키미디어)

데이터에서 애널리틱스의 구축

애널리틱스의 개발은 해결하려고 하는 문제에 따라 달라진다. 얻고자 하는 결과를 기반으로 어떤 데이터가 가용한지, 어떤 데이터를 가용하게 만들 수 있는지 그리고 그 데이터를 처리하기 위해 어떤 기법을 사용할 수 있는지 등을 파악해야 한다. 검토 중인 시스템으로부터 얻어지는 데이터에는 사람이 입력한 것, 센서 값, 데이터베이스 같은 기존 데이터, 카메라에서 나오는 이미지와 동영상, 소리 신호 등이 있을 수 있다. 처음부터 모든 것을 직접 구현해 시스템을 구축하는 것이라면 어떤 파라미터 값을 측정해야 할지 그리고 어떤 센서를 설치해야 할지 자유롭게 결정할 수도 있을 것이다. 그러나 대부분의 경우, 새로운 파라미터를 측정할 수 있는 범위가 제한된 기존 시스템에 맞춰 수치화하는 방법을 쓰게 될 것이다. 기존 센서들과 가용한 기존 데이터가 무엇이든 그것만을 사용해야 할 수도 있다.

센서는 특정한 물리적 특성^{characteristics}을 측정해 전기 신호로 바꾼 후 분석을 위한 수열로 변환한다. 센서는 조사 대상 시스템의 운동, 온도, 압력, 이미지, 소리, 동영상 등의 특성들을 측정한다. 이것들은 중요 위치들에 설치돼 시스템에 대해 최대한의 세부 정보를 알려준다. 예를 들면 보안 카메라는 감시 대상 지역이 최대로 넓게 보이도록 설치돼야 한다. 어떤 차량들에서는 차량 후미에 초음파 센서가 설치돼 물체와의 거리를 측정함으로써 차량의 후진을 도와준다. 이 물리적 특성들이 측정값이며 센서에 의해서 전기 신호로 변환된다. 이 전기 신호는 신호 처리 회로를 거쳐 컴퓨터로 분석할 수 있는 숫자들로 변환된다.

시스템에 데이터를 수집하는 센서나 기존 데이터베이스가 설치돼 있으면, 이 과거 데이터를 이용해 시스템을 파악할 수 있다. 그렇지 않다면 센서를 설치하고 데이터를 수집하기 위해 일정 시간 동안 시스템을 가동해야 할 수도 있다. 엔지니어링 시스템도 실제 시스템과 유사한 데이터를 생성하기 위해 시뮬레이터를 사용한다. 그러면 이 데이터를 사용해 처리 로직을 구축할 수 있다. 이것이 애널리틱^{Analytic}[7]이다. 예를 들어 온도 조절 로직을 구축해 온도 조절 장치 데이터를 시뮬레이션하려는 경우, 어떤 한 방에서의 여러 온도 변화를 시뮬레이션할 수 있다. 그런 다음, 그 데이터가 설정 온도에 따라 방 안의 열 흐름을 증가 또는 감소시키도록 설계된 온도 조절 장치 애널리틱을 거치도록 한다. 시뮬레이션의 또 다른 예로는 여러 가지 주식 시장 상황에 대한 데이터를 생성하고 그 데이터를 사용해 주식의 매도와 매수를 결정하는 애널리틱을 구축하는 것이다. 실 시스템 혹은 시뮬레이터에서 수집된 이 데이터는 패턴을 학습하고 시스템의 여러 상태에 대한 의사 결정을 내리는 AI 시스템을 훈련시키는 데 사용할 수 있다.

AI 기반이든지 아니면 비AI 기반이든지 애널리틱 구축에 대한 일반적인 패턴은 모두 동

7　일반적으로 Analytic이라는 용어가 사용되지는 않으나, Analytics가 포괄적 의미의 용어이므로, 저자는 분석 또는 예측을 위한 특정 로직 또는 소프트웨어를 Analytic이라는 용어로 표현했다. - 옮긴이

일하다. 즉, 데이터 소스에서 입력을 읽어들이고 처리 로직을 세우고, 이 로직을 실제 데이터 혹은 시뮬레이션 데이터로 테스트하고, 원하는 출력을 생성하기 위해 시스템에 배포한다. 수학적으로 표현하면 시간에 따라 값이 계속 변하는 입력과 출력 모두를 변수라고 부른다. 입력은 보통 독립변수(또는 X)independent variables라고 부르며 출력은 종속변수(또는 Y)dependent variables라고 부른다. 애널리틱은 종속변수와 독립변수 사이의 관계를 구축하는 것이다. 앞으로 이 책의 나머지 부분에서 다른 AI 알고리즘을 설명할 때도 이 용어를 사용할 것이다.

애널리틱은 Y들을 X들의 함수로 나타내려는 것이다(그림 1.8을 보라). 이것은 독립변수들을 종속변수들로 매핑(사상)mapping하는 간단한 수식일 수도 있고 복잡한 신경망일 수도 있다. 식의 세부 내용, 즉 시스템이 어떻게 움직이는지에 대한 본질적인 세부 내용을 알고 있을 수도 있다. 또는 관계가 세부 내용은 알 수 없는 블랙박스이고, 그 블랙박스를 사용해 단지 입력에 대해 출력을 예측하는 것만 가능할 수도 있다. 종속변수들 간 또는 독립변수들 간에 내부적으로 관계가 있을 수 있다. 그러나 일반적으로는 그것을 무시하고 X-Y 간의 관계에만 관심을 둔다.

그림 1.8 Y를 X의 함수로 표현하기

애널리틱스의 유형: 응용 기준

애널리틱스가 하는 일은 입력 데이터를 처리해 시스템으로부터 출력을 만들어내 인간이 시스템에 기반한 결정을 할 수 있게 하는 것이다. 애널리틱스의 구축을 본격적으로 시작하기 전에, 시스템에 던지고 싶은 질문을 먼저 이해하는 것이 매우 중요하다. 질문을 기준으로 애널리틱스는 다음과 같은 네 가지 범주로 나눌 수 있다. 다음 절들에서는 애널리틱스가 대답할 수 있는 질문들과 함께 몇 가지 예를 설명한다.

설명 분석(Descriptive Analytics): 무엇이 발생했는가?

이것은 가장 단순한 유형이지만 데이터를 분명하게 설명하므로 매우 중요하기도 하다. 여기서의 출력은 평균, 최빈값, 중간값 같은 요약 통계량일 수 있다. 데이터 내의 패턴을 이해하는 데 도움이 되도록 도표나 히스토그램 같은 시각화 보조 도구를 사용할 수도 있다. 태블로^{Tableau}, 사이센스^{Sisense}, 클릭뷰^{QlikView}, 크리스탈 리포츠^{Cristal Reports} 같은 많은 비즈니스 인텔리전스^{BI, Business Intelligence} 및 보고서 도구들이 이 개념을 기반으로 하고 있다. 목적은 사용자의 의사 결정을 도울 수 있도록 데이터에 대한 통합적인 관점을 제공하는 것이다. 그림 1.9의 예는 어떤 달에 보통 때보다 많은 월 지출이 있었는지 보여준다.

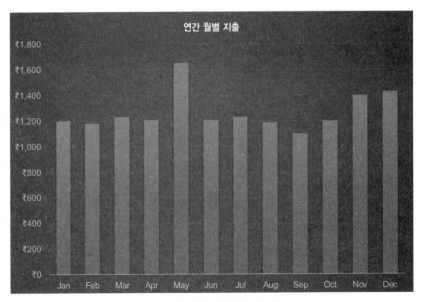

그림 1.9 인간에게 데이터를 표현한다

진단 분석(Diagnostic Analytics): 원인이 무엇인가?

이것은 발생한 그 무엇을 진단해 그것이 왜 발생했는지 이해하려는 것이다. 알기 쉬운 예로는 환자의 증상을 살펴보고 질병 유무를 진단하는 것이다. 의사들이 갖고 있는 뛰어난 지적 능력을 학습해 신속한 초기 진단을 제공하는 웹엠디^{WebMD} 같은 시스템이 있다. 비슷하게 MRI 스캐너 같은 의료기기는 질병 패턴을 구분하기 위해 진단 분석을 사용한다. 이런 유형의 애널리틱은 진단기기의 산업적 응용에서 매우 자주 사용된다. 산업용 관제 및 안전 시스템은 센서 데이터에 대해서 장애 발생을 감지하기 위한 진단 규칙을 사용해 심각한 손상이 발생하기 전에 기계를 멈추게 한다.

진단 문제에 도표나 요약 같이 설명 분석에서 사용된 도구들을 사용할 수 있다. 어떤 사건의 근본 원인을 찾기 위해 추론 통계학 같은 기법을 사용할 수도 있다. 추론 통계학에서는 사건이 문제의 어떤 X들에 종속적이라고 하는 가정 또는 가설을 세운다. 그런 다음 이 가정을 증명할 만큼 데이터로 뒷받침되는 충분한 근거가 있는지 알아보기 위해서 데이터를 수집한다.

여기서의 애널리틱은 보통 특정 사건에 대한 증거를 제공해줄 것이다. 인간은 사건의 발

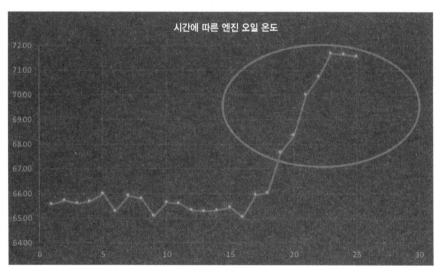

그림 1.10 데이터를 사용한 문제의 진단

생 원인과 필요한 대책을 판단하기 위해 여전히 자신의 직관을 사용해야 한다. 그림 1.10의 예는 엔진 정지를 일으킬 수 있는 문제로서, 엔진 오일 온도가 어떻게 상승하고 있는지를 보여준다.

예측 분석(Predictive Analytics): 무슨 일이 생길까?

앞의 두 가지 AI 응용 사례는 과거 또는 사후에 무엇이 발생했는가를 다뤘다. 예측 분석은 미래 또는 사건 발생 이전 시점에 초점을 맞춘다. 여기서는 과거 데이터로부터 학습하고 미래를 예측하는 모델을 만들기 위해 머신러닝 같은 기법을 사용한다. 여기가 예측을 하는 애널리틱스의 개발을 위해 주로 AI가 사용되는 곳이다. 여기서는 예측을 하는 것이므로, 이러한 애널리틱스는 신뢰도 관련 요소가 제공되는 확률론을 집중적으로 사용한다. 이 책의 나머지 부분에서는 이런 유형의 애널리틱을 논의할 것이다.

그림 1.11은 과거 데이터 패턴을 분석해 날씨를 예측하는 날씨 웹사이트를 보여준다.

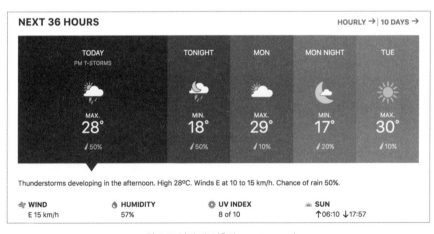

그림 1.11 날씨 예보(출처: weather.com)

처방 분석(Prescriptive Analytics): 대책은 무엇인가?

이제 예측에서 한걸음 더 나아가 대책을 처방해보자. 이것은 가장 복잡한 유형의 애널리틱이며 가장 활발히 연구되고 있고 논란 또한 존재하는 분야다. 처방은 예측 분석의

한 유형이라고 볼 수도 있지만, 애널리틱이 처방적이기 위해서는 인간이 취해야 할 대책을 명확히 기술해줘야 한다. 어떤 경우 예측에 대한 신뢰 수준이 매우 높다면 애널리틱이 스스로 행동을 취하도록 놔둘 수 있다. 이러한 애널리틱은 예측을 시도하는 대상 영역에 크게 좌우된다. 충실한 처방 분석을 구축하기 위해서는 많은 AI 방법을 탐구해봐야 한다.

그림 1.12는 교통 상황을 고려해 최단 경로를 제시하는 구글 맵스^{Google Maps}를 보여준다.

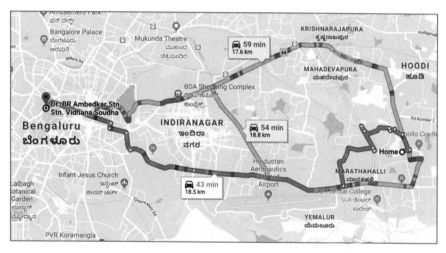

그림 1.12 사무실 가는 길(출처: 구글 맵스)

그림 1.13은 상위 레벨에서 본 애널리틱스의 유형을 보여준다. 설명 분석에서 처방 분석으로 갈수록 애널리틱스의 복잡성이 높아지며 인간의 의사 결정에 대한 도움 또한 높아진다는 것을 알 수 있다. 처방 분석이 완전 자동화로 갈 수 있는 잠재력을 지녔다는 것도 알 수 있다. 애널리틱스가 헬스케어, 엔지니어링, 금융, 날씨 등 여러 영역에 적용 가능한 범용적 방법론이라는 것을 강조하기 위해 이 책에서는 여러 영역에 대한 사례들을 사용한다. 각 사례를 다시 한 번 생각해보면, 우리가 이러한 문제들을 자신에게 질문하고 머리로 답을 계산하는 경향이 있다는 것을 알 수 있다.

그림 1.13 애널리틱스의 유형

몇 개월 동안의 은행 계좌 내역을 들여다보고 다른 달에 비해 지출이 많은 달을 줄이기 위해 처방 분석을 사용한다고 하자. 그런 다음 더 깊이 파고들어서 발생 원인을 진단하고자 한다. 아마도 가족 여행 때문에 비용이 증가한 것일 수 있다. 사람들은 태국 식당(생선 오일이 많이 들어간다)에서의 식사 같은 일상의 사건들을 몸에 생긴 알러지 증상과 관련짓기 위해 정신 모델을 사용한다. 우리 모두는 기상 전문가처럼 "8월 저녁 뱅갈로르에는 늘 비가 온다"라는 식으로 추측하기도 한다. 그리고 자주 이 예측이 맞는다. 끝으로, 자동차 전문 정비사들은 자동차 엔진의 과열이나 어떤 잡음을 감지해 엔진 오일 교체나 냉각수 보충을 처방할 수 있다.

각 애널리틱에는 AI 관련한 사례가 있다. 사람들은 머릿속으로 이러한 스마트한 판단을 내리며, 우리는 같은 일을 하는 AI 시스템을 구축할 수 있다. 이러한 사고 과정을 컴퓨터에게 위임하고 최고의 정확도로 가능한 한 신속하게 통찰력을 얻도록 도와주는 AI 시스템을 구축할 수 있다. 이것이 AI 기반 애널리틱스로 하려는 일이다. AI는 성과를 개선하기 위해 어떤 유형의 애널리틱스에도 적용시킬 수 있다.

애널리틱스의 유형: 의사 결정 로직 기반

산업계에서 더 자주 통용되는 애널리틱스 분류 방법은 의사 결정 로직^{logic}이 애널리틱에 인코딩^{encoding}되는 방법을 기준으로 하는 것이다. 애널리틱스는 로직의 작성 방법을 기준으로 다음과 같은 두 가지의 유형으로 분류할 수 있다.

규칙 기반 또는 물리 기반 애널리틱스

규칙 기반$^{Rule-based}$ 또는 물리 기반$^{Physics-based}$은 좀 더 전통적인 애널리틱스 구축 방법이다. 여기서는 여러 개의 독립변수들이 어떻게 관련돼 종속변수를 형성하는지를 알아야 한다(그림 1.14를 보자). 이 접근법은 시스템 내부에 대해 잘 파악하고 있고 변수들의 상관관계를 잘 이해하고 있을 때 주로 사용된다. 이 지식을 이용해 컴퓨터가 계산할 구체적인 식들을 프로그램한다.

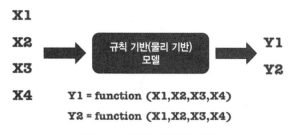

그림 1.14 규칙 기반 애널리틱스 모델

데이터 기반 모델

여기서는 조사 대상 시스템을 완전히 이해하지 못한 상태다. 패턴을 도출하기 위해 과거 데이터를 이용하며 이 패턴들을 모델로 인코딩한다. 데이터가 많을수록 모델의 예측력이 좋아지며 이러한 모델들은 애널리틱의 내부를 구성한다(그림 1.15를 보자). 짐작했겠지만 이러한 접근법은 현실 시스템에서 수집되는 데이터의 규모가 성장하면서 큰 인기를 얻고 있다. 이 책에서는 이 접근법을 집중적으로 다룬다.

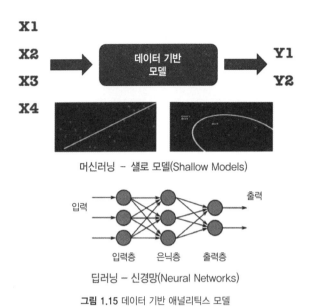

머신러닝 – 섈로 모델(Shallow Models)

출력

입력

입력층   은닉층   출력층

딥러닝 – 신경망(Neural Networks)

그림 1.15 데이터 기반 애널리틱스 모델

애널리틱스 주도형 시스템의 구축

마지막으로 애널리틱 개발의 간단한 예를 살펴보자. 이것은 세세한 부분이 포함된 전체 시스템은 결코 아니다. 핵심 애널리틱이 어떻게 더 큰 시스템의 일부를 이루며 시스템 고려 사항은 무엇인지 생각해볼 수 있도록 상위 수준에서 개략적으로 설명하고자 한다. 이 내용은 어떤 유형의 애널리틱을 개발하더라도 꼭 명심하기 바란다. 또한 어떤 유형의 애널리틱을 개발할 것인지 결정하는 데 도움이 될 세 가지 개념도 논의할 것이다.

운동을 통해 체내에서 소모되는 열량을 측정하는 시스템을 예로 들기로 하자. 얻고자 하는 결과물은 소모되는 열량이며 이것은 종속변수 Y다. Y를 측정하기 위해 측정 가능한 독립변수 X들을 생각해보자. 종속변수를 독립변수들의 함수로 표현할 수 있다면 애널리틱을 갖게 된다.

운동량을 측정하기 위해 운동하는 동안 동작을 측정해야 한다. 동작은 결과물 즉, 소모되는 열량과 직접적인 비례 관계를 갖고 있다. 더 많이 움직이면 더 많은 열량이 소모된다. 동작은 여러 방법으로 측정할 수 있으며 다음 절에서 설명한다.

러닝머신 위에서 걷고 있는 피험자

피험자를 러닝머신 위에서 달리게 한다(그림 1.16). 달린 거리를 읽어서 그 값으로 운동량을 계산하고자 한다. 피험자의 달린 거리, 시간, 체중을 기반으로 그 시간 동안 소모된 열량을 계산하는 공식을 개발할 수 있다. X들이 어떻게 Y에 관계되는지를 정확히 알고 있으므로 이것은 규칙 기반 애널리틱이다. 이것은 "알려진 사실을 아는known knowns" 경우로, 모든 변수 및 그 변수들 간의 관계가 모두 알려져 있다.

그림 1.16 러닝머신 위의 피험자(출처: 위키피디아)

핏빗 동작 추적

핏빗Fitbit을 사용해 팔 동작을 측정하고 이것을 소모 열량과 관련 지을 수 있다. 핏빗은 세 가지 방향의 가속도를 측정한다(그림 1.17). 이 가속도를 걸은 걸음 수와 연관 지어 칼로리를 계산하는 것은 결코 쉬운 일이 아니다. 이 문제를 위해 일반적으로 머신러닝 같은 데이터 기반 방법이 채택된다. 많은 걷는 사람들로부터 샘플을 구해 걷기와 달리기 같은 동작에 해당하는 가속도 값을 측정한다. 이 데이터를 사용해 머신러닝 모델을 훈련시킨다. 머신러닝 모델은 대량의 데이터로부터 학습한 다음, 원시 가속도 데이터로부터 걸음 수를 추정할 수 있을 만큼 성능이 좋아지게 된다. 그러면 이 걸음 수 데이터를 소모 열량으로 변환할 수 있게 된다. 머신러닝은 우리가 "미지의 사실을 아는known unknowns" 영역으로 들어가도록 해준다. X들이 결괏값 Y에 영향을 준다는 것은 알지만 Y에 대한 관계는 알지 못한다.

그림 1.17 핏빗의 스마트 밴드(출처: 위키피디아)

외부 카메라의 사용

카메라를 사용해 피험자가 걷거나 뛰는 것을 모니터링하기로 결정했다면 어떨까(그림 1.18)? 피험자에게는 센서가 부착돼 있지 않고 러닝머신 같은 특별한 기구도 없다. 여기서 센서 데이터는 걷는 사람에 대한 동영상 자료다. 동영상은 기본적으로 이미지들의 시퀀스sequence이며 각 이미지는 화소의 밝기 값들의 배열로 수치화된다. 정형화된 열columns이 없는 커다란 데이터 덩어리를 갖게 되는 것이므로 이것은 비정형 데이터다. 이 커다란 데이터 덩어리로부터 어떻게 피험자를 인식하고 움직임을 측정할 수 있을까? 여기가 딥러닝DL, Deep Learning이 역할을 하는 곳이다. 딥러닝은 이 대량의 비정형 데이터를 디코딩decoding하고 지식을 추출해주는 많은 학습층layers들로 된 큰 모델이다. 이곳은 "모른다는 것을 모르는unknown unknowns" 영역이다. 너무나 많은 X들이 있으며 그것들이 어떻게 Y와 관계되는지 알지 못한다. 4장에서 딥러닝을 자세히 다룰 것이며, 케라스^Keras에서 모델을 구축하고, 훈련하고 사용하는 예들을 살펴볼 것이다.

그림 1.18 카메라를 사용한 운동 추적(출처: 위키피디아)

요약

1장을 결론 짓자. 디지털화에 의해서 현실 세계가 어떻게 변화되고 있는지를 소비자 영역과 산업계 영역 측면에서 논의했다. 기기들에 의해 생성되는 데이터 용량은 지수적으로 성장하고 있으며, 기기들의 처리 능력은 수백 배 이상 성장하고, 경험으로부터 '학습'하는 새로운 유형의 애플리케이션을 제공하는 인공지능이 부상하고 있다. 2장에서는 AI를 더 깊이 탐구하고, 가장 널리 사용되는 AI의 애플리케이션이면서 AI의 모든 다른 애플리케이션들을 변모시키고 있는 머신러닝에 관해 논의한다.

머신러닝

1장에서는 빅데이터와 머신러닝을 중심으로 부상하는 산업계 동향에 관해 개략적으로 설명했다. 또한 인공지능의 적용으로 더욱 스마트해지고 있는 소프트웨어에 대해 언급했다. 2장에서는 특히 소프트웨어에 지능을 주입시키기 위해 가장 널리 사용되는 AI 기법인 머신러닝에 대해서 논의한다. 머신러닝을 사용해 데이터에 들어 있는 패턴을 포착하고 모델models이라는 결과물에 담아낸다. 세 가지 유형의 머신러닝 기법을 살펴보고 각각에 대한 응용 사례를 이야기한다. 끝으로 간단한 데이터셋dataset으로부터 머신러닝 모델을 구축하는 예제 코드를 살펴본다. 코드에는 주석이 상세히 달려 있으므로 독자가 코래버러토리Colaboratory 또는 주피터 노트북Jupyter Notebook 환경에서 코드를 직접 돌려볼 수 있다.

데이터에서 패턴 찾기

1장에서 봤듯이 AI란 컴퓨터가 인간과 유사한 지능을 갖게 하는 모든 방법에 관한 것이다. 이 지능은 컴퓨터로 하여금 지식 표현knowledge representation, 학습learning, 계획planning,

인식^{perception}, 언어 이해^{language understanding} 외에도 많은 일들을 할 수 있게 한다. 머신러 닝은 AI의 핵심 분야 중 하나이며, 데이터에서 패턴을 찾는 모든 방법에 관한 것이다. 인 간의 두뇌는 패턴을 찾는 데 뛰어나지만 인간의 두뇌는 아주 많은 양의 데이터를 다루는 데는 능숙하지 않다.

리스트 2.1의 예를 살펴보자. 수열의 다음 수를 정확히 맞힐 수 있겠는가?

리스트 2.1 정수의 수열

2	4	6	8	10	12	14	16	18	20
22	24	28	30	32	34	36	38	40	?

우리는 데이터를 보고 패턴을 찾는 데 아무런 문제가 없을 것이다. 이것은 우리의 두뇌가 가지고 있는 강력한 자연 지능이다. 이 수들은 모두 2씩 증가하는 짝수들이라는 것을 알 수 있다. 데이터에서 이 패턴을 찾기 위해 기계가 해야 할 일은 직전 숫자에 2를 더하면 다음 숫자가 된다고 하는 규칙을 만드는 것이다. 참으로 간단하다.

잠깐! 독자들 중 일부는 수열에서 숫자 26이 없음을 알아챘을 수 있다. 우리의 두뇌는 패 턴을 찾는 데는 능숙하지만 처리할 데이터가 많아지면 일부를 놓쳐버리는 경향이 있다. 데이터가 너무 많은 경우 시간이 흐를수록 오류와 피로로 인해 틀리게 된다. 이 간단한 예에서 독자들 중 일부는 실제로 26이 누락됐음을 알아채고 아마도 인쇄상의 오류라고 생각했을 수도 있다. 그러나 사실 그것은 의도적인 것이었다!

자 이제 리스트 2.2의 숫자들을 보자. 숫자들은 더 이상 정수가 아니며 소수점이 있는 실 수들이다. 이것은 문제를 더 어렵게 만든다.

리스트 2.2 실수들의 수열

2.84	2.91	2.14	1.24	1.04	1.72				
2.66	2.99	2.41	1.46	1.00	1.46	2.42	2.99	2.65	1.71
1.04	1.25	2.15	2.91						

이 수열을 쳐다보는 것만으로 패턴을 찾는 것은 상당히 어렵다. 데이터가 증가하고 감소한다는 느낌이 들지만 그것만으로는 충분치 않다. 컴퓨터에게 이 신규 데이터는 앞에서의 정수 수열과 크게 다르지 않다. 처리 능력을 아주 조금만 더 쓰면 컴퓨터는 이 신규 데이터를 분석할 수 있다. 그러나 패턴을 찾기 위해 컴퓨터는 여전히 인간과 유사한 능력을 필요로 한다. 다시 말해서, 패턴을 찾기 위해 컴퓨터는 일정 수준의 인공지능을 필요로 한다. 여기서 머신러닝이 등장한다. 그렇다면 어째서 머신러닝이 대단할까? 인간처럼 지치거나 실수하지 않으면서 큰 용량의 빅데이터에서 패턴을 찾도록 컴퓨터를 훈련시키면, 많은 지적인 과제를 신속 정확하게 처리할 수 있게 된다.

앞의 예에 대한 데이터의 그래프를 그려서 무엇이 찾아지는지 보자. 코딩이나 강력한 도구는 필요 없다. 오로지 엑셀Excel만 사용할 것이다. 이 숫자들을 엑셀 차트상의 점들로 나타낸다. 패턴이 떠오르는 것을 바로 알 수 있다. 값들은 주기적으로 오르내리며 파도 형태를 띤다. 따라서 데이터에는 두드러지는 패턴들이 존재하며, 이것은 차트chart라는 시각적 도구의 도움을 받아야 보인다(그림 2.1).

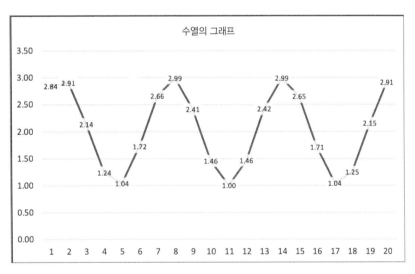

그림 2.1 수열을 차트로 그리면 패턴이 보인다.

많은 비즈니스 인텔리전스 도구와 보고서 도구들이 이 같은 기본 원칙하에 작동한다. 즉, 데이터를 처리하고, 주요 요약 통계량을 계산하며, 데이터를 이해하고 패턴을 찾기 쉽게 하는 직관적인 시각화 도구(주로 도표)로 결과를 보여준다. 그러나 이러한 모든 정보를 처리해 최종 결론을 내리는 것은 여전히 인간에게 의존하고 있다. 이러한 접근법을 흔히 설명 분석descriptive analytics이라고 부른다.

머신러닝은 설명 분석을 넘어 예측 분석predictive analytics의 영역에 속한다. 데이터에 있는 패턴을 찾아 모델model이라는 결과물에 저장한다. 그 모델은 새로운 데이터에 대한 예측에 사용될 수 있다. 모델을 구축하는 과정을 훈련training이라고 한다. 실제로 훈련을 시작하기 전에 데이터를 수집해야 하며 훈련에 사용할 알고리즘을 확인해야 한다.

새로운 데이터에 대한 예측의 정확도를 위해서 모델은 데이터 내의 모든 패턴들을 학습해야 한다. 실제 데이터가 마주칠 모든 변동성을 파악해야 한다. 그렇지 않으면 모델의 예측력은 제한적이게 되고 정확도는 떨어질 것이다. 그리고 모델 구축에 사용되는 데이터의 품질 역시 매우 중요하다. 머신러닝은 GIGO Garbage In Garbage Out(쓰레기가 들어가면 쓰레기가 나온다) 법칙을 따른다. 모델에 양질의 데이터를 공급해야 하며, 그렇지 못하면 모델은 잘못된 패턴을 학습하게 될 것이다.

앞에서 나온 정수 수열의 예를 보자. 만약 머신러닝 모델에게 26이 빠진 수열을 공급했었다면, 모델은 그것을 맞는 패턴으로 생각하고 그 수열을 학습할 것이다. 결과적으로 모델의 정확도에 영향을 줄 것이다. 머신러닝 모델의 수명주기에는 더 많은 단계가 있다. 일반적으로 알고리즘에 주의를 기울이지만, 데이터 수집, 준비, 모델 배포 및 모니터링 단계도 똑같이 (때로는 더) 중요하다. 현실 세계는 계속 변화하므로 프로덕션 환경에 배포된 모델은 시간이 흐르면 환경 변화로 인해 적절하지 않게 될 수 있다. 견실한 모니터링 전략과 피드백 주기는 머신러닝 모델을 프로덕션 환경에 배포할 때 매우 중요하다. 3장에서 이런 문제에 대해 논의할 것이다.

널리 사용되는 몇 가지 머신러닝 알고리즘과 기법을 집중적으로 살펴보기로 하자. 여기서는 몇 가지 공통적인 기법을 예제 및 코드와 함께 간단한 용어로 설명한다. 또한 이러한 기법들의 세부 내용을 알 수 있는 링크를 표시해뒀다.

막강한 머신러닝 커뮤니티

시작하기 전에 머신러닝 커뮤니티에 관해 잠깐 얘기하자. 머신러닝 커뮤니티는 정말 막강하며 엄청난 양의 데이터와 정보를 무료로 제공하고 있다. 그들은 알고리즘과 기법에 관한 많은 양의 콘텐츠를 발행하고 있으며 대부분 무료로 사용할 수 있다. 또한 많은 경우 예제 코드가 포함된다. 전 세계의 많은 사람들이 함께 참여해 학습한다는 것은 정말 재미있는 학습 방법이다. 많은 잡지와 논문 그리고 독자의 문제를 들어주고 해를 찾게 도와주는 무수한 커뮤니티를 발견할 수 있을 것이다.

게다가 캐글Kaggle.com 같은 웹사이트는 현실 세계의 문제들을 샘플 데이터셋과 함께 제공하는 머신러닝 경진대회를 주관하고 있다(그림 2.2). 전 세계 누구나 이 대회에 등록하고 참여해 수천 달러를 노려볼 수 있다. 캐글은 참가자의 국적이나 학력은 상관하지 않으며 단지 데이터 과학 문제를 잘 풀 수 있는지에만 관심을 갖는다. 정말 넓은 세상을 훨씬 좁은 장소로 만들고 있다.

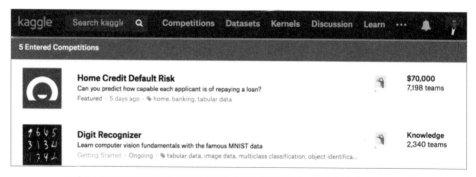

그림 2.2 캐글은 데이터 과학 대회를 주최하며 무료 데이터셋을 제공한다.(출처: kaggle.com)

이 책에서는 알고리즘들을 설명하기 위해 공개적으로 사용할 수 있는 데이터셋을 사용한다.

우리가 머신러닝 기법의 학습에 사용할 수 있는 많은 양질의 데이터셋을 사용할 수 있는 것은 막강한 머신러닝 커뮤니티 덕분이다. 다시 한 번 감사한다. 이 책에서는 캘리포니아대학교 머신러닝 및 지능형 시스템 어바인 센터[1]가 제공하는 데이터셋들을 사용한다 (그림 2.3).

그림 2.3 UCI 머신러닝 저장소(출처: uci.edu)

머신러닝 기법의 유형

머신러닝은 거의 모든 다른 학문 분야에 영향을 미치는 AI의 한 분야다. 사실 지난 5년 동안 머신러닝에 의해 변화를 겪지 않은 소비자 및 산업용 인터넷의 영역은 거의 없다고 말할 수 있다. 1장에서 언급한 사진 태깅, 추천 시스템, 체스 게임, 자율주행 자동차 같은 AI의 사례들은 어떤 형태로든 학습 방법을 사용한다. 머신러닝은 세 가지 유형으로 분류할 수 있다.

비지도학습

비지도학습Unsupervised Learning 방법에서는 분석을 통해 예상되는 결과들에 대한 데이터가 전혀 없다. 패턴을 찾는 좀 더 전통적인 접근법이며 데이터가 "얘기하고자 하는 것"을 알아내려 하는 것이다. 데이터셋 내의 포괄적인 패턴을 찾는 데 주력하며 이것을 이용해 통

---

1   University of California, Irvine's Center for Machine Learning and Intelligent Systems – 옮긴이

찰을 얻고자 한다. 비지도학습 알고리즘은 다음의 세 가지 범주로 나눌 수 있다.

군집화

군집화(클러스터링Clustering)는 데이터셋을 비슷한 성질을 갖는 군집Cluster 또는 집단Group으로 나누는 것이다. 여러 특성features(또는 열columns)에서 데이터의 변동을 기반으로, 어떤 점들이 서로 유사한지 판단하고 그것들을 동일한 군집에 넣는 것이다. 학생들의 키가 다양한 어떤 학급이 있다고 하자. 그러면 이 학생들을 큼, 보통, 작음의 범주로 분류할 수 있을 것이다. 군집화 기법은 데이터를 통계학적으로 분석해 비슷한 데이터들의 집단을 찾는 것이다. 대표적인 군집화 기법에 관해 알아보자.

K-평균K-Means 알고리즘은 군집 수 K를 지정하면 각 군집의 중심에서 점까지의 거리에 의해 점들을 각 군집에 할당함으로써 최적의 군집을 찾아내는 대표적인 군집화 알고리즘이다. 2장의 뒷부분에서 주택 데이터셋을 K-평균 알고리즘으로 분석할 때 군집화의 예제 코드를 볼 수 있을 것이다.

많이 사용되는 또 다른 알고리즘은 DBSCAN[2]이다. DBSCAN에서는 K-평균처럼 군집 수를 지정할 필요가 없다. DBSCAN은 특성 공간feature space에서 점들의 밀도가 높은 영역들을 찾는다. 다른 유명한 군집화 알고리즘으로는 계층적 군집화Hierarchical Clustering와 t-SNEt-Distributed Stochastic Neighbor Embedding가 있다. 각 기법별로 군집을 찾는 방법은 다르지만 통계적으로 유사한 점들을 찾아 군집으로 묶는다는 기본 개념은 동일하다.

차원 축소

또 다른 대표적인 비지도학습 방법은 차원 축소Dimensionality Reduction라는 방법이다. 이 방법의 발상은 데이터셋에서 특성(또는 열)의 수를 줄이자는 것이다. 특성이 너무 많으면 다루거나 시각화하기 어렵다. 또한 중요하지 않은 특성들에 노력을 들이게 될 수 있다. 예

---

2   Density-Based Spatial Clustering of Applications with Noise – 옮긴이

를 들어 의료 데이터셋을 나타내는 10개의 특성(환자 표본에 관한 혈압, 콜레스테롤 수치, 혈당 같은 10가지 측정치)이 있을 때, 둘 또는 세 개의 특성들밖에 없다면 다루기가 더 쉬울 것이다. 그 특성들을 그림으로 그려 보고 데이터의 변동을 살펴볼 수 있을 것이다. 이것이 차원 축소가 하는 일이다. 차원 축소 알고리즘은 남은 특성들 간의 변동을 포착해 유지하면서 데이터셋의 특성 수를 줄이려는 것이다. 그러므로 만일 한 환자의 어떤 측정값이 다른 환자의 그 측정값과 큰 차이가 나는 경우, 차원을 축소한 이후에도 두 환자 간의 측정값의 차이는 동등할 것이다. 수백 개의 특성이 있는 데이터셋을 분석해 얻은 결과는 그 데이터셋의 차원을 축소해 얻은 적은 수의 특성으로 분석한 결과와 같아야 한다.

데이터셋의 차원을 축소하는 가장 유명한 기법은 주성분 분석^{PCA, Principal Component Analysis}이라는 방법이다. PCA의 개념은 데이터셋의 특성들 간의 변동성을 포착하는 것이다. PCA는 데이터셋을 주성분^{principal components}들로 된 새로운 데이터셋으로 변환한다. 첫 번째 주성분은 특성들 간의 최대 변동성을 포착하며, 두 번째 주성분은 그다음으로 큰 변동성을 포착한다. 주성분끼리는 서로 독립이다. 그러므로 특성이 수백 개인 큰 데이터셋에 대해서 변동성의 대부분을 설명하는 상위 두세 개의 주성분을 골라낼 수 있다. 그러면 이 두세 개의 특성들은 다루기 용이해진다. 즉, 수백 개의 특성이 있는 경우보다 도표를 그리거나 데이터를 처리하기 훨씬 쉬워진다. PCA의 또 다른 용도는 데이터를 숨기는 것이다. 데이터가 원래 형식에서 완전히 변환되므로, 제3자에게 데이터를 넘겨줄 때 원래 특성들을 숨기는 데 이용할 수 있다. 금융 또는 의료 기록 같은 민감한 데이터를 취급할 때 특히 유용하다.

이상 탐지

데이터 과학자들이 자주 사용하는 또 다른 비지도학습 방법은 이상 탐지^{Anomaly Detection}이다. 이 기법은 평균과 표준편차 같은 간단한 통계 계산을 통해 데이터 내의 이상치^{outlier}를 찾아내는 것이다. 식료품에 지출된 월별 비용을 추적하고 있다고 가정하자. 월평균 식료품 비용이 200달러이고 편차가 ±50달러로, 값의 범위가 150달러에서 250달러라고 하자. 그런데 어느 달에 갑자기 300달러를 사용하게 된다. 이것은 이상치의 신호가 될 수 있다. 좀 더 복잡한 이상 탐지에서는 전후 관계를 고려한다. 월 250달러 지출은 지난 수개월 동안 지출이 계속 200달러 이하였다가 발생한 경우가 아니라면 이상치로 간주되지 않는다. 이러한 맥락에서 250달러가 이상치로 취급될 수도 있다.

더 복잡한 이상 탐지에는 앞에서 배웠던 군집화 같은 기법들이 사용된다. 모든 점들을 소속된 군집 중심으로부터의 거리로 표현한 다음, 그 거리를 기반으로 정상적인(비이상적인) 데이터를 한 개의 군집으로 모을 수 있다. 거리는 데이터셋의 모든 특성들을 고려해 계산되므로 상당히 복잡하다. 만일 새로운 데이터가 중앙에서 멀리 있다면 그 점은 이상치로 처리될 것이다.

지도학습

지도학습Supervised Learning에서는 레이블label이 달린 데이터를 모델에 제공해 모델이 학습하는 것을 지도한다. 레이블 달린 데이터는 특성의 각 점(X들)에 대한 출력(Y)의 예상값expected value들을 포함하고 있다. 예를 들어 의료 기록 데이터셋에서 어떤 환자가 고혈압 같은 질환이 있는지를 보여주는 데이터가 있을 수 있다. 여기서 혈압, 당, 콜레스테롤 등 (X들)과 고혈압 유병 여부(Y) 간의 상관관계를 수립할 수 있다. 이것이 지도학습이다. 일반적으로 찾으려고 하는 것은 양성positive이다. 그러므로 고혈압인 환자를 찾고 있다면, 그 환자의 데이터 포인트가 양성이다(양성이라는 단어가 주는 느낌과는 전혀 관계가 없다. 데이터 과학자는 그렇게 좀 이상하다!). 여기서 출력 레이블이 매우 중요해진다. 건강한 측정값의 환자의 레이블을 양성으로 잘못 달면, 모델은 잘못된 패턴을 학습하고 틀린 예측을 할 것이다. 이것은 마치 어린이에게 도둑질 같은 나쁜 짓을 가르치는 것과 같다.

지도학습으로 생성되는 머신러닝 모델은 기본적으로 X들과 Y 간의 관계다. 이것은 함수 또는 1장의 그림 1.9에서 본 애널리틱analytic이다. 즉, X들을 Y로 매핑mapping하는 것이며, 이 매핑을 제공해주는 함수 또는 관계를 모델model이라고 한다. 모델을 구하고 나서 모델에 X들을 공급하면, 모델은 특정 입력들에 대한 Y를 예측할 것이다. 이러한 내부적 관계는 가중치weights라고 하는 특별한 파라미터를 사용해 모델에 저장된다. 간단한 선형회귀 모델이든지 또는 복잡한 신경망Neural Networks이든지, 지도학습 머신러닝 모델은 본질적으로 가중치를 사용해 입력을 출력의 함수로 나타내는 방법이다.

처음 모델을 정의하고 가중치를 초기화하면, 모델은 아직 Y를 정확히 예측할 수 없을 것이다. 모델을 훈련시켜 훈련 데이터로부터 패턴을 학습할 수 있게 해야 한다. 이 학습 과정은 기본적으로 내부 가중치들을 최적화시킴으로써 모델이 예상 출력과 근사한 예측을 할 수 있도록 하는 것이다. 그러므로 머신러닝 문제는 궁극적으로 모델의 가중치 파라미터들을 수정해 훈련 데이터에 적합하게fitting 하는 최적화 문제optimization problem로 압축된다.

최적화를 위해서는 최소화 또는 최대화시킬 목적함수objective function가 필요하다. 여기서 목적함수는 비용Cost 또는 오차Error함수라고 하며 예측값predicted value과 예상값expected value 간의 차이를 측정한다. 모델 훈련 과정은 이 비용함수를 반복적으로iteratively 최소화시키는 것이다. 가중치 최적화를 위해 경사하강법gradient descent이라고 하는 최적화 기법이 사용된다. 이 방법에서는 각 가중치에 대한 비용함수의 편도함수partial derivative 또는 경사도gradient를 이용해 그 가중치에 적용할 보정correction을 계산한다. 이 보정이 가중치를 개선해 모델이 예측을 더 잘하게 할 것으로 기대하는 것이다. 최적화 용어로, 이 보정은 우리가 목표 또는 최솟값에 더 가까이 접근하게 한다고 말한다.

우리는 훈련 데이터를 반복적으로 사용하면서 모델 가중치를 계속 보정한다. 이것을 모델 훈련Model Training 과정이라고도 한다. 가중치를 얼마만큼 개선할 것인지는 학습률Learning Rate이라고 하는 파라미터에 의해서 조절된다. 훈련 과정에서 학습되지 않는 파라미터들을 하이퍼파라미터hyper-parameter라고 하며, 훈련 과정의 시작 단계에서 정의돼야 한다. 다음 절에서 선형회귀 예와 함께 이러한 모든 개념들을 살펴볼 것이다.

지도학습 머신러닝은 보통 다음과 같이 두 가지 영역으로 나뉜다.

회귀

회귀^{Regression}는 값을 예측하는 것이다. 레이블된 데이터$^{labeled\ data}$는 예상 출력 또는 Y의 값들로 이뤄져 있다. 다음 몇 주 동안 어떤 회사의 주식 가격을 예측하려고 하거나 또는 미국 달러 대 인도 루피의 환율을 예측하려고 한다고 하자. 이 Y는 예측하려는 실제 값들이다. 모델은 제네럴 일렉트릭의 주가 예측치는 9.58달러라고 하는 것처럼 숫자로 답을 줄 것이다. 이것이 레이블이다. 이 값의 단위는 입력에 사용되는 단위를 따른다. 따라서 과거 6개월 간의 주가(단위: 달러)를 훈련 데이터로 사용한다. 예측도 같은 화폐 단위를 쓸 것이다. 모델에 제공하는 Y는 실수값이며 모델은 Y의 실제 값을 예측하기 위해 X들을 매핑한다.

분류

분류^{Classification}의 목표는 출력으로 클래스^{class}3를 예측하는 것이다. 둘 또는 그 이상의 클래스가 출력될 수 있으며, 알고리즘은 클래스를 예측하도록 입력 X들을 매핑한다. 의료 기록으로부터 고혈압 환자를 예측하는 앞의 예는 분류 문제의 한 예다. 분류에서의 출력은 보통 특정 클래스에 속할 확률^{probability}로 표현된다.

고혈압 예측 예에서, 결과는 고혈압인 경우와 고혈압이 아닌 경우 두 가지가 가능하다. 이것은 이진^{binary} 분류인 경우이며, 출력 Y는 고혈압(양성)이면 1, 건강(음성)하면 0이 된다. 예측 모델은 일반적으로 0과 1 사이(예: 0.95) 값을 출력한다. 그러면 그 값이 0 또는 1에 가까운지 판단해 정확한 클래스로 매핑한다. 따라서 0.95는 1로 반올림되고 0.05는 0으로 반올림된다.

다중 클래스를 다룬다면 Y도 여러 개가 된다. 고혈압과 당뇨병을 조사한다고 하자. 이 경우 Y1은 고혈압일 확률, Y2는 당뇨병일 확률로 두 개의 Y가 있게 된다. 이런 식으로 데이터를 입력해 잘 훈련시키면 모델은 Y1과 Y2의 각 값을 0과 1사이의 값으로 출력할 것

---

3 수학 용어로 '류' 또는 '계급'으로 번역할 수도 있다. – 옮긴이

이다. 2장의 뒷부분에서 이러한 예를 살펴본다.

강화학습

강화학습RL, Reinforcement Learning은 앞의 두 유형과는 많이 다르다. 강화학습에서는 패턴을 학습하고 행동을 취할 수 있는 에이전트agents를 구축한다. 이 에이전트들은 사람이 의사 결정하듯이 세상을 관측하며 의사 결정에 사용할 정책policies을 학습하려 한다. 체스와 바둑에서 AI가 인간을 이겼다는 글을 봤을 것이다. 그 AI가 사용한 것이 강화학습이다. 〈콜 오브 듀티Call of Duty〉와 〈GTA〉 같은 인기 게임들도 강화학습을 사용한 AI 엔진을 갖고 있다.

머신러닝 방법은 실제 사례를 사용해 이해하는 것이 가장 좋다. 개념 설명을 위해 아주 간단한 예부터 시작하겠다. 각 방법에는 모델을 구축하기 위한 여러 가지 알고리즘이 있다. 이 책에서 모든 알고리즘을 상세하게 다루지는 않겠다. 이 책에서는 알고리즘을 적용하고 결과를 얻고 그 결과를 평가하는 방법을 보여주는 것에 집중한다. 각 알고리즘에 대한 상세한 내용은 부록에 있는 많은 내용을 참고하기 바란다.

처음은 매우 기본적인 데이터셋으로 시작할 것이다. 그런 다음 UCI의 더 상세한 데이터 셋들을 사용할 것이다. 각 알고리즘에 대해 싸이킷런Scikit-Learn 라이브러리를 사용한 파이썬 코드를 제공한다. 다른 프로그래밍 언어로도 쉽게 재현할 수 있도록 코드에 주석을 상세히 달아놓았다.

자, 이제 시작해보자.

간단한 문제의 해

주택 가격 데이터셋을 분석하는 것으로 시작해보자. 데이터는 뱅갈로어Bangalore에서 매매된 주택들을 보여주며, 여기서 특성(X들)은 크기와 입지다. 예측하고자 하는 것은 가격

(Y)이다. 크기(데이터셋에는 area면적라고 돼 있다)는 m² 단위이며, 입지 점수locality rating는 편의 시설 접근성, 학교, 범죄 발생률 같은 여러 요인들을 기반으로 한 주관적 가치다. 현실 세계에서는 원하는 완전한 데이터를 얻지 못할 때가 많다. 그러한 경우, 측정하고자 하는 개념들을 나타내는 특성features들을 만들고 그것들을 측정하기 위한 방법을 찾아야 할 수도 있다. 그것이 위치 특성에 대해서 했던 일이다. 이것을 특성 공학Feature Engineering4이라고 하며 머신러닝의 별도 연구 영역이다. 특성 공학은 머신러닝 개발의 전체 생명주기에서 중요한 일 중 하나다. 9장에서 특성 공학의 세부 내용에 관해 논의할 것이다. 지금은 그림 2.4에 나타낸 쉼표 구분값CSV, comma-separated value 파일로 제공되는 사전에 정제되고 준비된 데이터를 분석에 사용할 것이다.

면적(m²)	입지 점수 (1~10) 10=최대	가격(10만 루피)
100	4	30
250	5	80
105	6	40
260	6	60
150	8	100
180	9	120
225	4	60
95	5	40
220	5	80
160	9	110

그림 2.4 분석할 데이터셋 샘플

이는 개념의 이해를 위한 매우 작은 데이터셋이다. 현실 세계에서 효과적인 모델 구축을 위해서는 수십만 개의 데이터가 필요할 것이다. 일반적으로 데이터는 많을수록 좋다. 또한 여기 이 데이터는 완전하다. 즉, 누락된 데이터missing data가 없다. 현실 세계에서는 항상 노이즈noise가 있으며 데이터 누락missing data, 데이터 중복data duplication 등이 발생한다. 불량한 데이터를 제거하거나 평균, 중간값 혹은 점 주변 값들의 보간값interpolation 같은 좋

4　'특성 공학'이라는 용어가 어색하면 '특성 조작'이라는 의미로 받아들여도 된다. – 옮긴이

은 표현으로 바꾸기 위해 데이터 정제^{Data Cleansing} 작업을 해야 할 것이다. 이것 역시 데이터 정제라고 하는 별도의 분야이며, 여기서는 깊이 들어가지 않을 것이다.

이 데이터에서는 주택 가격은 Y로, 면적 및 입지는 X들로 변수명을 정했다. 데이터를 살펴봄으로써 몇 가지 추론을 이끌어낼 수 있다. 예를 들어 면적이 증가하면 가격도 올라가며, 입지가 좋으면 가격도 높아진다. 그러나 두 개의 X들이 동시에 Y에 미치는 영향은 파악하기 쉽지 않다. 이것이 머신러닝을 사용해 하려는 일이다. 우선 면적과 입지의 도표를 그려서 어떤 패턴이 있는지 살펴보자(그림 2.5). 그림은 데이터가 몇 개의 집단으로 구분된다는 것을 보여준다. 세 개의 군집이 형성되는 것을 알 수 있다. 인간 지능을 사용하지 않고 머신러닝 기법이 이러한 패턴을 추출할 수 있을지 탐구해보고자 한다. 즉, 우리의 첫 번째 인공지능 모델을 구축해보자!

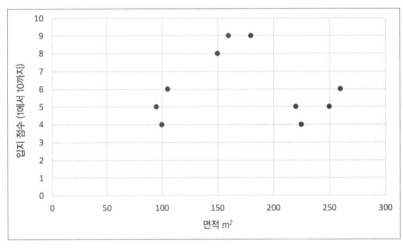

그림 2.5 샘플 데이터셋의 도표

비지도학습

두 특성, 즉, 면적과 입지를 살펴보고 어떤 패턴을 발견할 수 있는지 알아보자. 면적과 입지가 가격에 영향을 주는지 알고 싶기 때문에 가격은 일부러 포함시키지 않았다. 비지도학습^{Unsupervised Learning}, 그중에서도 특히 군집화 방법부터 시작해보자. 이 주택들을 고가, 중가 그리고 저가의 세 그룹으로 나누려고 한다고 생각하자. 원하는 군집의 수는 알고 있으므로 K-평균 알고리즘을 사용할 수 있다. K-평균 알고리즘의 원리는 데이터셋에서 K개의 군집을 찾고 데이터를 이 군집들로 분리하는 것이다. 군집은 모든 특성을 고려해 비슷한 점들이 같은 군집에 속하게 그룹화되도록 구성된다. 각 군집에 대해서 중심 평균^{centroid mean}이 표상(또는 표현)^{representation}으로 사용된다. 데이터셋의 각 점들에 대해서 최단 거리에 있는 군집 중심이 그 점이 속할 군집을 결정한다.

이와 같은 개념을 사용해 데이터의 군집을 찾아내고자 한다. 우선 데이터셋을 읽어들이기 위해 판다스^{Pandas} 라이브러리를 사용한다. 데이터셋은 디스크나 S3[5] 또는 구글 같은 클라우드에 저장된 CSV 파일로부터 로드한다. 판다스는 데이터를 로드해 데이터프레임^{data frame}이라고 하는 메모리상의 객체^{object}를 생성한다.

데이터프레임은 판다스나 R 같은 데이터 과학 도구에서 정형 데이터^{structured data}를 표현하는 일반적인 방법이다. 데이터프레임은 특성을 별도의 헤딩^{heading}이 있는 열^{column}들과 데이터가 있는 행^{row}들로 표현하는 테이블^{table}처럼 데이터를 저장한다. 데이터프레임은 특성/열을 질의^{query}해 쉽게 데이터를 검색하고 일치되는 데이터 또는 기록을 얻을 수 있도록 최적화돼 있다. 또한 데이터프레임을 사용하면 이진 객체 형태로 저장되므로 평균, 중간값 등의 통계적 계산을 빠르게 계산할 수 있다. 이제 CSV 파일에서 판다스 데이터프레임으로 데이터를 로드한다. 리스트 2.3을 보자.

리스트 2.3 파이썬과 판다스 라이브러리를 사용해 CSV 파일을 읽는 코드

```
# 판다스(Pandas) - 저자가 데이터 로딩과 처리용으로 가장 선호하는 도구
import pandas as pd
# csv 파일을 읽고 레코드를 출력한다
features = pd.read_csv('data/house.price.csv')
features.head(10)
```

---

5 Amazon Simple Storage Service(Amazon S3) - 옮긴이

Area	Locality	Price
100	4	30
250	5	80
105	6	40
260	6	60
150	8	100
180	9	120
225	4	60
95	5	40
220	5	80
160	9	110

이제 K−평균 알고리즘을 적용해 데이터셋을 군집들로 분할하고 각 레코드를 특정 군집에 할당한다. 이 알고리즘을 독립변수 또는 X들(면적 및 입지)에 적용할 것이다. 목적은 군집화 알고리즘이 패턴을 찾을 수 있는지 알아보는 것이며, 그러면 이 패턴들을 가격과 연관을 지을 것이다. 여기서는 Y값으로 알고리즘을 지도하지 않는다. 이 사례는 비지도학습의 예다. 리스트 2.4를 보자.

리스트 2.4 K−평균 알고리즘을 적용해 데이터를 세 개의 군집으로 나누기

```
# K-평균 알고리즘
from sklearn.cluster import KMeans
# 2개의 특성만 사용해 패턴이 있는지 확인한다.
cluster_Xs = features[['Area', 'Locality']]
# 원하는 군집수
NUM_CLUSTERS = 3
# K 평균 군집화 모델 구축
model = KMeans(n_clusters=NUM_CLUSTERS)
model.fit(cluster_Xs)
# 예측해 군집 레이블 0, 1, 2 ... NUM_CLUSTERS를 구한다
predictions = model.predict(cluster_Xs)
# 예측값을 특성들의 데이터프레임에 추가
features['cluster'] = predictions
features.head(10)
```

Area	Locality	Price	cluster
100	4	30	1
250	5	80	2
220	5	80	2
105	6	40	1
260	6	60	2
150	8	100	0
180	9	120	0
225	4	60	2
95	5	40	1
160	9	110	0

흥미로운 결과가 나왔다. 앞의 도표에서 봤던 세 군집에 해당하는 점들의 그룹들이 보인다. 면적 및 입지의 특정 조합을 갖는 주택들이 군집 0, 1, 2로 표시됐다. 우리의 뇌가 시각적 보조 도구(도표)를 보고 알 수 있는 로직을 군집화 알고리즘 혼자서 판독해냈다 (그림 2.6). 이 데이터셋은 매우 간단하고 제한적인 것이었다. 그림 2.6의 데이터를 관찰해 보기만 해도 면적 및 입지 점수가 비슷한 집들이 같은 그룹으로 묶인다는 것을 알 수 있다. 그러나 현실에서 수천 개의 데이터와 수백 개의 특성이 있는 경우, 관찰만으로는 이러한 패턴을 찾아내기가 쉽지 않다. 군집화 알고리즘은 복잡한 데이터에서 패턴을 빠르게 찾아낼 수 있다.

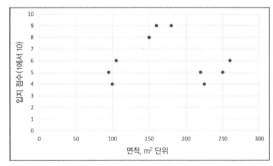 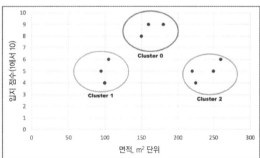

그림 2.6 초기 데이터 도표에 나타난 군집들

이제 군집 값에 대해서 결과를 정렬sort해 가격에 대한 어떤 관계를 발견했는지 보자(리스트 2.5).

리스트 2.5 데이터를 군집별로 분리해 관계를 확인하기

```
features_sorted = features.sort_values('cluster')
print(features_sorted)
```

Area	Locality	Price	cluster
150	8	100	0
180	9	120	0
160	9	110	0
100	4	30	1
105	6	40	1
95	5	40	1
250	5	80	2
220	5	80	2
260	6	60	2
225	4	60	2

한 군집 내의 집들은 비슷한 가격 구조를 갖는다는 것을 알 수 있다. K-평균 알고리즘은 면적 및 입지를 사용해 데이터 내의 변동성을 알아내고 데이터를 여러 그룹으로 정리했다. 이 그룹들은 세 번째 값인 가격에 대해서 같은 변동성을 나타낸다. 현실에서는 이와 같이 깔끔하게 분리되는 경우가 없을 것이다. 군집의 수 K 같은 여러 가지 파라미터로 실험하고 어떤 조합이 가장 좋은 결과를 내는지를 조사해야 할 것이다.

이 사례에서는 군집의 수를 고정된 값으로 알고리즘에 넘겨주며 이것은 알고리즘이 학습하는 것이 아니다. 이 파라미터를 머신러닝에서는 하이퍼파라미터라고 한다. 하이퍼파라미터는 보통 사용하는 알고리즘에 따라 달라진다. K-평균에서 하이퍼파라미터는 군집의 수 K다. 만일 랜덤 포레스트Random Forest를 사용한다면, 하이퍼파라미터는 트리의 수

와 트리의 최대 높이가 된다. 2장 후반부에서 랜덤 포레스트 알고리즘을 설명할 것이다.

이 비지도학습을 사용해 데이터에 있는 어떤 패턴을 봤다. 비슷한 주택들의 군집을 봤으며 그 주택들의 가격이 비슷하다는 것을 알았다. 이제 지도학습을 적용해 주택의 면적 및 입지와 가격 사이의 관계를 찾을 수 있는지 알아보자. 값, 즉 '가격'을 예측하는 것이므로 회귀 알고리즘을 사용할 것이다. 가장 널리 사용되고 간단한 알고리즘은 선형회귀^{Linear Regression}이다.

지도학습: 선형회귀

선형회귀는 직선을 데이터에 적합시킴으로써 여러 X로부터 선형 관계를 추출하려고 하는 것이다. 한 개의 X와 한 개의 Y뿐인 더욱 간단한 예를 가지고 그림을 그려보자. 그림 2.7을 보자.

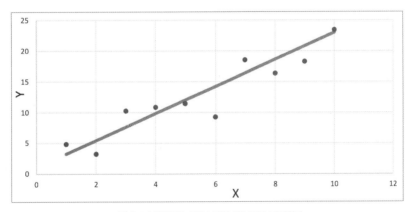

그림 2.7 선형회귀는 X와 Y값을 직선으로 매핑한다.

X 변수가 하나뿐인 간단한 이 예의 경우, 선형회귀식은 리스트 2.6에서와 같이 쓸 수 있다.

$$Y = w * X + b$$

여기서 w는 가중치weight이며 b는 편향bias 항이다.

이 식은 Y를 X의 선형함수로 나타낼 수 있음을 의미한다. 따라서 X가 증가하면 Y도 증가할 것이며, 역도 성립한다. 이는 변수 간의 관계 중 가장 간단한 것이다. 현실에서는 간단한 식으로 나타낼 수 있는 분명한 선형 관계를 갖는 경우는 매우 드물다. 그러나 데이터 과학자들은 신속한 결과를 보기 위해 종종 선형성을 가정하고 선형 식을 사용하기도 한다. 선형회귀 문제를 풀 수 있는 많은 손쉬운 통계적 방법들이 있기 때문에, 선형회귀는 일반적으로 컴퓨터의 처리 능력이 낮아도 된다. 이러한 방법들은 싸이킷런 같은 머신러닝 라이브러리에 구현돼 있어 쉽게 사용할 수 있다.

w와 b는 학습하려고 하는 가중치들이다. w는 변수 X와 관련된 표준적인 가중치이며, b는 편향이라고 한다. 변수가 0이 되더라도 편향 항은 Y가 어떤 값을 갖게 한다. 편향은 입력의 영향이 없는 경우에 예측된 결과에 대해 모델이 내린 가정assumption에 해당한다.

X와 Y값에 대한 많은 샘플들을 수집해 w와 b를 계산하려고 한다. 수집된 X 및 Y 샘플들로 기초적인 통계학을 사용해 가중치 또는 파라미터 값들을 구한다. w는 직선의 기울기이며 b는 직선의 절편intercept이다.

한 개의 X와 한 개의 Y뿐인 간단한 데이터셋에서, 직선이 데이터에 적합한지 알기 위해 가중치 w와 b를 계속 수정할 것이다. 몇 가지 예를 들어보자. 0에서 시작해서 천천히 값을 변경시켜가며 직선을 어떻게 데이터에 적합시키는지 보자. 그림 2.8의 마지막 그림에서 w와 b의 값은 선형 모델에 대한 좋은 가정인 것으로 보인다.

모든 점을 다 지나는 직선은 절대 생길 수 없다는 것을 알 수 있다. 네 번째 직선이 최선의 모델이다. 이것이 오차가 최소화되는 즉, 모델 직선과 데이터셋의 모든 점들 간의 거리가 최소화되는 모델이다.

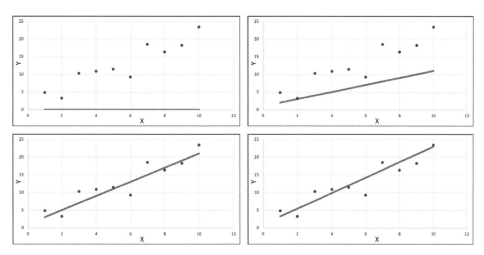

그림 2.8 데이터에 맞추기 위해 경사(w)와 절편(b)를 바꿔 갈 때 나오는 여러 직선들

이것이 모델을 데이터셋에 적합시키는 방법이다. 그러나 이와 같은 수작업 방식은 자칫하면 시간이 무한정 소요될 수 있으므로 일반적으로 사용하지 않는다. 잘 적합되고 정확한 모델을 구하기 위한 더 현명한 최적화 방법이 있다. 예를 통해서 이 방법을 살펴보자. 우선 리스트 2.3에서 면적 및 입지 데이터셋을 다시 들여다보자.

선형회귀 모델을 이 정보에 적합시키려면 리스트 2.7에 나타낸 것 같이 관계를 나타내려할 것이다.

리스트 2.7 면적, 입지 및 가격을 선형식으로 나타내기

가격 = 선형함수(면적, 입지)

또는

가격 = w1 (면적) + w2 (입지) + b

이 문제는 앞서 본 X가 하나뿐인 문제와 매우 유사하다. 여기서는 X가 두 개다. 훈련 과정의 일부로서 해야 할 일은 가중치 w1, w2와 편향 b의 최적값을 찾는 것이다. 여기서도 선형 관계를 가정하고 있으므로 이 예제는 무척 손쉬운 문제다. 더 복잡한 머신러닝

및 딥러닝 문제들로 들어가면 비선형 관계를 찾기 시작할 것이며 변수가 많은 복잡한 식을 사용하게 될 것이다. 그러나 여기서 배우게 될 머신러닝 훈련 기법은 그 문제들에도 똑같이 적용할 수 있다.

여기서는 점이 10개뿐인 아주 작은 데이터셋을 사용한다. 어떤 머신러닝 분석을 시작하기 전에 데이터를 훈련 데이터셋^{training dataset}과 테스트 데이터셋^{test dataset}으로 나눠야 한다. 훈련셋에는 대부분의 데이터가 포함되며, 모델 구축에 사용할 것이다. 모델을 구축한 이후에는, 훈련 과정에서 보지 못한 데이터에 대해서 모델이 얼마나 효과적인지 알고 싶다. 이 작업은 테스트 데이터셋을 사용해 모델을 돌려보는 것이다. 리스트 2.8의 코드에서는 앞쪽 8개의 점으로 훈련하고 나머지 두 개로 테스트한다. 실무에서는 랜덤하게 분할하기 위해 싸이킷런 라이브러리의 함수를 사용할 것이다. 다음 번 예에서 이를 다루겠다.

리스트 2.8 데이터를 X, Y 훈련셋, 테스트셋으로 나누기

```
# 처음 8개의 점을 훈련셋으로 분리(0-7)
X_train = features[["Area","Locality"]].values[:7]
Y_train = features[["Price"]].values[:7]
# 마지막 2개의 점을 테스트셋으로 분할
X_test = features[["Area","Locality"]].values[7:]
Y_test = features[["Price"]].values[7:]
```

훈련 데이터셋은 모델의 가중치 학습에 사용하고 테스트 데이터셋은 모델이 처음 본 데이터로도 잘 예측하는지 테스트하는 데 사용할 것이다. 모델 훈련 과정을 이해하도록 하자. 모델 훈련은 기본적으로 모델이 훈련 데이터셋에 최대한 적합하도록 가중치 값(w, b)들을 조정해가는 것이다.

최대한 잘 적합됐다는 것은 어떻게 판단할 수 있을까? 이를 위해 비용함수^{Cost Function}가 필요하다. 비용함수는 기본적으로 모델의 예측값이 예상값(또는 실제 값)과 얼마나 차이가 나는지를 측정하는 수단이다.

단일 X 예처럼 초기 가중치 값을 랜덤하게 선택한다고 해보자. 이 값들을 기반으로 훈련 셋에 있는 8개의 점들을 모델(또는 식)에 입력해 각각 예측된 Y값들을 구할 수 있다. 이 예측된 Y값들은 거의 틀림없이 훈련셋에 있는 예상 Y값(실제 값)들과 다를 것이다. 비용함수는 예측값과 실제 값의 차이를 계량화해야 한다. 수치값 출력을 예측하는 경우(회귀), 각 훈련 데이터의 예측값과 실제 값의 차이를 합산해 구할 수 있다. 만일 클래스를 예측하는 경우(분류)라면, 분류 오차를 계량화하는 함수를 사용할 수 있을 것이다. 비용함수를 오차함수Error Function라고도 하는데 이는 오차함수가 예측상의 오차를 계량화하기 때문이다.

이제 모든 훈련 데이터를 초기 모델에 통과시켜줬으며, 해야 할 일은 예측을 더 잘할 수 있도록 가중치를 수정하는 것이다. 다시 말해서 비용함수 또는 오차함수값이 감소하도록 가중치들을 수정해야 한다. 이제 비용함수를 최적화의 목적함수로 사용할 수 있다. 가중치 값을 최적화해 비용함수가 최소화되도록 한다. 이것은 전통적인 최적화 문제가 된다. 경사하강법 같은 널리 쓰이는 최적화 기법을 사용해 훈련 데이터에 적합시켜 비용을 최소화하는 최적 가중치를 구할 수 있다.

경사하강 최적화

경사하강법gradient descent은 머신러닝 알고리즘을 훈련시키기 위해 사용되는 대표적인 최적화 기법이다. 경사하강법은 가중치와 편향을 수정해 독립변수들(X들)과 종속변수(Y) 간의 관계를 구축하는 범용적 최적화 기법이다. 가중치와 편향의 초기 근사값으로 시작해 초기 모델을 만든다. 모든 X들을 모델에 통과시켜 Y를 예측한다. 예측값들을 실제 값들과 비교해 오차를 구한다. 그런 다음 비용함수의 각 가중치 및 편향에 대한 경사도gradient를 구한다. 경사도는 기본적으로 각 가중치/편향에 대한 비용함수의 편도함수partial derivative다. 이 경사도는 특정한 가중치 및 편향이 비용에 미치는 영향의 크기와 방향을 알려준다. 이 값을 이용해 비용을 감소시키는 방향으로 가중치와 편향을 보정한다.

여기서 가중치와 편향을 수정하는 스텝step의 크기를 조절하는 학습률Learning Rate에 관해 설명하겠다. 스텝이 너무 크면 최솟값을 지나칠 수 있으며, 스텝이 너무 작으면 최솟값으로 수렴하는 데 너무 오랜 시간이 걸릴 수 있다. 이것을 선형회귀 예에 적용해보자.

앞의 간단한 선형회귀 예에서는 비용함수를 최소화하기 위해 w0, w1, b의 값들을 최적화시키고자 한다. 비용이 최소일 때 모델은 가장 잘 예측한다. 비용함수는 예측값과 데이터셋에 있는 실제 값 간의 차이를 알아내야 한다. 차이의 부호는 상관하지 않으며 거리의 실제 값이 중요하다. 그래서 선형회귀에서는 비용함수로 평균 절댓값 오차MAE, Mean Absolute Error 또는 평균 제곱 오차MSE, Mean Squared Error를 사용한다. 그림 2.9에 있는 경사하강법의 스텝들을 살펴보자.

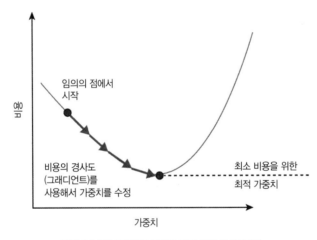

그림 2.9 최적 가중치와 편향을 찾기 위한 경사하강법

상위 수준으로 표현한 경사하강법 알고리즘의 작동 원리는 다음과 같다.

- 가중치 값을 0 또는 랜덤 값으로 초기화한다. 각 X값에 대해 예측을 실시하고 예측된 값(Y′라고 하자)을 구한다.
- Y′를 훈련 데이터셋에 있는 실제 Y값과 비교해 오차 Y − Y′를 계산한다.
- 양의 오차와 음의 오차가 서로 상계될 수 있으므로, 절댓값을 취하거나 제곱을

해 오차의 부호가 합계 계산에 영향을 주지 않도록 한다.

- 다음 식들 중 하나를 사용해 전체 오차에 대한 평균을 구한다.

```
평균 절댓값 오차(MAE, Mean Absolute Error)
= |Y - Y'|의 합계 / 훈련 샘플의 수
평균 제곱 오차(MSE, Mean Square Error)
= (Y - Y')^2 의 합계 / 훈련 샘플의 수
이것이 우리의 비용함수다!
```

이 비용함수들 중 하나를 사용해 가중치 w0와 w1을 보정함으로써 비용(목적)을 최소화시킨다. 이제 이 문제는 w0과 w1을 보정할 항으로 하는 최적화 문제가 된다.

보정하고자 하는 가중치에 대한 비용함수의 편도함수(경사도, 그래디언트^{gradient})를 구하자. 그림 2.9에 나타낸 것처럼 경사도는 곡선의 경사를 알려주는 미적분학 용어다. 경사도는 가중치 값을 어느 방향으로(화살표로 표시됨) 보정해야 하는지 알려준다.

가중치를 경사도 방향으로 얼마만큼 보정할 것인지는 학습률이라는 상수 파라미터로 조절한다. 학습률을 너무 크게 잡으면 최솟값을 지나쳐서 곡선의 다른 쪽에 떨어지게 될 수 있다. 학습률이 너무 작으면 가중치가 충분히 보정되지 않으므로 학습 과정이 너무 느려진다. 일반적으로 0.05로 시작하는 것이 무난하다.

이제 경사도를 사용해 가중치 w0와 w1을 보정해보자. 각 반복에서 가중치를 얼마나 보정할 것인지 조절하기 위해 학습률을 사용한다. 비용이 최소화될 때까지 계속 최적화한다.

```
w0 = w0 - lambda * d(Cost)/dw0
w1 = w1 - lambda * d(Cost)/dw1
```

여기서 람다^{lambda}는 학습률이며, d(Cost)/dw? 는 편도함수를 나타낸다.

특정 가중치 값에 대해 모든 훈련 데이터들이 계산된 이후에 가중치를 보정한다. 이러한 과정을 새 가중치 값에 대해 반복해 다시 가중치를 보정한다. 이러한 반복적인iterative 과정을 통해 비용함수의 최솟값으로 계속 접근한다. 일정 횟수의 반복 후에 훈련을 끝낼 수도 있으며 또는 오차가 특정 값 이하이면 훈련이 끝나도록 할 수도 있다.

선형회귀에 경사하강법 적용하기

선형회귀를 예제 데이터에 적용해 모델의 가중치를 구해보자. 리스트 2.9의 코드는 매우 간단하며 경사하강법의 모든 복잡한 세부 내용은 숨겨져 있다. 학습률조차도 지정할 필요가 없다. 또한 싸이킷런은 손쉬운 통계적 방법들을 사용해 훈련 데이터를 기반으로 최적의 w0와 w1을 빠르게 계산한다. 그러나 복잡한 모델로 발전하게 되면(특히 많은 학습 유닛들을 하나의 네트워크로 엮는 모델들) 최적화 파라미터들을 신중히 설정해야 한다. 이 학습 유닛들의 네트워크(머신러닝에서는 신경망Neural Networks이라고 한다)는 불분명한 데이터 내의 복잡한 패턴을 학습하는 데 뛰어나지만, 수작업에 의한 미세 조정이 많이 필요하다. 이 인자들(하이퍼파라미터hyper-parameters라고 한다)의 미세 조정tuning에 대해서는 4장에서 논의한다.

리스트 2.9 선형회귀 모델을 싸이킷런의 내부함수를 사용해 데이터에 적합시키기

```
# 싸이킷런의 내장함수를 써서 선형회귀 모델을 적용한다
sklearn.linear_model import LinearRegression
model = LinearRegression()
model.fit(X_train, Y_train)
print("Model weights are: ", model.coef_)
print("Model intercept is: ", model.intercept_)

# 테스트 데이터셋의 한 샘플에 대한 예측
print('Predicting for ', X_test[0])
print('Expected value ', Y_test[0])
print('Predicted value ', model.predict([[95,5]]))
```

```
Model weights are:  [[ 0.20370091 13.56708023]]
Model intercept is:  [-46.39589056]
Predicting for  [95 5]
Expected value  [40]
Predicted value  [[40.79109689]]
```

선형회귀 모델을 훈련 데이터에 적합시키고 주택 가격을 면적 및 입지에 관련 짓는 식을 추정한다. 그 식은,

```
Price = 0.2037 (Area) + 13.5670 (Locality) - 46.3958
```

Area = 95와 Locality = 5에 대해서 위의 식을 사용해 손으로 계산해서 예측값을 구할 수도 있다.

```
Price = 0.2037 (95) + 13.5670 (5) - 46.3958 = 40.7910
```

이것이 선형회귀의 동작 원리다. 물론 이 예제는 데이터셋이 지나치게 간단했다. 복잡한 데이터셋의 경우에는 선형 모델을 데이터에 정확하게 적합시키지 못할 수 있다. 회귀 모델의 평가에는 MSE나 MAE 측도가 사용되며, 그 결괏값이 높게 나온다면 다른 모델을 찾아봐야 할 수도 있다. 지지벡터회귀SVR, Support Vector Regression 같은 다른 회귀 모델을 생각할 수 있다. SVR은 모델을 만들고 MSE/MAE를 확인하는 방법이 다르다.

만일 선형 모델을 사용하는데 오차 값이 계속 높게 나온다면 일반적으로 더 복잡한 비선형 모델을 검토하기 시작해야 한다. 비선형회귀 방법 중 가장 유명한 것이 신경망이다. 신경망으로 데이터 내의 비선형성을 포착할 수 있으며, 오차가 작은 모델을 찾을 수 있다. 신경망처럼 복잡한 모델에 대해서 실제 값과 예측값 간의 오차를 네트워크로 전파하고 가중치와 편향에 대한 비용함수의 경사(그래디언트)를 빠르게 계산할 수 있게 해주는 역전파Back-propagation라고 하는 매우 정교한 알고리즘을 보게 될 것이다. 이 알고리즘은

제프리 힌튼^{Geoffrey Hinton}에 의해 개발됐으며, AI 분야에 혁명을 가져오고 신경망이 각광받게 만들었다. 이제는 컴퓨터 비전^{computer vision}이나 문자 및 음성 인식^{speech recognition} 같은 복잡한 문제를 풀기 위한 사실상의 표준 기법으로 간주되고 있다.

2장 후반부에서 신경망과 역전파에 대해 더 설명할 것이다.

지도학습: 분류

이제 다른 유형의 지도학습 머신러닝을 논의해보자. 현실 세계의 머신러닝에서 더 널리 사용되며 더 자주 사용되는 것은 분류^{Classification}다. 분류에서 결과 또는 종속변수는 값이 아니라 클래스 멤버십^{membership}이다. 결과는 0에서부터 클래스 개수까지의 정수 값을 가질 수 있다. 앞의 사례를 확장시켜 주택 입지 및 가격 데이터가 있고 고객이 집을 살 것인지 예측하고 싶다고 하자. 이것은 우리가 흔히 접하는 의사 결정이다. 사람의 두뇌는 이러한 판단의 정신적 모델을 만들고 새로운 집 값을 보면 구입할 것인지 결정하게 된다. 이제는 머신러닝을 사용해 이러한 의사 결정의 모델을 구축할 것이다. 이것은 실제 세계에서 가장 흔한 유형의 머신러닝 문제 중 하나다. 다양한 특성들을 파악하고 각각 어떤 클래스에 속하는지 결정해야 할 것이다. 이 문제를 풀기 위해 몇 가지 예를 코드와 함께 설명하고자 한다.

이 문제는 이진 분류^{binary classification} 문제이며 출력 변수는 '산다' 또는 '안 산다' 두 가지 중 한 가지 값만 가질 수 있다. 이것을 0('안 산다')과 1('산다')로 나타낸다. 수집한 데이터의 도표가 그림 2.10과 같다고 하자. y축은 가격을 나타내고 x축은 입지 점수(1에서 10까지)를 나타낸다.

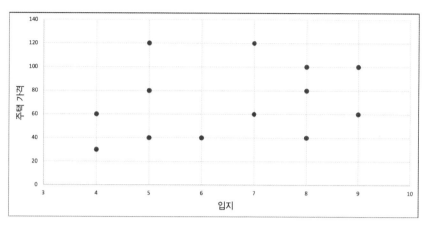

그림 2.10 주택 가격 대 입지 점수의 그래프

단 하나의 특성 또는 독립변수만을 고려해 매우 기초적인 의사 결정을 해볼 수 있다. 입지 또는 가격 하나만을 고려해 결정을 내려보자. 의사 결정을 하게 해주는 결정 경계 Decision Boundary를 정의한다. 그림 2.11과 그림 2.12가 이러한 두 가지 결정을 보여준다.

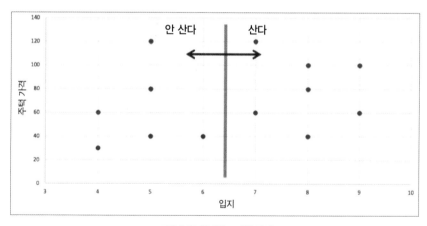

그림 2.11 입지만 고려한 결정

그림 2.11은 어떤 주택의 입지 점수가 특정 값보다 크면 그 집을 구입할 것이라는 결정을 보여주며, 그림 2.12는 어떤 집의 가격이 특정 가격보다 낮으면 그 집을 구입할 것이라는 것을 말해준다.

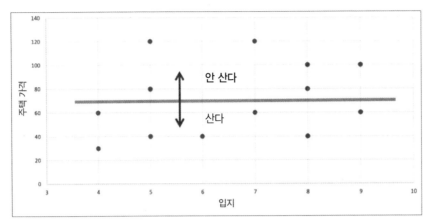

그림 2.12 집 값만 고려한 결정

그러나 현실에서 사람들은 두 가지 요인을 함께 고려한다. 변수들 간의 선형 관계로 적합시켜볼 수 있다. 앞에서 본 선형회귀처럼, 점들에 직선을 적합시킨다. 그러나 여기서는 값을 예측하는 대신 직선이 데이터를 두 클래스로 분리한다(그림 2.13).

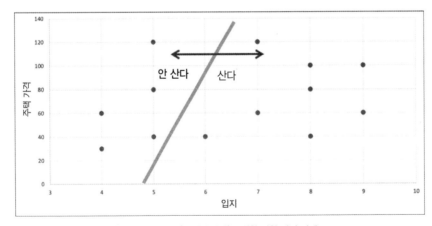

그림 2.13 '산다' 대 '안 산다'를 위한 선형 결정 경계

직선은 결정 경계이며 점들을 '산다'와 '안 산다'의 두 클래스로 나눈다. 이러한 접근 방법을 로지스틱회귀$^{Logistic Regression}$라고 한다. 어떤 새로운 점이 주어지면, 그 점이 모델의 직선에 대해 어디에 위치하느냐에 따라 '산다' 또는 '안 산다'를 예측할 수 있다. 또한 "회

귀"라는 용어를 사용하지만 이 기법은 분류 기법이다.

수학적으로 로지스틱회귀는 다음과 같은 일을 한다.

```
Buy/NotBuy = LogisticFunction(function(Price, Locality))
```

이 문제를 바라보는 다른 방법은 그림 2.14처럼 네트워크를 사용해 시각적으로 보는 것이다.

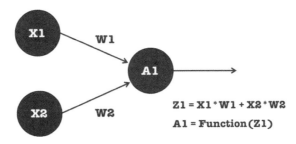

그림 2.14 간단한 네트워크를 사용한 로지스틱회귀식의 표현

먼저, 선형회귀에서처럼 변수들(새로운 변수 Z1) 간의 선형 관계를 학습한다. 그런 다음 함수를 써서 선형 항을 0과 1사이의 값으로 변환한다. 이 함수를 로지스틱함수 또는 시그모이드Sigmoid 함수라고 한다. 여기서는 공식을 다루지 않지만 기본적으로 0과 1 사이의 값을 출력한다(변수 A1). 이는 임곗값threshold과 유사하다.

선형 가중 합계인 Z1이 어떤 임곗값 이상이면 A1 값이 1에 가까워지며, 임곗값 이하이면 0에 가까워진다. 머신러닝 알고리즘이 학습하는 것은 이 임곗값이다. 알고리즘은 산출되는 결과(A1 값)를 사용해 데이터를 두 개의 클래스로 분류한다. 이 문제는 0과 1로 표현되는 두 개의 클래스를 가지므로 이진 분류 문제다. 이것은 신경망을 이용해 다중 클래스 문제로 확장시킬 수 있다. 이것은 4장에서 예와 함께 다룰 것이다.

이 활성화 값 A1을 사용해 데이터를 분류한다. 이 값이 1에 가까우면 결과는 어떤 한 클래스이고, 0에 가까우면 다른 클래스가 된다. 훈련 데이터에 따라 소속 클래스가 0 또는

1 사이에서 결정된다. 실제 예제와 코드를 들여다보자.

주택의 면적/크기, 입지, 가격, 구입 여부를 나타내는 열^column 한 개가 추가된 데이터가 있다고 하자. 이 열은 주택을 사면 1, 안 사면 0으로 표시될 것이다. 이제 고객이 주택을 살 것인지 안 살 것인지 예측하는 이유에 대한 정신 모델을 컴퓨터가 예측하게 하고 싶다. 사거나 말거나에 대해서는 여러 개의 기준이 있을 수 있다. 주어진 데이터를 기반으로, 고객이 주택을 살 것인지를 예측하는 모델을 구축해보자(그림 2.15를 보라).

Area	Locality	Price	Buy
100	4	30	0
250	5	80	1
220	5	80	1
105	6	40	1
150	8	100	0
180	9	120	0
225	4	60	0
95	5	40	1
260	6	60	1
160	9	110	0

그림 2.15 구입 여부에 대한 예상이 포함된 새로운 데이터셋

앞의 예제에서처럼, 데이터를 훈련셋과 테스트셋으로 분리하자. 리스트 2.10의 코드처럼 마지막 두 점을 테스트용 데이터로 사용한다.

리스트 2.10 훈련셋 및 검증셋으로 분리하기

```
# 처음 8개의 점을 훈련 데이터로 분리 (0-7)
X_train = features[["Area","Locality","Price"]].values[:8]
Y_train = features["Buy"].values[:8]

# 마지막 2점을 테스트 데이터로 분리 (8-)
```

```
X_test = features[["Area","Locality","Price"]].values[8:]
Y_test = features["Buy"].values[8:]
```

이제 이 훈련 데이터에 로지스틱회귀 모델을 적용해보자. 그리고 훈련된 모델로 두 테스트 점들에 대해 예측해보자(리스트 2.11을 보라).

리스트 2.11 데이터에 로지스틱회귀 모델을 적합시키기

```
from sklearn.linear_model import LogisticRegression

model = LogisticRegression()
model.fit(X_train, Y_train)

# 테스트 데이터에서 예측
Y_pred = model.predict(X_test)

# 예상값 출력
print(Y_test)

# 예측값 출력
print(Y_pred)

# 마지막 2점들은 테스트 데이터로 (8-)
X_test = features[["Area","Locality","Price"]].values[8:]
print(Y_test)
```

결과는 다음과 같다.

```
[1 0]
[1 0]
```

대단히 제한적인 데이터로부터 꽤 좋은 결과를 얻었다. 그러나 로지스틱회귀는 데이터의 비선형 관계는 담아내지 못한다는 한계를 지니고 있다. 예를 들어 만일 그림 2.16에 나타

낸 것 같은 결정 경계를 구하고 싶다면, 로지스틱회귀는 도움이 안 된다.

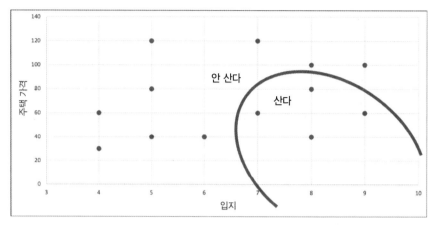

그림 2.16 비선형 결정 경계

이 결정 경계는 변수들 간에 비선형 관계를 가지고 있으므로 고급 분류 방법이 사용돼야 한다. K-평균, 결정 트리, 랜덤 포레스트 및 더 복잡한 신경망 등이 그것이다.

더 큰 데이터셋의 분석

이제 다른 분류 방법을 배우기 위해 더 큰 데이터셋을 갖는 더 복잡한 예를 살펴보자.

사용할 데이터셋은 UCI에 공개돼 있는 와인 품질 데이터셋^{Wine Quality Dataset}이다. 데이터 셋의 특성 열들은 여러 와인들의 회분^{Ash}, 알코올^{Alcohol} 등 같은 여러 가지 화학적 속성들 이다. 결과 또는 종속변수는 와인의 표본을 추출해 전문가가 판정한 와인의 등급이다. 각 행은 각종 와인들이며 등급은 전문가의 의견에 따라 결정된다. 와인 전문가의 전문 지식 을 매핑해 등급을 특성들의 함수로 표현하는 모델을 구축하고자 한다. 그림 2.17은 데이 터셋의 샘플을 보여준다.

fixed acidity	volatile acidity	citric acid	residual sugar	chlorides	free sulfur dioxide	total sulfur dioxide	density	pH	sulphates	alcohol	QUALITY
7.4	0.7	0	1.9	0.076	11	34	0.9978	3.51	0.56	9.4	5
7.8	0.88	0	2.6	0.098	25	67	0.9968	3.2	0.68	9.8	5
7.8	0.76	0.04	2.3	0.092	15	54	0.997	3.26	0.65	9.8	5
11.2	0.28	0.56	1.9	0.075	17	60	0.998	3.16	0.58	9.8	6
7.4	0.7	0	1.9	0.076	11	34	0.9978	3.51	0.56	9.4	5
7.4	0.66	0	1.8	0.075	13	40	0.9978	3.51	0.56	9.4	5
7.9	0.6	0.06	1.6	0.069	15	59	0.9964	3.3	0.46	9.4	5
7.3	0.65	0	1.2	0.065	15	21	0.9946	3.39	0.47	10	7
7.8	0.58	0.02	2	0.073	9	18	0.9968	3.36	0.57	9.5	7
7.5	0.5	0.36	6.1	0.071	17	102	0.9978	3.35	0.8	10.5	5
6.7	0.58	0.08	1.8	0.097	15	65	0.9959	3.28	0.54	9.2	5
7.5	0.5	0.36	6.1	0.071	17	102	0.9978	3.35	0.8	10.5	5
5.6	0.615	0	1.6	0.089	16	59	0.9943	3.58	0.52	9.9	5
7.8	0.61	0.29	1.6	0.114	9	29	0.9974	3.26	1.56	9.1	5
8.9	0.62	0.18	3.8	0.176	52	145	0.9986	3.16	0.88	9.2	5
8.9	0.62	0.19	3.9	0.17	51	148	0.9986	3.17	0.93	9.2	5
8.5	0.28	0.56	1.8	0.092	35	103	0.9969	3.3	0.75	10.5	7
8.1	0.56	0.28	1.7	0.368	16	56	0.9968	3.11	1.28	9.3	5
7.4	0.59	0.08	4.4	0.086	6	29	0.9974	3.38	0.5	9	4
7.9	0.32	0.51	1.8	0.341	17	56	0.9969	3.04	1.08	9.2	6
8.9	0.22	0.48	1.8	0.077	29	60	0.9968	3.39	0.53	9.4	6
7.6	0.39	0.31	2.3	0.082	23	71	0.9982	3.52	0.65	9.7	5
7.9	0.43	0.21	1.6	0.106	10	37	0.9966	3.17	0.91	9.5	5
8.5	0.49	0.11	2.3	0.084	9	67	0.9968	3.17	0.53	9.4	5

그림 2.17 와인 품질 데이터셋 샘플

전체 데이터셋에는 11개의 특성 열과 와인 품질을 나타내는 1개의 결괏값 열이 있다. 데이터셋의 전체 레코드 수는 1,599개이다. 다른 분류 방법을 사용해 와인 등급을 예측하는 모델을 만들어보자(리스트 2.12를 보자).

리스트 2.12 와인 품질 데이터셋을 판다스 데이터프레임으로 로드하기

```
# 판다스(Pandas)는 데이터의 로드와 조작을 위해 가장 선호되는 도구다
import pandas as pd
# csv 파일을 읽고 레코드들을 표시하기
features = pd.read_csv('data/winequality-red.csv')
features.describe()
```

	fixed acidity	volatile acidity	citric acid	residual sugar	chlorides	free sulfur dioxide	total sulfur dioxide	density	pH	sulphates	alcohol	quality
count	1599.000000	1599.000000	1599.000000	1599.000000	1599.000000	1599.000000	1599.000000	1599.000000	1599.000000	1599.000000	1599.000000	1599.000000
mean	8.319637	0.527821	0.270976	2.538806	0.087467	15.874922	46.467792	0.996747	3.311113	0.658149	10.422983	5.636023
std	1.741096	0.179060	0.194801	1.409928	0.047065	10.460157	32.895324	0.001887	0.154386	0.169507	1.065668	0.807569
min	4.600000	0.120000	0.000000	0.900000	0.012000	1.000000	6.000000	0.990070	2.740000	0.330000	8.400000	3.000000
max	15.900000	1.580000	1.000000	15.500000	0.611000	72.000000	289.000000	1.003690	4.010000	2.000000	14.900000	8.000000

그림 2.18 와인 데이터프레임의 요약

우선 "features" 데이터프레임을 X와 Y 프레임으로 분리한다. 그런 다음 다시 훈련 프레임과 테스트 프레임으로 나눈다. 앞의 예와는 다르게 이제는 내장함수를 사용해 데이터를 훈련과 테스트의 비율이 80-20이 되도록 무작위로 섞어^{shuffle} 분리한다(리스트 2.13을 보자).

리스트 2.13 데이터를 분할해 훈련 데이터셋과 테스트 데이터셋을 만드는 코드

```
# X들과 Y를 분리
X = features # all features
X = X.drop(['quality'],axis=1) # remove the quality which is a Y
Y = features[['quality']]
print("X features (Inputs): ", X.columns)
print("Y features (Outputs): ", Y.columns)


X features (Inputs):
[ ' fixed acidity ' , ' volatile acidity ' , ' citric acid ' , ' residual sugar ' ,
' chlorides ' , ' free sulfur dioxide ' , ' total sulfur dioxide ' , ' density ' ,
' pH ' , ' sulphates ' , ' alcohol ' ]

Y features (Outputs): [ ' quality ' ]

from sklearn.model_selection import train_test_split
# 데이터를 데이터셋과 테스트 데이터셋으로 분할-> 80-20 분할
X_train, X_test, Y_train, Y_test = train_test_split(X, Y,test_size=0.2)
print("Training features: X", X_train.shape, " Y", Y_train.shape)
print("Test features: X", X_test.shape, " Y", Y_test.shape)
```

결과는 다음과 같다.

```
Training features: X (1279, 11) Y (1279, 1)
Test features: X (320, 11) Y (320, 1)
```

데이터를 우선 X와 Y 데이터프레임으로 나눈다. X는 11개의 입력 특성을 가지며 Y는 예

측하고자 하는 한 개의 출력, 즉, 와인 등급이다. 이것들을 1,279개의 훈련 데이터와 320개의 테스트 데이터로 분할한다. 훈련 데이터는 분류 모델을 구축하는 데 사용하고 테스트 데이터는 성능을 비교하는 데 사용한다.

정확도에 대한 측도: 정밀도 및 재현율

훈련을 시작하기 전에 사용할 측도^{metric}에 대해서 얘기해보자. 측도는 다른 알고리즘 및 모델들을 비교하고 어떤 것이 더 정확한지 비교하기 위해 대단히 중요한 것이다. 또한 하이퍼파라미터를 조정함으로써 예측 성능을 크게 개선할 수 있는데, 이 경우 이것을 다시 측정하고 비교해야 한다.

머신러닝 모델의 성능은 보통 정밀도^{Precision} 및 재현율$^{Recall Rate}$, 두 개의 측도를 사용해서 측정된다. 그림 2.19와 2.20이 이 두 가지 측도를 설명해준다.

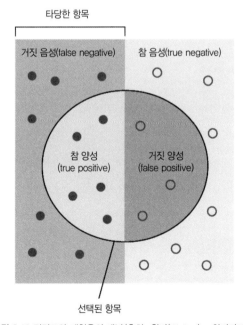

그림 2.19 정밀도와 재현율의 개념(출처: 월버(Walber) – 위키피디아)

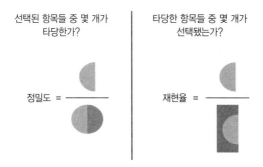

선택된 항목들 중 몇 개가
타당한가?

타당한 항목들 중 몇 개가
선택됐는가?

정밀도 =

재현율 =

그림 2.20 정밀도와 재현율 공식(출처: 월버(Walber) – 위키피디아)

정밀도^Precision는 사람들이 보통 정확도라고 부르는 것이다(그러나 정확도^Accuracy라는 측도가 별도로 있으므로 여기서는 구별해줘야 한다). 만일 우리가 다트 게임을 하고 있고 4번의 시도 중에서 3개가 과녁 중심에 맞았다면, 우리의 정밀도는 3/4 또는 0.75 또는 0.75%이다. 이것은 정확도의 측도로서 우리가 일상 생활에서 사용하는 것이다.

재현율^Recall rate은 조금 복잡하다. 이것은 데이터셋에 포함된 타당한 항목들 전체 중에서 타당한 항목을 얼마나 많이 찾아내는가와 관련된 것이다. 정밀도와 재현율은 서로 충돌한다. 즉, 재현율을 높이려면 정밀도를 낮춰야 한다.

예를 들어 당신이 〈콜 오브 듀티^Call of Duty〉 같은 슈팅 게임을 하고 있다고 생각하자. 5명의 적군을 마주한 전투 지역에 와 있다고 하자. 3발을 발사해서 적군 3명을 쓰러트렸다. 이때 정밀도는 3발 중 3발 명중이므로 100%다. 그러나 아직 문제를 해결한 것이 아니다. 아직 당신을 쓰러트릴 수 있는 적군 2명이 남아 있다. 따라서 문제를 완전히 해결하지 않는 한, 정밀도가 높은 것은 정말로 도움이 되지는 않는다. 이것이 정밀도 하나만으로는 부족하며 다른 측도, 즉 재현율이 필요한 이유다.

이 시나리오에서 당신의 재현율은 3/5 즉 60%이다. 정밀도는 당신이 얼마나 잘 쏘는가에 초점을 맞추는 반면 재현율은 문제가 실제로 해결됐는가에 초점을 맞춘다. 이제 총을 3번 더 쐈다고 해보자. 첫 발은 빗나갔고, 나머지 두 발은 모두 맞췄다. 정밀도는 선택한 항목들이 얼마나 많이 적절했는지 알려준다. 6발 쏘아서 5발이 적절했다. 당신의 정밀도는 5/6, 즉 83%다. 재현율은 적절한 항목 몇 개가 선택됐는가를 알려준다. 5명의 적군들 가운데 5명이 맞았다. 따라서 재현율은 100%다. 이 예에서는 재현율을 높이기 위해 정밀 도를 희생했다.

이 측도들을 참^{true}/거짓^{false}, 양성^{positive}/음성^{negative}을 써서 생각해보자.

3발을 발사한 첫 번 경우에서, 참 양성(목표물을 맞춘 사격)은 3이었고, 거짓 양성(빗나감)은 0이었으므로, 정밀도^{precision}는 100%다. 정밀도의 공식은 다음과 같다.

```
Precision = True Positives / (True Positives + False Positives)
```

재현율의 공식은 다음과 같다.

```
Recall = True Positives / (True Positives + False Negatives)
```

게임 〈콜 오브 듀티〉에서는

```
True Positives = 적을 맞춘 사격 횟수
False Positives = 빗나간 사격 횟수
False Negatives = 총에 맞지 않은 적군 수
```

알겠지만 거짓 음성은 환경의 특성과 관련되며, 반면 참/거짓 양성은 사격 실력을 측정 한다. 만일 당신이 모든 적군을 제거하고 싶다면 당신의 사격 정밀도가 떨어지는 것을 감 수하고라도 총을 더 많이 쏴야 한다.

3발의 총을 더 쏴서 2명은 잡고 1명은 놓친 경우 새로운 측도는,

```
Precision = 5/(5+1) = 83.3%

Recall = 5/(5+0) = 100%
```

당신은 더 많은 적을 없애기 위해 정밀도를 희생해 재현율 100%를 달성했다. 데이터 과학자로서 이러한 상황을 자주 맞이하게 된다. 높은 정밀도를 달성하는 것만으로는 충분치 않다. 주어진 문제를 해결하는 데 초점을 맞춰야 한다.

이제 다시 분류 머신러닝 모델을 구축하는 문제로 돌아가자. 이것은 좀 더 널리 사용되는 머신러닝의 응용 사례이며, 여기서는 특정 클래스로서의 결과를 예측한다. 나중에 보게 될 대부분의 딥러닝 기법 역시 분류 모델이며, 다만 더 복잡할 뿐이다.

분류 방법의 비교

우선, 로지스틱회귀를 사용해 와인 품질 데이터를 분류해보자. 와인이 종류별로 잘 구분돼 있으므로, 모델 평가를 위한 주 측도로서 정밀도를 사용한다. (X_train, Y_train)으로 훈련하고 (X_test, Y_test)로 모델을 평가할 것이다. 모델을 구축하고 X_test에 대해 예측한 후 예측치를 예상값(참값)과 비교할 것이다. 참값 ground truth 은 모델이 예측해야 하는 예상값으로 여기서는 Y_test다.

딥러닝 같이 더 복잡한 기법에서는 이미지 같은 비정형 데이터 unstructured data 를 다룰 때 참값은 일반적으로 사람이 데이터로부터 판독한 것을 의미한다. 예를 들어 펩시 콜라와 코카 콜라 로고가 포함된 이미지들을 분리하고 싶다고 하자. 이 이미지들을 보고 어느 것에 어느 로고가 들어 있는지 표시하게 할 사람이 필요하다. 이와 똑같은 예를 5장에서 논의할 것이다. 현재 예에서는 Y_test로 정의되는 확실한 참값을 가지고 있다. 리스트 2.14를 보자.

리스트 2.14 와인 품질 데이터셋에서의 로지스틱회귀 분류기

```
from sklearn.linear_model import LogisticRegression
# 모델 구축
model = LogisticRegression()
# 훈련 데이터에 적합시키기
```

```
model.fit(X_train, Y_train)
# X_test에 대해서 Y값 예측하기
Y_pred = model.predict(X_test)
# Y_test와 비교하고 정밀도를 기록
print("Precision for Logistic Regression: ", precision_score(Y_test, Y_
pred, average='micro'))
```

결과는 다음과 같다.

Precision for Logistic Regression: 0.590625

로지스틱회귀를 사용해 정밀도가 60%인 분류기를 만들었다. 이제 알고리즘을 약간 더
추가해 모델을 만들어 보자.

우선 K-근접 이웃^{KNN, K-Nearest Neighbors} 분류기를 사용할 것이다. 이것은 매우 단순한 분
류기다. KNN은 K개의 가장 가까운 이웃들을 기반으로 예측하도록 학습한다. 새로운 점
이 주어지면, 그 점과 가장 가까운 K개의 점들의 소속 클래스를 기반으로 새로운 점의 소
속 클래스를 예측한다. 리스트 2.15를 보자.

리스트 2.15 와인 품질 데이터셋에서의 K-근접 이웃 분류기

```
from sklearn.neighbors import KNeighborsClassifier
# KNN 모델 훈련
model = KNeighborsClassifier(n_neighbors=20)
model.fit(X_train, Y_train)
# X_test에 대한 예측
Y_pred = model.predict(X_test)
# Y_test와 비교
print("Precision for KNN: ", precision_score(Y_test, Y_pred,
average='micro'))
```

결과는 다음과 같다.

Precision for Logistic Regression: 0.496875

KNN은 훈련 데이터 전체를 보며, 각 신규 점에 대해서 가장 근접한 이웃 점들을 기반으로 점수를 낸다. KNN은 일반적으로 시간이 꽤 많이 걸리며, 최고의 정확도가 나오지 않을 수도 있다. 다른 알고리즘을 살펴보자.

이제 결정 트리$^{\text{Dcision Tree}}$라고 하는 널리 사용되는 알고리즘을 살펴보자. 이름이 말해주듯이 이 방법은 데이터를 클래스로 분리하게 해주는 결정 트리를 구축한다. 각 분기점^{branch}에서는 특정 특성에 해당하는 결정을 한다. 예를 들어 그림 2.21처럼 기본적인 예측을 하는 간단한 트리가 있다고 하자. 이 예는 매우 단순하지만 현실에서 CART$^{\text{Classification And}}$ $^{\text{Regression Tree}}$ 같은 알고리즘은 훈련 데이터가 잘 분리되도록 특성들의 여러 가지 다른 조합들을 시도해본다.

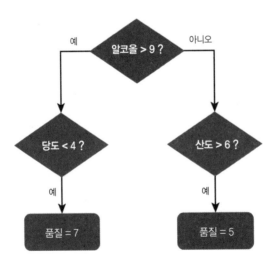

그림 2.21 결정 트리의 예

다행히도 대부분의 머신러닝 라이브러리에는 결정 트리 알고리즘들이 잘 구현돼 있어 자세한 내용을 몰라도 사용할 수 있다. 리스트 2.16은 파이썬에서 호출하는 방법을 보여준다.

리스트 2.16 와인 품질 데이터셋에서의 결정 트리 분류기

```
from sklearn import tree
from sklearn.metrics import precision_score
# 결정 트리 모델 구축
model = tree.DecisionTreeClassifier()
# 모델을 훈련 데이터에 적합시키기
model.fit(X_train, Y_train)
# 테스트 데이터셋에 대한 예측
Y_pred = model.predict(X_test)
# 예측에 대한 정밀도 계산
print("Precision for Decision Tree: ", precision_score(Y_test, Y_pred,
average='micro'))
```

결과는 다음과 같다.

```
Precision for Decision Tree:  0.59375
```

리스트 2.17의 코드를 사용해 결정 트리 전체를 구축하고 시각화할 수 있다. 약간 복잡하기는 하지만 결정 트리를 시각화하고 싶다면 이 리스트처럼 하면 된다.

리스트 2.17 와인 품질 데이터셋에 대한 결정 트리 시각화

```
from sklearn.tree import export_graphviz
# dot 파일 형식으로 저장
export_graphviz(model,
                out_file='tree.dot',
                feature_names = X_train.columns,
                class_names = str(range(6)),
                rounded = True, proportion = False,
                precision = 1, filled = True)
```

이 코드는 **tree.dot** 파일을 생성하며 다음과 같은 명령을 써서 PNG 파일로 변환해야
한다.

```
>> dot -Tpng tree.dot -o tree.png
```

변환에 의해 생긴 **tree.png** 파일은 그림 2.22와 같다. 이 그림은 전체 그림의 20%만 보
여준다. 그림을 그려 보면 결정 트리가 데이터를 어떻게 나누는지 볼 수 있다.

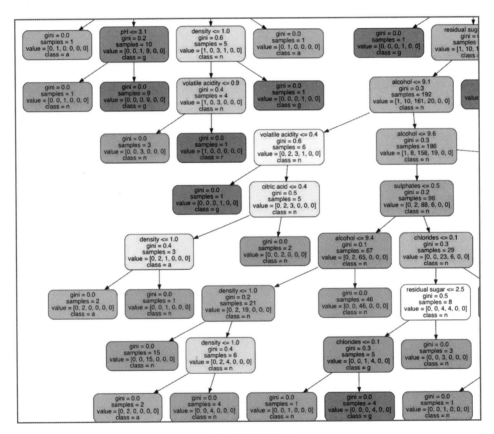

그림 2.22 결정 트리 예

머신러닝 모델의 측도 얘기로 돌아가면 이 결정 트리의 정밀도는 KNN보다는 높지만 아직도 충분히 높은 것은 아니다. 일반적으로 로지스틱회귀, KNN 그리고 결정 트리 같은 직접적인 머신러닝 기법은 주택 가격 사례처럼 데이터가 매우 단순하지 않다면 분류 성능이 낮다. 정확도를 높이려면 다른 방법을 생각해봐야 한다.

앙상블 방법Ensemble Method이라고 하는 자주 사용되는 기법이 있다. 이 기법은 많은 약분류기weak classifier들의 예측을 결합해 강분류기strong classifier를 구축하는 방법이다. 결정 트리에 앙상블 기법을 적용하면 랜덤 포레스트Random Forest라고 하는 새로운 알고리즘이 된다. 랜덤 포레스트의 개념은 특성들의 부분집합과 데이터의 부분집합을 랜덤하게 선택한다. 이 축소된 데이터를 가지고 결정 트리를 만든다. 특성과 행들의 부분집합으로 여러 개의 결정 트리를 구축하고, 그 결과들을 종합해 예측을 한다. 이 종합은 분류기인 경우 최빈값mode(가장 많이 예측되는 클래스)일 수도 있다. 회귀 모델을 구축하기 위해 랜덤 포레스트를 사용할 수도 있으며 이 경우 각 트리 출력의 평균을 구한다.

예제 데이터에 랜덤 포레스트를 적용해보자. 싸이킷런 같은 라이브러리를 사용하면 랜덤 포레스트를 적용하는 것이 매우 간단하다(리스트 2.18).

리스트 2.18 와인 품질 데이터셋에서의 랜덤 포레스트 분류기

```
from sklearn.ensemble import RandomForestClassifier
# 100개의 랜덤 트리를 갖는 모델을 구축한다
model = RandomForestClassifier(n_estimators=100)
# 훈련 데이터 적용
model.fit(X_train, Y_train)
# 테스트 데이터에 대한 예측
Y_pred = model.predict(X_test)
# 정밀도 출력
print("Precision for Random Forest: ", precision_score(Y_test, Y_pred,
average='micro'))
```

결과는 다음과 같다.

```
Precision for Random Forest:  0.740625
```

앙상블 기법을 사용해 훨씬 좋은 정밀도를 얻었다. 앙상블 기법은 트리에만 국한되지 않으며 다른 알고리즘들로도 결과들을 결합해 분류기 대열을 만들 수 있다.

앞의 예제에서는 결과를 비교하기 위한 측도로서 테스트 데이터에 대한 정밀도를 사용했다. 각 클래스별로 데이터가 상당히 있는 경우였기에 재현율^{recall}에 대해서는 신경 쓰지 않았다는 점을 기억하자. 재현율이 중요해지는 이상치^{anomaly} 또는 희소 항목$^{rare\ item}$ 탐지는 없었다.

편향 대 분산: 미적합 대 과적합

이제 머신러닝 모델의 오차 원인에 대해 논의해보자. 오차는 편향^{bias} 또는 분산^{variance}으로 인해 발생할 수 있다. 기본적인 예를 사용해 편향과 분산을 이해해보자.

다트 보드에 다섯 개의 다트를 던져야 한다고 생각해보자. 첫 번째로 시도한 결과는 그림 2.23과 같다.

그림 2.23 좌측 상단으로 큰 편향을 보이는 슈팅 결과

보드의 좌측 상단에 아주 잘 맞았다. 그렇지만 타깃의 중심으로부터 아직 멀리 떨어져

있다. 이것이 큰 편향high bias의 경우다. 특정 지점을 향에 편향돼 있으며 타깃에 가까워지기 위해서는 이 편향을 줄이도록 노력해야 한다. 던진 횟수(X들)와는 관계없이, 계속해서 유사한 Y가 나올 것이다.

이제 자세를 고쳐 잡고 몇 번 연습을 했다. 그리고는 다섯 개의 다트로 다시 시도해본다. 그림 2.24와 같은 결과가 나왔다고 하자.

그림 2.24 보드 전역에 걸쳐 큰 분산을 보이는 슈팅 결과

더 이상 좌측 상단으로 편향되지는 않고 있지만, 다트가 보드 전체에 걸쳐 넓게 퍼져 있다. 따라서 슈팅 결과에는 큰 분산이 존재하며 이것이 큰 분산high variance의 경우다.

이제 목표를 겨냥하는 연습을 몇 시간 더 한 후에 마침내 타깃에 제대로 맞기 시작한다. 지금껏 편향과 분산을 조정해 타깃에 맞기 시작하는 것이다. 분산과 편향이 양립되지 않는 것처럼 보이지만, 최적해를 얻을 수 있도록 두 가지 모두를 조정하는 방법이 있으며, 여기서는 타깃 중심에 모두 명중시키는 것이다(그림 2.25 참조).

그림 2.25 타깃 중심에 명중하도록 편향과 분산을 조정하기

실제 데이터를 가지고 예를 살펴보자.

로지스틱회귀의 경우를 가지고 설명하겠다. 이제는 테스트 데이터에 대한 정밀도만 사용하는 대신 훈련 데이터와 테스트 데이터 모두에 대해 정밀도를 구할 것이다. 리스트 2.19를 보자.

리스트 2.19 와인 품질 데이터셋에서의 로지스틱회귀 분류기

```
from sklearn.linear_model import LogisticRegression
# 로지스틱회귀 모델의 구축
model = LogisticRegression()
# 모델을 데이터에 맞춘다
model.fit(X_train, Y_train)
# 훈련 데이터에 대한 예측 및 정밀도
Y_pred = model.predict(X_train)
print("Precision for LogisticRegression on Training data: ", precision_
score(Y_train, Y_pred, average='micro'))
# 테스트 데이터에 대한 예측 및 정밀도
Y_pred = model.predict(X_test)
print("Precision for LogisticRegression on Testing data: ", precision_
score(Y_test, Y_pred, average='micro'))
```

결과는 다음과 같다.

```
Precision for LogisticRegression on Training data:  0.58561364

Precision for LogisticRegression on Testing data:  0.590625
```

훈련 데이터에 대한 정밀도와 테스트 데이터에 대한 정밀도가 거의 비슷하게 나왔다. 왜 이럴까? 모델을 훈련 데이터로 훈련시켰으므로, 훈련 데이터에서는 더 잘 맞아야 하지 않을까? 이것은 미적합^{undefitting}이 생긴 경우다.

미적합이란 훈련 데이터에서나 테스트 데이터에서나 모두 모델에 잘 적합되지 않았다

는 것을 의미한다. 이것은 편향이라는 머신러닝 모델의 속성 때문에 발생한다. 편향은 모델이 세우는 가정^{assumption}을 뜻하며, 편향이 크면 모델은 데이터로부터 잘 학습하지 못한다. 모델에게 어느 정도의 편향은 필요하다. 그렇지 않으면 모델은 입력 데이터의 변동성에 대해서 매우 취약해지며 불량한 데이터가 들어오면 모델이 실수를 하게 될 것이다. 그림 2.26은 편향이 커서 미적합^{underfitting}하는 모델의 예를 보여준다. 이것은 일반적으로 선형회귀 및 분류 모델에서 흔한 문제다.

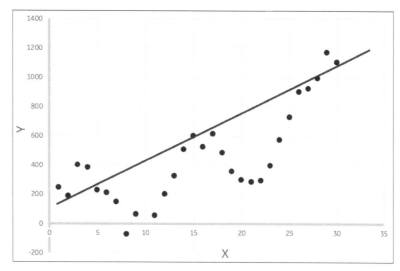

그림 2.26 데이터에 미적합하는 선형회귀 모델

이제 랜덤 포레스트(리스트 2.20 참조)의 경우를 살펴보자.

리스트 2.20 와인 품질 데이터셋에서의 결정 트리 분류기

```
from sklearn import tree
from sklearn.metrics import precision_score
# 결정 트리 분류기 모델 구축
model = tree.DecisionTreeClassifier()
# 모델을 데이터에 적합시키기
model.fit(X_train, Y_train)
# 훈련 데이터에 대한 예측 및 정밀도
```

```
Y_pred = model.predict(X_train)
print("Precision for Decision Tree on Training data: ", precision_
score(Y_train, Y_pred, average='micro'))
# 테스트 데이터에 대한 예측 및 정밀도
Y_pred = model.predict(X_test)
print("Precision for Decision Tree on Testing data: ", precision_
score(Y_test, Y_pred, average='micro'))
```

결과는 다음과 같다.

Precision for Decision Tree on Training data: 1.0

Precision for Decision Tree on Testing data: 0.634375

여기서 매우 흥미로운 사실이 눈에 띈다. 모델의 훈련 데이터에 대한 정밀도는 100%
인 반면, 테스트 데이터에 대한 정밀도는 떨어진다. 이 모델은 훈련 데이터 패턴은 극
도로 잘 학습했다. 그러나 모델이 새로운 데이터(보지 못했던 데이터)를 만나면 잘 일반화
generalize하지 못한다. 이러한 모델은 큰 분산을 가졌다고 말하며 훈련 데이터에 대해서
과적합overfitting한다.

이것은 현실 세계에서 시험 공부를 할 때 교과서 문제들을 외워서 공부한 것과 유사하다.
이런 경우, 만일 시험 문제가 교과서에서 안 나오고 다른 곳에서 나오면 답을 쓸 수 없게
될 것이다. 그보다는 교과서에서 실제 개념을 학습한다면 그 영역의 어떤 문제도 풀 수
있을 것이다. 그 지식을 쉽게 일반화할 수 있으며, 교과서에서 나오지 않은 문제라도 답
을 할 수 있다. 그것이 머신러닝 모델이 학습하는 방식이다. 우리는 테스트 데이터로서
제공하는 보지 못한 데이터에 대해서 모델이 잘 일반화하기를 원한다.

머신러닝 모델의 분산은 입력 데이터의 변동에 따라 예측을 변경할 수 있는 능력을 결정
한다. 분산이 크다는 것은 입력 데이터에 적합하기 위해 모델이 예측을 계속 변경하기
만 하고 정말로 패턴을 학습하지는 못한다는 것을 의미한다. 분산과 편향은 서로 반비례

한다. 편향을 크게 하면 분산이 작아지고 역도 성립한다. 일반적으로 데이터 과학자는 편향과 분산 간의 절충을 받아들여야 한다. 결정 트리와 랜덤 포레스트는 일반적으로 분산이 매우 크고 과적합하는 경향이 있다(그림 2.27 참조).

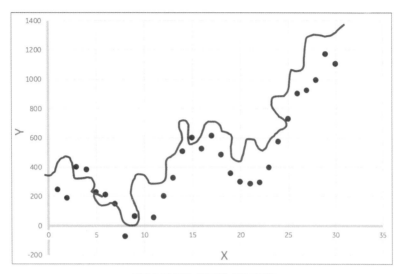

그림 2.27 훈련 데이터에 대한 과적합

일반적으로 데이터 과학자는 데이터에 적합하는 여러 모델들을 고려하며, 편향과 분산을 잘 절충하기 위해 편향과 분산을 평가한다. 선형 모델은 미적합하고 편향이 커지는 경향이 있음을 알고 있다. 주어진 데이터셋에서 여러 모델을 시험해보고 훈련 데이터와 테스트 데이터에서의 측도를 보고 모델의 성능을 평가해야 한다. 요점은 그림 2.28과 같이 데이터에 적합할 수 있는 최적 모델을 구축하는 것이다. 일반적으로 현실 세계 데이터의 속성을 고려할 때, 편향이 너무 커지지 않으면서 데이터의 모든 변동성을 포착하기 위해서는 대부분의 경우 비선형 모델이 필요하게 될 것이다.

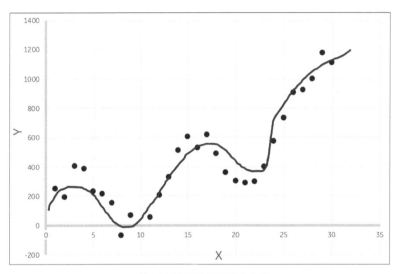

그림 2.28 적합하게 잘 훈련된 모델!

데이터 과학자가 가끔 사용하는 또 다른 선택지는 선형 모델을 사용하기는 하지만 편향 오차를 인식하고 문제에 대한 전문 지식을 사용해 그 오차를 보상하도록 하는 것이다. 예를 들어 그림 2.26에서, X값이 작을 때(X < 25라고 하자) 예측된 Y값이 실제 값보다 평균 10% 정도 높고, X값이 클 때는(X > 25라고 하자) 예측값이 실제 값보다 10% 정도 낮다는 것을 알고 있다고 하자. 이것은 선형 모델은 학습할 수 없는 비선형 관계다. 그러나 계산에 경험을 반영해, X < 25면 예측에 Y값의 10%를 더해주고, X > 25면 예측에 Y값의 10%를 빼줄 수 있을 것이다. 이러한 보정을 통해 실제 값 예측에 더 가까워질 수 있지만 특정 영역에 대한 전문 지식이 요구된다.

그러나 특성 수가 증가하고 데이터셋이 더 복잡해지면 - 특히 이미지, 텍스트, 오디오 같이 비정형 데이터의 경우 - 데이터에 더 적합하고 모든 비선형성을 잡아낼 수 있는 더 복잡한 모델을 고려해야만 하게 된다. 이것이 머신러닝에 속하는 딥러닝[DL]이라고 하는 또 다른 커다란 분야의 시작이다. 4장과 5장에서 딥러닝에 대해서 다룬다.

강화학습

마지막으로 강화학습에 대해 짧게 논하고자 한다. 우선 영화 〈어벤저스: 인피니티 워 Avengers: Infinity War〉에 대해 말해보자. 이 책을 쓰고 있는 2018년, 우리는 아직도 '타노스 Thanos'의 악명 높은 핑거스냅 이후 우리의 영웅들이 어떻게 귀환할 것인지 생각하고 있다. 하지만 내가 가장 좋아하는 어벤저스인 '닥터 스트레인지 Dr. Strange'에 대해서 얘기해보자.

영화의 마지막 전투 직전, 닥터 스트레인지는 머릿속에서 전투 결과가 어떻게 될지에 대한 시나리오를 14,000,605번 돌려본다. 그는 이 모든 시나리오 중에서 어벤저스가 타노스를 물리치는 경우가 정확히 한 번 존재한다는 것을 알아낸다. 이것이 강화학습이 하는 종류의 작업이다. 강화학습은 환경에 대응해 행동하는 에이전트 agent를 구축하며, 이 에이전트는 행동을 시뮬레이션하고 결과를 알려줄 수 있다. 따라서 시간이 흐름에 따라 에이전트는 많은 행동을 취해보고 결과들을 비교하며 어떤 행동이 만족스러운 결과를 주는지를 알아낸다. 에이전트는 장기적으로 최대의 보상 rewards을 주는 행동을 취하는 정책 policy을 학습한다. 닥터 스트레인지의 경우 그가 희망하는 결과를 가져다줄 정책은 단 하나밖에 없었다. 그러나 우리가 체스 게임을 하는 경우, 게임을 이길 수 있는 많은 방법이 존재한다.

이것을 지도학습과 비교해보자. 학습에는 지도 supervision가 존재한다. 그러나 에이전트는 여러 다른 행동들을 취함으로써 시행착오 trial and error를 통해 학습한다. 지도학습의 경우처럼 미리 준비된 유한한 크기의 훈련 데이터셋이 없다. 또 다른 강화학습 알고리즘은 주어진 환경에 대해서 행동을 취하도록 안내할 최적의 정책을 각기 다른 기법으로 훈련하고 학습한다. 강화학습의 핵심은 알고리즘이 학습할 정해진 데이터가 없다는 것이다. 그 대신 강화학습은 환경과 상호작용하고, 피드백 feedback을 기반으로 어떤 행동을 취할 것인지 학습하는 에이전트를 구축한다. 그것은 인간처럼 관측하고 의사 결정을 내릴 수 있는 시스템을 구축하는 과정이다.

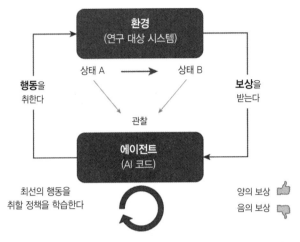

그림 2.29 강화학습의 동작 원리

강화학습은 인간의 두뇌가 학습하는 방법과 유사하기 때문에 종종 인공지능의 핵심 기법 중 하나로 여겨진다. 아이가 걷는 법을 배우는 것을 생각해보자. 아이는 일어서기 위한 여러 방법을 계속해서 시도하며, 균형을 잡고 걷는다. 방법이 틀리면 아이는 넘어지게 되는데, 이것은 기본적으로 음의 보상^{negative rewards}이다. 만일 아이가 잘해서 몇 발자국 걸으면 그것이 양의 보상^{positive rewards}이며 아이의 뇌는 그와 똑같은 행동을 재현하는 방법을 학습하게 된다. 아이가 실패할 때마다, 그 방법을 사용하지 말라고 아이에게 얘기하는 것은 음의 보상이다. 깊이 생각해보면, 아이의 뇌는 걸을 때 아무렇게나 동작을 취하는 것이 아니다. 아이의 뇌는 "경험^{experience}"으로부터 학습하며, 걷는 동안 동작하는 방법의 "정책^{policy}"을 수립한다. 이 정책은 평생 기억에 남아 있게 된다.

이와 유사하게 강화학습의 에이전트에게는 학습할 환경이 주어진다. 에이전트는 환경에 대해 행동을 취하며 이것은 환경의 상태를 바꾸고 양 또는 음의 보상을 낳는다. 학습 과정에서 취하는 행동들은 무작위적일 수 있지만 행동에 대한 장기적 보상을 고려함으로써 더 효과적으로 학습할 수 있다.

강화학습 알고리즘에는 모델 기반^{model-based}과 모델 프리^{model-free} 두 가지 유형이 있다. 이에 대해 살펴보자.

모델 기반 강화학습

이 접근법에서는 구축하려는 에이전트가 통제^{control}할 환경에 대한 모델을 직접 구축하거나 모델이 주어진다. 이 모델은 상태가 S인 환경에서 보상 R을 얻기 위해 행동 A를 취할 때 얻어지는 결과(갱신된 상태)를 알 수 있게 해준다. 여기서 모델^{model}이란 용어는 에이전트를 구축하기 위한 머신러닝 모델보다는 환경에 대해 사용된다. 이것은 환경의 동적 특성을 표현하는 수학적 모델이다. 이제 계획 알고리즘$^{planning\ algorithm}$을 사용해 임의의 상태에서 최대의 보상을 얻기 위한 최적의 행동을 찾을 수 있다. 기본적으로 각 상태에 대한 행동들의 여러 조합을 시도하고 모델을 사용해 다음 상태와 보상을 계산하고 최적의 보상 정책을 찾을 수 있다. 이것은 순수한 최적화 문제로 축약된다.

그러나 실제 세계에서 환경에 대한 정확한 모델을 만드는 것은 정말 어렵다. 대상 시스템 내부의 물리적 특성을 고려해야 한다. 그리고 고려해야 할 노이즈^{noise} 요소가 매우 많다. 상태 전이$^{state\ transitions}$와 여러 다른 행동에 대한 보상을 포함해 모든 상태들을 담아낼 수 있는 시스템 모델을 구축하는 것은 매우 비실용적이다. 그러므로 이들 기법은 제한적이며 고도로 단순화된 시스템에 대해서 유용하다.

이 개념을 좀 더 잘 이해하기 위해 간단한 비유를 생각해보자. 프레드^{Fred}는 친구인 애나^{Anna}에게 돈을 빌리려고 한다. 애나는 200달러가 있고 프레드는 얼마를 요구해도 된다. 애나는 그녀 마음속의 어떤 규칙을 기반으로 프레드의 요구를 수락하거나 기절할 것이다. 프레드는 애나의 마음이 어떻게 움직이는지 알 수 없으므로 얼마를 빌려 달라고 해야 할지 모른다.

여기서 애나를 환경 E라고 생각할 수 있다. 환경 E의 상태 S는 한 가지 변수(애나가 가지고 있는 금액)로 정의된다. 초기 상태는 애나에게 200달러가 있는 것, 즉 s0 = 200이다. 프레드는 RL 에이전트로서 환경 E에 대해서 행동 A를 취한다. 여기서 행동은 일정 금액의 돈을 빌려 달라고 요구하는 것이다. 그가 요청한 금액을 기반으로 애나는 보상 R을 제공할 것이며, 그 보상은 양수(요청을 수락)이거나 음수(요청을 거절)일 수 있다. 따라서 문제는 애나가 거절하지 않게 하면서 프레드가 얼마의 돈을 빌릴 수 있는지 알아내는 것이다. 그림 2.30은 이 개념을 나타내고 있다.

그림 2.30 강화학습을 위한 간단한 비유

모델 기반 강화학습 즉, RL은 환경 내부의 동적 특성을 알고 있는 경우에 사용된다. 이 예에서 애나가 생각하는 것을 알고 얼마를 빌려줄지 안다면 얼마를 빌려달라고 해야 할지에 대한 답은 쉽다. 애나는 잔고가 100달러 이상이면 문제가 없을 것이라고 생각한다고 하자. 프레드는 100달러까지는 요청할 수 있을 것이고 애나는 거의 확실히 수락할 것이다. 여기서 환경 E에 대한 모델이 있고 우리는 내부 움직임을 안다. 매우 단순화된 예이기는 하지만 핵심은 행동 A에 영향을 주는 환경 E에 대한 충분한 지식이 있으면 해는 간단하다는 것이다.

그러나 실제로는 그렇게 단순하지 않다. 고려해야 할 많은 변수 및 제약 조건들과 환경의 움직임에 영향을 주는 요인들이 있다. 환경에 대한 정확한 모델을 만드는 것은 대단히 어려운 일이다.

자동차 운전의 예를 생각해보자. 스로틀^{throttle} 위치와 브레이킹^{braking}을 조절해 A 지점에서 B 지점으로 운전해 갈 수 있는 에이전트를 원한다고 하자. 여기에는 너무나 많은 변수가 관여돼 있다. 실제 자동차의 운동 특성과 엔진, 브레이크, 스로틀 등 같은 부속품을 고려하고 바람에 의한 저항과 지면과의 마찰도 생각해야 한다. 보행자와 다른 차량들을 찾아서 회피할 수 있는 안전 장치들을 염두에 둬야 한다. 이 문제가 얼마나 빠르게 커지는지 알 수 있다. 이렇게 복잡한 환경을 정확히 모델링하는 것은 거의 불가능하다. 따라서 결정론적 모델^{deterministic model}보다는 다른 방법으로 에이전트를 구축해야 한다. 여기서 모델 프리^{model free} RL 에이전트가 필요해진다. 실제로도 모델 프리 에이전트는 실제 응용에 있어서 가장 널리 사용되는 RL 방법이다.

모델 프리 강화학습

이 경우는 환경에 대한 모델이 없다. 환경의 움직임에 대한 패턴을 판단하기 위해 시행착오^{trial-and-error}에 의한 접근법을 취한다. 실제 시스템 또는 시뮬레이터에서 시험하고 관측된 결과들로부터 학습한다. 시행착오를 통해 에이전트는 특정 상태들에 대한 보상을 최대화하는 행동들의 패턴을 학습한다.

프레드와 애나 예로 이 접근법을 생각해보자. 애나가 돈을 빌려줄지를 어떻게 결정하는지에 대한 지식이 없으므로, 프레드는 그림 2.31처럼 몇 가지 요구를 해보는 것 외에는 별다른 선택지가 없다.

프레드
(에이전트)

애나
(환경)

행동	보상	상태
		$200 (초기 상태)
$20 요구	수락 +	$180
$40 요구	수락 +	$140
$50 요구	**거절 −**	$140
$30 요구	수락 +	$110
$20 요구	**거절 −**	$110
$20 반환	수락 +	$130
$20 요구	수락 +	$110

그림 2.31 환경으로부터 받은 보상(또는 강화)로부터 학습하기

프레드는 애나가 무슨 생각을 하는지 모르기 때문에(또는 에이전트는 환경의 모델을 알지 못하므로), 프레드는 애나가 어떻게 반응할지 파악하기 위해 계속 행동을 취해야 한다는 것을 알 수 있다. 프레드는 처음에 20달러 또는 40달러 같이 적은 금액을 요구하기 시작해 거절당할 때까지 금액을 늘려간다. 거절당한 후에는 애나가 수락할 때까지 요청을 줄여간다. 애나가 얼마나 줄 수 있는지 알 수 있도록 20달러를 반환하고 다시 20달러를 요구하는 새로운 접근법도 시도한다.

이것이 프레드가 정책을 학습하는 과정이다. 정책이란 프레드의 행동을 이끄는 그 무엇이며, 시행착오 접근법을 통해 프레드 또는 에이전트는 좋은 행동을 하는 정책을 학습한다. SARSA[6], Q 러닝$^{Q-Learning}$ 그리고 딥 Q 네트워크$^{DQN, Deep Q Networks}$ 같은 알고리즘들은 데이터를 분석하고 좋은 정책을 학습하기 위해 각기 다른 접근법을 취한다. 알고리즘이 학습하는 방법에 영향을 주는 핵심은 탐색^{exploration}과 이용^{exploitation} 간의 절충을 하는 방법이다. 이를 좀 더 자세히 들여다보자.

- 이용^{Exploitation}은 현재 알려진 양의 보상(또는 강화)에 초점을 맞추고 같은 정책을 따라 행동을 계속하는 것을 의미한다. 따라서 만일 프레드가 40달러를 요구했을 때 양의 보상을 받았고 50달러를 요구했을 때 음의 보상을 받았다면, 그는 그것을 정책으로 학습하고 그 지점에서 멈춘다. 이러한 결과로부터, 프레드는 애나의 잔액이 140달러이면 더 이상은 빌려주지 않는다고 가정할 수 있다. 이제 프레드는 애나의 잔액이 140달러 이상이어야 한다는 엄격한 정책을 따라 같은 금액을 계속 반환하고 빌림으로써 이 정책을 계속 사용할 수 있다. 어떤 문제에서는 특히 좋은 해에 빠르게 도달할 수 있는 경우는 이용이 좋은 전략이 될 수 있다. 그러나 이 예의 경우 그렇지 않다는 것을 알 수 있다.
- 탐색^{Exploration}은 현재 정책에서 벗어나 새로운 것을 시도하는 것이다. 50달러 요구를 거절당하고 나서, 프레드는 환경을 더 탐색해 더 작은 금액인 30달러를 요

---

6 State-Action-Reward-State-Action - 옮긴이

구한다. 이번에는 수락을 받았으며 탐색 접근법이 통했다. 이제 프레드는 계속 더 탐색해 더 좋은 정책에 도달할 수 있다. 그림 2.31에서 프레드가 학습한 최종 정책은 최적이 아니라는 것을 알 수 있다. 프레드는 애나의 잔액이 110달러에 이른 후에도 10달러를 더 시도할 수 있었으며 그것은 통했을 것이다.

RL 알고리즘은 상태를 기반으로 에이전트를 위한 올바른 행동을 결정하기 위해 여러 가지 정책들을 사용할 수 있다. 예를 들면 랜덤 정책random policy은 에이전트가 랜덤 행동random action을 취하게 할 것이다. 이 경우 프레드는 애나가 그 이상은 빌려주지 않을 잔고의 임곗값threshold을 학습할 때까지 계속해서 랜덤 금액을 빌리고 반환하는 행동을 계속할 것이다. 프레드가 계속해서 돈을 빌려달라고 요구하고 가장 즉각적인 보상을 주는 행동을 선택하는 탐욕적 정책greedy policy이 또 다른 정책이 될 수 있다.

이것이 모델 프리 RL의 동작 방법이다. 에이전트는 최적 정책을 찾기 위해 여러 번의 탐색 및 이용 전략을 시도하며, 최적 정책은 앞으로의 행동을 취하는 데 이용될 수 있다. 다음으로 실제로 가장 널리 사용되는 RL 모델 프리 알고리즘 몇 가지(Q 러닝과 DQN)를 알아보자.

Q 러닝

Q 러닝의 개념은 장기적 보상을 최대화하는 정책을 선택하는 것이다. Q 러닝의 발상은 환경이 특정 상태일 때 특정 행동을 취함으로써 획득되는 장기적 보상long-term reward을 측정하는 Q 값Q-Value을 이용하는 것이다. 그러므로 Q 러닝 테이블 또는 Q 테이블Q-Table은 가능한 상태들의 수만큼의 행row을 가지며 가능한 모든 행동들의 수만큼의 열column을 갖는다. Q 테이블의 초깃값은 모든 값이 0이다. 관련되지 않은 상태 및 행동들에 대한 셀cell들은 계속 0이 된다.

이제 훈련 또는 학습 과정을 수행한다. 여기서는 처음부터 끝까지 각 시도를 수행해 각기 수집된 보상들을 찾는다. 각 시도에서, 각 상태−행동 조합에 대해 벨만 방정식Bellman equation이라는 식을 사용해 Q 값을 계산한다. 그림 2.32는 벨만 방정식을 나타낸다. 여기서는 방정식을 자세히 설명하지 않으며, 책의 말미에 참고 자료를 표시해뒀다. 개념은 벨만 방정식이 어떤 상태-행동 조합에 대해서 그 시도의 결과를 기반으로 하는 장기적 보상을 계산할 수 있게 해준다는 것이다. 이것은 반복적iterative 학습 과정이므로, 매 시도 후에 해당 상태-행동 셀에 대한 적절한 Q 값이 갱신된다.

$$Q^{new}(s_t, a_t) \leftarrow \underbrace{(1-\alpha) \cdot \underbrace{Q(s_t, a_t)}_{\text{과거 값}} + \underbrace{\alpha}_{\text{학습률}} \cdot \left(\underbrace{r_t}_{\text{보상}} + \underbrace{\gamma}_{\text{할인율}} \cdot \underbrace{\max_a Q(s_{t+1}, a)}_{\text{최적 미래 값의 추정치}} \right)}_{\text{학습된 값}}$$

그림 2.32 장기적 보상을 계산을 위한 벨만 방정식

Q 러닝을 실용적으로 더 잘 이해할 수 있도록 간단한 예를 들어보자. 점 S(출발점)에서 점 E(종착점)로 여행하는 문제가 있다고 하자. M1, M2 등으로 표시되는 중간점들을 통해 여러 가지 다른 경로로 여행할 수 있다. 각 경로를 여행하면 숫자로 표시된 보상을 얻는다. 이제 보상을 최대화할 최적의 여행 경로를 찾아야 한다. 이 문제는 그림 2.33의 마르코프 결정 과정MDP, Markov Decision Process으로 표현된다. MDP는 여러 다른 상태들과 상태 전이를 나타내는 연결들을 보여주며, 각 상태 전이에 대한 보상을 담고 있다.

MDP는 상태 S에서 상태 E로 가는 가능한 두 가지 경로를 보여준다. 이 MDP를 미리 알고 있다면 모델 기반 RL 문제가 되며 최대 보상을 주는 최적 경로를 쉽게 찾을 수 있다는 것을 기억하기 바란다. 경로 S-M2-E가 최대 보상을 주는 경로임을 볼 수 있다. 그러나 MDP를 모르며 시행착오를 통해 최적 경로를 찾아야 한다고 가정하자. Q 러닝을 적용하려 한다. 각 경로를 취해 각 상태-행동 쌍에 대해서 벨만 방정식을 사용해 Q 값을 계산할 것이다. 계산을 반복하면 이 Q 값 테이블은 갱신되며 그림 2.33과 같은 테이블을 얻게 된다.

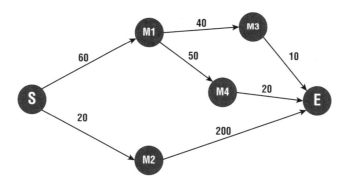

		ACTIONS						
		S to M1	S to M2	M1 to M3	M1 to M4	M2 to E	M3 to E	M4 to E
S T A T E S	S	0.85	1.2	0	0	0	0	0
	M1	0	0	0.45	0.6	0	0	0
	M2	0	0	0	0	2	0	0
	M3	0	0	0	0	0	0.1	0
	M4	0	0	0	0	0	0	0.2

그림 2.33 마르코프 결정 과정(MDP)과 Q 러닝 테이블 사례를 보여주는 예

NOTE 이 예에서 사용한 하이퍼파라미터에 대한 설명. 여기서는 학습률 0.01과 할인율 0.5를 사용했다. 할인율(discount factor)은 미래의 보상이 현재의 보상과 비교해 얼마나 중요한지 정도를 말해준다. 알겠지만 당장의 현찰이 미래의 약속된 것보다 더 중요하다. 같은 논리로 미래 보상에 대해 할인율을 적용한다.

이 문제는 매우 단순하므로 단 세 번만 시도해 Q 값을 계산하고 테이블을 갱신하면 된다. Q 테이블에서, 각 상태에 대해서 최대 Q 값을 기반으로 최선의 행동을 선택할 수 있다는 것을 알 수 있다. 따라서 시작 상태 S를 택하고 최대 Q 값을 주는 최선의 행동을 선택할 수 있다. 그것은 S–M2가 되며 그다음은 M2–E가 최적의 경로다. S–M2–E가 최대 보상이 되는 경로이며 이것을 모델 프리 방식으로 찾았다.

실제 문제에서는 고려해야 할 변수와 상태–행동 조합이 너무나 많다. 친구와 체스 게임을 하는 경우를 상상해보자. 모든 말들이 놓여 있는 초기 상태에서 시작해, 선택할 수 있는 말의 이동과 이동 조합의 수는 거의 상상을 초월한다. 친구가 무슨 생각을 하는지 알아야 하며, 그의 움직임을 예상하고 내 말을 움직여야 한다. 만일, 상대편보다 10~15회 앞서 움직임을 생각할 수 있는 (허구의 인물이기는 하지만) 셜록 홈즈^{Sherlock Holmes} 같은 천재가 아니라면, 가능한 모든 조합을 고려하는 것은 거의 불가능하다.

Q 러닝은 매우 효과적이기는 하지만 커다란 제약이 있다. Q 러닝은 컴퓨터 메모리에 들어가는 유한 크기의 테이블로 구축할 수 있는 유한 상태 집합에 대해서는 잘 수행된다. 그러나 문제가 더 복잡해지고 상태 수가 수백 개에서 수백만 개로 커지면 효과적이지 않게 된다. 특정 상태에 대한 Q 테이블의 값이 없으면 에이전트는 무슨 행동을 취해야 할지 알 수 없게 된다는 것을 쉽게 알 수 있다.

이러한 문제를 해결하기 위해 새로운 기법이 개발돼 널리 사용되고 있다. 이것을 DQN (딥 큐 네트워크)이라 한다.

DQN

앞 절에서 봤듯이 Q 러닝은 상태들의 유한 집합을 다룰 수 있다. 보지 못한^{unseen} 상태들에 대해서는 취해야 할 행동을 예측하지 못한다. 현실 시스템에서 상태 공간^{state space} 전체를 계획하고 그것을 Q 러닝 알고리즘에 공급하는 것은 대단히 어려운 일이다. 그러므로 주어진 상태-행동 조합에 대해서 Q 값을 예측하는 방법이 필요하며, 그것이 딥 큐 네트워크^{DQN, Deep Q Network}라고 하는 신경망이다.

DQN은 상태-행동 쌍의 여러 다른 조합에 대해 신경망을 훈련시키며 종속변수로서 Q 값을 구축한다. DQN은 알려진 상태들에 대한 Q 값을 예측하고 최선의 행동을 선택할 수 있다.

또 다른 문제는 상태 공간을 구축하는 것이 종종 어렵다는 것이다. 체스 게임에서 8×8 보드상의 체스 말들의 다양한 위치를 모델링하는 것은 상당히 도전적인 문제가 될 수 있다. 체스 보드 같은 입력 매체의 이미지를 제공하고 이것을 이용해 상태를 디코딩하는 기법이 널리 사용되기 시작하고 있다. 신경망은 우선 픽셀 값들의 배열인 이미지로부터 상태를 디코딩한다. 그런 다음 디코딩된 상태가 Q 값을 예측하는 방법을 학습하는 데 사용된다.

그림 2.34는 이미지를 신경망에 공급하고 Q 값 예측기를 만드는 방법을 보여준다. 신경망은 이미지들로부터 특성을 추출하기 위해 컨볼루션층convolution layer을 사용한다. 이 처리는 보드상에서 체스 말들의 위치를 알려준다. 그리고 지도학습을 사용해 예측 패턴이 학습된다. 신경망은 여러 상태-행동 조합들에 대한 Q 값을 예측하기 시작한다. 최대 Q 값을 기반으로 행동을 선택하고 말의 움직임을 계획할 수 있다.

이 분야는 연구가 활발한 분야다. 구글의 딥마인드DeepMind 같은 회사들은 복잡한 문제를 풀 수 있는 DQN을 구축하는 기법을 적극적으로 연구하고 있다. DQN의 가장 중요한 업적들 중 하나는 바둑 챔피언을 물리친 알파고AlphaGo 프로그램이다. 상태-행동 조합들이 더 많은 바둑은 체스보다 훨씬 더 복잡하지만 알파고는 이 모든 것들에 대한 최선의 행동을 예측할 수 있었다.

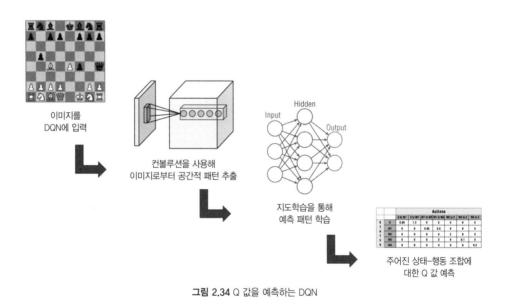

이미지를
DQN에 입력

컨볼루션을 사용해
이미지로부터 공간적 패턴 추출

지도학습을 통해
예측 패턴 학습

주어진 상태-행동 조합에
대한 Q 값 예측

그림 2.34 Q 값을 예측하는 DQN

심층 강화학습Deep Reinforcement Learning은 매우 활발하게 성장하는 분야다. 의료 진단, 로

봇, 교통 같은 분야에서 획기적인 연구 결과를 만들어낼 수 있는 더 많은 혁신이 기대된다. 물론 비디오 게임 산업은 게임에서 이 알고리즘들을 사용하는 데 있어서 선두주자들 중 하나였다.

여기까지가 강화학습에 대한 이야기다. 이제 일반적인 머신러닝 기법으로 돌아가 딥러닝에 초점을 맞춰보자.

요약

여기까지가 머신러닝에 관한 내용이다. 여러 가지 방법들과 알고리즘에 관한 개요가 전달됐기를 희망한다. 예제 코드들은 이 기법들을 데이터에 적용하는 방법을 보여줬다. 이 방법을 독자의 데이터에 사용해 흥미로운 패턴을 찾아낼 수 있기를 바란다.

머신러닝이 어떻게 비지도학습, 지도학습 그리고 강화학습으로 나눠지는지 설명했다. 비지도학습은 결과나 출력을 미리 알지 못한 상태에서 데이터로부터 패턴을 찾는 것이다. 여기에는 데이터 군집화, 차원 (또는 특성 수) 축소, 이상 탐지를 위한 알고리즘들이 포함된다. 지도학습은 새로운 데이터에 대해 예측할 수 있는 모델을 구축하기 위해 레이블이 붙은 데이터를 사용한다. 여기에는 각 데이터가 속하는 특정 클래스를 예측하는 분류 알고리즘들이 포함된다. 그 밖에도 입력 특성들을 기반으로 숫자 값을 예측하는 회귀 알고리즘들이 포함된다. 각 범주에 대해서 대표적인 알고리즘의 예들을 살펴봤다. 마지막으로 환경과 상호작용하고 취한 행동에 대한 강화(보상)를 받아 패턴을 학습하는 에이전트를 이용하는 강화학습에 대해 논의했다.

3장에서는 사용할 머신러닝 알고리즘을 결정하는 데 중요한 역할을 하는 정형 데이터와 비정형 데이터 간의 차이에 대해서 탐구할 것이다. 그리고 4장에서는 더 크고 복잡한 모델을 사용하지만 데이터에 존재하는 모든 종류의 비선형적 패턴들을 포착하는 데 훨씬 효과적인 신경망에 관해 살펴볼 것이다.

03

비정형 데이터 다루기

3장에서는 정형 데이터와 비정형 데이터의 차이점을 더 자세히 살펴본다. 데이터 유형에 따른 이러한 차이점은 흔히 어떤 류의 머신러닝 알고리즘을 선택할지를 결정한다. 비정형 데이터는 어떤 점이 다른지 그리고 올바르게 다루기 위해서 특별한 주의를 기울여야 하는 이유를 알아본다. 이미지, 동영상, 텍스트 같은 일반적인 유형의 비정형 데이터를 살펴본다. 비정형 데이터를 분석하고 지식을 추출하는 데 사용할 수 있는 기법과 도구들을 알아본다. 아울러 정형 데이터를 머신러닝 모델의 훈련에 사용할 수 있는 특성feature으로 변환하는 예를 살펴본다.

정형 데이터 대 비정형 데이터

2장에서 살펴봤듯이 머신러닝의 핵심은 모델이 데이터로부터 패턴을 학습하고 새로운 데이터에 대해 예측을 할 수 있는 좋은 데이터를 제공하는 것이다. 품질 좋은 깨끗한 데이터를 모델이 학습할 수 있는 방식으로 모델에게 제공해야 한다. 정형 데이터Structured Data란 모델이 쉽게 사용할 수 있는 상태에 있는 데이터를 말한다. 정형 데이터에는 모델에 제공하기 위해 데이터를 받는 방법에 대한 고정된 데이터 구조가 존재한다. 시간이 흐르거나 데이터가 많아져도 이 구조는 변하지 않는다. 그러므로 특성^{feature}들을 이 구조로 매핑할 수 있다. 각 데이터 포인트를 고정된 크기의 벡터로 간주할 수 있으며, 벡터의 각 차원 또는 행은 특성^{feature}을 나타낸다.[1]

그림 3.1은 정형 데이터의 두 가지 예를 보여준다. 첫 번째 표는 센서 값을 통해 얻은 시계열^{timeseries} 데이터다. 여기서는 여러 다른 시 구간에서 같은 벡터 데이터 포인트들을 얻는다. 여기서 타임 스탬프^{time stamp}는 키 또는 인덱스 필드(열)로서 고유 식별자가 된다. 데이터 수집 시스템에 오류가 없다면 동일한 타임 스탬프를 갖는 복수의 데이터 포인트는 없다.

정형 데이터의 예

센서 값: 시계열

타임 스탬프	값	품질
21/01/18 0:20	22.4	1
21/01/18 0:30	22.5	1
21/01/18 0:40	22.3	1
21/01/18 0:50	22.3	1
21/01/18 1:00	22.25	1
21/01/18 1:10	22.2	1
21/01/18 1:20	22.15	1
21/01/18 1:30	22.1	1
21/01/18 1:40	22.05	1
21/01/18 1:50	22	1
21/01/18 2:00	21.95	1
21/01/18 2:10	21.9	1
21/01/18 2:20	21.85	1

↑
키 또는 인덱스

대출 이력: 테이블 기반 또는 열 기반 데이터

고객 번호	대출 금액	기간	이자율	소득	용도
111123	5000	36 months	10.65	24000	credit_card
112333	2500	60 months	15.27	30000	car
111378	2400	36 months	15.96	12252	small_business
111866	10000	36 months	13.49	49200	other
111994	5000	36 months	7.9	36000	wedding
112121	3000	36 months	18.64	48000	car
112249	5600	60 months	21.28	40000	small_business
112376	5375	60 months	12.69	15000	other
112504	6500	60 months	14.65	72000	debt_consolidation
112631	12000	36 months	12.69	75000	debt_consolidation
112759	9000	36 months	13.49	30000	debt_consolidation
112886	3000	36 months	9.91	15000	credit_card
113014	10000	36 months	10.65	100000	other
113141	1000	36 months	16.29	28000	debt_consolidation
113269	10000	36 months	15.27	42000	home_improvement
113396	3600	36 months	6.03	110000	major_purchase
113524	6000	36 months	11.71	84000	medical
113651	9200	36 months	6.03	77385.19	debt_consolidation
113779	21000	36 months	12.42	105000	debt_consolidation
113906	10000	36 months	11.71	50000	credit_card

↑
키 또는 인덱스

그림 3.1 정형 데이터 예 – 시계열 데이터와 테이블 기반 데이터

---

1 벡터는 원칙적으로 열(column) 벡터다. 벡터의 행(row)의 수는 벡터의 차원을 나타낸다. 표에서는 행이 하나의 데이터 포인트이며 벡터다. 혼동이 올 수 있으니 주의한다. – 옮긴이

그림 3.1의 두 번째 표는 금융 기관으로부터의 대출 이력을 보여주는 테이블 기반^{Tabular}

또는 열 기반^{Columnar} 데이터다. 이 경우, 키를 사용한 빠른 검색이 가능하도록 고객 번호와 같이 고유한 키가 있는 것이 바람직하다. 그러나 같은 고객에게 두 번의 대출이 있을 수 있으며, 따라서 같은 고객 번호에 대해 두 개의 항목이 생길 수 있다. 이러한 경우에는 대출 번호처럼 고유한 키를 두는 것이 바람직하다.

이제 각 데이터 포인트가 훈련을 위해 머신러닝 모델에 공급될 수 있는 유한 길이의 숫자 벡터라는 것을 알 수 있다. 유사하게 모델이 예측 또는 추론을 목적으로 개발된 이후에도 같은 형식의 구조를 갖는 데이터를 모델에 공급할 수 있다. 훈련에 사용되는 특성들은 정형 데이터의 열들로 직접 매핑된다. 물론 아직 데이터의 정제^{cleansing}가 필요할 수도 있다.

예를 들어 시계열 데이터는 항상 데이터 수집 시스템^{DAQ, Data Acquisition System}에 의해 설정된 품질 값이 표시돼 들어온다. 만일 데이터 수집 시스템이 센서 데이터를 정확히 받으면 양호^{good}라는 품질 표시를 하며, 이 경우 1이다. 여러 입출력(I/O) 지점 센서들과 연결된 DAQ가 하나의 예가 될 수 있다. 만일 한 연결선에 이상이 생겨 신호가 DAQ 박스로 들어오지 않으면 DAQ는 불량 표시를 할 것이다. 데이터 정제 방법 중 하나는 불량인 데이터 포인트들을 모두 삭제하는 것이다.

정형 데이터의 또 다른 예로는 사용자가 웹사이트 링크를 클릭할 때마다 수집되는 클릭 스트림^{clickstream}, 웹서버에 의해 수집되는 웹사이트 통계치 기록인 웹로그^{weblogs}, 〈콜 오브 듀티〉에서 사용자의 모든 움직임과 발사한 총알들이 기록된 게임 데이터^{gaming data} 등이 있다.

이제 비정형 데이터^{Unstructured Data}에 대해 얘기해보자. 이것은 카메라에서 수집한 이미지나 동영상일 수 있다. 동영상 스트림^{video stream}은 카메라로부터 받을 수 있으며 보통 MP4나 AVI 형식으로 저장된다. 텍스트 데이터는 이메일, 웹 탐색, 제품 리뷰, 트윗, SNS 미디어 포스트 등에서 수집할 수 있다. 오디오 데이터는 휴대폰의 녹음기를 통해서 또는 소리 신호를 잡기 위해 특정 지점에 설치한 음향 센서에서 얻을 수 있다.

데이터 포인트가 고정된 구조를 따르지 않기 때문에 비정형 데이터라고 부른다. 이미지는 픽셀 값들의 배열 형태로 들어올 수 있다. 텍스트는 ASCII American Standard Code for Information Interchange 같은 특별한 인코딩 방식의 문자열로 인코딩될 수 있다. 소리는 일련의 압력 측정 값으로 들어올 수 있다. 비정형 데이터에는 고정된 구조가 없는 것이다. 예를 들어 픽셀 배열에서 직접 값을 읽는다고 그 이미지에 사람이 있는지 말할 수 없는 것이다.

비정형 데이터를 다루는 방법은 일반적으로 두 가지가 있다(그림 3.2).

- 첫 번째 방법은 비정형 데이터에서 특성feature들을 추출하는 것이다. 이 방법은 데이터 정제, 노이즈 제거, 중요 특성 찾기 등을 포함한다. 그림 3.2에서는, 비정형 데이터를 형태가 뚜렷하지 않은 커다란 덩어리 같은 것으로 본다. 이것을 정제한 후, 레고 블록과 유사한 구조화된 특성들을 추출할 수 있다. 그런 다음 이 레고 블록들을 조립해 집 같은 결과물을 만들 수 있다.

- 두 번째 방법은 종단간end-to-end 학습이라는 방법을 사용하는 것이다. 이 방법은 미리 만들어 놓은 틀에 비정형 데이터를 맞추는 것과 유사하다. 데이터 정제나 준비 같은 것이 필요 없다. 적절한 틀을 선택해 그곳에 데이터를 적합시켜 원하는 형태를 얻으면 된다. 물론 얻으려는 특정 결과가 나올 수 있는 제대로 된 틀이 필요하다. 종단간 모델에서는 딥러닝이 빛을 발한다. 여기서 틀은 모델 구축을 위해 사용되는 적절한 딥러닝 아키텍처와 비슷하다. 딥러닝은 빠른 속도로 표준이 돼 가고 있다. 컨볼루션 신경망CNN, Convolutional Neural Networks이라는 딥러닝 아키텍처는 이미지와 동영상 관련 작업을 위한 표준으로 받아들여지고 있다. 유사하게 텍스트 데이터와 음성 데이터는 입력 데이터가 시퀀스 형태로 들어오므로, 보통 순환 신경망RNN, Recurrent Neural Networks이 채택된다. 딥러닝 기법에 대해서는 4장과 5장에서 자세히 다룰 것이다.

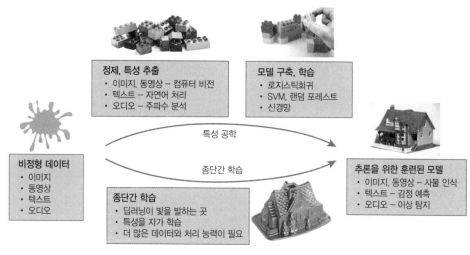

그림 3.2 비정형 데이터를 다루는 두 가지 방안

현실에서는 두 가지 방법 중 어느 것을 사용해도 해결책을 찾지 못할 수 있다. 종단간 접근법이 좋아 보이지만 모든 경우에 통하는 것은 아니다. 요건과 데이터 유형에 가장 적합한 접근법을 찾기 위해 시행착오를 겪어야 할 것이다. 때로는 혼성적 접근법을 사용해야 할 수도 있다. 데이터를 어느 수준까지 정제한 후에 딥러닝 모델에 공급해야 할 수도 있다. 시퀀스 데이터에는 RNN이 가장 우수하지만 얼마간의 전처리preprocessing를 거쳐 CNN을 사용할 수도 있다. 방법 또는 방법들의 조합은 일반적으로 문제의 영역에 따라 달라지며, 그래서 데이터 과학자의 경험이 필요한 것이다. 우선은 비정형 데이터의 여러 유형과 그것들을 다루기 위한 공통적인 방법을 살펴보자.

이미지 인식

컴퓨터가 이미지를 읽을 때 이미지는 보통 디지털 카메라나 스캐너로부터 가져와 컴퓨터 메모리에 디지털 형식으로 저장된다. 디지털 카메라로 사진을 찍을 때 카메라에는 장면에서 나오는 빛을 감지하는 광센서가 있으며 카메라 내부에 영상을 표현하고, 숫자 시퀀스(0과 1의 매우 긴 시퀀스)의 형태로 이미지를 저장한다. 원시 파일raw file인 경우, 2차원 이미지란 기본적으로 픽셀 값들의 행렬matrix 또는 배열array다. 여기서 각 픽셀 값은 특정 색의 세기를 나타낸다. 그러나 와인의 알콜 도수나 품질 등급 같이 사람이 읽을 수 있는 값이 아니다. 이러한 데이터를 보통 '비정형적'이라고 한다. 개별 값은 의미가 적으며 전체로서 서로를 보완해 이미지 같이 더 큰 영역의 개체를 형성한다.

먼저 컴퓨터가 비정형 데이터를 획득하고 저장하는 방법의 예를 살펴보자. 그림 3.3과 같은 손글씨 숫자 이미지가 있다고 하자. 이것은 공개된 손글씨 이미지 데이터셋(딥러닝 문제를 위한 "Hello World"로 간주된다)인 MNIST에서 가져온 이미지다. MNIST 데이터셋은 60,000개의 훈련셋training set과 10,000개의 테스트셋test set으로 구성된다. 더 큰 데이터셋인 NIST의 일부분이다. 숫자들은 크기 정규화normalization와 중심 잡기를 거친 고정 크기 이미지다. 이 데이터셋은 얀 르쿤Yann LeCun에 의해 대중에게 공개됐다. 웹사이트는 http://yann.lecun.com/exdb/mnist이다.

그림 3.3 해상도가 28×28인 손글씨 숫자의 이미지

그림 3.3의 이미지의 해상도는 28×28픽셀이다. 이것은 이미지가 컴퓨터 메모리에서 28개 행과 28개 열로 된 2차원 배열의 디지털 형식으로 표현된다는 것을 의미한다. 배열의 각 원소는 0에서 255까지의 숫자로서, 검정색 0에서 흰색 255까지 픽셀 밝기 값을 나타낸다. 150이면 회색 셀이 된다. 그림 3.4는 이 픽셀 밝기 값들이 정확히 어떤 모양을 갖는지 보여주기 위해 이미지를 확대한 것이다.

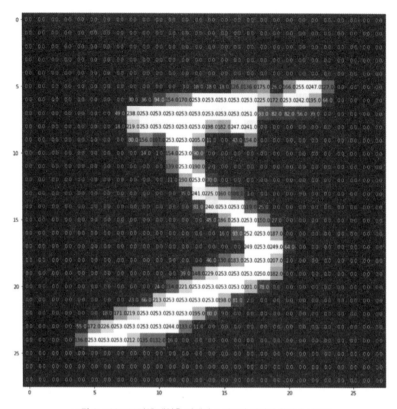

그림 3.4 28×28픽셀 배열을 자세히 보여주기 위해서 확대된 이미지

그림 3.4의 확대된 이미지에서 28×28 배열의 각 픽셀의 색 값을 자세히 볼 수 있다. 각 픽셀빌로 흰색, 검정색, 또는 회색 음영의 값이 0과 255 사이의 숫자로 나타나 있다. 그림 3.5는 원시 데이터를 보여준다.

그림 3.5는 컴퓨터가 이 이미지를 보는 방식을 보여준다. 대부분의 픽셀들이 검정색을 나타내는 0의 값을 갖는다는 것을 볼 수 있다. 흰색과 회색조grayscale 값들이 숫자 5의 패턴을 형성하고 있다. 회색조 이미지이기 때문에 픽셀 값들이 한 개의 정수로 표현된다는 것을 기억해두자. 만일 칼라 이미지였다면 픽셀 값들은 RGB 값으로 된 배열이 된다. 즉, 각 셀은 빨강Red, 초록Green, 파랑Blue 값을 갖는 배열이 될 것이다.

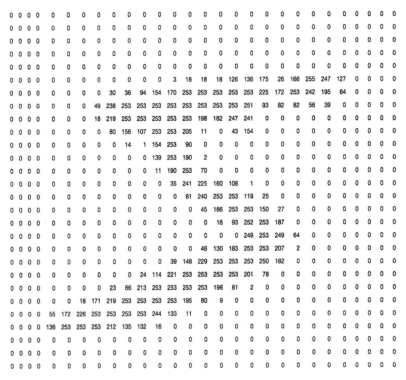

그림 3.5 픽셀 밝기 값들로 이뤄진 원시 데이터로서의 이미지 배열

컴퓨터는 0과 1만 이해한다. 이미지가 컴퓨터 메모리에 저장될 때, 픽셀 배열 값들은 139 이나 253 같은 숫자로 저장되지 않는다. 픽셀 값들은 0과 1의 시퀀스로 변환된다. 컴퓨터가 사용하는 적절한 숫자 인코딩 방법을 사용해, 각 정수는 비트(0 또는 1)의 시퀀스(보통 0부터 255의 값을 담을 수 있는 8비트의 시퀀스)로 저장된다. 그러므로 흰색에 할당된 값은 255가 최댓값이다.

그림 3.5의 배열에서 이것을 볼 수 있다. 사람의 두뇌는 놀랍게도 이러한 큰 배열에서도 패턴을 쉽게 찾는다. 그러나 컴퓨터는 픽셀 배열에서 어떻게 지식을 추출할까? 이를 위해 컴퓨터는 인간과 같은 지능을 필요로 하며, 이것은 머신러닝 알고리즘에 의해 제공된다.

이 데이터셋의 특성features은 픽셀 값들이며, 따라서 전체 특성 수는 28×28픽셀이다. 일반적인 머신러닝 알고리즘으로 예측하려는 숫자와 픽셀 값들 간의 상관관계를 구하는 것은 극도로 어려운 일이 될 것이다.

이것이 컴퓨터가 이미지를 처리하는 방법이다. 그러나 모든 이미지들을 이와 같이 큰 배열 그대로 저장하는 것은 말이 안 된다. 실제로는 커다란 배열인 이미지를 압축해 저장 장치에 최적화된 형식으로 저장한다. 이러한 압축된 저장 형식은 GIF Graphics Interchange Format, JPG/JPEG Joint Photography Experts Group 그리고 PNG Portable Network Graphics 같은 파일 확장명extension으로 알 수 있다. 이 파일들은 나름대로의 이미지 압축 및 저장 방법을 가지고 있다. OpenCV 나 PIL Python Imaging Library 같은 컴퓨터 비전Computer Vision 또는 이미지 처리Image Processing 라이브러리를 사용해 이러한 형식의 파일들을 읽고 처리에 필요한 배열로 변환할 수 있다. 몇 가지 예를 보자.

컴퓨터 비전

컴퓨터 비전Computer Vision은 이미지에 들어 있는 사물을 보는 것seeing에 관한 것이다. 우리는 이미지를 처리해 그로부터 지식을 추출한다. 직선, 사각형, 원 같은 기하학적 형태를 찾는 일을 할 수도 있다. 여러 물체의 색을 보고 그것들을 분류할 수도 있다. 추출된 지식은 그것이 색이든 기하학적 형태이든 머신러닝 모델을 훈련시키기 위한 특성들을 준비하는 데 사용될 수 있다. 그러므로 컴퓨터 비전은 커다란 이미지 배열로부터 중요한 지식을 추출할 수 있게 해준다. 몇 가지 예를 살펴보자.

가장 대중적인 이미지 처리 라이브러리인 OpenCV를 사용하고자 한다. OpenCV는 인텔에서 개발돼 오픈 소스화됐다. 현재는 opencv.org에서 오픈 소스 솔루션으로 유지 관리되고 있다. OpenCV는 C++로 작성됐으나 파이썬이나 Java 같은 다른 언어를 위한 API도 제공한다. 여기서는 물론 파이썬을 사용할 것이다. OpenCV는 웹사이트로부터 설치할 수 있다. 구글 코래버러토리Colaboratory의 노트북Notebook을 사용하면 OpenCV가 미리 설치돼 있다.

여기서는 이미지의 선처리에 도움이 되는 몇 가지 기본적인 CV 작업 단계들을 설명한다. OpenCV 웹사이트(https://docs.opencv.org/4.0.0/d6/d00/tutorial_py_root.html)에 가면 훨씬 많은 사례를 접할 수 있다.

이제 이미지를 로드하고 처리하기 위해 필요한 몇 가지 핵심적인 컴퓨터 비전 작업을 살펴보자. OpenCV에서 이 작업을 수행할 것이다. 우선 디스크에서 이미지를 읽어들이고, 화면에 표시하고, 픽셀들을 조작하면서 이미지가 어떻게 변하는지 보려고 한다(리스트 3.1을 참조하라). 위키피디아에 무상 공개된 모나리자 이미지를 사용할 것이다. 모나리자는 르네상스 시대의 이탈리아 화가 레오나르도 다 빈치의 그림이다. 이 그림은 "세상에서 가장 유명하고, 가장 많이 관람 됐으며, 가장 많이 글로 쓰이고, 가장 많은 노래가 만들어졌고, 가장 많이 패러디 된 예술 작품이다." 이 그림의 가치는 현재 거의 8억 달러에 달한다. 우리가 사용할 모나리자의 이미지는 https://en.wikipedia.org/wiki/Mona_Lisa에서 구할 수 있으며 컴퓨터에 monalisa.jpg로 저장할 수 있다. 그림 3.6을 보자.

리스트 3.1 이미지를 배열에 로드하고 크기를 변경한 후 화면에 표시하기

```python
# opencv 라이브러리를 import하고 버전을 출력
# 3.0 이상의 버전 권장
import cv2
print("OpenCV Version: ", cv2.__version__)

# numpy 라이브러리 import
import numpy as np

# matplotlib 그림 그리기 라이브러리 import
import matplotlib.pyplot as plt

# 노트북에 그림이 보이게 하기
%matplotlib inline

# JPG 이미지를 배열에 로드
my_image = cv2.imread('monalisa.jpg')
# 이미지를 BGR 에서 RGB 색 공간으로 변환
```

```
my_image = cv2.cvtColor(my_image, cv2.COLOR_BGR2RGB)

# 배열의 크기 출력
print("Original image array shape: ", my_image.shape)

# (100,100)의 픽셀 값 표시
print ("Pixel (100,100) values: ", my_image[100][100][:])

# 이미지 크기 조정
my_image = cv2.resize(my_image, (400,600))
plt.imshow(my_image)
plt.show()

# 배열의 크기 출력
print("Resized image array shape: ", my_image.shape)

# 이미지를 RGB에서 BGR 색 공간으로 변환
my_image = cv2.cvtColor(my_image, cv2.COLOR_RGB2BGR)
# 새로운 이미지를 저장
cv2.imwrite('new_monalisa.jpg', my_image)

# 이미지를 회색조 이미지로 변환하고 화면에 표시
my_grey = cv2.cvtColor(my_image, cv2.COLOR_RGB2GRAY)
print('Image converted to grayscale.')
plt.imshow(my_grey,cmap='gray')
plt.show()
```

결과는 다음과 같다.

```
OpenCV Version: 3.4.2
Original image array shape:  (1024, 687, 3)
Pixel (100,100) values:  [145 152 95]

Resized image array shape:  (600, 400, 3)

Image converted to grayscale
```

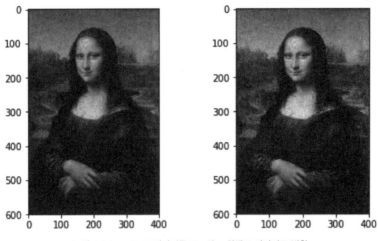

그림 3.6 OpenCV로 이미지를 로드하고 회색조 이미지로 변환

OpenCV 라이브러리(CV2)를 사용해 이미지를 로드해 배열로 만든다. 이미지를 너비 400 픽셀에 높이 600픽셀의 이미지로 크기를 변환해 맷플롯립^{Matplotlib} 라이브러리를 사용해 화면에 출력한다.

끝으로, 수정된 이미지를 new_monalisa.jpg라는 새로운 JPG 파일로 저장한다. 이 새 이미지는 400×600픽셀, 즉, 240,000픽셀을 갖는다. 각 픽셀은 세 개의 색 채널^{color channel}을 가리키는 세 개의 값을 갖는다. 빨강, 초록, 파랑을 나타내는 각 색의 값은 0과 255 사이의 정수다. 따라서 이미지의 전체 크기는 $240,000 \times 3 \times 8$ bits $= 720,000 \times 8$ bits며, 이것은 720,000바이트^{bytes} 또는 720킬로바이트(KB)다. 새로 생성된 파일(파일명 new_monalisa.jpg)을 보면 크기가 대략 124KB이다. 이것이 JPG 인코딩이 제공하는 압축 수준이다.

이 코드에서 한 가지 주목할 점은 두 개의 색 공간^{color space}을 오가면서 색을 변환한다는 것이다. 색 공간은 디지털 이미지의 색 정보를 인코딩하는 방법을 결정한다. 색을 표현하는 가장 흔한 방법은 빨강^{Red}, 초록^{Green}, 파랑^{Blue}(RGB)인 각 요소를 나타내는 세 개의 값을 사용하는 것이다. 어떤 색이든지 이 세 가지 색의 조합으로 표현될 수 있다. RGB 색 모델은 빨강, 초록, 파랑 값들을 서로 더해 광범위한 색을 표현할 수 있는 가산적^{additive}

색 모델이다. 따라서 빨강은 (255, 0, 0)으로, 초록은 (0, 255, 0)으로 그리고 파랑은 (0, 0, 255)로 표현된다. 빨강과 초록의 조합은 노랑이 되며, 초록과 파랑의 조합은 하늘색이 되며, 파랑과 빨강의 조합은 보라가 된다.

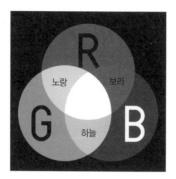

그림 3.7 RGB 색 공간(출처: SharkD, 위키피디아)

리스트 3.2는 RGB 색 공간의 가산성 원리의 몇 가지 예를 보여준다. 색들을 혼합해 새로운 색을 만들 수 있다. 검정색과 흰색은 RGB 색채널에서 모든 값이 0이거나 모든 값이 255인 양 극단 값이다. 여러 가지 값을 조합해보면서 어떤 색이 나오는지 시험해볼 수 있다. 여기서 색의 해상도resolution 또는 입상도granularity는 8비트라는 것을 기억해두기 바란다. 따라서 임의의 채널에서 색을 나타내기 위해 사용할 수 있는 최대 숫자는 255이다. 이것이 가장 보편적인 해상도다. 그러나 더 선명한 시스템은 16비드 혹은 24비트 색 해상도를 사용하며 더 많은 종류의 색을 표현할 수 있다.

리스트 3.2 RGB 가산 혼색 공간의 예

```
RED     = (255,0,0)

GREEN   = (0,255,0)

BLUE    = (0,0,255)

RED (255,0,0)  + GREEN (0,255,0) = YELLOW (255,255,0)

BLUE (0,0,255) + GREEN (0,255,0) = CYAN (0,255,255)
```

```
RED (255,0,0)  + BLUE (0,0,255)  = MAGENTA (255,0,255)

BLACK     = (0,0,0)

WHITE     = (255,255,255)
```

여러 다른 시스템에서 사용되는 여러 가지 색 공간이 존재한다. 예를 들어 OpenCV는
이미지를 읽고 저장할 때 RGB 대신 BGR 색 공간을 사용한다. 따라서 읽고 난 후 또는
올바른 형식으로 저장하기 위해서 색 공간을 변환해야 한다. 흔히 사용되는 또 다른 색
공간들 중에는 YPbPr과 HSV가 있다. YPbPr은 동영상 장치, 특히 컴포넌트 비디오 케
이블component video cable에 사용된다. HSV(색상Hue, 채도Saturation, 명도Value) 또한 실제로 느
끼는 색을 나타내는 널리 사용되는 색 공간이지만 RGB처럼 가산적이지는 않다.

이제 이미지에 리스트 3.3에서처럼 몇 가지 처리를 해보자. 우선 이미지를 회색조grayscale
또는 흑백black-and-white 이미지로 변환한다. 이미지의 일부분을 검은 직사각형으로 채
운다. 그다음은 이미지의 일부분을 잘라내고 다른 부분들을 채운다. 이것을 배열로 작업
한다. 그림 3.8은 결과를 보여준다.

리스트 3.3 이미지에서 배열 연산을 수행

```
# opencv 라이브러리를 import하고 버전을 프린트
import cv2
print("OpenCV Version: ", cv2.__version__)

# numpy 라이브러리리 import
import numpy as np

# matplotlib 그림 그리기 라이브러리 import
import matplotlib.pyplot as plt
# 그림을 notebook 내에 표시되도록 한다
%matplotlib inline

# JPG image를 배열로 읽어들인다
my_image = cv2.imread('new_monalisa.jpg')
```

```
# 이미지를 BGR에서 RGB 색 공간으로 변환
my_image = cv2.cvtColor(my_image, cv2.COLOR_BGR2RGB)

# 이미지의 좌상단에 검은색 상자를 그린다
my_image[10:100,10:100,:] = 0
plt.imshow(my_image)

# 이미지의 우상단에 빨간색 상자를 그린다
my_image[10:100,300:390,:] = 0
# 빨간 채널을 최댓값 255로 채운다
my_image[10:100,300:390,0] = 255
plt.imshow(my_image)

# 얼굴을 관심 대상 영역(roi)이 되게 함
roi = my_image[50:250,125:250,:]
# roi의 크기 조정
roi = cv2.resize(roi,(300,300))
# roi 픽셀들을 이미지 내에 그린다
my_image[300:600,50:350,:] = roi
plt.imshow(my_image)
```

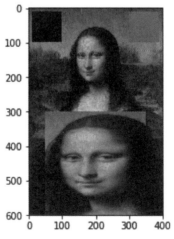

그림 3.8 이미지에 대한 배열 연산의 결과

이제 몇 가지 도형 그리기 및 텍스트 작업을 하기 위해 OpenCV의 내장함수들을 사용할 것이다. 우선, 원래 이미지의 복사본 temp_image를 메모리상에 만들고, 결과를 보여주기 위한 처리를.한다. 결과를 보여주기 위한 함수를 정의한다. 이 함수는 이미지가 표시될 때 축을 제거하고 이미지 크기를 설정한다. 리스트 3.4에서 이 작업을 보자. 그림 3.9는 결과를 보여준다.

리스트 3.4 이미지에 대한 컴퓨터 비전 연산의 수행

```
# JPG 이미지를 배열로 읽어들이기
my_image = cv2.imread('new_monalisa.jpg')
# 이미지를 BGR에서 RGB 색 공간으로 변환
my_image = cv2.cvtColor(my_image, cv2.COLOR_BGR2RGB)

# 이미지를 표시하는 함수의 정의
# 파라미터 p_image 와 p_title 를 받는다
def show_image(p_image, p_title):
    plt.figure(figsize=(5,10))
    plt.axis('off')
    plt.title(p_title)
    plt.imshow(p_image)

# 이미지의 복사본을 만든다
temp_image = my_image.copy()

# RGB 색 공간에서 파랑색 = (0, 0, 255) 직선을 그린다 - 선 굵기는 5픽셀
cv2.line(temp_image, (10,100), (390,100), (0,0,255), 5)

# 선 굵기 5픽셀인 직사각형 그리기
cv2.rectangle(temp_image, (200,200), (300,400), (0,255,255), 5)

# 원 그리기 - 선 굵기를 -1로 두면 원 내부를 채운다
cv2.circle(temp_image,(100,200), 50, (255,0,0), -1)

# 이미지에 텍스트 그리기
font = cv2.FONT_HERSHEY_SIMPLEX
```

```
cv2.putText(temp_image,'Mona Lisa',(10,500), font, 1.5, (255,255,255),
2, cv2.LINE_AA)
```

```
# 이미지를 표시하기 위해 함수 호출
show_image(temp_image,'Result 1: Draw geometry and text')
```

그림 3.9 이미지에 대한 OpenCV 연산의 결과

이제 OpenCV 함수를 사용해 이미지 정제^{cleansing} 작업을 해보자. 이 방법은 노이즈가 많은 이미지를 다룰 때 매우 편리하며, 직접 촬영한 이미지를 다룰 때 흔히 있는 일이다. 많은 경우 색에는 이미지에 대한 중요한 정보가 들어 있지 않을 수 있다. 기하학적인 형태에 관심이 있을 수 있으며 그러한 경우, 회색조 이미지로도 충분하다. 따라서 우선 이미지를 회색조로 변환하고 그것에 대해서 임계화 작업^{thresholding operation}을 수행해보자.

임계화 작업은 컴퓨터 비전에서 대단히 중요한 작업이다. 임계화 작업은 특정 값까지의 픽셀 세기를 체크하는 필터링 연산이다. 임곗값 이하의 값은 제거된다. 이런 방법으로 이미지의 밝은 부분과 같은 특정 세부 정보를 얻을 수 있다.

이 작업을 리스트 3.5에서 살펴보자. 그림 3.10은 결과를 보여준다.

리스트 3.5 이미지에 대한 컴퓨터 비전 임계화 작업을 수행

```python
# 원래 이미지의 복사본 만들기
temp_image = my_image.copy()

# 회색조로 변환
gray = cv2.cvtColor(temp_image, cv2.COLOR_RGB2GRAY)

# 여러 가지 알고리즘을 사용해 이미지에 대한 임곗값 생성
# 여기서 마지막 파라미터는 알고리즘을 나타낸다 - 픽셀 밝기가 100보다 큰지 체크
ret,thresh1 = cv2.threshold(gray,100,255,cv2.THRESH_BINARY)
ret,thresh2 = cv2.threshold(gray,100,255,cv2.THRESH_BINARY_INV)
ret,thresh3 = cv2.threshold(gray,100,255,cv2.THRESH_TRUNC)
ret,thresh4 = cv2.threshold(gray,100,255,cv2.THRESH_TOZERO)
ret,thresh5 = cv2.threshold(gray,100,255,cv2.THRESH_TOZERO_INV)

# 위의 알고리즘의 결과에 대한 제목들의 배열 지정
titles = ['Original Image','BINARY Threshold','BINARY_INV
Threshold','TRUNC Threshold','TOZERO Threshold','TOZERO_INV Threshold']
# 결과 이미지들의 배열 생성
images = [gray, thresh1, thresh2, thresh3, thresh4, thresh5]

# 이미지들의 배열을 그린다
plt.figure(figsize=(15,15))
for i in np.arange(6):
    plt.subplot(2,3,i+1),plt.imshow(images[i],'gray')
    plt.title(titles[i])
    plt.axis('off')
plt.show()
```

그림 3.10 이미지에 대한 임계화 작업의 결과

이제 이미지를 부드럽게 하고 노이즈를 제거하는 데 도움이 될 수 있는 두 가지 작업을 해보자. 컨볼루션convolution이라고 하는 처리를 사용해 필터filter 또는 커널kernel을 이미지에 적용할 것이다. 필터는 이미지를 처리하고 변환할 수 있게 특별한 구조를 가진다. 특별한 종류의 필터들을 사용해 이미지를 부드럽게smooth, 흐리게blur, 또는 선명하게sharpen 하는 작업을 할 수 있다. 이것이 포토샵Photoshop 또는 스마트폰의 사진 편집기 같은 이미지 처리 소프트웨어에서 흔히 하는 작업이다.

다음과 같은 두 가지 필터/커널을 사용하고자 한다. 이것들을 이미지 전체에 대해서 균일하게 적용하며 어떻게 이미지가 변환되는지 볼 것이다.

```
Kernel_1 = 1/9 * [  [1,1,1],
[1,1,1],
[1,1,1]]

Kernel_2 =        [  [-1,-1,-1],
[-1,+9,-1],
[-1,-1,-1]]
```

이 작용을 리스트 3.6에서 살펴보자. 그림 3.11은 결과를 보여준다.

리스트 3.6 이미지를 흐리게 또는 선명하게 하는 커널/필터의 적용

```
# 원 이미지의 복사본을 만든다
temp_image = my_image.copy()
show_image(temp_image,'Original image')

# 우선 부드럽게 혹은 흐리게 하는 커널을 적용
kernel = np.ones((3,3),np.float32)/9
result = cv2.filter2D(temp_image,-1,kernel)

# 흐리게 하는 작업을 두 번 적용해 효과를 더 잘 나타나게 한다
result = cv2.filter2D(result,-1,kernel)
result = cv2.filter2D(result,-1,kernel)
show_image(result,'Result: Blurring filter')

# 선명하게 하기 필터 적용
kernel_sharpening = np.array([[-1,-1,-1],
                              [-1, 9,-1],
                              [-1,-1,-1]])
result = cv2.filter2D(temp_image,-1,kernel_sharpening)
show_image(result,'Result: Sharpening filter')
```

그림 3.11 이미지에 2D 필터를 적용한 결과

수집된 노이즈 낀 이미지들을 이 기법을 사용해 정제할 수 있다. 부드럽게 smoothing 하기는 이미지의 원치 않는 노이즈를 제거하는 데 도움이 된다. 이미지가 너무 흐릿한 경우, 선명하게 sharpening 하는 필터를 사용해 이미지를 더 잘 보이게 할 수 있다.

자주 사용되는 또 다른 유용한 기법은 이미지에서 기하학적 정보를 추출하는 기법이다. 회색조 이미지를 선택해 그로부터 윤곽선 edge 들만 추출할 수 있다. 이 작업은 색, 명암 등 원치 않는 세부 정보를 제거하고 윤곽선에만 집중할 수 있게 해준다. 리스트 3.7은 코드를 보여주며, 그림 3.12는 결과를 보여준다.

리스트 3.7 캐니 윤곽선 검출(Canny Edge Detection) 알고리즘을 실행해 윤곽을 검출

```python
# 원 이미지의 복사본 만들기
temp_image = my_image.copy()

# 회색조로 변환
gray = cv2.cvtColor(temp_image,cv2.COLOR_RGB2GRAY)

# 캐니 알고리즘을 실행해 윤곽선 검출
edges = cv2.Canny(gray,100,255)

plt.figure(figsize=(5,10))
```

```
plt.axis('off')
plt.title('Result: Canny Edge detection')
plt.imshow(edges, cmap='gray')
```

그림 3.12 캐니 윤곽선 감지를 적용한 결과

마지막으로 이미지 데이터를 다룰 때 도움이 되는 예를 살펴보자. 앞의 예에서는 큰 이미지로부터 작은 관심 영역ROI, Region Of Interest 을 취했다. 그러나 이때는 모나리자 얼굴에 해당하는 정확한 좌표를 알고 있었다. 이제 얼굴을 직접 검출하는 기법을 알아보자. 이것은 OpenCV 라이브러리에 포함된 머신러닝 기법이다. 4장에서 머신러닝 기법에 관해 자세히 논의하겠지만, 이 방법에 대해서 잠시 논의하기로 하자.

OpenCV에는 이미지를 보고 그 안에 있는 얼굴을 자동으로 검출할 수 있는 알고리즘이 있다. 이 알고리즘을 하르 캐스케이드Haar Cascade 라고 한다. 이 알고리즘의 개념은 커다란 픽셀 배열에서 얼굴이 어떻게 보이는지에 대한 지식을 사용하려는 것이다. 이 알고리즘은 사람의 눈은 일반적으로 다른 부분보다 어둡고, 두 눈 사이 영역은 더 밝다는 등의 지식을 추출하려고 한다. 그런 다음 단위 학습기 또는 분류기의 캐스케이드를 사용해 이미지 내 얼굴의 좌표를 알아낸다. 얼굴, 눈, 귀 등의 검출을 위한 이 분류기들은 미리 훈련돼 있으며, OpenCV 깃허브(https://github.com/opencv/opencv/tree/master/data/haarcascades)에서 사용할 수 있다.

리스트 3.8에서 실제로 얼굴을 검출하는 과정을 살펴보자. 그림 3.13은 결과를 보여준다.

리스트 3.8 이미지에서 얼굴 검출을 위해 하르 캐스케이드를 사용하자.

```
# 원 이미지의 복사본 만들기
temp_image = my_image.copy()

# 회색조로 변환
gray = cv2.cvtColor(temp_image,cv2.COLOR_RGB2GRAY)

# xml 파일에서 얼굴 캐스케이드 모델 읽어들이기
face_cascade = cv2.CascadeClassifier('haarcascade_profileface.xml')

# 얼굴을 찾고 찾은 각 얼굴들 주위로 녹색 사각형 그리기
faces = face_cascade.detectMultiScale(gray,1.3,5)
for (x, y, w, h) in faces:
    roi_color = temp_image[y:y+h, x:x+w]
    # 검출된 관심 영역 roi 표시하기
    show_image(roi_color, 'Result: ROI of face detected by Haar Cascade
Classifier')
    cv2.rectangle(temp_image,(x,y),(x+w,y+h),(0,255,0),2)

# 이미지를 검출된 얼굴과 함께 표시
show_image(temp_image, 'Result: Face detection using Haar Cascade
Classifier')
```

Result: ROI of face detected by Haar Cascade Classifier

Result: Face detection using Haar Cascade Classifier

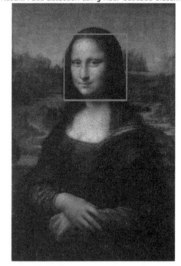

그림 3.13 하르 캐스케이드 분류기를 사용해 얼굴을 검출한 결과

이 전처리 단계들은 노이즈가 섞인 이미지를 정제하고 중요한 정보를 추출해 머신러닝 모델에 사용할 수 있게 해준다. 이미지 부드럽게 하기와 윤곽선 검출을 사용해 배경을 제 거하고 작업과 관련 있는 정보들만 모델에 제공할 수 있다. 유사하게 아이폰iPhone에서 얼 굴 인식으로 잠금을 푸는 것 같은 안면 인식 애널리틱을 구축하려고 한다고 하자. 첫 번 째 단계는 큰 이미지를 훨씬 작게 축소해 얼굴 인식 모델이 더 빠르게 처리할 수 있도록 더욱 다루기 쉬운 이미지로 만드는 것일 것이다.

OpenCV 같은 컴퓨터 비전 라이브러리에는 다양한 알고리즘과 방법이 있다. 이미지 가 포함된 데이터라면, 허프Hough 변환으로 직선 또는 원 추출, 이미지 템플릿 매칭image template matching 등 다른 방법들의 세부 내용을 살펴볼 수 있다. 이것들은 https://docs. opencv.org/4.0.0/d6/d00/tutorial_py_root.html에서 구할 수 있다.

다음으로, 동영상 데이터를 다루는 법을 살펴보겠다. 여기서도 컴퓨터 비전 기법들을 사 용할 것이다.

동영상 다루기

동영상^{video}은 기본적으로 이미지(정지 영상)를 시간적으로 나열한 것이다. 동영상은 이미지 데이터의 시계열^{timeseries} 같은 것이다. 보통 동영상에서 특정 시간의 프레임^{frame}들을 추출해 일반적인 컴퓨터 비전 또는 머신러닝 알고리즘으로 처리한다. 이 모든 이미지들을 시퀀스로 저장하면 동영상 파일이 매우 커질 것이다. 일반적인 동영상은 초당 24프레임 또는 30프레임^{fps, frame per second}이며, 이것은 매초마다 각각 24개 또는 30개의 이미지가 있다는 것을 가리킨다. 파일 크기가 얼마나 엄청나게 커질지 알 수 있다. 이래서 동영상 형식이 필요해진다.

JPG, GIF 그리고 PNG 같은 이미지 저장 형식이 픽셀 배열들을 이진 형식으로 압축하는 것과 마찬가지로, 동영상 코덱^{codec, compression and decompression}은 동영상을 만드는 이미지 시퀀스를 압축한다. 흔히 사용되는 코덱으로는 XVid, DivX 그리고 현재 가장 널리 사용되는 H.264가 있다. 이들 코덱은 최대로 압축하되 영상 품질의 손실을 최소화하도록 프레임들을 인코딩하는 방법을 정의한다.

코덱과 함께 동영상에는 사용되는 컨테이너^{container} 유형에 대한 규격^{specification}이 있다. 이것을 형식^{format}이라고도 한다. 컨테이너에는 해당 코덱으로 인코딩되는 동영상 파일의 콘텐츠^{contents}가 저장된다. 많이 사용되는 컨테이너 형식으로는 AVI, MOV 그리고 MP4가 있다. 모든 MP4 파일이 동일한 코덱으로 인코딩되는 것은 아니다. 어떤 것은 특별한 코덱이 필요하며, 따라서 파일 확장명은 .MP4로 같아도 특별한 코덱을 내려받아야 할 수도 있다. 때로는 컨테이너가 스트리밍^{streaming}을 위한 것일 수도 있다. 여기서도 유사한 코덱이 사용되며 콘텐츠가 스트리밍일 뿐이다. 이것이 유튜브나 넷플릭스가 콘텐츠를 전달하는 방법이다.

OpenCV 같은 컴퓨터 비전 라이브러리는 이러한 동영상 파일을 디코딩해 동영상을 추출하기 위한 코덱을 지원한다. OpenCV는 카메라와 같은 소스에서 나오는 라이브 스트림에 연결해 동영상을 추출할 수도 있다. 리스트 3.9의 예제 코드를 살펴보자. 이 책에서 실제 결과를 보여주기는 곤란하지만 여러분의 컴퓨터에서 예제를 실행시켜 볼 수는 있다.

리스트 3.9 처리를 위해 동영상에서 프레임 추출하기

```python
import cv2 as cv

# 비디오 캡처 객체 열기
cap = cv2.VideoCapture('sample_video.mp4')

# 프레임 카운터
counter = 0

# while the video file is open
while(cap.isOpened()):
    # 프레임 읽기
    ret, frame = cap.read()

    # 프레임 수를 표시
    counter += 1
    print(counter)

    # 프레임을 그레이스케일(회색조)로 변환
    new_frame = cv2.cvtColor(frame, cv2.COLOR_RGB2GRAY)

    # 30프레임마다 화면에 출력
    if counter%30 == 0:
        plt.imshow(new_frame)
        plt.show()

# 열었던 비디오 캡처 객체를 해제
cap.release()
```

이 코드는 동영상 파일을 읽어서 프레임(이미지)을 추출하고 프레임들을 회색조로 변환하며 30번째 프레임마다 출력한다. 초당 30프레임을 가정하면, 초당 한 프레임을 얻을 것

이다. 이미지 또는 프레임을 얻은 후, 유용한 정보를 추출하기 위해 동일한 컴퓨터 비전 알고리즘을 적용할 수 있다.

다음으로, 또 다른 흥미로운 데이터 유형인 텍스트를 다뤄보자.

텍스트 데이터 다루기

텍스트text 형식의 데이터는 우리 주변의 비정형 데이터 가운데 가장 흔한 형식이다. 우리는 종종 텍스트를 데이터 소스로 생각하지 않는다. 그러나 텍스트의 분석을 통해 우리는 여러 가지 측면, 특히 인간의 행동에 대한 풍부한 통찰을 얻을 수 있다.

여러분도 아마 이러한 경험이 있을 것이다. 언젠가 나는 구글에서 플레이스테이션 신작 게임 리뷰를 검색한 적이 있다. 그런데 검색을 하다 보니 동일한 장르의 게임들에 대한 광고들이 쏟아져 들어오고 있었다. 더 많은 게임들을 추천하는 아마존 이메일도 받았다. 내가 검색 질의를 입력하면 구글에는 검색 질의의 의미를 추출하는 알고리즘이 있어서 내가 그 제품에 관심이 있다는 것을 학습learn했다. 그리고는 유사한 제품들을 찾아서 나에게 추천하는 알고리즘으로 그 정보를 넘겼다. 이것이 현대 광고의 마술이다. 구글, 페이스북, 트위터 같은 회사들에게 광고는 주요 수입원 중 하나다. 그들은 제품 리뷰, 소셜 미디어 포스팅 그리고 트윗 등에 의해 생성되는 많은 양의 텍스트를 지속적으로 분석해 고객의 라이프스타일에 관한 가치 있는 정보를 추출한다. 대부분 이 정보는 이 데이터를 마이닝해서 가치 있는 통찰을 추출할 수 있는 제3자에게 매도된다. 텍스트 마이닝은 진보된 자연어 처리NLP 알고리즘을 사용해 텍스트에서 가치를 추출하려고 하는 회사들에서 활발하게 수행되고 있다.

텍스트 데이터 분석의 또 다른 예는 고객이 보내 온 텍스트 메시지를 이해하고 대규모 텍스트 데이터베이스에서 적절한 답을 찾아 응답하는 챗봇chatbot이다. 여기서 챗봇은 고객이 묻는 것을 이해하고 정확히 응답할 수 있을 만큼 지적이어야 한다. 많은 온라인 지원 서비스가 챗봇을 채택하고 있으며, 상대방은 이쪽이 사람이 아니라는 사실조차도 모를 수 있다. 텍스트 분석은 이메일들을 걸러서 스팸spam을 찾아내기 위해 많이 사용되고 있다. 이것은 분류 문제이며, 여기서는 메시지의 내용을 기반으로 그 메시지에 스팸인지 아닌지 레이블을 단다.

텍스트 데이터가 독특한 것은 데이터의 배열인 이미지와는 다르게 글자character들의 시퀀스로 들어온다는 것이다. 텍스트 내용은 시퀀스로 들어오며 의미 또는 내용을 도출하도록 처리돼야 한다. 컴퓨터 메모리에서 텍스트 데이터는 여러 가지 형식으로 인코딩된다. 마이크로소프트 워드처럼 독자적인 인코딩이거나 ASCIIAmerican Standard Code for Information Interchange 같은 공개적인 인코딩일 수 있다. 이제 이 텍스트 데이터 시퀀스를 분석해 의미를 추출해야 한다.

텍스트 데이터에 대한 그림 3.2에서 봤듯이, 동일한 두 가지 접근법 중 하나를 따를 수 있다. NLPNatural Language Processing 같은 특별한 텍스트 처리 기법을 사용해 데이터에서 노이즈를 제거하고 특성들을 추출할 수 있다. 또는 이러한 정보를 추출하는 것을 학습하는 딥러닝 모델에 텍스트를 벡터 형태로 입력할 수 있다.

NLP를 위해 가장 널리 사용하는 라이브러리로는 NLTKNatural Language Tool Kit가 있다. NLTK는 파이썬 언어로 작성된 것이다. NLTK는 펜실베이니아대학교 컴퓨터정보학과의 스티븐 버드Steven Bird와 에드워드 로퍼Edward Loper에 의해서 개발됐다. 이 라이브러리에 대한 자세한 내용은 https://www.nltk.org에 있다.

텍스트 데이터를 정제해 특성을 추출하는 예를 살펴보자. 4장에서는 종단간end-to-end 딥러닝 접근법의 예를 알아볼 것이다. 여기서는 순환 신경망RNN, Recurrent Neural Network을 살펴보기로 하자.

자연어 처리

자연어 처리, 즉 NLP는 텍스트 데이터를 정제하고 그로부터 유용한 정보를 추출하는 것에 관한 것이다. 텍스트의 의미를 이해하고 어떤 행동을 취할 수 있으면, 그것은 자연어 이해NLU, Natural Language Understanding라는 다른 용어로 부른다. NLP는 보통 하위 수준의 행동을 다루며, NLU는 상위 수준의 행동을 다룬다. 앞에서 논의한 챗봇이 NLU의 한 예다. 그러나 많은 경우 모든 텍스트 분석을 일반적으로 NLP라고 한다.

NLP의 몇 가지 기본 개념에 대해서 알아보자. 텍스트는 문서documents라고 하는 그룹에 저장돼 있다. 문서는 단어들을 포함하며, 이 단어들을 토큰token이라고 부른다. 문서의 토큰들을 묶어서 마침표에 의해서 분리되는 문장sentence이라고 하는 더 작은 그룹들로 나눌 수 있다. 문장이란 일반적으로 어떤 의미를 지니는 토큰들의 시퀀스이며 순차적으로 처리돼야 한다. 유사한 문서들의 모음을 말뭉치corpus라고 한다. NLP 성능을 시험할 수 있는 많은 말뭉치들을 인터넷에서 무료로 사용할 수 있다. NLTK는 로이터Reuters(뉴스), 구텐베르크Gutenberg(책) 그리고 워드넷WordNet(단어 의미) 같이 특정 내용을 담은 말뭉치들이 포함돼 있다.

아주 간단한 예를 다른 텍스트 데이터 분석에 쉽게 적용할 수 있는 NLTK 코드와 함께 살펴보자.

우선 데이터를 정제한다. 텍스트를 소문자로 변환하고 토큰화tokenize해 단어들과 문장들을 추출한다. 그런 다음 자주 출현하는 몇 가지 불용어stop word를 제거할 것이다. the, a, and 같은 불용어는 일반적으로 문장의 내용이나 의미에 보태는 것이 없다. 끝으로 가장 빈도가 높은 단어들을 확인하기 위해 빈도표를 만들 것이다. 이 작업은 주요 중요 단어들을 알려주며 내용을 요약하기 쉽게 해준다. 이러한 시도를 리스트 3.10에서 볼 수 있다.

리스트 3.10 텍스트 데이터를 정제하고 기본 정보를 추출하는 NLP 기법들

```python
import nltk

# 분석할 텍스트 문서
mytext = "We are studying Machine Learning. Our Model learns patterns
in data. This learning helps it to predict on new data."
print("ORIGINAL TEXT = ", mytext)
print('----------------------')
```

```python
# 텍스트를 소문자로 변환
mytext = mytext.lower()

# 우선, 텍스트를 단어 토큰들로 토큰화한다
word_tokens = nltk.word_tokenize(mytext)
print("WORD TOKENS = ", word_tokens)
print('----------------------')

# 필요하다면 문장들을 추출할 수도 있다
sentence_tokens = nltk.sent_tokenize(mytext)
print("SENTENCE TOKENS = ", sentence_tokens)
print('----------------------')

# 자주 출현하는 불용어들을 제거하자
stp_words = ["is","a","our","on",".","!","we","are","this","of","and",
"from","to","it","in"]
print("STOP WORDS = ", stp_words)
print('----------------------')

# 정제된 토큰들의 배열을 정의한다
clean_tokens = []

# 단어 토큰 word_tokens에서 불용어 제거
for token in word_tokens:
    if token not in stp_words:
        clean_tokens.append(token)

print("CLEANED WORD TOKENS = ", clean_tokens)
print('----------------------')

from nltk.stem import WordNetLemmatizer
lemmatizer = WordNetLemmatizer()
from nltk.stem import PorterStemmer
stemmer = PorterStemmer()

# 정제되고 표제어 추출된(lemmatized) 토큰 배열 정의
clean_lemma_tokens = []
```

```
clean_stem_tokens = []

# 단어 토큰들에서 불용어 제거
for token in clean_tokens:
    clean_stem_tokens.append(stemmer.stem(token))
    clean_lemma_tokens.append(lemmatizer.lemmatize(token))

print("CLEANED STEMMED TOKENS = ", clean_stem_tokens)
print('----------------------')

print("CLEANED LEMMATIZED TOKENS = ", clean_lemma_tokens)
print('----------------------')

# 단어의 도수 분포 구하기
freq_lemma = nltk.FreqDist(clean_lemma_tokens)
freq_stem = nltk.FreqDist(clean_stem_tokens)

# 플롯팅 라이브러리 import
import matplotlib.pyplot as plt
%matplotlib inline

# 폰트 크기 설정
chart_fontsize = 30

# 도수 분포 차트 그리기
plt.figure(figsize=(20,10))
plt.tick_params(labelsize=chart_fontsize)
plt.title('Cleaned and Stemmed Words', fontsize=chart_fontsize)
plt.xlabel('Word Tokens', fontsize=chart_fontsize)
plt.ylabel('Frequency (Counts)', fontsize=chart_fontsize)
freq_stem.plot(20, cumulative=False)
plt.show()

# 도수 분포 차트 그리기
plt.figure(figsize=(20,10))
plt.tick_params(labelsize=chart_fontsize)
plt.title('Cleaned and Lemmatized Words', fontsize=chart_fontsize)
```

```
plt.xlabel('Word Tokens', fontsize=chart_fontsize)
plt.ylabel('Frequency (Counts)', fontsize=chart_fontsize)
freq_lemma.plot(20, cumulative=False)
plt.show()
```

결과는 다음과 같다.

ORIGINAL TEXT = We are studying Machine Learning. Our Model learns
patterns in data. This learning helps it to predict on new data.

WORD TOKENS = [' we ' , ' are ' , ' studying ' , ' machine ' , ' learning ' , ' . ' ,
' our ' , ' model ' , ' learns ' , ' patterns ' , ' in ' , ' data ' , ' . ' , ' this ' ,
' learning ' , ' helps ' , ' it ' , ' to ' , ' predict ' , ' on ' , ' new ' , ' data ' ,
' . ']

SENTENCE TOKENS = [' we are studying machine learning. ' , ' our model
learns patterns in data. ' , ' this learning helps it to predict on new
data. ']

STOP WORDS = [' is ' , ' a ' , ' our ' , ' on ' , ' . ' , ' ! ' , ' we ' , ' are ' , ' this ' ,
' of ' , ' and ' , ' from ' , ' to ' , ' it ' , ' in ']

CLEANED WORD TOKENS = [' studying ' , ' machine ' , ' learning ' , ' model ' ,
' learns ' , ' patterns ' , ' data ' , ' learning ' , ' helps ' , ' predict ' , ' new ' ,
' data ']

CLEANED STEMMED TOKENS = [' studi ' , ' machin ' , ' learn ' , ' model ' , ' learn ' ,
' pattern ' , ' data ' , ' learn ' , ' help ' , ' predict ' , ' new ' , ' data '
]

```
```

```
CLEANED LEMMATIZED TOKENS = [ ' studying ' , ' machine ' , ' learning ' ,
' model ' , ' learns ' , ' pattern ' , ' data ' , ' learning ' , ' help ' , ' predict ' ,
' new ' , ' data ' ]
----------------------
```

리스트 3.10에서 코드를 따라 결과까지 가면서 살펴보면 문장들은 일련의 정제 단계를 거친다. 텍스트를 소문자로 변환하고, 텍스트를 토큰화해서 단어를 추출하며, 불용어들을 제거한다. 그런 다음 각 토큰에 대해서 두 가지 정규화 작업, 어간 추출stemming(그림 3.14)과 표제어 추출lemmatization(그림 3.15)을 동시에 적용한다. 이 두 가지 기법은 동일한 단어의 다른 형태들을 제거해 텍스트를 단순화시키려는 것이다. 예를 들어 기본형 단어 learn의 변화형인 learns, learning, learned 같은 단어들을 제거하려는 것이다.

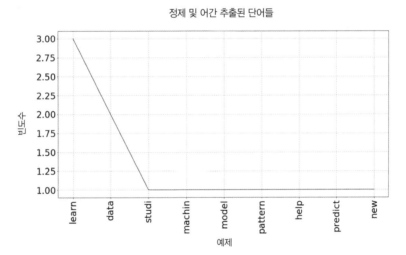

그림 3.14 자주 쓰이는 단어들의 도수 분포 차트 – 어간 추출

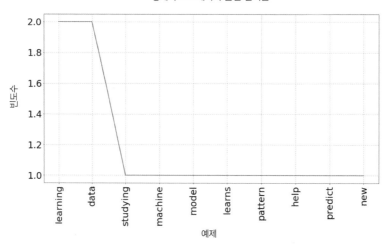

정제되고 표제어 추출된 단어들

그림 3.15 자주 쓰이는 단어들의 도수 분포 차트 – 표제어 추출

어간 추출stemming은 s, es, ing 같이 자주 쓰이는 접미사들을 잘라버리는 좀 더 발견적heuristic 기법이다. 그러나 그 과정에서 단어의 원래 뜻을 잃어버리기도 한다. 어간 추출 결과를 보면, machin이나 studi 같은 비어nonword들이 보인다. 반면 표제어 추출lemmatization은 실질적인 기초어root word를 찾아내려고 하며, 유효한 단어들이 나온다. 따라서 표제어 추출 결과에는 유효한 단어들이 보인다. 텍스트를 처리할 때 보통은 이 방법이 선호된다.

끝으로, 가장 자주 출현하는 단어들의 빈도수를 구하고 어간 추출과 표제어 추출에 관해 도표를 그린다. 이것은 가장 자주 출현하는 단어에 대한 상위 수준의 요약 정보를 보여주며 텍스트의 요지를 감 잡을 수 있게 한다. 여기서는 텍스트의 양이 매우 작지만, 큰 문서 또는 말뭉치에 이 방법을 적용하는 경우, 핵심 항목들이 높은 빈도수로 튀어나오는 것을 분명하게 볼 수 있을 것이다.

텍스트 데이터를 정제한 이후에는 유용한 정보를 추출하기 위한 방법을 살펴본다. 품사 태깅(POS 태깅Part-Of-Speech Tagging)과 개체명 인식NER, Named Entity Recognition이라고 하는 대단히 유용한 두 가지 텍스트 처리 개념을 살펴보자. 여기서는 텍스트에 관한 문맥 정보를 추출하는 것이므로, 단어들의 시퀀스가 매우 중요하다. 단어가 나열된 시퀀스는 알고리 즘이 각 단어가 어떤 품사를 나타내는지를 이해할 수 있게 한다.

품사 태깅은 단어 토큰화된 문장에 대해 명사, 동사, 형용사 같은 품사들을 식별한다. NLTK가 단어에 부여하는 품사명들의 목록과 의미가 리스트 3.11에 나와 있다.

리스트 3.11 NLTK에 따른 품사명 및 약자 목록

CC coordinating conjunction (등위 접속사)
CD cardinal digit (기수)
DT determiner (한정사)
EX existential there (존재 구문) ("there is" ... 을 "there exists"처럼 생각한다)
FW foreign word (외래어)
IN preposition/subordinating conjunction (접속사/종속 접속사)
JJ adjective 'big' (형용사)
JJR adjective, comparative 'bigger' (형용사, 비교급)
JJS adjective, superlative 'biggest' (형용사, 최상급)
LS list marker 1) (목록 표식 1), 2), i, ii, iii 같은 것들)
MD modal could, will (조동사)
NN noun, singular 'desk' (명사)
NNS noun plural 'desks' (명사 복수)
NNP proper noun, singular 'Harrison' (고유명사, 단수)
NNPS proper noun, plural 'Americans' (고유명사, 복수)
PDT predeterminer 'all the kids' (전치 한정사)
POS possessive ending parent's (소유격 말어미)
PRP personal pronoun I, he, she (인칭대명사)
PRP$ possessive pronoun my, his, hers (소유격대명사)
RB adverb very, silently, (부사)
RBR adverb, comparative better (부사, 비교급)
RBS adverb, superlative best (부사, 최상급)
RP particle give up (소사)
TO, to go 'to' the store. (전치사 to)
UH interjection, errrrrrrrm (감탄사)
VB verb, base form take (동사)
VBD verb, past tense took (동사, 과거시제)
VBG verb, gerund/present participle taking (현재분사)
VBN verb, past participle taken (과거분사)

VBP verb, sing. present, non-3d take (동사, 단수, 현재, 비3인칭)
VBZ verb, 3rd person sing. present takes (동사, 3인칭 단수, 현재)
WDT wh-determiner which (관계한정사)
WP wh-pronoun who, what (관계대명사)
WP$ possessive wh-pronoun whose (소유격 관계대명사)
WRB wh-adverb where, when (관계부사)

개체명 인식은 품사에서 한 단계 더 나아가 사람[person], 조직[organization], 사건[event] 같은 실질적인 개체들을 식별한다. 리스트 3.12의 작은 예를 살펴보자.

리스트 3.12 품사 태깅과 개체명 인식

```
# 분석할 문장의 정의
mysentence = "Mark is working at GE"
print("SENTENCE TO ANALYZE = ", mysentence)
print('---------------------')

# 문장에 대한 품사(parts of speech, pos)를 매핑한다
word_tk = nltk.word_tokenize(mysentence)
pos_tags = nltk.pos_tag(word_tk)
print("PARTS OF SPEECH FOR SENTENCE = ", pos_tags)
print('---------------------')

entities = nltk.chunk.ne_chunk(pos_tags)
print("NAMED ENTITIES FOR SENTENCE = ", entities)
print('---------------------')
```

결과는 다음과 같다.

```
SENTENCE TO ANALYZE = Mark is working at GE
---------------------

PARTS OF SPEECH FOR SENTENCE = [( ' Mark ' , ' NNP ' ), ( ' is ' , ' VBZ ' ),
( ' working ' , ' VBG ' ), ( ' at ' , ' IN ' ), ( ' GE ' , ' NNP ' )]
```

```
----------------------

NAMED ENTITIES FOR SENTENCE = (S (PERSON Mark/NNP) is/VBZ working/VBG
at/IN (ORGANIZATION GE/NNP))
----------------------
```

여기서 Mark와 GE가 대명사$^{proper\ noun}$로, is와 working은 동사^{verb}로 태깅 됐다는 것을 볼 수 있다. NER을 수행하면, 알고리즘은 Mark를 person으로 그리고 GE는 organization 으로 인식한다. 더 큰 규모의 텍스트를 분석하게 될 때, 이러한 기법은 주요 개체명을 추출하는 매우 유용한 도구가 될 수 있다.

단어 임베딩

지금까지는 텍스트를 있는 그대로 두고 데이터를 정제하고, 단어 빈도를 구하고 품사나 개체명을 추출하기 위한 NLP 기법들을 적용했다. 그러나 더 복잡한 처리를 위해서는 더 많은 정보를 추출하는 데 도움이 될 수 있도록 텍스트를 벡터^{vector}나 배열^{array}로 변환할 필요가 있다. 이것은 처리를 더 잘하기 위해 이미지를 픽셀 밝기 값들의 배열로 변환했던 것과 마찬가지다. 이제 텍스트를 배열로 변환하는 방법에 대해서 알아보자. 텍스트 데이터에서 정보를 추출하기 위한 핵심은 텍스트를 시퀀스^{sequence}로 취급해야 한다는 것이다. 단어들을 순서대로 처리해 문맥적 정보가 올바르게 포착되도록 해야 한다.

단어 벡터$^{word\ vector}$를 만드는 가장 기초적인 방법은 원핫 인코딩$^{one-hot-encoding}$을 사용하는 것이다. 원핫 인코딩은 범주적^{categorical} 데이터를 표현하는 데 종종 사용되며, 여기서 각 데이터 포인트$^{data\ point}$는 특정 범주에 속한다. 따라서 가능한 모든 범주들만큼 원소를 갖는 커다란 이진 배열을 갖게 된다. 임의의 데이터 포인트에 대해서, 그 데이터 포인트의 범주를 나타내는 위치(1의 값을 갖는다)를 제외하면 모든 원소의 값이 0이 된다. 리스트 1.13의 예를 보자. 우선 유효한 모든 단어들의 어휘 목록^{vocabulary}을 만든다. 어휘 목록은 말뭉치의 모든 단어들을 분석해 만든다. 이 어휘 목록은 텍스트 양이 얼마 안 된다. 그런 다음 이 어휘 목록을 이용해 원핫 인코딩된 벡터들을 만들 수 있다.

리스트 3.13 원핫 인코딩된 단어의 간단한 예

```
# 분석한 문장을 정의한다
mytext = "AI is the new electricity. AI is poised to start a large
transformation on many industries."

# 우선 텍스트를 토큰화한다
word_tk = nltk.word_tokenize(mytext)
words = [w.lower() for w in word_tk]

# 모든 유효한 단어들의 어휘 목록을 생성한다
vocab = sorted(set(words))

print("VOCABULARY = ", vocab)
print('----------------------')

# 각 단어에 대한 원핫 인코딩 벡터를 생성
for myword in vocab:
    test_1hot = [0]*len(vocab)
    test_1hot[vocab.index(myword)] = 1
    print("ONE HOT VECTOR FOR '%s' = "%myword, test_1hot)
```

결과는 다음과 같다.

```
VOCABULARY = [ ' . ' , ' a ' , ' ai ' , ' electricity ' , ' industries ' , ' is ' ,
' large ' , ' many ' , ' new ' , ' on ' , ' poised ' , ' start ' , ' the ' , ' to ' ,
' transformation ' ]
----------------------

ONE HOT VECTOR FOR ' . ' = [1, 0, 0, 0, 0, 0, 0, 0, 0, 0, 0, 0, 0, 0, 0]
ONE HOT VECTOR FOR ' a ' = [0, 1, 0, 0, 0, 0, 0, 0, 0, 0, 0, 0, 0, 0, 0]
ONE HOT VECTOR FOR ' ai ' = [0, 0, 1, 0, 0, 0, 0, 0, 0, 0, 0, 0, 0, 0, 0]
ONE HOT VECTOR FOR ' electricity ' = [0, 0, 0, 1, 0, 0, 0, 0, 0, 0, 0, 0,0, 0, 0]
ONE HOT VECTOR FOR ' industries ' = [0, 0, 0, 0, 1, 0, 0, 0, 0, 0, 0, 0,0, 0, 0]
ONE HOT VECTOR FOR ' is ' = [0, 0, 0, 0, 0, 1, 0, 0, 0, 0, 0, 0, 0, 0, 0]
ONE HOT VECTOR FOR ' large ' = [0, 0, 0, 0, 0, 0, 1, 0, 0, 0, 0, 0, 0, 0,0]
```

```
ONE HOT VECTOR FOR ' many ' = [0, 0, 0, 0, 0, 0, 0, 1, 0, 0, 0, 0, 0, 0,0]
ONE HOT VECTOR FOR ' new ' = [0, 0, 0, 0, 0, 0, 0, 0, 1, 0, 0, 0, 0, 0,0]
ONE HOT VECTOR FOR ' on ' = [0, 0, 0, 0, 0, 0, 0, 0, 0, 1, 0, 0, 0, 0, 0]
ONE HOT VECTOR FOR ' poised ' = [0, 0, 0, 0, 0, 0, 0, 0, 0, 0, 1, 0, 0,0, 0]
ONE HOT VECTOR FOR ' start ' = [0, 0, 0, 0, 0, 0, 0, 0, 0, 0, 0, 1, 0, 0,0]
ONE HOT VECTOR FOR ' the ' = [0, 0, 0, 0, 0, 0, 0, 0, 0, 0, 0, 0, 1, 0,0]
ONE HOT VECTOR FOR ' to ' = [0, 0, 0, 0, 0, 0, 0, 0, 0, 0, 0, 0, 0, 1, 0]
ONE HOT VECTOR FOR ' transformation ' = [0, 0, 0, 0, 0, 0, 0, 0, 0, 0, 0,0, 0, 0, 1]
```

보다시피 이처럼 문장이 몇 개뿐인 작은 텍스트에서도 꽤 큰 벡터가 나온다. 수천 또는 수백만 개의 단어가 있는 말뭉치에서는 단어 벡터들이 극도로 커지게 된다. 그러므로 이 방법은 바람직하지 않다.

텍스트를 표현하는 또 다른 방법은 전체 문장 또는 전체 문서에 대한 단어 빈도word frequency를 이용하는 것이다. 우선 말뭉치에 대한 어휘 목록을 정의하고, 각 문장 또는 문서에 대해서 각 단어에 대한 빈도를 계산한다. 그러면 각 문장 또는 문서를 각 단어가 출현하는 횟수의 배열로 표현할 수 있다. 단어들의 상대적 중요도를 나타내기 위해 횟수를 비율로 변환할 수 있다. 이러한 접근법에서의 문제는 and, the, to와 같은 많은 불용어stop word의 빈도가 매우 높게 나타난다는 것이다.

널리 사용되는 다른 방법으로 TF-IDFterm frequency-inverse document frequency가 있다. 이것은 문서들의 모음 또는 말뭉치에서 어떤 단어의 문서에 대한 중요도를 반영하기 위한 통계량이다. 이 방법은 단어들에 대해 빈도를 부여하면서 동시에 말뭉치 내의 다른 문서들에 나타나는 단어들과도 비교한다. 따라서 말뭉치의 많은 다른 문서들에서 그 단어가 출현하면 불용어일 가능성이 높아지며 더 작은 값을 부여한다. 한편, 특정한 문서에서는 빈도가 높지만 다른 문서에서는 그렇지 않은 단어가 있으면 그 단어는 문서의 주제 영역에 속할 가능성이 높다. 이것이 TF-IDF의 개념이다. TF-IDF의 문제점은 어휘 목록의 크기가 크기 때문에 벡터가 상당히 커질 수 있다는 점이다. 또한 TF-IDF는 단어의 문맥을 포착하지 못한다. TF-IDF는 문맥을 포착하기 위해 단어 시퀀스를 고려하지 않는다.

최신 시스템들은 단어를 벡터로 변환하기 위해 단어 임베딩^{word embedding}이라는 방법을 사용한다. 임베딩 값은 유사한 단어들이 함께 모여 나타나도록 할당된다. 이 개념을 토픽 모델링^{topic modeling}이라고 한다. 우리는 토픽 모델링에 초점을 맞춘 젠심^{Gensim}이라고 하는 오픈 소스 라이브러리를 사용할 것이다. Gensim은 체코의 자연어 처리 학자인 라딤 로우젝^{Radim Řehůřek}과 그의 회사 레어 테크놀로지^{RaRe Technology}에 의해서 개발됐다. 자세한 내용은 https://radimrehurek.com/gensim/index.html에서 볼 수 있다.

Gensim은 다음과 같이 파이썬 pip 인스톨러로 설치할 수 있다.

```
pip install --upgrade genism
```

이제 매우 널리 사용되는 단어 임베딩 알고리즘인 워드투벡^{Word2Vec}을 살펴보자. Word 2Vec은 단어들의 문맥을 학습해 단어를 문맥과 함께 표현하는 밀집 벡터^{dense vector}[2]를 생성하는 신경망 모델이다. 단어 임베딩을 구하기 위해서는 우선 데이터에 대해서 이 모델을 훈련시켜야 한다. 일반적인 말뭉치에서 사전 훈련된^{pretrained} 단어 임베딩 모델을 내려받아 사용할 수도 있다. 데이터셋에서 임베딩을 구축하는 예를 살펴볼 것이다. 희소 벡터^{sparse vector}인 원핫 인코딩 벡터와는 달리, 여기서 구해지는 벡터는 고정된 길이의 밀집 벡터다. 그러므로 스토리지가 제한적이어도 쉽게 단어를 표현할 수 있으며 처리 속도를 높일 수 있다. Word2Vec은 내부적으로 두 가지 학습 모델, CBOW^{continuous bag of words}와 스킵 그램^{skip-gram}을 사용한다. 이들 알고리즘이 어떻게 작동하는가에 대한 자세한 내용은 연구 논문 https://arxiv.org/pdf/1301.3781.pdf를 참조하기 바란다.

지금은 예제 텍스트에서 단어 임베딩의 생성을 구현하는 것을 살펴보기로 하자. 리스트 3.14의 예를 보자.

---

2 조밀 벡터라고도 하며, 흔히 발음 그대로 덴스 벡터로 읽는다. 희소 벡터(sparse vector)의 반대 개념으로서, 원소의 대부분이 0인 벡터를 희소 벡터라고 부른다. 이 개념을 행렬(matrix)에 적용하면 각각 밀집 행렬 및 희소 행렬이 된다. - 옮긴이

리스트 3.14: 텍스트에서 단어 임베딩 학습하기 – word2vec

```python
# word2vec 모델 import
from gensim.models import Word2Vec

# 분석할 텍스트 문서
mytext = "AI is the new electricity. AI is poised to start a large
transformation on many industries."
print("ORIGINAL TEXT = ", mytext)
print('----------------------')

# 텍스트를 소문자로 변환
mytext = mytext.lower()

# 필요한 경우 문장들을 추출할 수도 있다
sentence_tokens = nltk.sent_tokenize(mytext)
print("SENTENCE TOKENS = ", sentence_tokens)
print('----------------------')

# 불용어 제거
stp_words = ["is","a","our","on",".","!","we","are","this","of","and",
"from","to","it","in"]

# 훈련 데이터의 정의
sentences = []
for sentence in sentence_tokens:
    word_tokens = nltk.word_tokenize(sentence)

    # 정제된 토큰 배열의 정의
    clean_tokens = []

    # word_tokens에서 불용어 제거
    for token in word_tokens:
        if token not in stp_words:
            clean_tokens.append(token)

sentences.append(clean_tokens)

print ("TRAINING DATA = ", sentences)
```

```
print('----------------------')

# 우리 데이터에서 새 word2vec 모델 훈련하기 - 임베딩 크기는 20
word2vec_model = Word2Vec(sentences, size=20, min_count=1)

# 우리 말뭉치에서 학습한 어휘 목록을 출력
words = list(word2vec_model.wv.vocab)
print("VOCABULARY OF MODEL = ", words)
print('----------------------')

# 몇몇 단어에 대한 임베딩 벡터 표시
print("EMBEDDINGS VECTOR FOR THE WORD 'ai' = ", word2vec_model["ai"])
print("EMBEDDINGS VECTOR FOR THE WORD 'electricity' = ", word2vec_
model["electricity"])
```

결과는 다음과 같다.

```
ORIGINAL TEXT = AI is the new electricity. AI is poised to start a
large transformation on many industries.
----------------------

SENTENCE TOKENS = [ ' ai is the new electricity. ' , ' ai is poised to start
a large transformation on many industries. ' ]
----------------------

TRAINING DATA = [[ ' ai ' , ' the ' , ' new ' , ' electricity ' ], [ ' ai ' , ' poised ' ,
' start ' , ' large ' , ' transformation ' , ' many ' , ' industries ' ]]
----------------------

VOCABULARY OF MODEL = [ ' ai ' , ' the ' , ' new ' , ' electricity ' , ' poised ' ,
' start ' , ' large ' , ' transformation ' , ' many ' , ' industries ' ]
----------------------

EMBEDDINGS VECTOR FOR THE WORD ' ai ' = [ 2.3302788e-02 9.8732607e-03
4.6109618e-03 5.3516342e-03
-2.4620935e-02 -5.2335849e-03 -8.8206278e-03  1.3721633e-02
```

```
-1.8686499e-04 -2.2845879e-02  3.5632821e-03 -6.0331034e-03
-2.2344168e-03 -2.3627717e-02 -2.3793013e-05 -1.3868282e-02
-3.0636601e-03  1.0795521e-02  1.2196368e-02 -1.4501591e-02]

EMBEDDINGS VECTOR FOR THE WORD ' electricity ' = [-0.00058223 -0.00180565
-0.01293694 0.00430049 -0.01047355 -0.00786022
-0.02434015 0.00157354 0.01820784 -0.00192494  0.02023665  0.01888743
-0.02475209 0.01260937 0.00428402  0.01423089 -0.02299204 -0.02264629
 0.02108614 0.01222904]
```

Word2Vec 모델은 제공된 현재의 작은 규모의 텍스트로부터 얼마간의 어휘를 학습했다. Word2Vec 모델은 이 데이터로부터 스스로 학습했으며 이제는 특정 단어에 대한 임베딩을 제공해줄 수 있다. 임베딩 벡터는 아무런 의미를 가지고 있지 않다. 그러나 이 임베딩 벡터는 단어들 주변의 패턴과 단어들이 나타나는 순서 또는 시퀀스를 관찰하면서 구축된 것이다. 이들 임베딩은 단어들의 수학적 분석과 유사성 분석 그리고 딥러닝 분석을 하는데 사용될 수 있다.

여기에서 임베딩 벡터들은 20차원이므로 벡터를 표시하면 20개의 행을 갖는다. 20차원의 단어 임베딩은 시각화하기 곤란하다. 벡터들을 2차원으로 만들어 도표로 나타내면 벡터의 의미를 이해할 수 있다. 한번 해보자.

비지도학습 기법인 주성분 분석PCA, Principal Component Analysis을 사용해 20차원 벡터를 2차원 벡터로 축소하고자 한다. PCA를 적용하면 정보의 손실은 발생하지만 20차원에 표시된 데이터 포인트들의 최대 변동성을 포착해낸다. PCA는 2장에서 언급한 바와 같이 차원 축소Dimensionality Reduction를 위한 비지도 머신러닝 기법이다. 단어에 PCA를 적용해 단어를 도표에 표시하는 예제를 살펴보자(리스트 3.15). 단어에 대한 실제 도표는 그림 3.16에 있다.

리스트 3.15 단어 임베딩의 차원을 축소하고 그림 그리기

```
# scikit-learn에서 PCA library를 import
from sklearn.decomposition import PCA
```

```
# word2vec model을 사용해 훈련 데이터를 만든다
training_data = word2vec_model[word2vec_model.wv.vocab]
# PCA를 사용해 단어 벡터를 2차원 벡터로 변환
pca = decomposition.PCA(n_components=2)
result = pca.fit_transform(training_data)

# 2차원 벡터들의 산점도 생성
plt.figure(figsize=(20,15))
plt.rcParams.update({'font.size': 25})
plt.title('Plot of Word embeddings from Text')
plt.scatter(result[:, 0], result[:, 1], marker="X")

# 그림에 단어 표시
words = list(word2vec_model.wv.vocab)
for i, word in enumerate(words):
    plt.annotate(word, xy=(result[i, 0], result[i, 1]))

plt.show()
```

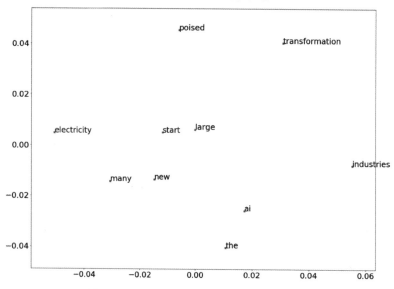

그림 3.16 PCA로 단어 임베딩의 차원을 축소하고 그림 그리기

텍스트의 규모가 너무 작아서 이 단어 임베딩들로부터 많은 통찰을 얻지는 못한다. 그러나 Word2Vec 모델을 훈련시킬 큰 규모의 텍스트 말뭉치가 있으면 유사한 단어들 간의 관계가 보이기 시작한다. 약 3백만 개의 단어를 갖는 구글 뉴스 데이터셋을 사용해 사전 훈련된 모델을 구글에서 무료로 내려받을 수 있다. 이 모델을 내려받은 후 임베딩을 사용해 단어들 간의 관계를 구축할 수 있다. 또한 300차원으로 변환된 단어들을 사용해 단어 연산$^{word\ math}$을 해볼 수 있다.

많은 출판물에서 흔히 인용되는 단어 임베딩에 관한 예는 king, man, woman의 임베딩을 구하는 것이다. 그런 다음 벡터 연산으로 다음 방정식을 풀 수 있다.

```
(king - man) + woman
```

이 수식의 해는 queen의 단어 임베딩이다. 따라서 이 단어들로부터 의미나 문맥을 추출해 단어들 간의 관계를 보이는 데 사용할 수 있다.

4장에서는 단어 임베딩을 사용한 감정 분석$^{sentiment\ analysis}$을 위한 딥러닝 모델에 대해서 알아볼 것이다. 지금은, 비정형 데이터의 마지막 유형인 소리^{audio}로 돌아가자.

소리 듣기

오디오^{audio} 데이터는 우리 주변에 존재하며 중요한 통찰을 제공할 수 있다. 인간이 소통을 위해 사용하는 음성^{speech}이라는 형태의 명확한 소리 데이터가 있다. 소리를 처리해 그 안에 들어 있는 지식을 추출할 수 있다면, 놀라운 결과를 만들어낼 수 있다. 인간의 귀는 음파를 분석하고 다른 음색을 구별하고 정보를 추출하는 데 매우 능숙하다. 현대 AI 시스템은 소리를 처리하고 이해하는 인간의 능력을 복제하기 위해 노력하고 있다. 아마존 알렉사$^{Amazon\ Alexa}$와 구글 홈$^{Google\ Home}$은 소리의 파동을 분석해 그 안에 들어 있는 정보를 디코딩하는 시스템의 주요 사례다. 알렉사에게 "인도의 수도가 어디지?"라고 물으면, 알렉사는 내장된 마이크로폰으로 수신한 이 소리 신호를 처리하고, 질문을 이해하기 위해 텍스트 형태로 정보를 추출한 후 그 질문을 텍스트 형태로 아마존 웹 서비스에 호스팅된 원격 클라우드 서비스로 보낸다.

이 서비스는 사용자의 질문이 무엇인지 이해하기 위해 앞 절에서 본 자연어 처리를 수행한다. 조회가 용이한 정형 데이터로 이뤄진 커다란 지식베이스를 검색한다. 발견된 답은 텍스트로 변환돼 사용자의 알렉사 장치로 전달된다. 여기서 텍스트는 음성으로 인코딩돼 알렉사가 사용자에게 응답하게 되는 것이다. 이 처리 과정의 개요가 그림 3.17에 나타나 있다.

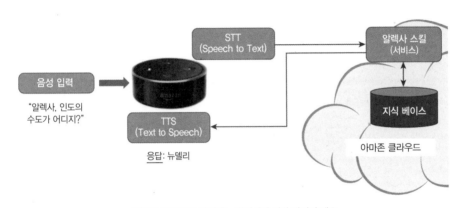

그림 3.17 질문에 대답하는 알렉사의 처리 과정의 개요

소리 또는 오디오 데이터를 처리하는 시스템은 데이터에서 정보를 추출해야 하며, 특히 STT Speech To Text(음성에서 텍스트)나 TTS Text To Speech(텍스트에서 음성) 같은 작업을 위해서 정보 추출이 필수적이다. 이 작업들은 보통 데이터(음성 또는 텍스트)의 시퀀스를 또 다른 시퀀스로 변환하는 시퀀스-투-시퀀스 sequence-to-sequence 모델의 특별한 형태다. 이 모델들은 언어 간 번역에도 사용된다. 번역은 연구가 활발한 분야이며, 많은 기업들과 스타트업들이 문제를 해결하기 위해 큰 자금을 투자하고 있다. 모델을 구축하기 위해서는 우선 컴퓨터가 분석할 수 있도록 음성 신호를 벡터 형태로 변환해야 하는데, 이것은 텍스트 데이터에 대해서 했던 처리와 유사하다. 처리 방법을 살펴보자.

음파는 기본적으로 진동에 의해서 발생되는 압력파$^{pressure\ wave}$이며 이 압력파는 고체, 액체 또는 기체 형태의 매체를 통해 흐른다. 그림 3.18에서 보듯이 시간 영역$^{time\ domain}$에서의 어떤 파동은 시간에 따라 여러 가지 다른 압력을 갖는다. 그러나 이 복잡한 신호들은 일정한 주파수를 갖는 여러 가지 신호 성분(기본적으로 사인파$^{sine\ wave}$)들로 구성된다. 이 압력파들을 주파수 영역$^{frequency\ domain}$에서 분석해보면, 신호의 주파수 성분들을 찾아낼 수 있으며 이 성분들이 파동의 정보를 운반한다.

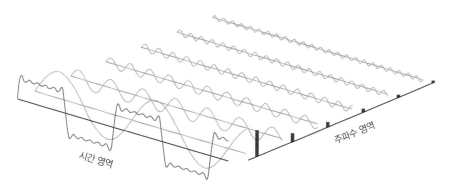

시간 영역

주파수 영역

그림 3.18 주파수 영역은 파동에 숨겨진 정보를 드러내준다.

음파에서 정보를 추출하기 위해 압력파를 샘플링하는 마이크로폰이나 음향 센서를 사용한다. 포함된 모든 주파수 성분들을 얻기 위해 44.1킬로헤르츠(KHz)처럼 매우 높은 주파수로 샘플링된다. 아마도 온라인 라디오 방송 같은 스트리밍 앱에 표시된 이러한 샘플링 주파수를 본 적이 있을 것이다. 음파를 주파수 영역으로 변환함으로써, 소리의 시퀀스를 벡터화하고 그것들을 머신러닝 또는 딥러닝 모델을 이용한 분석에 사용할 수 있다. 소리를 벡터로 변환하는 예를 살펴보자.

자동차 엔진에서 소리 샘플을 취해 분석하려고 한다. 이 샘플은 복잡한 음향 센서 대신 마이크로폰이나 셀룰러폰으로 녹음됐다. 우선 소리 파일에서 신호를 읽은 다음, 시간 영역에 얼마나 잡음이 많은지 그리고 시간 영역은 어떤 통찰도 제공하지 않는다는 것을 보게 될 것이다(그림 3.19). 그런 다음 소리 샘플을 FFT$^{Fast\ Fourier\ Transform}$(고속 푸리에 변환) 알고리즘을 사용해 주파수 영역으로 변환할 것이다(그림 3.20). FFT 알고리즘에 대해서 자세히 다루지 않겠으나, 기본 개념은 신호를 시간 영역에서 주파수 영역으로 변환하는 것이다. 리스트 3.16의 예제 코드를 살펴보자.

리스트 3.16 자동차 소리 샘플을 FFT를 사용해 분석하기

```python
# 소리 파일을 읽기 위한 라이브러리 임포트
from scipy.io import wavfile
# fft를 위해 numpy 임포트
import numpy as np
# 그림 그리기 라이브러리 임포트
import matplotlib.pyplot as plt
%matplotlib inline

# 자동차 엔진 소리 샘플의 wav 파일 사용
# 2000 RPM으로 돌고 있는 엔진으로부터 약 15초간 녹음된 것이다.
AUDIO_FILE = "sound_sample_car_engine.wav"

# 파일 읽어서 주파수와 데이터 배열 만들기
sampling_freq, sound_data = wavfile.read(AUDIO_FILE)

# 읽은 데이터의 모양 보기
print ("Sampling frequency = ", sampling_freq, "\nShape of data array
= ", sound_data.shape)

# 소리 데이터 값을 -1에서 +1 사이의 값으로 정규화
sound_data = sound_data / (2.**15)

# 1개의 소리 채널만 사용
if len(sound_data.shape) == 1:
    s1 = sound_data
else:
    s1 = sound_data[:,0]

# 소리 압력파의 시간 영역 표현
timeArray = np.arange(0, s1.shape[0], 1.0)
timeArray = timeArray / sampling_freq
timeArray = timeArray * 1000 #scale to milliseconds
```

```python
# 시간 영역에서 소리 신호의 그림
plt.figure(figsize=(20,10))
plt.rcParams.update({'font.size': 25})
plt.title('Plot of sound pressure values over time')
plt.xlabel('Time in milliseconds')
plt.ylabel('Amplitude')
plt.plot(timeArray, sound_data, color='b')
plt.show()

# fft를 위한 포인트 수
n = len(s1)
p = np.fft.fft(s1) # take the Fourier transform

# 포인트들 중의 절반만이 주파수 구간(계급)이 된다
nUniquePts = int(np.ceil((n+1)/2.0))
p = p[0:nUniquePts]
p = abs(p)

# 주파수 포인트의 배열 생성
freqArray = np.arange(0, float(nUniquePts), 1.0) * float(sampling_freq)
/ n;

# 주파수를 헤르츠에서 엔진 회전수로 변환
MAX_RPM = 20000
NUM_POINTS = 20

# 최대 회전수 이상의 포인트들을 제거
maxhz = MAX_RPM/60
p[freqArray > maxhz] = 0

# 주파수 영역을 그림으로 표시
plt.figure(figsize=(20,10))
plt.rcParams.update({'font.size': 25})
plt.title('Plot of sound waves in frequency domain')
plt.plot(freqArray*60, p, color='r')
plt.xlabel('Engine RPM')
plt.ylabel('Signal Power (dB)')
```

```
plt.xlim([0,MAX_RPM])
plt.xticks(np.arange(0, MAX_RPM, MAX_RPM/NUM_POINTS),
size='small',rotation=40)
plt.grid()
plt.show()
```

결과는 다음과 같다.

Sampling frequency = 44100

Shape of data array = (672768, 2)

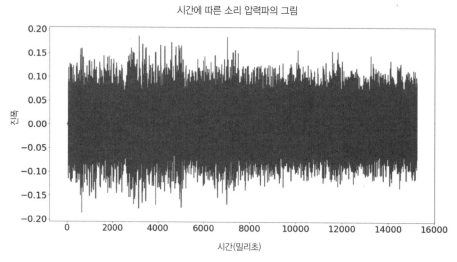

그림 3.19 자동차 엔진 소리의 시간 영역 그림

WAV 파일에서 소리 표본(약 15초 길이)을 읽었다. WAV는 소리 데이터를 위한 일반적이고 간단한 파일의 확장명이다. 현대의 소리 파일들은 MP3 형식으로 압축되지만, 이것을 읽기 위해서는 별도의 드라이버가 필요하다. WAV는 소리 분석 라이브러리인 싸이파이 Scipy를 사용해 쉽게 읽을 수 있다. 소리에 대한 샘플링 속도는 44100Hz 또는 44.1KHz이

168

며, 이것은 매우 일반적이다. 우선 시간 영역, 즉, 시간 축에 대한 압력 변화를 그림으로 나타낸다. 그림을 보면 잡음이 상당히 많다는 것을 알 수 있으며, 실제로 이것으로부터 얻을 것이 많지 않다.

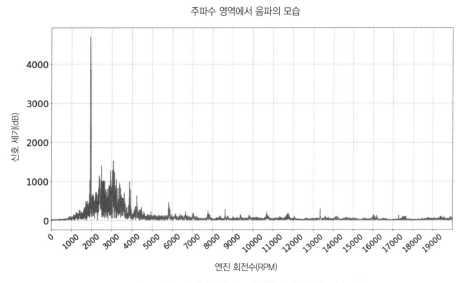

그림 3.20 자동차 엔진 소리 신호에 대한 주파수 영역 그림

이제 넘파이^{Numpy}의 FFT 라이브러리를 사용해 FFT를 그린다. 신호를 주파수 영역으로 분해하면 일부 주파수들이 도드라져 보이게 된다. 주파수를 헤르츠에서 RPM^{rotations per minute}(분당 회전수)로 변환해 그림을 그린다. 소리 신호는 2000RPM 근처의 주파수에서 크게 튀는 것을 볼 수 있다. 이것은 신호가 수집될 당시, 돌고 있는 엔진의 주파수에 해당한다. 이것은 소리 신호에서 디코딩한 한 가지 값에 불과하다. 엔진에 대해 모르면서도, 소리를 분석해 회전 주파수를 찾아냈다. 이와 유사하게 소리 신호에 인코딩된 주파수 데이터를 사용해 소리 값을 벡터화하고 이것을 사용해 머신러닝 또는 딥러닝 모델을 훈련시킬 수 있다.

요약

3장에서는 정형 데이터와 비정형 데이터 간의 차이점을 살펴봤다. 특정 유형의 비정형 데이터를 자세히 살펴보고 처리를 위해 데이터를 벡터와 배열로 변환하는 방법을 알아봤다. 이미지들을 픽셀 밝기의 배열로 표현하는 방법과 컴퓨터 비전 기법을 사용해 데이터를 정제하고 정보를 추출하는 방법을 봤다. 동일한 기법을 이미지의 시계열 데이터인 동영상으로 확장시키는 방법도 살폈다. 자연어 처리 기법을 사용해 텍스트 데이터를 다루고 정보를 추출하는 방법도 알아봤다. 마지막으로 주파수 분석을 사용해 소리 데이터를 분석하는 예를 살펴봤다. 이 기법들은 비정형 데이터로부터 정보를 추출하는 데 바로 사용될 수 있다. 또한 이 방법들은 고급 머신러닝 및 딥러닝 알고리즘들로 처리하기 위한 데이터를 만드는 데 사용할 수 있는 좋은 전처리 기법이다.

04

케라스를 사용한 딥러닝

2장에서는 머신러닝의 알고리즘과 각종 기법을 배웠다. 머신러닝 모델을 구축하고 정밀도^{precision}와 재현율^{recall} 측도를 사용해 모델을 평가하는 예제 코드들을 살펴봤다. 이 모델들은 이해하기가 매우 쉽고 데이터에서 패턴을 포착해내는 여러 현명한 방법들을 제공한다. 4장에서는 훨씬 더 복잡한 유형의 학습 모델을 다룬다. 이 모델들은 층^{layer} 구조를 갖는 많은 학습 유닛^{unit}들과 많은 그러한 층들로 구성돼 아키텍처가 딥^{deep} 해진다. 이 모델들을 작성하고 훈련시키는 것이 복잡하지만 이 모델들이 이미지처럼 크고 복잡한 비정형 데이터를 다루는 데 얼마나 효과적인지 알게 될 것이다. 끝으로, 오늘날 가장 널리 사용되는 딥러닝 라이브러리 중의 하나인 케라스^{Keras}를 사용해 손으로 쓴 숫자들을 분류하고 글자의 레이블을 알아맞힐 수 있는 모델을 구축한다. 이 간단한 예제들이 여러분 마음속에 커다란 아이디어를 떠오르게 해주길 기대한다. 독자의 관심 분야에서 독자의 이미지들을 학습하기 위한 딥러닝 모델 구축에 이 코드를 재사용할 수 있다.

비정형 데이터의 처리

와인 품질 분석 같은 앞의 문제들에서 사용된 데이터를 봤다. 여기서 각 열^{column}은 특정 중요도와 의미를 지니고 있다. 우리는 특성^{feature}으로 각 열을 표현했으며, 이것은 이 특성들이 어떻게 서로 관련돼 있는지 이해하기 위한 학습 방법의 중요한 부분이다. 정규화^{normalization} 같은 기법을 사용해 특성들의 값의 크기를 조정함으로써 특성들이 동일한 척도를 갖도록 했다. 또한 모델이 더 빠르게 학습할 수 있도록 더 적은 수의 특성들을 사용할 수도 있다는 것을 알았다. 간단히 말해서 우리는 문제의 특성들이 무엇이고 모델이 특성들 간의 무슨 패턴을 포착하는지 알아야 한다. 이들은 모두 정형 데이터였다.

신경망

복잡하고 비정형적 데이터를 위해, 작은 개별 학습 유닛들을 조합해 더 커다란 네트워크를 이루는 더 깊은^{deeper} 모델을 구축한다. 이 학습 유닛들의 네트워크는 많은 수의 특성들로부터 복잡한 패턴을 학습할 수 있다. 이것을 신경망이라고 한다.

신경망을 설명하기 위해 자주 사용되는 유추는 인간의 두뇌다. 두뇌에는 뉴런^{neuron}이라고 하는 생물학적 세포들이 있으며, 뉴런들은 축색돌기^{axon}들과 수상돌기^{dendrite}들에 의해 연결돼 있다. 생물 교과서를 회상해보면 신호들이 수상돌기를 통해 뉴런으로 흘러들어가며 처리된 출력은 축색돌기를 통해 다른 뉴런이나 근육으로 흘러들어간다. 사실 신경망은 인간의 뇌의 구조로부터 많은 영감을 받았다. 그림 4.1은 뉴런을 나타낸 것이다.

인간의 두뇌와 유사하게 이 인공신경망^{artificial neural networks}에는 뉴런이라고 하는 처리 유닛과 이 유닛들 간의 연결이 있다. 이 네트워크들은 층^{layer} 구조를 가지며, 각 층은 공급되는 데이터로부터 중요한 정보를 추출한다. 이것이 딥러닝 네트워크이며 학습하는 많은 수의 층들을 갖는다. 딥러닝 네트워크는 입력 공간을 가능한 출력 또는 클래스들의 집합으로 매핑하려고 한다. 그림 4.2에 있는 매우 간단한 신경망을 살펴보기로 하자. 기본적인 개념을 파악한 후 더 복잡한 신경망을 구축하게 될 것이다.

이 신경망은 첫 번째 입력층에 2개의 입력 뉴런이 있다. 두 번째 층은 은닉층^{hidden layer} 으로서 3개의 뉴런이 있다. 마지막 층은 출력층이며 한 개의 뉴런이 있다.

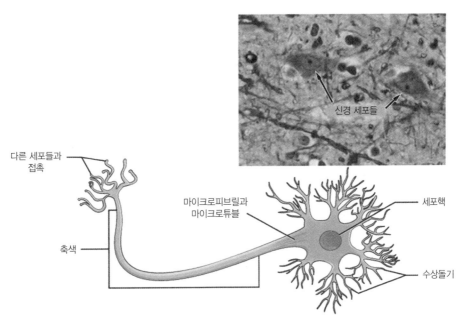

그림 4.1 인간 두뇌의 생물학적 신경 세포(출처: OpenStax college – 위키피디아)

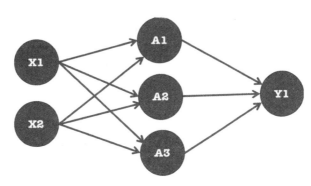

그림 4.2 학습 유닛들이 네트워크로 연결된 간단한 신경망

각 뉴런은 학습 유닛으로서, 다른 뉴런들로부터 입력을 받을 수 있으며 어떤 계산을 수행하고 다른 뉴런들에게 출력을 보낼 수 있다. 정보의 흐름이 그림 4.2에 화살표로 표시돼 있다. 각 뉴런 단계에서 무슨 일이 생기는지 자세히 들여다보자.

2장의 로지스틱회귀 함수에서 도표를 다시 살펴보자. 우선은 입력 값들의 가중 합계(Z1)를 계산한 결과에 0과 1 사이의 값(A1)을 반환하는 함수를 적용한다. 이 결과를 활성화activation라고 부르기도 한다. 이것이 바로 신경망의 각 뉴런에서 생기는 일이다. 각 뉴런으로 들어오는 입력들이 있고, 가중치와 활성화 함수를 사용해 활성화가 계산된다. 그리고 이 활성화는 네트워크의 다음 뉴런으로 전달된다. 이것이 신경망의 작동 원리다. 그림 4.3을 보자.

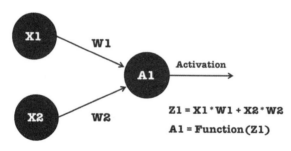

그림 4.3 개별 뉴런에서의 처리

이와 같은 도표를 계산 그래프computational graph 또는 데이터흐름도dataflow라고 한다. 원으로 표시되는 노드node(꼭지점)는 입력/출력이 들어가고/나가거나 어떤 계산이 수행되는 곳이다. 엣지edge(모서리)는 가중치weight를 나타낸다. 이것을 엣지를 통한 노드들 간의 데이터 흐름으로 볼 수 있다. 여기서 각 노드는 데이터에 모종의 처리를 가한다. 그림 4.2의 간단한 신경망 그림으로 되돌아가보자.

신경망에는 층 형태를 이루는 많은 뉴런(또는 학습 유닛unit)이 있다. 입력은 망의 각 층으로 들어와서 출력 또는 활성화activation로 계산된 후 다음 층으로 넘어간다. 신경망의 층 수가 두세 개 정도로 적은 경우 이것을 셀로 신경망shallow neural networks이라고 한다. 얕은 신경망은 처리 시간이 적게 걸리고 결과를 빨리 얻을 수 있다. 그러나 얕은 신경망은 복잡한 패턴을 학습할 수 없다(특히 비정형 데이터에서). 2장에서 배운 기본적인 머신러닝 모델들은 보통 두 개의 층을 갖고 있다(선형회귀와 로지스틱회귀처럼 한 개의 입력층과 한 개의 출력층). 이것들은 얕은 학습 모델이다. 내부가 어떻게 돌아가는지 알 수 있으며 훈련도 수 밀리초 정도로 매우 빠르다.

단순한 얕은 학습 모델들로는 할 수 없는 복잡하고 비선형적인 패턴을 포착해야 하는 경우, 딥러닝 모델Deep Learning model이라고 하는 층이 많은 모델을 필요로 한다. 딥러닝 모델은 단계별 또는 층별로 학습하며, 각 층은 어떤 패턴을 추출해 다음 층에 입력된다.

예를 들어 이미지에서 안면 인식을 학습할 때, 심층 신경망은 이미지의 픽셀 배열을 입력으로 받는다. 그런 다음 첫 번째 단계에서 직선들과 곡선들을 탐지한다. 그런 다음 신경망은 이들을 결합해 직사각형이나 원 같은 것들을 찾아낸다. 마지막으로 신경망은 이 요소들을 결합해 얼굴의 어떤 패턴을 인식하게 된다. 이것이 심층 신경망이 보여주는 성능이다. 심층 신경망은 데이터의 복잡한 패턴을 학습하며 비선형적 관계를 매우 잘 잡아낸다.

신경망의 마지막 층은 출력층이며, 출력층의 뉴런 수는 학습하고자 하는 출력의 수에 대응한다. 주택 관련 변수들에 대해서 단순히 집을 살 것인가/안 살 것인가를 예측하는 것이라면, 신경망의 출력층은 구매 여부를 결정하는 값을 갖는 한 개의 뉴런을 가질 것이다. 이제 다른 변수도 추가로 예측하고 싶다면, 출력층에 그런 뉴런을 추가하면 된다. 이 새로운 출력은 훈련하는 동안 신경망에 제공하는 훈련 데이터에 반영돼야 한다. 이것이 전부다. 즉, 특별히 고려해야 할 것이 없으며, 하나 대신 두 개의 출력을 예측하기 위해 동일한 신경망을 사용할 수 있다.

심층 신경망과 2장에서 봤던 다른 머신러닝 알고리즘들과의 핵심적 차이는 심층 신경망은 데이터의 중요한 특성들을 스스로 학습한다는 것이다. 입력과 원하는 출력을 설정하며, 층의 수와 각 층에서의 뉴런 수를 결정하고, 좋은 훈련 데이터셋을 구축한다. 신경망은 데이터의 모든 복잡한 패턴을 학습하고 입력과 출력 사이의 상관관계를 수립한다. 기본적으로 신경망은 입력 공간(X들)을 출력 공간(Y들)으로 매핑한다. 따라서 신경망이 어떻게 이러한 관계를 찾아내는지 알려주지 않고 이러한 관계를 내부적으로 포착해 출력을 예측할 뿐이라는 이유로 신경망을 종종 블랙박스^{blackbox}라고 한다.

심층 신경망은 복잡하기 때문에, 흔히 층별로 분석하는 방식을 취한다. 그림 4.2의 신경망을 다시 보자. 이 신경망에는 입력 X들을 나타내는 세 개의 뉴런이 있다. 여기에다 세 개의 뉴런이 있는 한 개의 은닉층이 있으며 한 개의 뉴런(Y)이 있는 출력층이 있다.

이것은 매우 단순한 신경망의 한 예일 뿐이다. 여기서 어떤 층의 각 뉴런은 다음 층의 모든 뉴런들과 연결돼 있다. 이런 뉴런 층들을 완전연결^{fully-connected}층 또는 밀집^{dense}층이라고 한다. 밀집층의 각 뉴런은 이전 층의 모든 뉴런들에서 나오는 출력들을 받아서 학습한다. 따라서 밀집층은 메모리를 낭비하는 경향이 있다. 실제로는 심층 신경망의 마지막 단계에 있으며 이전 층들에서 추출된 특성들로부터 학습해 예측을 수행하는 목적으로 사용된다. 신경망의 앞쪽 층들은 좀 더 국소적 연결을 가지고 특성을 추출한다. 5장에서 고급 딥러닝 기법을 논의하면서 이러한 특성 추출층을 살펴볼 것이다.

은닉층과 출력층의 뉴런들은 앞에서 논의했던 로지스틱회귀 유닛과 정확히 같은 일을 한다. 이들은 입력의 가중 합계를 구해서 활성화 함수를 적용한다. 이 계산은 각 뉴런에서 수행되며 결과는 전진 방향에 있는 다음 뉴런 층으로 전달된다. 모든 뉴런들이 그들의 출력을 전진 방향으로 전달하는 이러한 아키텍처를 순전파 아키텍처^{feed-forward architecture}라고 한다. 각 층에서는 많은 계산이 이뤄지며 이 계산은 다차원 배열들을 사용해 병렬로 처리된다. 수학 식에 대해 깊이 논의하진 않겠지만 식이 층들의 가중치를 이해하는 데 도움이 될 것이다. 몇 개의 가중치를 선발해 그림 4.4와 같이 나타내보자.

여러 서적과 논문들에서는 다양한 표기법이 사용된다. 층1의 가중치 W1-23이 층1의 뉴런2와 그다음 층의 뉴런3을 연결하는 것을 나타낸다고 하자. 입력층과 첫 번째 은닉층 사이에는 (2×3)으로 총 6개의 가중치가 있다. 그리고 은닉층과 출력층 사이에는 (3×1)으로 총 3개의 가중치가 있다. 이 단순한 신경망에는 $(6 + 3)$, 즉 총 9개의 가중치가 있다. 이 가중치들을 훈련 과정을 통해 학습시켜야 한다.

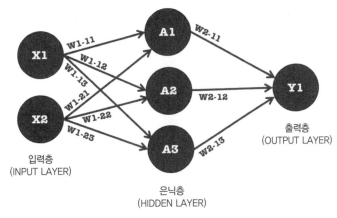

그림 4.4 신경망과 가중치 값

이 신경망에 편향 뉴런^{bias neuron}이라고 하는 특별한 종류의 뉴런을 추가하자. 2장의 선형 회귀식에서 편향의 중요성이 언급된 적이 있었다. 편향은 신경망이 데이터에 대한 어떤 가정들을 학습할 수 있게 함으로써 결과를 생성하는 데 있어 변수들에만 의존하지 않도록 해준다. 위 신경망의 모든 입력 (X1, X2, X3)가 영이면, 출력 (Y1, Y2)는 가중치에 관계없이 모두 영이다. 이 신경망에는 입력이 없을 때 출력값에 영향을 주는 편향이 없다.

이제 이 신경망에 편향 뉴런을 추가해보자. 편향 뉴런은 계산을 하지 않는다. 단순히 +1 의 값을 더할 뿐이며, 다른 뉴런들과 마찬가지로 관련된 가중치를 갖는다. 그림 4.5를 보자. 이 가중치를 B로 표시하기로 한다.

여기서의 표기법은 예를 들어 B2-1은 층2(은닉층)의 편향 뉴런에서 다음 층의 뉴런1로 가는 가중치를 나타낸다. 여기서는 입력층과 은닉층에 편향 뉴런을 추가했다. 출력층에 편향 뉴런을 더하는 것은 여기부터는 아무런 계산이 필요 없으므로 의미가 없다.

따라서 편향 뉴런의 총 수는 (3 + 1)로 총 4개가 된다. 이것을 앞에서 구한 9개의 가중치에 더하면 이 신경망에는 학습시켜야 할 가중치가 총 13개가 있게 된다. 이제 활성화 함수^{Activation Function}에 대해서 논의해보자.

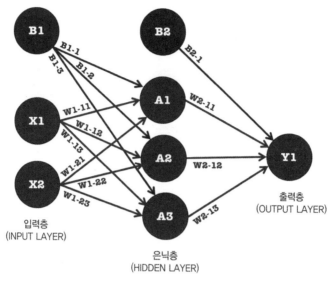

그림 4.5 가중치와 편향 값을 갖는 신경망

활성화 함수는 각 뉴런에서 입력의 가중 합계^{weighted sum}에 대해 적용하는 비선형함수를 말한다. 많이 사용되는 함수로는 탠쉬^{tanh}, 시그모이드^{sigmoid}, 렐루^{ReLU, Rectified Linear Unit} 등이 있다. 각 함수는 입력의 가중 합계를 기반으로 출력을 임계 처리^{thresholding}한다. 특정의 한 층에서는 일반적으로 동일한 활성화 함수를 적용한다. 따라서 그 층의 모든 뉴런은 같은 활성화 함수를 갖는다. 활성화 함수의 자세한 내용은 책 말미에 있는 '참고 자료'를 참조하기 바란다. 대략적으로 은닉층에서는 tanh와 ReLU가 사용되며, ReLU가 더 일반적이다. sigmoid는 주로 출력 뉴런에 사용된다. sigmoid는 0과 1 사이의 값을 출력하며 따라서 분류 문제에 사용할 수 있다.

역전파와 경사하강법

신경망을 훈련시키는 방법을 알아보자. 개념을 분명히 이해할 수 있도록 복잡한 수식을 피할 것이며 그런 다음 코드 예제를 살펴볼 것이다.

2장에서는 학습 과정의 일부로서 경사^{gradient}를 계산하고 가중치를 최적화 하는 경사하강법^{gradient descent}의 개요를 알아봤다. 신경망을 훈련시키기 위한 과정은 동일하지만 이번에는 네트워크 수준에서 살펴본다. 신경망 훈련에 가장 널리 사용되는 알고리즘은 역전파^{back-propagation} 알고리즘이다. 역전파는 가중치에 대한 비용함수^{cost function}의 편미분(경사)을 계산하기 위한 기발한 방법이다.

개념은 회귀 모델 훈련에서 본 것 같은 평균제곱오차^{MSE, mean squared error}처럼 비용함수를 두는 것이다. 그리고 비용함수가 최소화되도록 경사하강법^{gradient descent}을 사용해 가중치를 갱신한다. 이를 위해 가중치 값에 대한 비용함수의 편미분^{partial derivative}을 계산한다. 그런 다음 오차 항을 기반으로, 이 편미분을 사용해 가중치 변동의 방향과 크기를 찾아 변동을 적용한다. 매 반복^{iteration}이 끝날 때마다 비용함수가 계산되며 가중치들이 갱신된다. 그림 4.6을 보자.

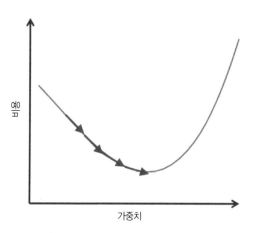

그림 4.6 경사하강법이 최저값에 도달하는 방법

훈련을 개시하기 전에 훈련 데이터셋을 정제하고 정규화^{normalization}시켜야 한다. 이 데이터셋에는 모든 입력 특성(X들)과 그에 대응하는 예상 출력(Y들)을 포함하는 모든 데이터 포인트들이 포함돼야 한다. 머신러닝 커뮤니티에서는 이 데이터를 실측값^{ground truth}이라고 한다. 훈련되는 모델은 실측값처럼 우수한 결과를 낼 수 있을 만큼 성능이 좋아지도록 패턴을 학습하려고 할 것이다. 즉, 실측값은 머신러닝 모델이 달성 목표로 삼는 기준인 것이다.

실측값을 구축하고 우수한 훈련 및 테스트 데이터셋을 정의하는 것이 머신러닝 프로젝트 수명주기의 일반적인 출발점이다. 머신러닝 수명주기에 관해서는 9장에서 상세히 논의한다. 여기서는 정제돼 가용한 X들과 Y들의 데이터가 있으며, 이를 있는 그대로 훈련에 사용할 수 있다고 가정한다.

역전파에 의한 신경망 훈련의 일반적인 절차는 다음과 같다.

1. 가중치 값들을 영^{zero} 또는 무작위 수$^{random\ number}$로 초기화한 다음 신경망에 모든 데이터를 통과시켜 각 X에 대한 Y를 예측한다.

2. 각 Y값을 예상값 또는 실측값과 비교해 값의 차이를 구한다. 차이값을 기반으로 각 출력항에 대한 오차를 계산한다.

3. 신경망의 모든 가중치들의 함수인 비용함수$^{Cost\ Function}$를 설정한다. 여기서 모든 가중치란 각 층의 편향을 포함하는 모든 가중치들을 일컫는다. 비용함수는 모델의 예측값이 실측값에서 얼마나 거리가 있는지 측정하는 측도^{metric}를 정의할 수 있게 해준다. 비용함수의 선택은 우수한 머신러닝 모델 훈련을 위해 대단히 중요하다.

4. 비용함수는 앞에서 봤던 평균 절댓값 오차$^{MAE,\ Mean\ Absolute\ Error}$ 또는 평균 제곱 오차$^{MSE,\ Mean\ Squared\ Error}$일 수 있다. 이 비용함수는 값을 예측해 그것이 실측값과 얼마나 차이가 나는지 직접적으로 보려고 할 때 이상적이다. 만일 클래스를 예측하는 경우라면 비용함수로 크로스 엔트로피$^{cross-entropy}$가 선호된다. 크로스 엔트로피는 잘못된 분류로 인한 정보의 손실을 최소화하도록 움직이며, 따라서 분류 손실을 더 잘 나타내준다.

   비용함수를 두는 목적은 예측에 있어 가중치와 오차 간의 관계를 수립하기 위한 것이다. 따라서 가중치를 조정하면 오차를 줄이고 더 정확한 모델을 얻을 수 있게 된다(책 말미의 '참고 자료'에 있는 여러 종류의 비용함수에 관한 자세한 내용에 대한 링크를 참조하기 바란다).

5. 명칭이 말해주듯이, 계산된 오차를 신경망을 통해 역방향으로 전파한다. 출력단

에서 입력단으로 역으로 가면서 비용함수의 가중치에 대한 경사^{gradient}를 사용해 가중치를 갱신한다. 이것은 그림 4.6에서 본 경사하강법과 같은 것이지만, 이제 는 신경망 전체에 적용하고자 한다.

신경망 전체에 대한 비용함수를 설정하고 편미분을 사용해 이 비용함수의 가 중치에 대한 경사를 계산한다. 이제 마지막 층에서 시작해 예측값과 실측값 간 의 오차로부터 경사를 계산한다. 이 오차를 마지막 층에서부터 첫 번째 층으로 역전파$^{back\text{-}propagation}$하며, 따라서 각 층의 모든 뉴런에 대한 경사를 계산하게 된다. 경사는 층의 각 뉴런 연결의 가중치를 조정하는 데 사용된다. 이 알고리 즘에 대한 자세한 설명은 앤드류 응$^{Andrew\ Ng}$의 머신러닝 강의 비디오에 잘 나와 있다. 이에 대한 링크는 책 끝 부분의 '참고 자료'에서 찾을 수 있다.

6. 모든 가중치가 갱신되고 나면 모든 데이터를 다시 통과시키고 오차 항을 계산 한다. 이 과정을 지정한 횟수만큼 또는 오차값이 허용할 만한 수준이 될 때까지 반복한다.

역전파를 하는 실제 과정을 케라스 예제와 함께 곧 보게 될 것이다.

뱃치 경사하강법과 확률적 경사하강법

신경망에 적용되는 경사하강법은 뱃치^{batch} 방식과 확률적^{stochastic} 방식이 있다. 신경망 은 훈련 데이터를 사용해 역전파를 수행해 가중치를 조정한다. 모든 훈련 데이터가 전체 신경망을 통과했을 때 이것을 한 에포크^{epoch}라고 한다. 뱃치 경사하강법$^{BGD,\ batch\ gradient}$ ^{descent}에서는 신경망이 모든 훈련 데이터를 볼 수 있도록 한 에포크 전체가 끝날 때까지 기다린 이후에 가중치를 조정한다. 이 방법은 시간이 많이 걸리며 변숫값들을 모두 메모 리에 저장해야 한다. 이 방법은 시간은 오래 걸리지만 가중치의 최적값을 쉽게 찾을 수 있게 해준다. 일반적으로 훈련 데이터의 크기가 제한적이고 메모리가 풍부한 경우 이 방 법을 따르게 된다.

경사하강법의 또 다른 유형은 각 데이터 포인트를 신경망에 통과시킬 때마다 가중치를 조정하는 확률적 경사하강법^{SGD, stochastic gradient descent}이다. 이 방법에서는 메모리에 많은 데이터를 저장하지 않으며 신속하게 가중치를 업데이트한다. 이 방법은 속도가 매우 빠르지만, 지역 최솟값^{local minimum}을 지나쳐버리는^{overshoot} 경향으로 인해 훈련에서 변동이 생긴다. 이 방법은 메모리가 제한적이고 훈련 데이터의 규모가 클 때 효과적이다. 각 데이터 포인트마다 학습하고 모델을 업데이트한다. 이 방법의 문제점은 특히 오류의 주원인인 불량한 데이터 포인트들이 있을 때, 방향을 잃어버리고 최솟값에서 멀어져 갈 수 있다는 것이다. 따라서 실무에서는 이 두 가지 방법을 절충한 접근법을 사용한다.

그 절충적 방법은 미니뱃치 경사하강법^{mini-batch gradient descent}이다. 이 방법에서는 데이터를 작은 뱃치들로 분할하고 각 뱃치가 신경망을 통과할 때마다 가중치를 갱신한다. 이 방법이 신경망을 훈련하는 더 좋은 접근법이라는 것이 밝혀졌다. 훈련의 매 반복마다, 훈련 데이터의 작은 일부를 메모리로 읽어와서 오차를 계산하고 경사를 구하기 위해 그 오차를 역전파한다. 그러므로 훈련 데이터 전체를 메모리에 읽어들이는 방법에 비해서 알고리즘이 사용하는 메모리가 더 작다. 또한 결과를 보기 위해 모든 훈련 데이터가 처리될 때까지 기다릴 필요가 없다. 일반적으로 이 접근법을 사용하면 최솟값으로 수렴하는 속도가 더 빠르며 훈련 시간을 몇 배나 줄일 수 있다.

신경망 아키텍처

그림 4.4의 특별한 이 신경망은 모든 층들이 밀집^{dense} 또는 완전연결^{fully-connected}이며 다층 퍼셉트론^{MLP, multi-layered perceptron}이라고 부른다. MLP는 패턴 학습에 적합하며, 특히 정형 데이터에서 비선형 패턴을 찾는 것과 관련한 여러 가지 응용 사례가 있다. 훈련 데이터가 단일 차원의 벡터라면, MLP의 완전연결 성질 덕분에 빠르게 패턴을 학습하고 예측할 수 있다. MLP는 정형 데이터에 대해 정말 효과적이다. 이미지 같은 비정형 데이터에도 MLP를 적용할 수 있지만 얼마간의 변형이 필요하다. MLP는 단일 차원 층들의 데이터를 다루기 때문에, 3차원인 이미지 데이터를 길게 펼친^{flatten} 커다란 벡터로 변환해

MLP에 입력해야 한다. 그러므로 3차원에 들어 있는 중요한 공간적 정보들이 소실된 한 개의 큰 벡터를 얻게 된다. MLP의 개념을 확장해 비정형 데이터의 특정 유형에 더 잘 맞는 다른 심층 아키텍처들이 있으며, 이는 5장에서 논의한다. 자세한 논의에 앞서 MLP 신경망의 예제를 구축해보자.

텐서플로와 케라스

Scikit-Learn 같은 라이브러리를 사용해 신경망을 구축할 수도 있지만, 복잡한 신경망의 경우 특히 성능과 관련해 많은 제약을 발견하게 될 것이다. 특히 신경망을 위해 대규모 병렬 처리를 해야 하는 경우, 텐서플로^{TensorFlow}나 파이토치^{PyTorch} 같은 딥러닝 프레임워크^{frameworks}를 고려하는 것이 좋다. 이 프레임워크들은 신경망 아키텍처를 담아내 계산 그래프^{computational graph} 또는 데이터플로 그래프^{dataflow graph}를 구축할 수 있게 해준다. 구축된 그래프들은 다중 CPU 클러스터나 다중 GPU처럼 특정 하드웨어에서 병렬로 처리되도록 스케줄링돼 CPU만 있는 일반적인 기계에 비해 훨씬 빠른 속도로 훈련할 수 있게 한다. 프레임워크들은 그들만의 전용 런타임이 있으며, 이것은 CPU 또는 GPU 클러스터일 수 있다. 프레임워크들에는 Java, Python 및 C++ 같은 프로그래밍 언어를 위한 API를 제공하며, 이를 통해 애플리케이션에서 딥러닝 모델을 구축하고 훈련하고 실행시킬 수 있다.

텐서플로^{TensorFlow}는 구글이 개발한 프레임워크이며 오픈 소스로 사용할 수 있다. 구글은 적극적이고 신속한 텐서플로 개발 및 유지 관리 팀을 보유하고 있으며, 이들은 3~4개월에 한 번씩 새로운 버전을 발표한다. 구글은 내부적으로도 이미지, 비디오, 텍스트, 오디오 등 여러 종류의 딥러닝 애플리케이션에 텐서플로를 집중적으로 사용하고 있다.

케라스^{Keras}는 텐서플로[1] 프레임워크상에서 파이썬으로 작성된 고수준 API다. 케라스는

1 　케라스는 백엔드 프레임워크로 텐서플로 외에도 CNTK 및 테아노(Theano)를 지원한다. 텐서플로에는 케라스가 내장돼 케라스를 별도로 설치할 필요가 없다. - 옮긴이

지금은 구글에 있는 프랑수와 숄레^{François Chollet}에 의해서 개발됐다. 케라스를 사용하면 계산 그래프를 정의하기 위한 세부 내용들을 몰라도 된다. 개발자는 층들을 구축하고 층의 유형, 뉴런의 수, 연결 등과 같은 설정 파라미터를 정의하는 일에만 집중할 수 있다. 케라스는 내부적으로 계산 그래프를 구축하는 일을 대신해준다.

> **NOTE** 이 책에서는 모든 딥러닝 예제에서 케라스와 텐서플로를 사용하는데, 사용법이 쉽고 케라스와 텐서플로가 미리 설치된 구글 코래버러토리에서 주피터 노트북을 무료로 사용할 수 있기 때문이다. 구글에게 감사한다!

파이토치^{PyTorch}는 페이스북에 의해서 개발 및 유지되고 있는 프레임워크다. 수학적 처리를 위한 강력한 파이썬 라이브러리인 넘파이^{NumPy, Numerial Python}를 주로 사용한다. 파이토치 역시 계산그래프를 정의해주며 케라스처럼 단순함을 지니고 있다. 어떤 프레임워크를 선택할 것인가는 개인적 선호도와 얼마나 오래 사용했는지의 문제다. 개발된 심층 신경망 아키텍처는 텐서플로나 파이토치 모두에서 실행될 수 있어야 할 것이다.

MLP 신경망을 구축하는 데 케라스를 사용하기로 하자. 첫 번째, 케라스와 함께 제공되는 엠니스트^{MNIST}라고 하는 연습용 데이터셋을 로드한다. MNIST는 머신러닝을 공부하는 데 있어 표준적인 데이터셋이다. MNIST에는 훈련용 및 테스트용 데이터셋이 정의돼 있다. 데이터를 로드하고 맷플롯립^{Matplotlib} 라이브러리를 사용해 그 모양을 그려보자(그림 4.7을 보라). 이 코드는 리스트 4.1에서 보듯이 상당히 표준적이다.

리스트 4.1 텐서플로와 케라스에서 손글씨 숫자 데이터셋 읽어들이기

```
# tensorflow 및 keras 라이브러리 로드
import tensorflow as tf
from tensorflow import keras

# 도우미 라이브러리
import numpy as np
import matplotlib.pyplot as plt

# 케라스가 제공하는 mnist 데이터셋 로드
```

```
mnist = keras.datasets.mnist

# 훈련 데이터와 테스트 데이터 로드
 (img_rows, img_cols) = (28,28)
(x_train, y_train),(x_test, y_test) = mnist.load_data()

# 몇 개의 샘플에 대해 그림 그리기
plt.figure(figsize=(10,10))
for i in range(25):
    plt.subplot(5,5,i+1)
    plt.imshow(x_train[i], cmap=plt.cm.gray)
    plt.xlabel(y_test[i])
plt.show()
```

그림 4.7 MNIST 훈련 데이터셋의 데이터 샘플

훈련 데이터셋의 샘플을 보자. 각 샘플 데이터에는 특성features X들과 출력 Y들이 있다. X들은 이미지의 28×28픽셀에 해당하는 784개의 숫자들이다. Y들은 이미지가 나타내는 숫자를 나타내는 0에서 9까지의 숫자다.

파이썬을 사용해 X와 Y 특성의 크기를 이해하도록 해보자. 이 코드는 특성들을 확실히 이해하기 위해 매우 중요하다. 특성들은 모두 비슷한 크기의 값을 갖는 것이 바람직하다. 따라서 픽셀 값들을 정규화^{normalization}하면 0에서 255 사이의 값이 0과 1 사이의 값이 된다. 이와 유사하게 출력 Y는 0에서 9까지의 값에서 원핫 인코딩 벡터로 변환한다. 각 Y는 해당 원소만 1이고 나머지는 모두 0인 크기가 10인 벡터로 변환된다.

예를 들어 Y = 3은 다음과 같은 벡터로 변환된다.

```
Y = [ 0, 0, 0, 1, 0, 0, 0, 0, 0, 0, 0 ]
```

리스트 4.2는 이러한 작업을 위한 표준적 코드다.

리스트 4.2 학습 속도를 높이기 위한 훈련 및 테스트 데이터의 정규화

```python
from keras.utils import to_categorical

# 원핫 인코딩
y_train = to_categorical(y_train)
y_test = to_categorical(y_test)

# 데이터의 차원 보기
print('Training X dimensions: ', x_train.shape)
print('Training Y dimensions: ', y_train.shape)
print('Testing X dimensions: ', x_test.shape)
print('Testing Y dimensions: ', y_test.shape)

# 데이터 값을 0과 1 사이의 값으로 정규화
x_train, x_test = x_train / 255.0, x_test / 255.0
```

결과는 다음과 같다.

```
Training X dimensions:  (60000, 28, 28)
Training Y dimensions:  (60000, 10, 2)
```

```
Testing X dimensions: (10000, 28, 28)
Testing Y dimensions: (10000, 10, 2)
```

데이터셋을 정의했으므로 이제 실제로 신경망을 구축하기 위한 코드를 살펴보자. 우선 앞에서 봤던 간단한 MLP를 만들 것이다. 입력층은 784개의 입력 뉴런을 가진다. 이것은 28×28 이미지를 받아서 크기가 784인 벡터로 변환시켜 사용한다. 이 작업은 케라스의 평활화flatten 층을 사용해 수행한다. 평활화층의 차원은 입력층의 차원을 사용해 자동 계산되므로 지정할 필요가 없다.

그다음에는 512개의 뉴런을 갖는 은닉층hidden layer을 사용할 것이다. 이 층은 한 층의 모든 뉴런들이 다음 층의 모든 뉴런들과 연결되는 밀집층dense layer[2]이다. 이 층의 활성화 함수로는 ReLU 함수를 사용한다. 앞에서 논의했듯이, 은닉층의 ReLU 활성화 함수는 신경망의 빠른 학습을 돕는다.

끝으로 출력층은 10개의 뉴런을 갖는 밀집층이다. 10개의 이 뉴런들은 이미지가 나타내는 0에서 9까지의 손글씨 숫자에 대한 예측과 대응된다. 여기에서는 소프트맥스Softmax 활성화 함수를 사용해 각 뉴런에서 0과 1 사이의 값을 출력할 수 있도록 한다. 층 전체에 대해서 소프트맥스를 적용함으로써 모든 뉴런에 대한 확률값의 총계가 1이 된다. 따라서 이미지 내의 숫자가 5라면, 훈련셋의 예상값(목표값) Y_Train은 다음과 같을 것이다.

```
Y = [ 0, 0, 0, 1, 0, 0, 0, 0, 0, 0, 0 ]
```

훈련이 끝나면, 모델의 모든 예측값의 합이 1(100% 확률을 나타냄)이 되고, 숫자 5에 대해서는 최대 확률이 할당되도록 예측을 할 것으로 기대한다. 모델을 구축한 다음에는 리스트 4.3에서처럼 모델에 대한 요약 정보를 보여줄 것이다.

---

2   또는 완전연결망(fully connected layer) - 옮긴이

리스트 4.3 첫 번째 신경망 코드!

```
from keras.models import Sequential
from keras.layers import Dense, Flatten

# 간단한 신경망을 구축한다
model = Sequential()
model.add(Flatten(input_shape=(28, 28)))
model.add(Dense(512, activation='relu'))
model.add(Dense(10, activation='softmax'))

# 모델에 대한 요약 정보 보기
model.summary()

# 모델을 위한 최적화기(optimizer) 지정과 손실함수 정의
model.compile(optimizer='adam',
              loss='categorical_crossentropy',
              metrics=['accuracy'])

# 실제 훈련
history = model.fit(x_train, y_train, epochs=1, validation_split=0.33)

# 테스트 데이터에서의 평가
model.evaluate(x_test, y_test)
```

결과는 다음과 같다.

Layer (type)	Output Shape	Param #
flatten_6 (Flatten)	(None, 784)	0
dense_11 (Dense)	(None, 512)	401920
dense_12 (Dense)	(None, 10)	5130

Total params: 407,050
Trainable params: 407,050

```
Non-trainable params: 0
```

```
Train on 40199 samples, validate on 19801 samples

Epoch 1/1
40199/40199 [==============================] - 7s 178us/step -
loss: 0.2389 - acc: 0.9298 - val_loss: 0.1346 - val_acc: 0.9606

10000/10000 [==============================] - 0s 44us/step

Evaluation on Test Dataset: [0.11573542263880372, 0.9653]
```

은닉층 수와 각 은닉층의 뉴런 수는 하이퍼파라미터다. 이것들은 학습되는 것이 아니지만, 조정하면 모델의 예측이 더 좋아지는지 살펴볼 것이다. 학습되는 가중치의 총 수(훈련 가능 파라미터라고도 한다)에 대해서 알아보자. 모델 요약에는 훈련 가능한 파라미터 수 Trainable params가 표시된다. 앞의 예에서 훈련 가능 파라미터 또는 가중치 총 수는 407,050이었다. 이 계산 방법은 매우 간단하며, 어떤 신경망에서도 사용될 수 있다.

```
First weight Layer size      = (Layer1 Neurons + 1) * Layer2 Neurons
                             = (784+1) * 512 = 401920

Second weights Layer size    = (Layer2 Neurons + 1) * Layer3 Neurons
                             = (512+1) * 10 = 5130

Total weights of the Model  = 401920 + 5130 = 407050
```

앞에서 그랬듯이, 훈련 값 X와 Y를 사용해서 모델을 구축하고 가중치들을 조정할 것이다. 테스트 값은 오직 평가evaluation를 위해서만 사용될 것이다.

이제 됐다. 이미지 데이터를 수집했으며, 그 데이터를 정규화하고, 첫 번째 신경망을 훈련해 92%의 정확도를 얻었다. 이 MLP 모델의 구조는 그림 4.8에 나타나 있다. 이 모델에는 훈련시킬 가중치가 407,0505개 있다. 모든 층은 밀집층이며, 청색으로 표시할 것이다. 5장에서 다른 유형의 층을 다루게 되면 다른 표기법을 사용하게 될 것이다.

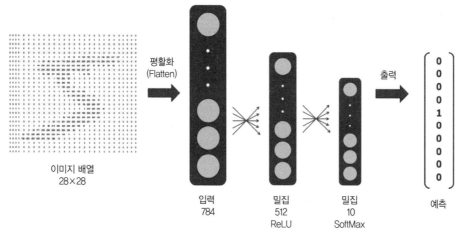

그림 4.8 다층 퍼셉트론(MLP) 요약

코드와 결과에 대해서 몇 가지 주목할 것들은 다음과 같다.

- 아주 흔히 사용되는 아담 최적화기^{Adam optimizer}를 사용했다. 다른 최적화기로는 알엠에스프롭^{RMSProp}, 에이다그래드^{Adagrad} 그리고 에스지디 ^{SGD, Stochastic Gradient Descent} 같은 것들이 있다. 이들은 모두 모델이 더 빠르게 수렴해 훈련 과정이 더 빨라지도록 만든 전통적인 경사하강법^{gradient descent}의 변종^{variant} 들이다. 보통 아 담이 가장 널리 사용되지만, 다른 최적화기도 시도해볼 수 있으며, 결과가 더 나아지는지 볼 수 있을 것이다.

- 앞의 예는 다중 클래스 분류 문제였기 때문에 범주적 크로스 엔트로피^{Categorical Cross-Entropy} 손실함수를 사용했다. 단 한 번의 에포크^{epoch}만 훈련시켰지만 꽤 좋은 결과를 얻었다. 데이터가 깨끗하고 품질이 좋았기 때문이다. 현실에서는 데이터의 품질이 나쁠 가능성이 높으며 데이터 정제 및 다른 선처리 과정이 필요할 것이다.

- 주목해야 할 또 다른 것은 MNIST가 훈련 데이터와 테스트 데이터를 제공할 수

있을 만큼 충분히 좋았지만, 모델을 훈련할 때 검증^{validation}용 데이터를 33%로 설정해서 따로 나눴다. 따라서 훈련을 위해서는 단지 훈련 데이터셋의 67% 만을 사용했으며 나머지 33%를 가지고 모델을 검증했다. 결과에서는 훈련 정확도^{training accuracy} 및 훈련 손실^{training loss} 그리고 검증 정확도^{validation accuracy} 및 검증 손실^{validation loss}을 보여줬다. 일반적으로 우리는 층 수나 층의 뉴런 수 같은 하이퍼파라미터를 조정해 검증 정확도가 증가하는지 살펴보게 된다.

- 테스트 데이터셋은 모델을 평가하고 기준을 설정하기 위해 사용된다. 코드의 마지막은 우리의 모델을 테스트 데이터에서 평가하는 것이며 결과가 96.53% 정확하다고 말해주고 있다. 이제 만일 새로운 아키텍처나 새로운 알고리즘을 선택하게 되면 이것이 깨뜨려야 할 우리의 기준이 될 것이다!

이제 훈련, 검증, 테스트 및 테스트셋 그리고 과적합과 미적합에 대해 잠시 논의하기로 하자.

편향과 분산: 미적합과 과적합

2장에서 과적합^{overfitting}과 미적합^{underfitting}의 개념을 알아봤다. 그림 4.9에 다시 나타낸 다트 게임의 예를 기억하는가?

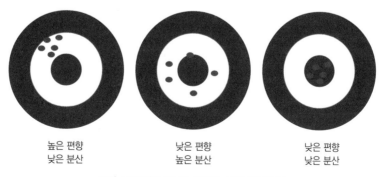

높은 편향
낮은 분산

낮은 편향
높은 분산

낮은 편향
낮은 분산

그림 4.9 편향과 분산을 설명하는 다트 게임의 예

훈련 및 검증 결과에서 어떻게 미적합과 과적합의 개념을 얻을 수 있을지 얘기해보자. 그림 4.10은 신경망을 구축하는 과정에서 어떤 결정을 내리는 데 도움을 줄 수 있는 간략한 도표다.

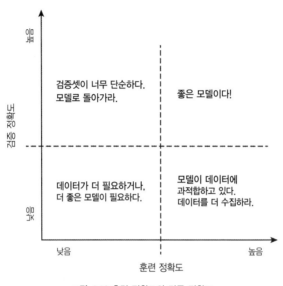

그림 4.10 훈련 정확도와 검증 정확도

새로운 모델을 만들 때는 항상 별도로 분리된 훈련 데이터셋과 검증 데이터셋을 사용해 각 데이터셋에 대한 모델의 정확도를 구해야 한다. 이러한 개념을 교차검증$^{cross-validation}$ 이라고 한다. 이 개념은 모델에 훈련시킬 일련의 데이터를 제공하는 것이다. 그런 다음 모델이 얼마나 효과적인지 알아보기 위해 모델이 본 적이 없는 데이터에 대해 성능 측도를 평가하는 것이다.

널리 사용되는 방법으로는 K겹 교차검증$^{K-fold cross-validation}$이라는 교차검증 방법이 있다. 이 방법은 전체 데이터셋을 K개의 그룹으로 나눈 후, 각 반복에서 K개의 그룹 중 하나는 검증셋으로 사용하고 나머지 데이터는 훈련용으로 사용하는 것이다. 이와 같은 방법으로 모델이 학습하면서 보지 못한 데이터를 계속 바꿔주며 시간이 지나면 모델이 더욱 효과적이도록 해준다.

훈련 데이터에서는 높은 정확도를 얻었는데 검증 데이터에서는 그렇지 못했다면, 모델이 훈련 데이터에 대해서 과적합하고 있는 것이다. 모델이 그 훈련 데이터만 가진 큰 분산을 학습하고 있으면서 검증 데이터셋으로 옮겨가지 못하는 것이다. 이러한 경우에는 더 많은 훈련 데이터가 필요하다. 규제화^{regularization} 또는 드롭아웃^{dropout}과 같은 과적합 방지를 위한 기법들을 사용할 수도 있다.

규제화가 무엇인지 간단히 알아보자. 역전파에 대한 논의에서 비용함수가 어떻게 신경망의 여러 층들의 모든 가중치들의 함수가 되는지 그리고 신경망의 가중치들의 최적값을 구하는 데 어떻게 도움을 주는지 봤다. 모델이 훈련 데이터에 대해서 과적합하고 있다면, 그것은 신경망의 가중치들이 너무 훈련 데이터 특정적이 돼 가고 있다는 것을 의미한다. 규제화의 개념은 비용함수에 가중치를 포함하는 특별한 항을 부가함으로써 신경망이 빠르게 수렴하지 않도록 하는 것이다. 다시 말해서 가중치에 패널티^{penalty}를 부가해 훈련 데이터셋에 과적합하지 않고 좀 더 포괄적이 되도록 하는 것이다.

과적합을 방지하는 두 번째 방법은 드롭아웃^{dropout}이다. 드롭아웃에서는 훈련 과정에서 층의 뉴런들을 일정 비율로 무작위로 배제시키고 나머지 부분으로 훈련을 한다. 이 방법은 어떤 뉴런들이 특정 입력에 묶이는 것을 방지함으로써 신경망의 과적합을 방지하는 데 도움을 준다. 매번 어떤 훈련 반복^{iteration}이나 에포크^{epoch}마다 무작위로 선택된 뉴런들이 제거되므로(따라서 그 뉴런들의 출력값이 0이 되므로), 신경망은 어떤 특정 훈련 데이터나 뉴런들에 의존적이지 않은 패턴들을 학습하도록 강요받게 된다.

규제화와 드롭아웃의 이러한 개념들 역시 앤드류 응$^{Andrew\ Ng}$의 동영상 강의에서 정말 잘 설명하고 있다. 실용적인 머신러닝을 위해서는 내가 설명하는 수준으로도 충분하다. 여러분은 이제 케라스에서 이러한 층들을 사용하기 시작할 수 있다. 그러나 보이지 않는 곳에서 일어나고 있는 것을 이해하고 싶다면 앤드류 응의 동영상 강의를 강력히 추천한다.

검증 데이터에 대한 정확도는 높은데 훈련 데이터에 의한 결과는 그다지 좋지 않은 경우라면, 훈련 데이터셋이 복잡하고 검증 데이터셋은 비교적 단순한 것일 가능성이 있다. MNIST 예에서 우리는 데이터를 무작위로 분할했다. 그러나 실제 문제에서는 예상 출력에 대한 대표성이 좋은 검증셋$^{validation\ set}$을 구축할 필요가 있다. 관측되는 모든 변동성을 검증셋이 가지고 있도록 하는 것이 좋다. 이렇게 함으로써, 검증에서 우수한 정확도를 얻으면 보지 못한 데이터에서도 모델이 잘 수행되리라는 확신을 가질 수 있게 되는 것이다.

마지막으로 훈련셋과 검증셋 모두에서 낮은 정확도를 얻었다면 데이터가 더 필요하거나 더 좋은 모델, 혹은 둘 다 필요할 수도 있다. 같은 이유로 두 데이터셋에서 모두 높은 정확도를 얻었다면 패턴을 잘 학습해서 보지 못한 데이터에서도 잘 동작하는 우수한 모델이다. 이것이 우리가 목표로 하는 것이다.

MNIST 예의 경우 90% 이상의 정확도는 꽤 우수한 것이다. 우리는 훈련, 검증 및 테스트, 이 세 가지 데이터셋 모두를 사용해 이런 높은 정확도를 얻었다. 5장에서는 합성곱 신경망$^{CNN,\ Convolutional\ Neural\ Networks}$ 같은 다른 모델 아키텍처를 알아보고 지금의 MNIST 모델과 비교해볼 것이다.

요약

4장은 이미지 데이터를 분석하기 위한 심층 신경망을 구축하는 것으로 시작했다. 모델을 구축하기 위해 텐서플로 프레임워크상에서 케라스 라이브러리를 사용했다. 교차검증을 알아보고, 훈련 데이터와 테스트 데이터로 분할했으며, 모델을 훈련시켜 모델에 대한 정확도 측도를 평가했다. 5장에서는 좀 더 복잡한 모델을 구축해볼 것이다. MLP에서 합성곱 신경망$^{CNN,\ Convolutional\ Neural\ Networks}$으로 넘어가 CNN이 특히 이미지 분석용 심층 모델을 구축하는 데 있어 얼마나 더 효과적인지 보여줄 것이다. 5장에서는 다른 데이터(패션 제품의 이미지 데이터셋)를 사용할 것이다. 흥미를 느끼기 바라며 자신만의 이미지 데이터로 시험해볼 수 있기를 바란다.

고급 딥러닝

5장에서는 케라스와 텐서플로를 사용해 이미지를 분석하기 위한 심층 신경망을 구축했다. 이제 5장에서는 복잡한 시각적 패턴을 추출하는 모델을 구축할 것이다. MLP에서 합성곱 신경망CNN, Convolutional Neural Networks으로 넘어가 CNN이 특히 이미지 분석용 심층 모델을 구축하는 데 있어 훨씬 더 효과적이라는 것을 보여줄 것이다. 흥미를 느낄 수 있기 바라며, 자신만의 데이터로 시험해보기 바란다.

심층 모델의 부상

4장에서는 신경망의 일종인 다층 퍼셉트론MLP, Multi-layered Perceptron을 알아봤다. 이 모델은 1990년대에 가장 흔히 사용되던 신경망이지만 이 신경망에는 많은 제약이 있다.

MLP는 앞의 예처럼 천 개 이하의 소규모 특성features들에 대해서는 잘 동작한다. 밀집층의 모든 뉴런들이 다음 층의 모든 뉴런들과 연결돼 있기 때문에 특성 수가 증가하면 가중치의 수가 매우 커지게 된다. 이것은 모델을 훈련시키기 어렵게 하며 큰 처리 능력이 요구된다. MLP에서는 뉴런 층들을 증가시켜도 정확도accuracy 측면에서 증가된 층들의 효과를 크게 보지 못한다. 밀집층을 추가함으로써 복잡성과 훈련 시간만 커지게 할 뿐 실질적인 이득이 없다.

제시된 예에서는 28×28 크기의 2차원 이미지를 784개의 원소를 갖는 1차원 벡터로 변환했다. 이것이 신경망의 입력층이었다. 그러나 2차원 층을 평활화하면 이미지에 포함된 많은 공간적 관계들을 잃게 된다. 2차원적 구조는 이미지에 포함된 패턴들을 이해할 수 있게 해주는 픽셀들 간의 관계를 담고 있다. 이미지를 평활화시켜 MLP에 입력으로 제공할 때 이런 정보를 잃어버리게 되는 것이다.

이미지와 같은 비정형 데이터를 MLP에서 사용해 의미 있는 결과를 만들어내기 위해서는 많은 양의 특성 추출이 필요하다. 이것은 이미지의 크기 축소, 회색조 이미지로의 변환을 통한 차원 축소, 잡음 제거를 위한 이미지 임계 처리 같은 작업이 있을 수 있다. 이러한 기법 중 다수가 컴퓨터 비전^{computer vision} 영역에 속하며, 기본적으로 픽셀 배열 형식의 디지털 정보로 저장된 이미지로부터 지식을 추출하기 위한 수단들이다. 오디오나 텍스트 같은 다른 유형의 데이터를 처리하기 위해서도 유사한 방법들이 필요했다. 이러한 과정을 특성 공학^{feature engineering}이라고 한다.

1990년대에 들어 신경망은 그 한계로 인해서 잠시 외면을 당한 적이 있었다. 그러나 2010년대 초반, 새로운 종류의 신경망 층과 아키텍처의 발견으로 이러한 한계들을 극복하기 시작했다. 비슷한 시기에 수천 번의 선형 대수적 계산을 병렬로 처리할 수 있는 GPU 같은 발전된 하드웨어에 힘입은 처리 능력의 눈부신 발전이 있었다. 이것은 머신러닝의 영역 내에 딥러닝^{DL, Deep Learning}이라는 새로운 학문 분야의 출현을 야기했다. 딥러닝은 기술적으로 머신러닝에 속하는 분야다. 그러나 딥러닝은 이미지 분류, 자연어 처리, 음성 인식, 음성 합성 등 많은 분야의 어려운 문제들에서 뛰어난 성과를 보여왔다. 이로 인해 딥러닝은 대단히 중요한 학문 분야로 자리 잡았으며 인공지능을 대표하는 분야가 되고 있다. 딥러닝은 머신러닝의 한 분야이므로 편향, 분산, 미적합 그리고 과적합과 같은 앞에서 배운 모든 개념들이 딥러닝 모델들에서도 유효하다.

새로운 종류의 네트워크 층

딥러닝에 의한 주요 발전 중 하나는 새로운 종류의 층으로서, 특별한 종류의 모델을 구축할 수 있게 해준다는 것이다. 이 모델들은 이미지나 텍스트 같은 특별한 종류의 비정형데이터에서 잘 동작한다. 앞에서 봤듯이 밀집층은 모델에 저장해야 할 가중치의 수를 크게 증가시킨다. 또한 밀집층은 이미지에서 두드러지는 데이터의 공간적 관계를 잘 포착하지 못한다. 딥러닝이 특별한 층과 네트워크 아키텍처를 통해 어떻게 이미지 분석을 용이하게 해주는지 살펴보기로 하자. 그 네트워크는 컨볼루션 신경망이라고 하는 특별한신경망이다. CNN은 이미지 분석과 이미지에서 지식을 추출하는 데 있어 가장 적합한 모델로 여겨지고 있다. CNN에 대해 더 자세히 살펴보자.

컨볼루션 층

명칭이 의미하듯이 일반적인 MLP에 대비한 CNN의 주요 개선 사항은 컨볼루션 층convolution layers이라고 하는 새로운 뉴런 층을 도입한 것이다. 컨볼루션 층은 픽셀 배열에서 공간적 패턴을 추출하는 작업에 특화돼 있다. 이 층에 대해 자세히 알아보자.

컨볼루션이란 작은 행렬(필터filter라고도 한다)를 더 큰 데이터 또는 신호 행렬 위에서 움직이며 수행하는 연산이다. 각 연산에서는 두 행렬 각 원소들에 대해 원소별element-wise 곱셈의 결과를 합산한다. 그림 5.1의 컨볼루션을 시각화한 예를 보자.

우리가 시험하려는 이미지는 한 개의 수평선과 한 개의 수직선이 서로 교차하고 있는 이진 이미지[1] 다. 이 이미지는 백색 픽셀과 흑색 픽셀을 나타내는 1과 0으로만 이뤄져 있다. 이 이미지는 9개의 행과 9개의 열로 된 행렬로 표현된다. 크기가 2×2인 특정 컨볼루션 필터(또는 커널kernel이라고 한다)를 선택해 이미지 위를 움직인다. 움직일 때마다 원소별 곱셈을 하고 결과를 합산한다. 연산의 결과로 크기가 8×8인 새로운 행렬을 얻는다.

1　binary image. 회색조는 없이 흑백 두 가지 색으로만 이뤄진 이미지를 의미한다. – 옮긴이

이 새 행렬을 이미지로 표시하면 흥미로운 결과를 보게 된다. 수평선 성분만 강조된 새로운 컨볼루션 이미지를 보게 된다. 이 이미지에서 수평선 성분을 추출할 수 있었다.

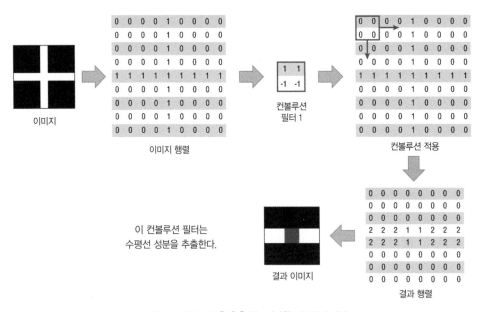

그림 5.1 수평선 성분을 추출하는 간단한 컨볼루션 필터

이제 다른 필터를 사용해 무엇이 나오는지 보자. 그림 5.2를 보자.

다음 필터는 수직선을 탐지하는 필터다. 이 필터는 2차원 이미지에서 특별한 패턴을 찾으며 결과는 수직선들만 0이 아닌 값들을 갖는 행렬이 된다.

2차원 이미지 행렬을 신경망의 층으로 삼는다면 이 컨볼루션 필터를 적용한 결과는 수직 뉴런들만 활성화된 새로운 층이 될 것이다. 이것이 CNN의 컨볼루션 층의 원리다.

컨볼루션 층은 3차원 층이다. 두 차원은 입력 이미지의 너비와 높이를 나타낸다. 세 번째 차원은 신경망이 학습해야 하는 필터의 수다. 신경망은 데이터 포인트들을 소비하면서 (이 경우는 이미지를 학습하면서) 어떤 특성이 중요한지를 학습하고 그 필터들을 학습하기 시작한다. 입력되는 이미지들에 수평선이 많이 있을 수도 있다(이런 경우, 신경망은 앞에서 본

198

수평선 필터를 학습하기 시작할 것이다). 일반적으로, 3×3, 5×5 또는 7×7처럼 좀 더 높은 차원의 필터가 사용된다. 2×2 필터 같은 것은 컨볼루션의 작동 방법을 보여주기 위해 선택한 예일 뿐이다.

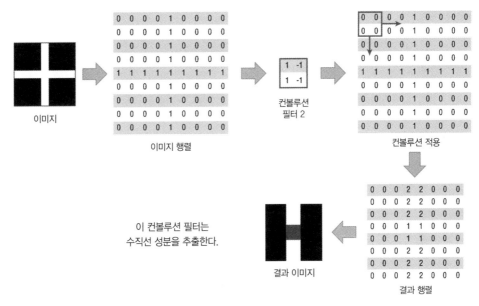

그림 5.2 수직선 성분을 추출하는 간단한 컨볼루션 필터

이전의 예에서 필터를 적용한 이후에 이미지의 크기가 약간 줄어든 것을 볼 수 있었다. 9×9 이미지가 8×8 이미지가 됐다. 계산식은 다음과 같이 매우 간단하다.

새로운 이미지의 차원 = 이미지의 차원 – (필터의 크기 – 1)

이 식은 이미지의 너비와 높이에 모두 적용된다. 보통 정사각형 필터를 사용한다. 즉, 3×3 또는 5×5처럼 너비와 높이가 같다. 컨볼루션 연산으로 이미지의 크기 바뀌는 것을 원하지 않는 경우가 많다. 그런 경우는 패딩^{padding}을 추가하면 된다. 패딩을 사용하면 컨볼루션 연산은 입력 이미지와 같은 크기의 이미지를 반환하며, 컨볼루션 층이 추출한 패턴을 담고 있다.

CNN과 일반적인 심층 네트워크에는 다른 종류의 흥미로운 층들이 있다. 이들에 대해서 간단히 살펴본 후에 예를 통해 더 탐구해보기로 하자.

풀링 층

MLP와 CNN 간의 주요 차이점은 CNN은 2차원 이미지 배열에서 동작하며 컨볼루션 층을 사용해 공간적 패턴을 추출하려고 한다는 점이다. 그러나 이미지의 차원을 축소해 처리 시간을 줄일 수 있는 층 또한 필요하다. 이것은 풀링 층$^{pooling\ layer}$을 통해 이뤄진다. 풀링 층이 하는 일은 평균 또는 최댓값 같은 요약 통계량을 기반으로 이미지를 다운샘플링$^{down\text{-}sampling}$하는 것이다. MaxPooling2D는 많이 사용되는 풀링 층이며 2×2 또는 4×4 같은 풀링 윈도우$^{pooling\ window}$를 사용한다. 이 층은 윈도우 내 값들의 최댓값을 취해 새로운 이미지에 할당한다. 선택된 윈도우의 크기에 따라 축소된 이미지의 크기가 달라진다. 예를 들어 2×2 윈도우는 100×100 이미지를 50×50으로 다운샘플링한다.

2차원 배열을 1차원 벡터로 변환하는 평활화 층$^{flatten\ layer}$은 이미 앞에서 봤다. CNN이 다른 점은 컨볼루션 층들이 적절한 패턴들을 추출한 이후 마지막 단계에서 평활화 층을 사용한다는 것이다.

이제 예제 코드를 작성하기에 앞서 두 가지 특수한 층을 살펴보자.

드롭아웃 층

많은 경우 CNN은 특정 뉴런들이 항상 훈련 데이터의 고정적인 패턴을 쳐다보게 됨으로써 훈련 데이터에 과적합하는 경향이 있다. 이 과적합을 방지하고 네트워크의 편향을 증가시키는 한 가지 방법은 드롭아웃^{dropout}이라고 하는 특별한 층을 사용하는 것이다. 드롭아웃 층은 매 훈련 반복이나 에포크마다 네트워크에서 일정 비율의 뉴런들을 무작위로 골라 제외시킨다. 그러므로 0.3의 드롭아웃이란 말은 이 층에 들어가는 뉴런의 30%를 무작위로 골라서 그 값들을 모두 0으로 만든다는 뜻이다. 이제 이 뉴런들은 학습에서 어떤 역할을 하지 못하게 된다. 이렇게 함으로써, 어떤 뱃치batch 반복마다 임의의 뉴런이 0이 될 수 있게 되므로 네트워크가 훈련 데이터에 과적합할 기회를 갖지 못하게 된다.

뱃치 정규화 층

앞의 MNIST 데이터에 대한 MLP 예에서 0과 255 사이의 픽셀 밝기 값을 갖는 훈련 데이터셋과 테스트 데이터셋을 사용했다. 이 데이터 포인트들을 모두 255로 나눠 줌으로써 0과 1사이의 값을 갖도록 정규화normalization시켰다. 이러한 방법은 훈련 속도를 높여주며 네트워크가 빨리 수렴하도록 해준다. 훈련 속도를 높이는 또 다른 좋은 방법은 뱃치 정규화batch normalization라고 하는 특수한 층을 사용하는 것이다. 이 층은 기본적으로 모든 층에서 네트워크를 통해 흐르는 데이터를 정규화한다. 따라서 입력 데이터뿐만 아니라 층들 사이의 데이터들도 정규화함으로써 네트워크의 학습 속도가 빨라지고 좋은 결과를 얻게 해준다.

패션 이미지 분류를 위한 심층 신경망 구축

자, 이제 이 모든 것들을 실제로 구현해보자. 앞에서 본 MNIST 예를 수정해 MLP 대신 CNN을 사용하고자 한다.

먼저 앞에서 봤듯이 데이터를 읽어들이고 데이터셋을 들여다본다. 이를 위해 케라스가 제공하는 새로운 데이터셋(패션 아이템fashion items 데이터셋, 그림 5.3)을 사용할 것이다. 이 데이터셋 역시 MNIST와 동일한 28×28 회색조grayscale의 훈련 및 테스트 이미지들로 구성된다. 이 이미지들은 숫자가 아니라 패션 아이템들이다. 그리고 각 아이템에 대한 레이블 값을 지정하기 위해 레이블 배열을 사용할 것이다. 리스트 5.1을 보자.

리스트 5.1 패션 아이템들로 된 다른 데이터셋 읽어들이기

```python
# 케라스 라이브러리 임포트
from tensorflow import keras

# 도우미 라이브러리
import numpy as np
import matplotlib.pyplot as plt
%matplotlib inline

# 케라스가 제공하는 mnist 데이터셋 읽어들이기
dataset = keras.datasets.fashion_mnist

# 이미지에 대한 레이블
class_names = ['T-shirt/top', 'Trouser', 'Pullover', 'Dress', 'Coat',
               'Sandal', 'Shirt', 'Sneaker', 'Bag', 'Ankle boot']

# 훈련 데이터와 테스트 데이터 로드
(img_rows, img_cols) = (28,28)
(x_train, y_train),(x_test, y_test) = dataset.load_data()

# 몇 개의 데이터 샘플을 그려보자
plt.figure(figsize=(10,10))
for i in range(25):
    plt.subplot(5,5,i+1)
    plt.xticks([])
    plt.yticks([])
    plt.grid(False)
    plt.imshow(x_test[i], cmap=plt.cm.gray)
    plt.xlabel(class_names[y_test[i]])

plt.show()
```

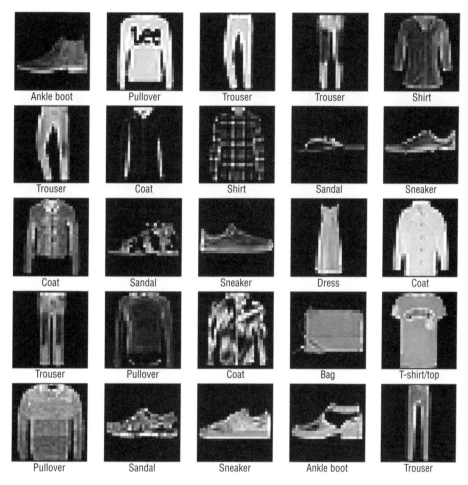

그림 5.3 패션 이미지 데이터셋의 샘플

이제 앞에서 살펴본 몇 가지 층들로 CNN을 구축해보자. CNN의 개념은 먼저 이미지 입력을 2차원으로 유지하고 컨볼루션과 풀링을 적용하는 것이다. 그런 다음 데이터를 평활화시키고 10개의 출력을 내는 소프트맥스 층에 매핑시키는 밀집층^{dense layer}을 만드는 것이다. 신경망의 구조는 그림 5.4와 같다.

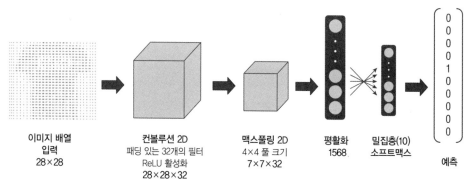

이미지 배열
입력
28×28

컨볼루션 2D
패딩 있는 32개의 필터
ReLU 활성화
28×28×32

맥스풀링 2D
4×4 풀 크기
7×7×32

평활화
1568

밀집층(10)
소프트맥스

예측

그림 5.4 CNN 모델을 단순화시켜 나타낸 구조

이 신경망을 코딩해보자. 우선 데이터에 대한 선처리를 수행한다. 정수 값인 Y를 예측 열 column만 값이 1이고 나머지는 0인 원핫 인코딩 벡터로 변환한다. 그다음 X 값들을 255로 나눠 0과 1 사이의 값으로 데이터를 정규화한다. 끝으로 넘파이numpy의 expand_dim 함수 를 사용해 배열(또는 텐서)의 모양을 (num_samples, 28, 28)에서 (num_samples, 28, 28, 1)로 변경한다. 이 조작은 데이터를 변경하지 않으면서 행렬의 모양을 변경해 CNN에 사 용하기 수월하게 해준다. 리스트 5.2를 보자.

리스트 5.2 데이터셋 로드, 선처리 그리고 훈련 데이터와 테스트 데이터로 분리하기

```
# 결괏값들을 원핫 인코딩하기
y_train = to_categorical(y_train)
y_test = to_categorical(y_test)

# 데이터를 0과 1 사이의 값으로 정규화
x_train, x_test = x_train / 255.0, x_test / 255.0

# 데이터를 CNN에 쓰기 좋게 모양 바꾸기
x_train_cnn = np.expand_dims(x_train, -1)
x_test_cnn = np.expand_dims(x_test, -1)
```

이제 신경망을 구축하자. 그림 5.4에 있듯이, 32개의 필터를 갖는 컨볼루션 층과 4×4 풀

크기의 맥스풀링 2D를 사용한다. 그다음 평활화와 10 크기의 밀집층을 사용해 예측을 표시한다. 리스트 5.3을 보자.

리스트 5.3 케라스로 컨볼루션 신경망 구축하기

```python
from keras.models import Sequential
from keras.layers import Dense, Dropout, Flatten, Input
from keras.layers import Conv2D, MaxPooling2D

model = Sequential()
model.add(Conv2D(32, (3, 3), activation='relu',
                 input_shape=(28, 28, 1), padding='same'))
model.add(MaxPooling2D(pool_size=(4, 4)))
model.add(Flatten())
model.add(Dense(10, activation='softmax'))

# 모델의 최적화기를 할당하고 손실함수를 정의
model.compile(optimizer='adam',
              loss='categorical_crossentropy',
              metrics=['accuracy'])

model.summary()
```

결과는 다음과 같다.

```
Layer (type) Output Shape Param #
=================================================================
conv2d_18 (Conv2D) (None, 28, 28, 32) 320

max_pooling2d_17 (MaxPooling (None, 7, 7, 32) 0

flatten_11 (Flatten) (None, 1568) 0

dense_12 (Dense) (None, 10) 15690
```

```
============================================================
Total params: 16,010
Trainable params: 16,010
Non-trainable params: 0
```

CNN 모델을 앞에서 만들었던 MLP와 비교해보자. 바로 알 수 있는 것은 CNN의 훈련 가능한 파라미터 또는 가중치의 수는 16,010개인 반면에 MLP의 경우는 407,050개다. 그것은 컨볼루션 층과 풀링 층을 사용해 얻은 이득이다. CNN은 패턴을 포착하면서 훨씬 적은 가중치를 사용한다. 이것은 컨볼루션 층은 이전 층에서 들어오는 입력 전체에 대해서 작은 크기의 동일한 필터를 반복해서 컨볼브convolve해 재사용하기 때문이다.

이러한 점들은 CNN 모델이 훈련과 예측을 훨씬 더 가볍고 빠르게 할 수 있게 해준다. 이제 우리 모델을 훈련시켜보자. 리스트 5.4를 보자.

리스트 5.4 모델을 훈련시키고 정확도와 손실을 살펴보자.

```
# 실제 훈련 시행
history = model.fit(x_train_cnn, y_train, epochs=1)

# 테스트 데이터를 사용한 평가
model.evaluate(x_test_cnn, y_test)

Epoch 1/1
60000/60000 [==============================] - 20s 338us/step - loss:
0.5202 - acc: 0.8176
10000/10000 [==============================] - 2s 211us/step

[0.4220195102214813, 0.847]
```

이 데이터는 MNIST보다 더 복잡한 데이터이므로, 첫 번째 에포크에서는 더 낮은 정확도가 나왔다. MLP를 사용해도 비슷한 정확도를 얻을 수 있지만 모델 크기가 훨씬 커진다.

에포크를 늘려 가면서 정확도는 점차 더 좋아질 것이다. 시간에 따른 정확도^{accuracy}와 손실^{loss}을 그림으로 그려 보고자 한다. 리스트 5.5를 보자.

리스트 5.5 모델을 20 에포크 동안 훈련시키기

```
# 실제 훈련 시행
history = model.fit(x_train_cnn, y_train, epochs= 20 )
```

결과는 다음과 같다.

```
Epoch 1/20
60000/60000 [==============================] - 19s 314us/step - loss:
0.3605 - acc: 0.8722
Epoch 2/20
60000/60000 [==============================] - 17s 278us/step - loss:
0.3234 - acc: 0.8851
Epoch 3/20
60000/60000 [==============================] - 15s 248us/step - loss:
0.3031 - acc: 0.8933
Epoch 4/20
60000/60000 [==============================] - 15s 250us/step - loss:
0.2893 - acc: 0.8971
Epoch 5/20
60000/60000 [==============================] - 15s 251us/step - loss:
0.2785 - acc: 0.9007
Epoch 6/20
60000/60000 [==============================] - 15s 256us/step - loss:
0.2679 - acc: 0.9052
Epoch 7/20
60000/60000 [==============================] - 16s 260us/step - loss:
0.2608 - acc: 0.9077
Epoch 8/20
60000/60000 [==============================] - 15s 247us/step - loss:
0.2536 - acc: 0.9095
Epoch 9/20
```

```
60000/60000 [==============================] - 15s 257us/step - loss:
0.2468 - acc: 0.9123
Epoch 10/20
60000/60000 [==============================] - 15s 247us/step - loss:
0.2420 - acc: 0.9133
Epoch 11/20
60000/60000 [==============================] - 15s 248us/step - loss:
0.2354 - acc: 0.9159
Epoch 12/20
60000/60000 [==============================] - 15s 246us/step - loss:
0.2320 - acc: 0.9165
Epoch 13/20
60000/60000 [==============================] - 15s 248us/step - loss:
0.2274 - acc: 0.9181
Epoch 14/20
60000/60000 [==============================] - 15s 248us/step - loss:
0.2227 - acc: 0.9200
Epoch 15/20
60000/60000 [==============================] - 15s 250us/step - loss:
0.2197 - acc: 0.9213
Epoch 16/20
60000/60000 [==============================] - 15s 247us/step - loss:
0.2158 - acc: 0.9236
Epoch 17/20
60000/60000 [==============================] - 15s 251us/step - loss:
0.2125 - acc: 0.9222
Epoch 18/20
60000/60000 [==============================] - 15s 247us/step - loss:
0.2099 - acc: 0.9254
Epoch 19/20
60000/60000 [==============================] - 15s 244us/step - loss:
0.2071 - acc: 0.9252
Epoch 20/20
60000/60000 [==============================] - 15s 244us/step - loss:
0.2038 - acc: 0.9267
10000/10000 [==============================] - 1s 115us/step
```

이제 이력 변수^{history variable}에 저장된 학습 이력을 가져다 그림을 그려보자. 리스트 5.6을 보자.

리스트 5.6 학습 이력을 그리고 모델이 어떻게 학습했는지 살펴본다.

```
import matplotlib.pyplot as plt
%matplotlib inline

# 정확도 이력을 요약
plt.plot(history.history['acc'])
#plt.plot(history.history['val_acc'])
plt.title('model accuracy')
plt.ylabel('accuracy')
plt.xlabel('epoch')
plt.legend(['train', 'test'], loc='upper left')
plt.show()

# 손실 이력을 요약
plt.plot(history.history['loss'])
#plt.plot(history.history['val_loss'])
plt.title('model loss')
plt.ylabel('loss')
plt.xlabel('epoch')
plt.legend(['train', 'test'], loc='upper left')
plt.show()
```

에포크에 대한 정확도와 손실의 그림을 살펴보자. 그림 5.5를 보자.

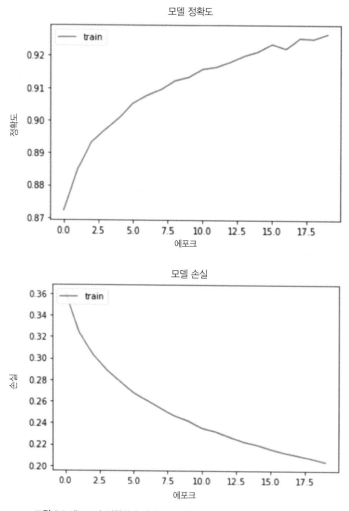

그림 5.5 에포크가 진행됨에 따라 모델 정확도는 증가하고 손실은 감소한다.

에포크가 증가함에 따라 모델 정확도는 증가하고 손실은 감소한다는 것을 알 수 있다. 다른 모델 아키텍처 및 다른 하이퍼파라미터를 사용해 주어진 데이터셋에서 최선의 결과를 내는 것이 무엇인지 알아볼 수 있다. 이러한 행위는 대부분 시행착오를 바탕으로 이뤄지지만, 노련한 데이터 과학자들은 최선의 결과를 얻기 위한 선호하는 하이퍼파라미터 튜닝법을 가지고 있다. 이 하이퍼파라미터는 층의 수, 층의 종류, 각 층의 뉴런 수, 손실함수, 최적화기^{optimizer} 등이 있을 수 있다. 데이터 과학자가 아키텍처와 하이퍼파라미터를 조정해 모델을 튜닝하는 일반적인 방법 몇 가지를 알아보자.

CNN 아키텍처와 하이퍼파라미터

CNN은 많은 뉴런 층들과 파라미터들로 인해 매우 복잡해지기 쉽다. 하이퍼파라미터를 더 잘 튜닝하고 많은 시간을 절약할 수 있는 데이터 과학자들이 자주 사용하는 몇 가지 공통적인 방법이 있다. 모델이 복잡하고 훈련에 많은 데이터가 필요하기 때문에, 모델 훈련에 많은 시간이 걸리며 GPU 같이 특별한 고가의 하드웨어가 필요하다.

먼저 신경망의 아키텍처에 대해 결정해야 한다. 여기에는 층의 수, 층의 종류, 층별 뉴런 수 같은 것들이 포함된다. 앞에서는 한 개의 컨볼루션 층, 한 개의 풀링 층 그리고 한 개의 밀집 층으로 된 매우 간단한 신경망을 봤다. 그 신경망은 수백만 개의 이미지를 수천 개의 범주로 분류하는 작업에서는 성능이 좋지 않을 것이다(이미 시도해본 사람들이 있다). 이미지 분류 문제에 성능이 좋은 CNN을 위해 널리 사용되는 몇 가지 심층 신경망 구조가 있다. 그러나 이것들을 어떻게 비교할 수 있을까? 이를 위해서는 표준적인 이미지 데이터셋이 있어야 한다.

이럴 때 이미지넷^{ImageNet}이 필요하다. 이미지넷은 14백만여 개의 이미지를 사람이 직접 보고 2만여 개의 범주로 분류한 표준화된 이미지 데이터셋이다. 이미지 분류 모델을 평가하기 위한 수천 개 규모의 검증 및 테스트 데이터셋 또한 별도로 있다. 흥미로운 점은 이미지넷은 구글의 수석 과학자인 페이 페이 리$^{Fei Fei Li}$가 이끄는 커뮤니티의 노력의 결과라는 것이다.

이미지넷을 사용함으로써, 전 세계 데이터 과학자들은 혁신적인 심층 신경망 아키텍처를 공통적이고 표준적인 데이터셋에서 평가할 수 있게 됐다. 여러분이 다음 번 딥러닝 모델을 발표할 때, 모델을 이미지넷에서 테스트해 70%의 정확도가 나왔다고 말하면 다른 모든 사람들이 그 의미를 알아들을 것이다. 또한 매년 열리는 이미지넷 대규모 시각 인식

경진대회ILSVRC, ImageNet Large Scale Visual Recognition Challenge에서는 전 세계 대학과 기업에서 참여하는 컴퓨터 비전 및 인공지능 과학자들이 이미지넷상에서 경합한다. 정말 멋진 일이다!

그림 5.6은 일반적인 표준 이미지 데이터셋을 보여준다. 엄청 스마트한 전 세계 데이터 과학자들이 이미지 인식 문제를 풀기 위해 혁신적인 심층 신경망 아키텍처를 개발해왔다. 이 모든 아키텍처 중에서도 특히 지난 수년 동안 ILSVRC에 참가했거나 입상한 것들은 퍼블릭 도메인public domain에 공개됐다.

이 아키텍처들 중에서 유명한 것으로는 알렉스넷AlexNet, 브이지지VGG, 레즈넷ResNet, 인셉션Inception 등이 있다. 이들에 대해 자세한 내용이 궁금하면 이 책의 말미에 있는 참고자료 속 논문들을 보기 바란다. 또한 이 분야는 현재 연구가 대단히 활발한 분야라는 점을 명심하기 바란다. 여러분이 이 책을 읽고 있는 동안에도 지구 어딘가에서 천재적인 데이터 과학자가 뛰어난 새 아키텍처를 들고 나와 다른 모든 것들의 성능을 추월할지도 모른다.

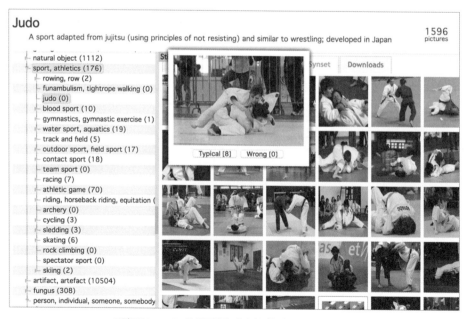

그림 5.6 ImageNet의 범주화된 이미지들(출처: Image-Net.org)

일반적으로 성능이 입증된 아키텍처 중 하나로 시작해 요건에 따라 미세 조정(튜닝)할 것을 권장한다. 좋은 소식은 이 유명한 아키텍처들의 대부분이 케라스에 포함돼 있다는 것이다. 이들 중 하나로 시작해서 자신의 데이터셋으로 그 모델을 훈련시킬 수 있다. 더구나, 케라스는 이 모델들을 가장 유명한 이미지 분류용 공개 데이터 소스인 이미지넷에서 사전 훈련pre-training시켜 제공한다!

보통 VGG, ResNet 또는 Inception 같이 성능이 우수하다고 입증된 모델 아키텍처로 시작해 특정 문제를 풀기 위해 하이퍼파라미터들을 튜닝하게 될 것이다. 튜닝을 생각해볼 수 있는 또 다른 하이퍼파라미터로는 손실함수와 최적화기optimizer가 있다. 분류 문제에서는 크로스 엔트로피cross-entropy 또는 로그 손실log-loss이 가장 일반적으로 사용되는 손실함수다. 크로스 엔트로피 손실함수는 문제의 분류가 두 가지(이진형binary)인지 또는 여러 개(범주형categorical)인지에 따라 이진형 또는 범주형이 된다. 앞에서 표준적인 뱃치batch, 확률적stochastic 및 미니뱃치mini-batch 경사하강 최적화기를 이미 봤다. 이 최적화기들과 함께 적용되는 학습률learning rate 값을 변경해서 학습 과정을 빠르게 하고 싶을 수도 있다. 또한 모멘텀Momentum, 알엠에스프랍RMSProp 그리고 아담Adam(바로 앞의 예에서 사용했었다)처럼 변형된 확률적 경사하강법SGD, stochastic gradient descent이 더 나은 결과를 보일 수도 있다. 모멘텀이 추가된 SGD는 최솟값(최적 가중치와 최소 손실값)이 존재하는 방향으로 가중치 값들을 밀어붙이려고 (모멘텀을 적용)한다. RMSProp은 최솟값에 접근하는 동안 어떤 가중치 값 근방에서의 진동oscillation을 제거하는 경향이 있다. 보통 Adam을 더 자주 사용하는데, 그것은 Adam이 Momentum과 RMSProp의 효과를 모두 가지고 있기 때문이다. 현안 문제에 대한 최선의 최적화기를 선택하는 것은 많은 시행착오가 필요할 수도 있다.

학습률은 최솟값에 접근하기 위해 가중치를 수정할 때 그 크기를 결정하는 비율이다. 학습률이 커지면 최솟값 근방에서 진동할 수 있으며 학습률이 작으면 최솟값에 도달할 때까지 시간이 많이 걸릴 수 있다. 학습률의 크기 선택 역시 시행착오가 필요하다.

사전 훈련된 VGG 모델로 예측하기

옥스포드 대학의 VGG^{Visual Geometry Group}가 만든 비교적 간단한 심층 모델인 VGGNet에 대해 얘기하려고 한다. VGG 네트워크 아키텍처는 시몬얀^{Simonyan}과 지서만^{Zisserman}의 2014년 논문 「Very Deep Convolutional Networks for Large Scale Image Recognition」에 의해 소개됐다(논문에 대한 링크는 '참고 자료' 절에 있다). 주요 특징은 3×3 컨볼루션 층만을 2×2 MaxPooling2D 층과 함께 쌓아 올려 모델을 구성했다는 것이다. 층의 폭을 일정하게 유지하고 2D 차원으로 컨볼루션하므로 이것은 2D 컨볼루션 층이다. 모델의 끝 부분에는 1,000개의 이미지 범주로 매핑하기 위한 두 개의 밀집층이 있다.

이제 코딩 예를 살펴보자. 우선 사전 훈련된 VGG-16 모델을 케라스로 읽어들인 다음 그 모델을 사용해 이미지에 대해 예측을 수행할 것이다. 그런 다음 모델을 더 잘 훈련시킬 수 있도록 적은 샘플들로부터 많은 데이터를 생성하기 위한 데이터 보강^{data augmentation}에 대해 알아볼 것이다. 끝으로 사전 훈련된 VGG-16 모델의 마지막 몇 층을 튜닝하는 전이 학습^{transfer learning}을 사용해 모델이 데이터 영역의 특정 범주들을 학습하도록 적응시킬 것이다. 이러한 방법은 현실에서 많이 볼 수 있다. 실제로 이미지들을 읽고 그 로고가 어떤 회사 것인지를 알려주는 실제 로고 탐지기 예를 다룰 것이다. 이러한 일반적인 방법은 (그리고 제시된 코드 역시) 많은 실무 문제들에 바로 적용될 수 있다는 것을 알게 될 것이다. 이 방법에 대한 멋진 사례를 찾게 되면 나에게 알려주기 바란다. 리스트 5.7의 코드를 보자.

리스트 5.7 유명한 VGG-16 모델을 사전 훈련된 가중치와 함께 로드하기

```
# 케라스 라이브러리를 임포트
from tensorflow import keras

# 사전 훈련된 VGG16 Model을 임포트
from keras.applications.vgg16 import VGG16

# 모델 인스턴스 생성
```

```
model = VGG16()

# 모델 요약 정보 보기
print(model.summary())
```

결과는 다음과 같다.

```
Layer (type) Output Shape Param #
===================================================================
input_1 (InputLayer) (None, 224, 224, 3) 0
_____
block1_conv1 (Conv2D) (None, 224, 224, 64) 1792
_____
block1_conv2 (Conv2D) (None, 224, 224, 64) 36928
_____
block1_pool (MaxPooling2D) (None, 112, 112, 64) 0
_____
block2_conv1 (Conv2D) (None, 112, 112, 128) 73856
_____
block2_conv2 (Conv2D) (None, 112, 112, 128) 147584
_____
block2_pool (MaxPooling2D) (None, 56, 56, 128) 0
_____
block3_conv1 (Conv2D) (None, 56, 56, 256) 295168
_____
block3_conv2 (Conv2D) (None, 56, 56, 256) 590080
_____
block3_conv3 (Conv2D) (None, 56, 56, 256) 590080
_____
block3_pool (MaxPooling2D) (None, 28, 28, 256) 0
_____
block4_conv1 (Conv2D) (None, 28, 28, 512) 1180160
_____
block4_conv2 (Conv2D) (None, 28, 28, 512) 2359808
_____
```

```
block4_conv3 (Conv2D) (None, 28, 28, 512) 2359808
_____
block4_pool (MaxPooling2D) (None, 14, 14, 512) 0
_____
block5_conv1 (Conv2D) (None, 14, 14, 512) 2359808
_____
block5_conv2 (Conv2D) (None, 14, 14, 512) 2359808
_____
block5_conv3 (Conv2D) (None, 14, 14, 512) 2359808
_____
block5_pool (MaxPooling2D) (None, 7, 7, 512) 0
_____
flatten (Flatten) (None, 25088) 0
_____
fc1 (Dense) (None, 4096) 102764544
_____
fc2 (Dense) (None, 4096) 16781312
_____
predictions (Dense) (None, 1000) 4097000
===============================================================
Total params: 138,357,544
Trainable params: 138,357,544
Non-trainable params: 0
```

이것이 VGG-16의 모습이다. VGG-16에는 16개의 층이 있다. 처음 층들은 Conv2D와 MaxPooling2D이다. 마지막 세 층은 밀집층이며 그들 중 두 층에는 각각 4,096개의 뉴런이 있다. 마지막 층에는 1,000개의 범주를 위한 1,000개의 뉴런이 있다.

이제 이 신경망을 사용해 예측을 수행해보자. 첫째, 인터넷에서 샘플 이미지를 내려받는다. 여기서는 그림 5.7에 있는 전철 사진을 사용한다. 느낌표(!)와 이어서 쉘^{shell} 명령어 wget을 사용해 내려받기를 한다. -O 옵션은 내려받는 파일명을 지정한다. 리스트 5.8을 보자.

그림 5.7 위키피디아에서 가져온 전동차 이미지(출처: Lexcie Wikimedia)

리스트 5.8 노트북 내에서 쉘 명령어를 사용해 파일 내려받기

```
# 인터넷에서 이미지 샘플 내려받기 - 원하는 URL을 써도 좋다
!wget -O mytest.jpg https://upload.wikimedia.org/wikipedia/commons/f/fe/
Amtrak_Train_161.jpg
```

이 명령은 URL로부터 이미지를 내려받아 mytest.jpg 라는 파일로 저장한다.

이제 읽어들인 사전 훈련된 모델을 사용해 이미지를 분류한다. 케라스에 내장된 `pre
process_input` 같은 함수를 사용해 이미지를 정규화함으로써 VGG가 가장 잘 예측
할 수 있는 데이터 형태로 입력할 것이다. 모델이 예측한 것을 이해하기 위해 `decode_
predictions` 함수를 사용할 것이다. VGG는 0과 999 사이의 클래스 값을 예측할 것
이다. 이 방법은 고양이, 개, 비행기, 열차 등과 같은 올바른 레이블을 알려줄 것이다. 리
스트 5.9를 보자.

```
from keras.preprocessing.image import load_img
from keras.preprocessing.image import img_to_array
from keras.applications.vgg16 import preprocess_input
from keras.applications.vgg16 import decode_predictions
import numpy as np

# 파일에서 이미지 읽어들이기 - VGG16 의 입력 크기는 (244,244)
myimg = load_img('mytest.jpg', target_size=(224, 224))

# 이미지 픽셀을 배열로 변환
myimg = img_to_array(myimg)
myimg = np.expand_dims(myimg, axis=0)
print('Image shape to feed to VGG Net: ', myimg.shape)

# VGG 모델에 적합하도록 이미지 선처리
myimg = preprocess_input(myimg)

# 1000개의 클래스에 대한 예측 확률
pred = model.predict(myimg)
print('Predictions array shape: ', pred.shape)

# 확률을 클래스 레이블로 변환
label = decode_predictions(pred)

# 가장 가능성이 높은 (즉, 확률이 제일 높은) 결과를 가져옴
label = label[0][0]

# 분류 결과를 출력
print('Predicted class: %s (%.2f%%)' % (label[1], label[2]*100))
```

결과는 다음과 같다.

Image shape to feed to VGG Net: (1, 224, 224, 3)

```
Predictions array shape: (1, 1000)

Predicted class: electric_locomotive (86.93%)
```

사전 훈련된 이 신경망은 새 이미지가 86.93%의 신뢰도로 전동차라고 예측했다. 훌륭하다!

15줄 정도의 코드만으로도 세계 최고의 데이터 과학자들이 훈련시킨 이 동급 최고의 딥러닝 모델들 중 어느 것이나 사용해 케라스에서 이미지를 예측할 수 있다. 딥러닝 커뮤니티가 대단하다고 내가 생각하는 이유가 바로 이것이다.

데이터 보강과 전이 학습

이제 데이터 과학자들이 문제 해결을 위해 사용하는 매우 유용하고 중요한 두 가지 기법을 소개하려고 한다. 데이터 보강과 전이 학습에 대한 깊은 신뢰를 가진 데이터 과학자들을 많이 봤다. 이 두 가지 기법은 모델 구축에 필요한 데이터의 양과 처리 시간을 크게 줄여줄 것이다.

데이터 보강^{data augmentation}은 제한된 데이터로부터 추가로 데이터를 생성하는 방법이다. 새로운 영역의 문제를 다룰 때면 데이터가 부족한 경우가 아주 흔하다. 보강 기법을 통해 모델 훈련에 사용할 데이터를 추가로 생성할 수 있다. 이 기법의 몇 가지 예를 들자면 이미지 뒤집기^{flipping}, 전단^{shearing}, 특정 방향으로의 크기 조정^{scaling}, 줌인^{zoom-in} 등이 있다. 이미지 분석 문제에서는 일반적으로 이미지를 보강해 훈련 데이터셋을 키우기 위한 컴퓨터 비전 기법들이 필요하다. 다행히 케라스에는 이 보강 문제를 다룰 수 있는 도구들이 내장돼 있다. 이 도구들을 곧 살펴볼 것이다.

두 번째로 잘 알려진 학습 방법은 전이 학습^{transfer learning}이라는 방법이다. 전이 학습에서는 해결하려는 문제와 유사한 영역의 이미지들에서 상당한 정확도로 사전 훈련된 모델을 사용한다. 이미 논의했듯이, 모델 훈련 과정이란 기본적으로 모델의 최적 가중치를 찾아서 훈련 데이터에 가장 잘 적합하도록 하는 것이다. 이미지넷같은 대규모 표준 데이터셋에서 훈련된 모델이 있을 수 있다. 그러면 지금의 데이터셋에서 그 모델을 다시 훈련시키는 대신, 이전 훈련에서 모델이 습득한 기존 지식을 활용한다. 따라서 어떤 면에서는 한 문제 영역에서 다른 문제 영역으로 학습을 전이하는 것으로 볼 수 있다. 기본적으로 커다란 데이터셋에서 모델을 훈련해 얻은 지식을 전달해서 더 작은 특정 데이터셋에서 비슷한 구조를 갖는 새 모델을 학습시키는 것이다. 이 방법은 처음부터 시작해 모델을 구축하는 것보다 많은 시간을 절약해준다.

그림 5.8 같이 전형적인 CNN의 예를 들어보자. 우리는 초기 층들이 특성 추출기feature-extractors 역할을 한다는 것을 알고 있다. 이미지의 경우 이 층들은 2차원의 공간적 패턴들을 찾는다. 예를 들어 사람 얼굴 데이터셋을 탐색하고 있는 중이라면 이 초기 층의 뉴런들은 이미지에서 모서리나 곡선들을 찾는다. 깊은 층으로 가면서 층들은 윤곽선 같이 더욱 구체화된 형상들을 찾는다. 더욱 깊이 가면 층들은 눈이나 입술 같은 것들을 찾을 것이다. 마지막으로 밀집층 혹은 완전연결층은 이 특성들과 기대 출력값을 통해서 패턴들을 학습할 것이다. 이것이 픽셀 배열이 이미지가 무엇인지에 대한 예측치 배열로 매핑되는 방법이다. 이것이 딥러닝이다!

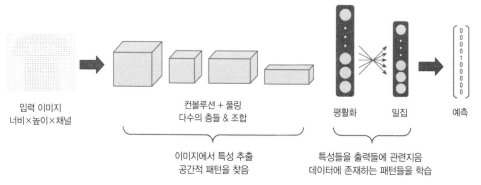

입력 이미지
너비×높이×채널

컨볼루션 + 풀링
다수의 층들 & 조합

평활화   밀집

예측

이미지에서 특성 추출
공간적 패턴을 찾음

특성들을 출력들에 관련지음
데이터에 존재하는 패턴들을 학습

그림 5.8 초기 층들은 공간적 패턴을 추출하고 마지막 밀집층은 그것들로부터 학습하는 전형적인 CNN 아키텍처

220

이미지넷처럼 우수한 품질의 대규모 데이터셋에서 훈련된 잘 알려지고 성능이 입증된 모델이 있다면, 그 모델은 이미지 데이터(3차원 픽셀 배열)에서 특성을 대단히 잘 추출할 것이다. 만일 이 특성 추출기를 현재의 데이터셋에 적용한다면, 추출된 특성에서 패턴을 학습하고 원하는 출력과 연관성을 학습하는 일에 집중할 수 있을 것이다. 이 방법은 모델 개발 시간과 훈련 시간을 크게 줄여준다. 이것은 전이 학습을 통해 이뤄진다.

이제 데이터 보강 및 전이 학습을 사용하는 예를 들여다보자.

실제 분류 문제: 펩시콜라 대 코카콜라

딥러닝 모델 개발 과정에서 데이터 보강과 전이 학습의 가치를 보여주는 실제 사례를 살펴보자. 몇 개의 펩시Pepsi 및 코크Coke(코카콜라) 로고 이미지를 가지고 있다고 해보자. 이미지를 읽고 그것이 펩시 또는 코크 로고인지를 알려주는 기초적인 딥러닝 분류기를 만들고자 한다.

이것은 이미지 데이터에 대한 분류 문제다. 이런 문제에서 일반적인 첫 단계 작업은 대상 클래스(펩시 및 코크 로고)에 대해 수천 개의 이미지를 수집하는 것이다. 수집된 자료는 다양한 크기, 색, 형태, 촬영 각도, 회전 등 모든 경우를 망라해야 한다. 궁극적으로 펩시 또는 코크의 어떤 이미지라도 읽어서 로고를 판별할 수 있는 그런 분류기를 훈련시켜야 하는 것이다. 이것은 간단한 이진 분류binary classification 문제다.

1장에서 논의했듯이, 모델이 사용될 시스템과의 관계를 염두에 두고 애널리틱analytic을 고려해야 한다. 여기서는 스마트폰에서 사진을 찍고 훈련된 모델을 호출해 이미지에 포함된 것을 펩시 또는 코크로 분류하는 모바일 앱을 시스템이라고 하자. 이진 분류 문제이므로, 모델의 출력은 0 또는 1이 될 것이다. 0이면 코크고 1이면 펩시를 가리키는 것으로 정할 수 있다. 이런 방법으로 모델에 훈련 데이터를 입력하는 한, 어떤 방법으로 명칭을 정해도 된다. 따라서 만일 코크 = 0과 펩시 = 1로 놓는다면, 코크에 대한 모든 훈련 이미지들은 0으로 표시되고 펩시는 1로 표시될 것이다.

이제 문제의 환경을 고려할 때 스마트폰으로 아무 각도에서나 사진을 찍게 될 것이라는 것을 알 수 있다. 그러므로 여러 가지 다른 각도로 촬영한 훈련 이미지들이 필요하다. 이러한 데이터를 수집하는 것은 두 클래스의 이미지에 대해서만 해도 할 일이 많다. 이런 경우 시간을 절약하기 위해 데이터 보강data augmentation을 사용한다. 각 클래스에 대해서 5개의 훈련 이미지 및 5개의 검증 이미지처럼 적은 수의 이미지를 수집한다. 그런 다음 이 제한된 이미지들을 변환해 수천 개의 훈련용 이미지들을 만들 것이다. 데이터 보강을 수행하는 동안, 앱의 사용 환경에 대한 지식을 사용해 이미지 보강 방법과 관련한 파라미터 값들을 설정할 것이다.

다행히 케라스는 데이터 보강을 위한 매우 좋은 도구들을 제공한다. 그림 5.9는 생성된 폴더 구조와 두 가지 클래스의 로고에 대한 몇 가지 샘플 이미지를 보여준다. 이것을 케라스 이미지 보강 방법에 입력할 것이다. 그림을 보면 두 가지 주 폴더 중 하나는 훈련

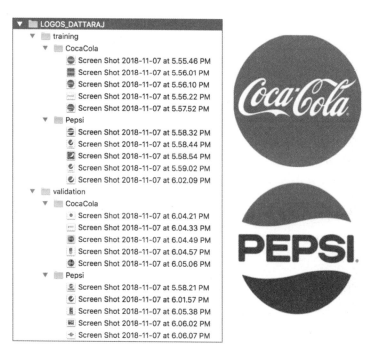

그림 5.9 이미지에 대해 두 가지 클래스를 예측하는 문제를 위한 일반적인 폴더 구조. 그림의 오른쪽은 각 클래스의 로고 이미지 샘플

training을 위한 데이터셋이고 다른 하나는 검증^{validation}을 위한 데이터셋이다. 각 주 폴더에는 훈련 대상인 두 클래스 즉, 펩시와 코크를 나타내는 폴더가 있다. 케라스 도구는 폴더 구조를 살펴보고 두 클래스를 선택할 수 있을 만큼 잘 만들어져 있다. 다른 문제들을 위해 훈련 폴더 및 검증 폴더 내에 폴더 수를 더 늘릴 수도 있다.

나는 이런 이미지들을 웹에서 꽤 많이 긁어모아 폴더에 보관했다. 이미지들이 모두 동일한 너비와 높이를 가질 필요는 없지만, 가로 세로 비율은 같은 것이 좋다. 케라스 데이터 보강 도구는 이 이미지들을 지정된 너비와 높이로 변환할 것이다. 보관된 이미지 형태가 너무 다른 경우에는 이미지가 왜곡될 수도 있다.

훈련을 위해 각 클래스에 대해 다섯 개씩의 이미지를 사용하기로 했다. 검증에 대해서도 유사한 방식을 취한다. 검증을 위해서는 실제 앱의 모델에 입력시킬 이미지를 사용하는 것이 바람직하다. 로고를 예측하는 모바일 앱을 구축하려는 것이라면, 다양한 방향 및 배율의 모바일 이미지들을 검증용 이미지로 사용하는 것이 좋다. 훈련 데이터에는 데이터 보강을 적용하고 검증 데이터는 그대로 두는 것을 일반적으로 권장한다. 아래의 예에서 하는 것처럼, 데이터에 대해 크기 조정처럼 아주 기본적인 필터를 적용할 수도 있다. 나는 폴더 구조를 갖는 이 작은 데이터셋을 내려받을 수 있도록 S3 버킷^{bucket2}에 zip 파일로 저장해뒀다. 구글 코래버러토리^{Google Colaboratory}로 코드를 실행하려면 리스트 5.10에 나타낸 명령어들을 사용해 내려받기를 할 수 있다.

리스트 5.10 예제에 대한 이미지 샘플 내려받기

```
# 데이터 보강을 위해 폴더 구조를 갖는 샘플 이미지 내려받기

!wget -O LOGOS_DATTARAJ.zip https://s3.ap-south-1.amazonaws.com/
dattaraj-public/LOGOS_DATTARAJ.zip

!unzip LOGOS_DATTARAJ.zip
```

---

2 S3는 아마존의 Simple Storage Service의 약자다. 버킷은 S3에서 파일 저장을 위해 생성할 수 있는 최상위 디렉터리 개념이다. – 옮긴이

이제 각 클래스에 속하는 이미지들이 있는 훈련 폴더와 검증 폴더가 생겼다. 리스트 5.11 에서 이것들을 어떻게 사용하는지 보자. 몇 가지 파라미터들로 샘플 이미지들을 보강해 새로운 이미지들을 생성하고 화면에 이 보강된 이미지들을 표시해볼 것이다. 이를 통해서 데이터 보강이 어떻게 작용하는지에 대해 감을 잡을 수 있을 것이다. 딥러닝과는 별개로 데이터 보강을 사용해 기존 이미지를 기반으로 새로운 이미지를 생성할 수 있다.

리스트 5.11 데이터 보강으로 훈련을 위한 새 이미지를 생성하기

```
from keras.preprocessing.image import ImageDataGenerator
import matplotlib.pyplot as plt
%matplotlib inline

# 훈련 및 검증 이미지를 위한 폴더 지정
training_dir = './LOGOS_DATTARAJ/training'
validation_dir = './LOGOS_DATTARAJ/validation'

# 한 번에 한 개씩 이미지를 생성한다. - 이것을 뱃치로 처리할 수도 있다.
gen_batch_size = 1

# 훈련 데이터를 생성하는 생성기(generator)를 만든다.
# 새 이미지에 대해 변환과 회전을 적용한다.
# 아이디어는 실제 세계에서 볼 수 있는 다양한 변형을 포착하는 것이다.
train_datagen = ImageDataGenerator(
                    rescale=1./255,
                    shear_range=0.2,
                    zoom_range=0.2,
                    fill_mode = "nearest",
                    width_shift_range = 0.3,
                    height_shift_range=0.3,
                    rotation_range=20,
                    horizontal_flip=False)

# 이것은 하위 폴더들에 있는 사진들을 읽어서
# 보강된 이미지들을 뱃치 단위로 무한히 생성하는
# 생성기(generator)이다.
```

224

```
train_generator = train_datagen.flow_from_directory(
                    training_dir, # 목표 폴더
                    target_size=(150, 150),
                    batch_size=gen_batch_size,
                    class_mode='binary'
                    )
# binary_crossentropy 비용함수를 사용하므로 이진 레이블이 필요하다.

# 생성기는 클래스를 인덱스 0과 1로 표시한다.
class_names = ['Coca-Cola', 'Pepsi']

# 이미지를 생성하고 이미지를 표시해보자.
print( ' Generating images now... ' )
ROW = 10
plt.figure(figsize=(20,20))
for i in range(ROW*ROW):
    plt.subplot(ROW,ROW,i+1)
    plt.xticks([])
    # 생성기를 실행시켜 다음 이미지를 구한다 - 이 작업을 끝없이 반복할 수도 있다!
    next_set = train_generator.next()
    plt.imshow(next_set[0][0])
    plt.xticks([])
    plt.yticks([])
    plt.grid(False)
    plt.xlabel(class_names[int(next_set[1][0])])

plt.show()
```

결과는 다음과 같다.

Found 10 images belonging to 2 classes.

이제 그림 5.10처럼 이미지를 생성한다.

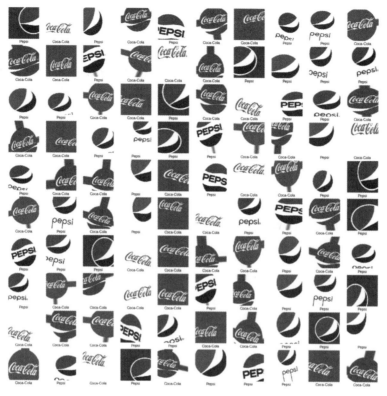

그림 5.10 로고 데이터 보강 결과

이것이 적은 수의 샘플 이미지에서 데이터 보강을 사용해 수천 개의 이미지를 생성하는 방법이다. 생성기generator 설정을 다양하게 바꿔 가며 생성된 이미지에 나타날 변동의 크기에 변화를 주는 시험을 할 수 있다. 보강augmentation은 강력한 기능이며 이미지를 보강할 수 있는 다른 도구들도 많이 있다. 그 도구들만의 고유한 기능이 무엇이 있는지 직접 평가해볼 수 있을 것이다.

이제 두 로고 클래스를 예측하기 위한 분류 모델을 구축해보자. 앞의 예처럼 사전학습된 VGG16 모델로 시작할 것이다. 이제 특정 분류 문제에 대해 전이 학습을 이용해 모델을 재사용할 것이다. 케라스에서 소위 "헤드리스headless" 모드라고 부르는 모드로 VGG16 모델을 로드함으로써, 완전 연결 학습층은 제외하고 특성 추출층들만 로드되도록 할 것이다. 데이터에서 패턴을 학습하도록 별도의 완전 연결층을 구축할 것이다. 리스트 5.12 에서 방법을 살펴보자.

리스트 5.12 VGG16 모델을 로드하고 예제를 위해 수정하기

```python
from keras.layers import Flatten
from keras.layers import Dense
from keras.layers import Dropout
from keras import Model
from keras import optimizers

# 모델에 입력으로 사용할 이미지의 크기 설정
# 이 크기는 생성기가 구축할 이미지의 크기와 같다.
img_width, img_height = 150, 150

# VGG16 모델을 'headless' 모드로 로드 - include_top = False
model = VGG16(weights = "imagenet", include_top=False, input_shape =
                        (img_width, img_height, 3))

# 훈련시키고 싶지 않은 특성 추출층들을 고정시킨다.
for layer in model.layers:
    layer.trainable = False

# 이진 분류 문제를 위해 별도로 만든 층을 추가하다.
x = model.output
x = Flatten()(x)
x = Dense(512, activation="relu")(x)
x = Dropout(0.5)(x)
x = Dense(64, activation="relu")(x)
predictions = Dense(1, activation="sigmoid")(x)

# 사용할 최종 모델 생성
model_final = Model(input = model.input, output = predictions)

# 새 모델에 대한 요약 정보 보기
model_final.summary()
```

결과는 다음과 같다.

Layer (type)	Output Shape	Param #
input_2 (InputLayer)	(None, 150, 150, 3)	0
block1_conv1 (Conv2D)	(None, 150, 150, 64)	1792
block1_conv2 (Conv2D)	(None, 150, 150, 64)	36928
block1_pool (MaxPooling2D)	(None, 75, 75, 64)	0
block2_conv1 (Conv2D)	(None, 75, 75, 128)	73856
block2_conv2 (Conv2D)	(None, 75, 75, 128)	147584
block2_pool (MaxPooling2D)	(None, 37, 37, 128)	0
block3_conv1 (Conv2D)	(None, 37, 37, 256)	295168
block3_conv2 (Conv2D)	(None, 37, 37, 256)	590080
block3_conv3 (Conv2D)	(None, 37, 37, 256)	590080
block3_pool (MaxPooling2D)	(None, 18, 18, 256)	0
block4_conv1 (Conv2D)	(None, 18, 18, 512)	1180160
block4_conv2 (Conv2D)	(None, 18, 18, 512)	2359808
block4_conv3 (Conv2D)	(None, 18, 18, 512)	2359808
block4_pool (MaxPooling2D)	(None, 9, 9, 512)	0
block5_conv1 (Conv2D)	(None, 9, 9, 512)	2359808

block5_conv2 (Conv2D)	(None, 9, 9, 512)	2359808
block5_conv3 (Conv2D)	(None, 9, 9, 512)	2359808
block5_pool (MaxPooling2D)	(None, 4, 4, 512)	0
flatten_1 (Flatten)	(None, 8192)	0
dense_1 (Dense)	(None, 512)	4194816
dropout_1 (Dropout)	(None, 512)	0
dense_2 (Dense)	(None, 64)	32832
dense_3 (Dense)	(None, 1)	65

```
=================================================================
Total params: 18,942,401
Trainable params: 4,227,713
Non-trainable params: 14,714,688
```

모델의 앞 부분의 층들은 VGG16과 동일하다는 것에 주목하자. 뒷부분에 flatten_1, dense_1, dense_2 및 dense_3 층을 추가했으며, dense_3 층은 모델의 출력(이미지가 Coke 또는 Pepsi 인지에 따라 0 또는 1)을 의미하는 단 한 개의 출력 뉴런을 가지고 있다. 드롭아웃층도 포함시켰다. 따라서 모델이 훈련 데이터에 대해서 과적합하지 않도록 뉴런의 50%가 제외되게 된다. 훈련 데이터가 적고 데이터 보강을 통해서만 새 이미지를 생성하기 때문에 드롭아웃은 매우 중요하다. 이러한 문제에서는 과적합이 문제가 될 수 있는 것이다.

이제 이 생성기들을 사용해 모델에 직접 데이터를 공급하고 훈련시켜보자. 검증용 생성기도 만들 예정이지만 데이터 보강을 많이 사용하지는 않을 것이다. 학습이 용이해지도록, 이미지 값의 크기를 조절해 픽셀 값들이 0과 1 사이가 되도록 할 것이다. 리스트 5.13을 보자.

리스트 5.13 훈련용 및 검증용 생성기를 만들어 폴더로부터 이미지를 로드하고 정규화하기

```
# 검증용 이미지가 있는 폴더
validation_dir = './LOGOS_DATTARAJ/validation'

# 한 번에 한 이미지씩 생성한다 - 뱃치로도할 수 있다.
gen_batch_size = 1

# 검증 데이터를 생성하는 생성기를 만든다.
# 이 생성기에서는 픽셀 값 크기만 조정한다.
validation_datagen = ImageDataGenerator(rescale=1./255)

# 이것이 훈련용과 유사한 검증용 데이터 생성기다.
validation_generator = validation_datagen.flow_from_directory(
                        validation_dir,
                        target_size=(150, 150),
                        batch_size=gen_batch_size,
                        class_mode='binary')
```

결과는 다음과 같다.

```
Found 10 images belonging to 2 classes.
```

검증 폴더에도 각 클래스별로 5개씩의 검증용 이미지가 있다. 아무런 보강도 하지 않고 픽셀 값 크기만 조정해 로드한다. 이렇게 하도록 권장한다.

이제 한 줄의 코드로 훈련 및 검증 생성기를 모델에 적용해 훈련을 수행한다. 훈련에는 한 에포크당 1,000스텝을 사용하는데, 이는 1,000개의 이미지를 생성해 그것들을 훈련에 사용할 것이라는 뜻이다. 여기서는 2에포크 동안만 훈련을 수행할 것이다. 이제 리스트 5.14를 보자.

리스트 5.14 생성기를 사용해 모델 훈련시키기

```
# 모델의 훈련
model_final.fit_generator(
        train_generator,
        steps_per_epoch = 1000,
        epochs = 2,
        validation_data = validation_generator,
        validation_steps = 100
        )
```

결과는 다음과 같다.

```
Epoch 1/2
1000/1000 [==============================] - 32s 32ms/step - loss:
0.2738 - acc: 0.9490 - val_loss: 0.7044 - val_acc: 0.8000

Epoch 2/2
1000/1000 [==============================] - 28s 28ms/step - loss:
0.0156 - acc: 0.9970 - val_loss: 1.6118 - val_acc: 0.9000
```

훈련 데이터에서 정확도^{accuracy}가 상당히 높게 나온 것을 볼 수 있다. 검증 데이터의 경우 정확도가 여러 에포크를 지날수록 높아진다. 더 많은 데이터를 구해서 검증 데이터와 비교해 대표성이 좋은 훈련 데이터를 사용하면 훨씬 좋은 정확도를 얻을 수 있다.

이제 훈련된 모델을 사용해 리스트 5.15에 나타낸 것처럼 몇 개의 예측을 수행해보자.

리스트 5.15 새 모델로 예측을 수행하기

```
# 모델을 검증하기 위해 2개의 테스트 이미지 내려받기

!wget -O test1.jpg https://encryptedtbn0.
gstatic.com/images?q=tbn:ANd9GcSgQDqAfUoTXRosjwPjUh0TCUfnNK2G2OMVh7
NEc1hdrz8-1dY3
```

```
!wget -O test2.jpg https://encryptedtbn0.
gstatic.com/images?q=tbn:ANd9GcQAHyl61P__
bIruOlYLq0MjEcjP10i7hMRWB9JbQ71dLwOLPZg9


###### 예측 ######

from keras.preprocessing.image import load_img
from keras.preprocessing.image import img_to_array
from keras.applications.vgg16 import preprocess_input
import numpy as np

# 이미지를 읽고, 화면에 표시하고, 예측하는 함수
def predict_for(img_name):
    # 파일에서 이미지 로드 - VGG16의 입력은 (244,244)
    myimg = load_img(img_name, target_size=(150, 150))
    plt.imshow(myimg)
    plt.show()

    # 이미지 픽셀들을 배열로 변환
    myimg = img_to_array(myimg)
    myimg = np.expand_dims(myimg, axis=0)

        # VGG 모델을 위한 이미지 준비
        myimg = preprocess_input(myimg)

        # 1000개의 모든 클래스에 대해 확률 예측
        pred = int(model_final.predict(myimg)[0][0])
            print('Prediction for %s: %s'%(img_name, class_names[pred]))

predict_for('test1.jpg')
predict_for('test2.jpg')
```

이제 두 로고를 구별할 수 있는 꽤 좋은 모델이 생겼다. 그림 5.11에서처럼 몇 개를 테스트해보자.

test1.jpg에 대한 예측: 코카콜라

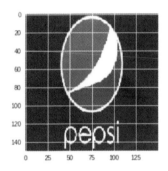

test2.jpg에 대한 예측: 펩시

그림 5.11 tes1.jpg에 대한 예측(코카콜라)과 test2.jpg에 대한 예측(펩시)

이 모델을 파일에 저장할 것이다. 케라스는 HDF5 또는 H5 형식을 사용한다. 이것은 배열을 저장하기 좋은 계층적 데이터 형식^{Hierarchical Data Format}이다. 다른 엔진들에서는 모델을 JSON이나 YAML 파일로 저장하기도 한다. 모델을 저장할 때 우리는 신경망의 구조와 가중치 이 두 가지를 저장하는 것이다. 가중치가 포함된 파일이 보통 더 크다. H5를 사용하면 두 가지를 모두 한 파일에 저장할 수 있다. 리스트 5.16을 보자.

리스트 5.16 훈련된 모델을 H5 파일로 저장하기

```
# 훈련된 모델을 H5 파일로 저장하기
model_final.save('my_logo_model.h5')
```

이제 저장된 모델을 새 변수에 로드하고 이를 사용해 앞에서 했던 것처럼 새 이미지에 대해 예측해보자. 리스트 5.17을 보자.

리스트 5.17 H5 파일에서 저장된 모델을 로드하고 예측하기

```python
from keras.models import load_model

# 훈련된 모델을 H5 파일에서 로드하기
new_model = load_model('my_logo_model.h5')

# 모델 테스트를 위해 새 이미지 내려받기
image_url = "http://yourblackworld.net/wp-content/uploads/2018/02/pepsi-cans.jpg"

!wget -O test.jpg {image_url}

# 이제 새 모델로 이 이미지에 대해 예측을 해본다.

# 이미지를 읽어서 예측을 하는 함수
def new_predict_for(img_name):
    # load image from file - VGG16 takes (244,244) input
    myimg = load_img(img_name, target_size=(150, 150))
    plt.imshow(myimg)
    plt.show()

    # 이미지 픽셀을 배열로 변환
    myimg = img_to_array(myimg)
    myimg = np.expand_dims(myimg, axis=0)

    # VGG 모델을 위해 이미지 선처리
    myimg = preprocess_input(myimg)

    # 1000개 클래스 모두에 대한 예측 확률
    pred = int(new_model.predict(myimg)[0][0])
    print('Prediction for %s: %s'%(img_name, class_names[pred]))

new_predict_for('test.jpg')
```

이제 됐다. 이미지를 보고 그것이 코카콜라 또는 펩시 로고를 포함하고 있는지를 알려주도록 훈련된 모델을 가지게 됐다. 이 모델은 새 이미지에 적용해 이미지에 무슨 로고가 있는지 예측하는 데 사용될 수 있다.

순환 신경망

지금까지 이미지 데이터를 보고 이미지에서 패턴을 판독하기 위한 신경망을 구축하는 방법에 관해 알아봤다. 컨볼루션 신경망은 이미지 데이터에서 지식을 추출하는 검증된 방법이다. 3장에서 배웠듯이 비정형 데이터의 또 다른 일반적인 형식은 텍스트^{text} 데이터다. 텍스트 데이터는 단어들의 열(시퀀스^{sequence})[3] 형태를 가지며, 이 데이터를 분석하기 위해서는 특별한 종류의 신경망이 필요하다. 이것은 각 층이 다음 층으로만 연결되는 순전파(피드포워드$^{feed-forward}$) 방식이 아니다. 순환 신경망$^{RNN, Recurrent Neural Network}$이라고 하는 새로운 아키텍처다. 그림 5.12는 이 아키텍처를 보여준다.

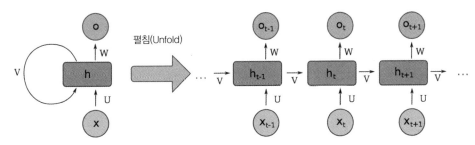

그림 5.12 순환 신경망의 아키텍처(출처: François Deloche – 위키피디아)

순환 신경망에 모든 층이 순전파 연결로 연결되지 않는다. 각 층의 출력값은 시퀀스의 다음 입력으로 피드백^{feedback}된다. 그러므로 이 신경망의 입력은 시퀀스에서 오는 값과 이전 층에 되돌아오는 값으로 구성된다. 그림 5.12에서는 시간 스텝 X_{t-1}, X_t, X_{t+1}의 시퀀

---

3   앞으로 '열' 또는 '시퀀스'를 혼용하기로 한다. – 옮긴이

스에 대한 값들을 보여주기 위해 신경망을 펼쳐[unfold] 보이는 방식으로 순환 신경망을 나타내고 있다. 시퀀스의 이전 아이템[item]에서 나온 값의 일부를 다음 시간 스텝으로 전달하는 구조 때문에 RNN은 학습하는 동안 중요한 값들을 기억[remember]할 수 있다. 이것은 인간 두뇌가 시퀀스를 처리하는 방법과 매우 유사하다. 텍스트나 음성 같은 시퀀스를 해석할 때, 우리는 이전 정보를 기억해 다음 값들을 파악하는 데 사용한다. 예를 들어 나는 독자가 이전 장들에서 나온 신경망들을 기억할 것이며 그것이 현재의 새로운 지식을 이해하는 데 도움이 될 것이라고 믿는다.

RNN의 한 가지 문제는 값들을 오랜 시간 동안 기억할 수 없다는 것이다. 이것이 LSTM Long Short-Term Memory이라는 특별한 형태의 RNN이 필요한 이유다. LSTM은 긴 시퀀스에서 핵심 정보를 기억하기 위해 게이트[gate]4 구조를 사용한다. 여기서는 LSTM의 게이트 구조에 대해서 자세히 설명하지 않으며, 자세한 내용은 참고 자료를 찾아보기 바란다. LSTM 층은 텍스트 같은 시퀀스 데이터를 잘 처리하는 새로운 층으로 케라스에서 사용할 수 있다.

3장에서 텍스트를 표현하는 방법을 논의했었다. 문장 같은 텍스트를 사용된 모든 단어들의 어휘 목록[vocabulary]을 기반으로 하는 정수 배열로 만들 수 있다는 것을 배웠다. 그런 다음 이 배열을 시퀀스의 각 단어에 대한 조밀한 단어 임베딩들의 시퀀스로 변환할 수 있다. 이 단어 임베딩들이 어떻게 단어들이 사용되는 전후 관계를 포착하는지와 단어 연신을 할 수 있게 하는지 봤다.

이제 단어들을 임베딩으로 변환하고 그 임베딩 시퀀스를 LSTM 모델에 입력해 정보를 학습하도록 할 것이다. 문장들의 감정[sentiment]을 감지하기 위한 특별한 예를 다룰 것이다. 문장을 구성하는 단어들의 종류와 순서에 따라 문장은 긍정적인[positive] 혹은 부정적인 negative 감정을 나타낸다.

---

4   입력 단자, 출력 단자, 제어 단자를 하나씩 가지며 제어 신호가 특정한 조건을 만족한 경우에만 입력 신호가 출력 단자에 나타나는 논리 회로 – 옮긴이

우선 케라스에서 제공하는 IMDB를 사용할 것이다. 이것은 표준 어휘를 사용해 영화 리뷰를 정수 배열로 변환한 데이터셋이다. 이 정수들을 단어 임베딩 벡터들로 변환하기 위해 케라스 임베딩 층을 사용하며, 감정을 분류하는 방법을 학습한다. 그런 다음 새로 만든 텍스트에 대해 동일한 예를 실행시켜 감정을 제대로 예측하는지 알아볼 것이다. 시작해보자.

먼저 데이터셋을 로드하고 그것을 탐색[5]해본다. 언급했듯이 문장들은 감정이 긍정positive 또는 부정negative을 나타내는 레이블label과 함께 정수 배열 형태로 제공된다. 리스트 5.18에서 데이터를 탐색해보자.

리스트 5.18 IBDM 데이터셋의 로드

```
# 케라스 라이브러리, 층 그리고 imdb 데이터셋 로드
from keras.preprocessing import sequence
from keras.models import Sequential
from keras.layers import Dense, Embedding
from keras.layers import LSTM
from keras.datasets import imdb

# 데이터셋에서 로드할 단어의 최대 수 지정
max_features = 20000

# 문장의 최대 단어 수와 뱃치 크기 지정
maxlen = 50
batch_size = 32

# 데이터 로드
print( ' Loading data... ' )
(x_train, y_train), (x_test, y_test) = imdb.load_data(num_words=max_features)

# 문장의 패딩
```

---

5 이러한 작업을 탐색적 데이터 분석(EDA, Exploratory Data Analysis)이라고 하며, 데이터 과학과 머신러닝에서 알고리즘을
    적용하기 전에 하는 매우 중요한 작업이다. – 옮긴이

```
x_train = sequence.pad_sequences(x_train, maxlen=maxlen)
x_test = sequence.pad_sequences(x_test, maxlen=maxlen)
print('x_train shape:', x_train.shape)
print('x_test shape:', x_test.shape)
```

결과는 다음과 같다.

```
Loading data...
Pad sequences (samples x time)
x_train shape: (25000, 50)
x_test shape: (25000, 50)
```

이제 데이터를 탐색하려고 한다. 정수 배열을 보고 전체 문장을 얻기 위해 어휘를 사용
한다. 리스트 5.19를 보자.

리스트 5.19 텍스트 데이터셋 탐색

```
# 데이터 샘플 표시해보기
print("x_train 배열 샘플 = ", x_train[0])
print("y_train 배열 샘플 = ", y_train[0])

# 단어를 숫자로 변환하는 데 사용된 어휘 가져오기
imdb_vocab = imdb.get_word_index()

# 상위 20개 항목만으로 된 소규모 어휘 만들기
# 이것은 단지 어휘 목록의 생김새를 이해하기 위한 목적이다.
small_vocab = { key:value for key, value in imdb_vocab.items() if value < 20 }
print("Vocabulary = ", small_vocab)

# 정수 배열에서 문장을 얻는 함수
# 어휘에서 단어를 역조회(reverse look-up)한다.
def get_original_text(int_arr):
    word_to_id = {k:(v+3) for k,v in imdb_vocab.items()}
    word_to_id["<PAD>"] = 0
```

```python
    word_to_id["<START>"] = 1
    word_to_id["<UNK>"] = 2

    id_to_word = {value:key for key,value in word_to_id.items()}
    return ' '.join(id_to_word[id] for id in int_arr)

# 감정 배열 정의
sentiment_labels = ['Negative', 'Positive']

print("------------------------")
print("문장 및 감정 샘플")

# 훈련 데이터 일부를 출력
for i in range(5):
    print("훈련 문장 = ", get_original_text(x_train[i]))
    print("감정 = ", sentiment_labels[y_train[i]])
    print("----------------------")
```

결과는 다음과 같다.

---

x_train 배열 샘플 = [2071 56 26 141 6 194 7486 18 4
226 22 21 134 476 26 480 5 144 30 5535 18 51 36
28 224 92 25 104 4 226 65 16 38 1334 88 12 16 283
5 16 4472 113 103 32 15 16 5345 19 178 32]

y_train 배열 샘플 = 1

Vocabulary = {'with': 16, 'i': 10, 'as': 14, 'it': 9, 'is': 6, 'in': 8,
'but': 18, 'of': 4, 'this': 11, 'a': 3, 'for': 15, 'br': 7, 'the': 1,
'was': 13, 'and': 2, 'to': 5, 'film': 19, 'movie': 17, 'that': 12}

```
------------------------
```
문장 및 감정 샘플
```
------------------------
```

훈련 문장 = grown up are such a big profile for the whole film

but these children are amazing and should be praised for what they have
done don't you think the whole story was so lovely because it was true
and was someone's life after all that was shared with us all
감정 = Positive

훈련 문장 = taking away bodies and the gym still doesn't close
for <UNK> all joking aside this is a truly bad film whose only charm is
to look back on the disaster that was the 80's and have a good old laugh
at how bad everything was back then
감정 = Negative

훈련 문장 = must have looked like a great idea on paper but on
film it looks like no one in the film has a clue what is going on crap
acting crap costumes i can't get across how <UNK> this is to watch save
yourself an hour a bit of your life
감정 = Negative

훈련 문장 = man to see a film that is true to Scotland this
one is probably unique if you maybe <UNK> on it deeply enough you might
even re evaluate the power of storytelling and the age old question of
whether there are some truths that cannot be told but only experienced
감정 = Positive

훈련 문장 = the <UNK> and watched it burn and that felt better
than anything else i've ever done it took American psycho army of
darkness and kill bill just to get over that crap i hate you sandler for
actually going through with this and ruining a whole day of my life
감정 = Negative

이제 모델을 구축하고 훈련시킬 것이다. 앞의 Conv2D와 밀집층 대신 임베딩과 LSTM층
을 사용하는 것에 주목하기 바란다. 리스트 5.20을 보자.

```
# 모델 구축
model = Sequential()
model.add(Embedding(max_features, 128))
model.add(LSTM(128, dropout=0.2))
model.add(Dense(1, activation='sigmoid'))

# 다른 최적화기들과 최적화기의 다른 설정을 사용해본다.
model.compile(loss='binary_crossentropy',
              optimizer='adam',
metrics=['accuracy'])

# 모델 훈련
model.fit(x_train, y_train,
          batch_size=batch_size,
          epochs=2,
          validation_data=(x_test, y_test))
score, acc = model.evaluate(x_test, y_test,
                            batch_size=batch_size)
print('Test score:', score)
print('Test accuracy:', acc)
```

결과는 다음과 같다.

```
Train on 25000 samples, validate on 25000 samples

Epoch 1/2
25000/25000 [==============================] - 126s 5ms/step - loss:
0.4600 - acc: 0.7778 - val_loss: 0.3969 - val_acc: 0.8197

Epoch 2/2
25000/25000 [==============================] - 125s 5ms/step - loss:
0.2914 - acc: 0.8780 - val_loss: 0.4191 - val_acc: 0.8119
25000/25000 [==============================] - 26s 1ms/step
```

```
Test score: 0.41909076169013976
Test accuracy: 0.81188
```

모델을 H5 형식인 imdb_nlp.h5 파일에 저장할 것이다. 저장된 모델 파일을 당장은 사용하지 않을 것이다. 8장, 'AI 모델을 마이크로서비스로 배포하기'에서 사용할 것이다. 지금은 메모리에 있는 훈련된 모델을 사용해 새로운 텍스트에 대한 예측을 수행할 것이다. 예측은 0과 1 사이의 값이 될 것이다. 0에 가까운 값이면 감정이 긍정이다. 반대의 경우는 부정이다. 리스트 5.21을 보자.

리스트 5.21 문장에 대해 예측하기

```python
from keras.preprocessing.text import text_to_word_sequence

# 먼저 모델을 저장한다
model.save('imdb_nlp.h5')

# imdb 데이터셋에서 단어 색인을 가져오기
word_index = imdb.get_word_index()

# 문서 정의
my_sentence1 = 'really bad experience. amazingly bad.'
my_sentence2 = 'pretty awesome to see. very good work.'

# 모델을 사용해 감정을 예측하는 함수의 정의
def predict_sentiment(my_test):
    # 문장을 토큰화하기
    word_sequence = text_to_word_sequence(my_test)

    # 빈 정수 시퀀스 생성
    int_sequence = []

    # 문장의 각 단어에 대해
    for w in word_sequence:
        # word_index(vocabulary)에서 정수를 읽어와 리스트에 추가
```

```
        int_sequence.append(word_index[w])

    # 숫자 시퀀스를 모델 입력 크기에 맞게 패딩
    sent_test = sequence.pad_sequences([int_sequence], maxlen=maxlen)

    # 모델을 사용한 예측
    y_pred = model.predict(sent_test)
        return y_pred[0][0]

# 문장들에 대해 결과 출력
print ('SENTENCE : ', my_sentence1, ' : ', predict_sentiment(my_
sentence1), ' : SENTIMENT : ', sentiment_labels[int(round(predict_
sentiment(my_sentence1)))] )
print ('SENTENCE : ', my_sentence2, ' : ', predict_sentiment(my_
sentence2), ' : SENTIMENT : ', sentiment_labels[int(round(predict_
sentiment(my_sentence2)))] )
```

결과는 다음과 같다.

```
SENTENCE : really bad experience. amazingly bad. :
0.8450574 : SENTIMENT : Negative

SENTENCE : pretty awesome to see. very good work. :
0.21833718 : SENTIMENT : Positive
```

이것이다. 이미지를 분류해 로고를 인식했으며, 텍스트를 분류해 문장의 감정을 식별했다. 딥러닝과 케라스에는 5장에서 논의한 것보다 훨씬 많은 것들이 있다. 우리는 겨우 겉만 살짝 훑어봤을 뿐이다. 이 분야에 대한 독자의 관심을 촉발하고 자신의 데이터셋으로 실험을 시작할 수 있을 만큼 정보가 전달됐기를 바란다. 구글 코래버러토리 같은 도구를 사용하면 GPU나 TPU 같은 비용 부담 없이도 좋은 환경에서 여러분의 코드를 실행시킬 수 있다. 열심히 하기 바란다.

요약

5장에서는 딥러닝의 기본기에서 어느 정도 고급 개념으로 이동했다. 제한된 데이터로 작업하고 입증된 기존 모델의 지식을 재사용하는 데 도움이 되는 데이터 보강과 전이 학습 같은 개념들을 살펴봤다. 제품 로고가 포함된 이미지 데이터에 대해 학습하는 모델을 구축해 실제 예측에 사용하는 예를 봤다.

6장에서는 딥러닝 기술을 응용한 몇 가지 독특한 사례를 살펴볼 것이다. 어떤 그림의 스타일을 자신의 이미지에 전이하기 위해 신경망 스타일 전이^{neural style transfer}라는 방법을 알아볼 것이다. 최근들어 많은 사람들의 주목을 받고 있는 생성적 대립 신경망이라는 최신의 딥러닝 모델과 비지도학습을 통해 데이터에서 이상치 탐지를 학습하는 오토인코더^{autoencoder}라고 하는 특별한 신경망의 사용법을 알아볼 것이다.

06

최첨단 딥러닝 프로젝트

딥러닝은 이미지, 텍스트, 음성, 비디오 처리를 통한 여러 가지 놀라운 성과들로 세상에 혁명을 가져오고 있다. 딥러닝은 비정형 데이터로부터 지식과 통찰을 추출하고 있다. 5장에서 딥러닝을 사용한 이미지와 텍스트 처리의 예를 봤다. 6장에서는 이해의 수준을 한 단계 높여 몇 가지 흥미로운 프로젝트들을 살펴본다. 이것들은 개발된 후 커뮤니티에서 공유되고 있는 혁신적인 해법이다. 이 해법들은 그 독창성으로 인해 널리 알려지게 됐으며, 이러한 AI를 알리는 몇몇 기사들을 본 적이 있을 것이다. 유명 화가의 스타일로 사진을 다시 그리는 프로젝트와 진짜와 거의 구분할 수 없는 가짜 이미지를 생성하는 멋진 프로젝트를 보게 될 것이다. 비지도^{unsupervised} 방식의 딥러닝을 사용해 신용카드 부정 사용을 탐지하는 예도 살펴볼 것이다. 여기서의 결과들은 독창적이지만, 깔려 있는 딥러닝 기법과 개념은 동일하다. 앞에서 배운 개념을 따르는 한 이 기법을 잘 이해할 수 있을 것이다. 이 프로젝트들에 대해서 읽다 보면 마음속에서 기발한 아이디어가 반짝일 수도 있고 굉장한 차세대 AI 해법을 만들게 될 수도 있을 것이다. 기대를 걸어본다!

신경망 스타일 전이

2018년 AI의 큰 화젯거리 중 하나는 인공지능이 그린 그림이 약 400,000달러에 팔렸다는 것이다. 많은 학자들이 예술을 창조하기 위해 패턴을 학습하는 알고리즘과 그것들을 이용해 새로운 그림을 그리는 방법에 대해 열심히 연구하고 있다. 무척 흥미롭고 재미있는 일이다. 예를 하나 들어 보겠다. 명화들로부터 학습한 패턴을 제공된 사진에 적용하는 것이다. 다시 말해서 유명한 그림의 스타일을 모방해 사용자의 콘텐츠, 즉 사진을 재구성하는 것이다. 이것을 신경망 스타일 전이^{Neural Style Transfer}라고 한다. 이 주제는 컴퓨터 비전 연구자들 사이에서 매우 인기가 있었으며, 이 문제를 해결하기 위해 많은 방법들이 개발됐다. 사용자 사진에 대해 이러한 작업을 실시간으로 처리해주는 몇 개의 웹사이트와 '프리즈마^{Prizma}'라는 모바일 앱이 있다. 이 기법의 작동 원리를 살펴보자.

딥러닝에는 저수준 특성^{low-level features}(특히 픽셀 값 배열 같은 저차원 특성)에서 고수준 특성을 추출하는 심층 신경망을 구축하는 것이 포함된다. 모델이 이미지 데이터로부터 패턴들을 식별하는 것을 학습하면서, 모델은 픽셀들이 모여 모서리^{edge}가 되고 다시 곡선 그리고 평면을 형성하는 방법과 같이 사진의 여러 양상을 학습하게 된다. 그림을 디지털화시킨 이미지에서 신경망을 학습시키면, 화가가 그림을 그리기 위해 사용한 붓터치 같은 특성들을 신경망이 학습하게 될 가능성이 높다. 이것이 신경망 스타일 전이의 이면에 깔린 아이디어다. 간단히 말해 과정을 그림 6.1처럼 나타낼 수 있다. 이 그림은 이 접근 방법을 설명한 레온 게티스^{Leon A. Gatys}, 알렉산더 에커^{Alexander S. Ecker} 및 마티아 베트게^{Matthias Bethge} 공저의 훌륭한 논문인 「A Neural Algorithm of Artistic Style」에서 가져온 것이다.

그림 6.1은 게티스, 에커 및 베트게가 발표한 논문에서 가져온 것이다. 이 그림에는 두 가지 이미지가 있다. 하나는 콘텐츠 이미지로 건물 사진이다. 다른 하나는 스타일 이미지로 빈센트 반 고흐^{Vincent van Gogh}의 〈별이 빛나는 밤^{The Starry Night}〉이라는 작품이다. 컨볼루션 신경망의 앞쪽 층들은 작은 필터들을 가지며 그 특성 맵^{feature map}(콘텐츠 표상^{content representation})은 큰 픽셀 배열들로 돼 있다. 신경망을 따라 가면서 풀링층^{pooling layer}을 사용

해 특성 맵의 크기가 줄어들고 필터의 크기는 커지는 것을 볼 수 있다. 동시에 어떤 한 필터층 내에서 변동을 분석하고 이것을 필터와 상관시켜보면 이미지의 스타일 정보를 얻게 된다. 따라서 신경망을 따라가면서 포착되는 스타일 정보 역시 증가하게 된다.

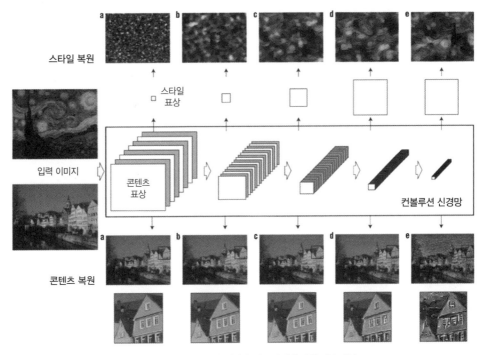

그림 6.1 신경망 스타일 전이의 작동 방법에 대한 기본 개념

우리가 사용할 스타일 이미지는 유명한 그림이다. 처리할 콘텐츠 이미지는 내 사진이다. 스타일 거리distance와 콘텐츠 거리를 정의할 것이다. 이들은 모두 최적화시켜야 할 손실 함수다. 전체적인 개념은 그림 6.2에 예와 함께 나타냈다.

콘텐츠 이미지

최적화
두 가지 거리를
모두 최소화

콘텐츠 거리

결과

스타일 거리

스타일 이미지

그림 6.2 신경망 스타일 전이의 예

기본 발상은 CNN 같은 심층 신경망의 특성층들을 사용해 두 이미지 사이의 스타일 거리와 콘텐츠 거리를 계산하는 것이다. 여기서는 이미지넷^{ImageNet} 데이터에서 훈련된 VGG19 모델을 사용할 것이다. VGG19는 16개의 컨볼루션 층과 3개의 완진연결층을 가진 표준적인 딥러닝 아키텍처다. 이 층들은 가중치 층이며 중간에 몇 개의 풀링 층이 있다. 다음에 나오는 코드를 살펴보자. 각각의 코드 블록에 대해서 설명한 이후에 전체를 하나로 묶어 전체 프로그램을 만들어 보일 것이다.

다음에 나오는 코드들은 구글의 Keras/TensorFlow에 있는 스타일 전이에 대한 예에서 영감을 받은 것이다. 텐서플로 설치 안내 또는 깃허브(https://github.com/keras−team/keras/blob/master/examples/neural_style_transfer.py)에서 찾아 볼 수 있다.

또한 레이몬드 유안$^{Raymond Yuan}$이 미디엄^{Medium}에 올린 포스트에는 스타일 전이에 대한 상세한 설명이 나와 있다(https://medium.com/tensorflow/neural−style−transfer−creatingart−

with-deep-learning-using-tf-keras-and-eager-execution-7d541ac31398).

리스트 6.1로 시작해보자. 이미지넷 데이터에서 사전 훈련된 VGG19 모델을 로드할 것이다. 또한 텐서플로에서 eager execution[1]을 "on"[2]해 계산 그래프를 생성하지 않고 코드를 직접 실행시켜 결과를 바로 볼 수 있도록 할 것이다.

리스트 6.1 VGG19 모델을 로드하고 구조에 대한 요약 정보 표시하기

```
# 텐서플로 라이브러리 로드
import tensorflow as tf
# eager execution 라이브러리 로드[3]
import tensorflow.contrib.eager as tfe[3]
import time

# eager execution 모드로 실행 – 프로그램 초기에 해야 함[3]
tf.enable_eager_execution()[3]
print("Eager execution: {}".format(tf.executing_eagerly()))

# ImageNet에서 사전 훈련된 모델을 케라스에서 로드
vgg19 = tf.keras.applications.vgg19.VGG19(include_top=False,
weights='imagenet')
vgg19.trainable = False
vgg19.summary()
```

결과는 다음과 같다.

Eager execution: True

Layer (type)	Output Shape	Param #
===		

---

1 텐서플로는 원래 계산 그래프 기반의 라이브러리다. 텐서플로 2.0에서는 eager execution이 기본 모드다. eager execution 모드에서는 계산 그래프를 생성하지 않고 보통의 인터프리터 언어처럼 바로 명령문을 실행해 결과를 바로 볼 수 있다. – 옮긴이

2 텐서플로 2.0에서는 기본 모드가 eager execution mode이므로 이런 절차가 필요 없다. – 옮긴이

3 텐서플로 2.0부터는 이 부분이 필요 없다. – 옮긴이

input_3 (InputLayer)	(None, None, None, 3)	0
block1_conv1 (Conv2D)	(None, None, None, 64)	1792
block1_conv2 (Conv2D)	(None, None, None, 64)	36928
block1_pool (MaxPooling2D)	(None, None, None, 64)	0
block2_conv1 (Conv2D)	(None, None, None, 128)	73856
block2_conv2 (Conv2D)	(None, None, None, 128)	147584
block2_pool (MaxPooling2D)	(None, None, None, 128)	0
block3_conv1 (Conv2D)	(None, None, None, 256)	295168
block3_conv2 (Conv2D)	(None, None, None, 256)	590080
block3_conv3 (Conv2D)	(None, None, None, 256)	590080
block3_conv4 (Conv2D)	(None, None, None, 256)	590080
block3_pool (MaxPooling2D)	(None, None, None, 256)	0
block4_conv1 (Conv2D)	(None, None, None, 512)	1180160
block4_conv2 (Conv2D)	(None, None, None, 512)	2359808
block4_conv3 (Conv2D)	(None, None, None, 512)	2359808
block4_conv4 (Conv2D)	(None, None, None, 512)	2359808
block4_pool (MaxPooling2D)	(None, None, None, 512)	0
block5_conv1 (Conv2D)	(None, None, None, 512)	2359808
block5_conv2 (Conv2D)	(None, None, None, 512)	2359808

```
block5_conv3 (Conv2D)        (None, None, None, 512)    2359808
_____
block5_conv4 (Conv2D)        (None, None, None, 512)    2359808
_____
block5_pool (MaxPooling2D)   (None, None, None, 512)    0
=================================================================
Total params: 20,024,384
Trainable params: 0
Non-trainable params: 20,024,384
```

다음은 스타일 및 콘텐츠 층으로 사용할 특정 특성 층들을 선택한다. 이 층들은 VGG19 모델이 이미지에서 학습한 특성들을 추출하는 데 사용될 것이다. 이 특성들은 각 이미지의 콘텐츠 및 스타일에 대한 아이디어를 줄 것이다. 앞에서 언급했듯이 최적화를 수행할 것이므로, 우리의 목적은 스타일 및 콘텐츠 거리(비용costs이라고도 한다)를 최소화시키는 것이다. 이 층들을 위의 요약 정보에 나타난 층 이름을 보면서 선택해보자. 다른 층들로 실험해볼 수도 있을 것이다. 여기서는 리스트 6.2에 나타낸 것처럼 콘텐츠 비교를 위해서는 block_5의 컨볼루션 층을 사용하고, 스타일 비교를 위해서는 여러 개의 컨볼루션 층들을 사용할 것이다. 이러한 특성 층들을 사용해, 이러한 층들만을 반환하는 style_model이라는 새로운 모델을 구축할 것이다. 이제는 더 이상 모델에 의한 예측에 관심을 두지 않는다.

리스트 6.2 스타일 및 콘텐츠 비교를 위한 층들을 출력하는 새 모델 구축

```
# 특성맵들을 끌어낼 콘텐츠 층
content_layers = ['block5_conv2']

# 관심 대상인 스타일 층
style_layers = ['block1_conv1',\
                'block2_conv1',
                'block3_conv1',
                'block4_conv1',
                'block5_conv1'
                ]
```

```
# 스타일 및 콘텐츠 층의 수 계산
num_content_layers = len(content_layers)
num_style_layers = len(style_layers)

# 스타일 및 콘텐츠 층에 해당하는 출력층 가져오기
style_outputs = [vgg19.get_layer(name).output for name in style_layers]
content_outputs = [vgg19.get_layer(name).output for name in content_layers]
model_outputs = style_outputs + content_outputs

# 모델 구축
style_model = tf.keras.models.Model(vgg19.input, model_outputs)
```

다음 단계로, 두 개의 이미지를 내려받는다. 하나는 콘텐츠이고 다른 하나는 스타일이다 (그림 6.3을 보라). 리스트 6.3과 같이 이 이미지들을 배열로 변환해 화면에 표시한다.

리스트 6.3 스타일 및 콘텐츠에 대한 이미지 로드

```
# 스타일 및 콘텐츠 이미지 파일 내려받기
!wget -O mycontent.jpg https://pbs.twimg.com/profile_
images/872804244910358528/w5H_uzUD_400x400.jpg

!wget -O mystyle.jpg https://upload.wikimedia.org/wikipedia/
commons/thumb/e/ea/Van_Gogh_-_Starry_Night_-_Google_Art_Project.
jpg/1920px-Van_Gogh_-_Starry_Night_-_Google_Art_Project.jpg

# 그림 그리는 라이브러리 로드
import matplotlib.pyplot as plt
%matplotlib inline

# 넘파이 임포트
import numpy as np
# 이미지를 준비하기 위한 선처리 함수 로드
from keras.preprocessing import image
from keras.applications.vgg19 import preprocess_input
content_path = 'mycontent.jpg'
style_path = 'mystyle.jpg'
```

```
# 콘텐츠 및 스타일 이미지를 메모리에 로드
load content and style images in memory
content = image.load_img(content_path, target_size=(224, 224))
style = image.load_img(style_path, target_size=(224, 224))

# 콘텐츠 및 스타일 이미지를 배열로 변환
content_x = image.img_to_array(content)
content_x = np.expand_dims(content_x, axis=0)
content_x = preprocess_input(content_x)

style_x = image.img_to_array(style)
style_x = np.expand_dims(style_x, axis=0)
style_x = preprocess_input(style_x)

# 로드된 이미지를 표시
plt.subplot(1, 2, 1)
plt.axis('off')
plt.title('Content image')
plt.imshow(content)

plt.subplot(1, 2, 2)
plt.axis('off')
plt.title('Style image')
plt.imshow(style)
plt.show()
```

콘텐츠 이미지   스타일 이미지

그림 6.3 이 데모에서 사용할 스타일 및 콘텐츠 이미지

리스트 6.4는 콘텐츠 및 스타일 손실의 계산과 최적화를 위한 경사^{gradients} 계산에 사용될 몇 가지 보조함수$^{helper\ functions}$들을 보여준다.

리스트 6.4 손실 계산을 위한 보조함수들

```python
# 몇 가지 보조함수들

# 모델이 생성한 정규화된 결괏값을 실제 픽셀 값으로 구하기
def deprocess_img(processed_img):
    x = processed_img.copy()
    if len(x.shape) == 4:
        x = np.squeeze(x, 0)
    # 선처리 단계를 반대로 수행
    x[:, :, 0] += 103.939
    x[:, :, 1] += 116.779
    x[:, :, 2] += 123.68
    x = x[:, :, ::-1]
    # 0 이하 255 이상 값 제거
    x = np.clip(x, 0, 255).astype('uint8')
    return x


# 콘텐츠와 타깃 간의 거리로 콘텐츠 손실을 정의
def get_content_loss(base_content, target):
    return tf.reduce_mean(tf.square(base_content - target))


# 스타일 손실을 구하기 위해서, 먼저 그램(GRAM) 행렬을 계산한다.
def gram_matrix(input_tensor):
    # 우선 이미지 채널을 만든다.
    channels = int(input_tensor.shape[-1])
    a = tf.reshape(input_tensor, [-1, channels])
    n = tf.shape(a)[0]
    # 그램 행렬을 계산하기 위해 행렬을 전치해 행렬곱한다.
    gram = tf.matmul(a, a, transpose_a=True)
    return gram / tf.cast(n, tf.float32)


# 스타일 손실 계산
def get_style_loss(base_style, gram_target):
```

```python
    # 주어진 층에서의 손실을 특성맵 크기와 필터 수로 크기 조정
    height, width, channels = base_style.get_shape().as_list()
    gram_style = gram_matrix(base_style)
    return tf.reduce_mean(tf.square(gram_style - gram_target))

# 전체 손실 계산
def compute_loss(model, loss_weights, init_image, gram_style_features,
                 content_features):
    style_weight, content_weight = loss_weights

    # 우리 모델은 다른 함수처럼 호출할 수 있다.
    model_outputs = model(init_image)
    style_output_features = model_outputs[:num_style_layers]
    content_output_features = model_outputs[num_style_layers:]

    style_score = 0
    content_score = 0

    # 모든 층들로부터의 스타일 손실을 누적
    weight_per_style_layer = 1.0 / float(num_style_layers)
    for target_style, comb_style in zip(gram_style_features,
                                        style_output_features):
        style_score += weight_per_style_layer * get_style_loss(comb_style[0],
                                                               target_style)

    # 모든 층들로부터의 콘텐츠 손실을 누적
    weight_per_content_layer = 1.0 / float(num_content_layers)
    for target_content, comb_content in zip(content_features,
                                            content_output_features):
        content_score += weight_per_content_layer* get_content_loss(comb_
        content[0], target_content)

    style_score *= style_weight
    content_score *= content_weight
    # 전체 손실
    loss = style_score + content_score
    return loss, style_score, content_score
```

```python
# 그래디언트(경사) 계산 함수
def compute_grads(cfg):
    with tf.GradientTape() as tape:
        all_loss = compute_loss(**cfg)
    # 입력 이미지에 대한 그래디언트 계산
    total_loss = all_loss[0]
    return tape.gradient(total_loss, cfg['init_image']), all_loss


# 콘텐츠 및 스타일 특성 표상의 계산
def get_feature_representations(model, content_path, style_path):
    # 콘텐츠 및 스타일 특성의 뱃치 계산
    style_outputs = model(style_x)
    content_outputs = model(content_x)
    # 우리 모델에서 스타일 및 콘텐츠 특성 표상을 구한다.
    style_features = [style_layer[0] for style_layer in
                        style_outputs[:num_style_layers]]
    content_features = [content_layer[0] for content_layer in
                        content_outputs[num_style_layers:]]
    return style_features, content_features


# 이미지 함수 표시
def display_result(p_image):
    plt.figure(figsize=(8,8))
    plt.axis('off')
    plt.imshow(p_image)
    plt.show()
```

다음은 스타일 전이 최적화를 수행하기 위해 호출할 주 함수를 정의한다. 반복 횟수를 지정하고 콘텐츠와 스타일에 대한 가중치를 제공한다. 리스트 6.5를 보자.

리스트 6.5 스타일 전이 주 함수의 실행

```python
# 스타일 전이를 실제 수행할 주 함수
def run_style_transfer (num_iterations=1000, content_weight=1e3,
                        style_weight=1e-2):
    # 학습을 하는 것이 아니므로 층들이 학습할 수 없도록 설정한다.
```

```python
model = style_model
for layer in style_model.layers:
    layer.trainable = False

# (지정한 중간 층들로부터) 스타일 및 콘텐츠 특성 표상 구하기
style_features, content_features = get_feature_representations(style_model,
                                      content_path, style_path)
gram_style_features = [gram_matrix(style_feature) for style_feature
                                      in style_features]

# 콘텐츠 이미지를 초기 이미지로 설정
init_image = content_x.copy()
init_image = tfe.Variable(init_image, dtype=tf.float32)
# Adam optimizer 구축하기
opt = tf.train.AdamOptimizer(learning_rate=2.0, beta1=0.99, epsilon=1e-1)

# 중간 이미지 표시를 위해
iter_count = 1

# 최선의 결과
best_loss, best_img = float('inf'), None

# 손실 항들을 정의하고 설정 객체를 구축
loss_weights = (style_weight, content_weight)
cfg = {
    'model': style_model,
    'loss_weights': loss_weights,
    'init_image': init_image,
    'gram_style_features': gram_style_features,
    'content_features': content_features
    }

# 결과 표시
num_rows = 2
num_cols = 5
display_interval = num_iterations/(num_rows*num_cols)
start_time = time.time()
global_start = time.time()
```

```python
# 정규화를 위한 각 채널의 평균 계산
norm_means = np.array([103.939, 116.779, 123.68])
min_vals = -norm_means
max_vals = 255 - norm_means

# 최적화를 수행하고 중간 생성 이미지 구하기
# init_image로 작업하고 최적화를 통해 수정
imgs = []
for i in range(num_iterations):
    grads, all_loss = compute_grads(cfg)
    loss, style_score, content_score = all_loss
    opt.apply_gradients([(grads, init_image)])
    clipped = tf.clip_by_value(init_image, min_vals, max_vals)
    init_image.assign(clipped)
    end_time = time.time()

    if loss < best_loss:
        # 전체 손실로부터 최선의 손실과 최선의 이미지 업데이트
        best_img = deprocess_img(init_image.numpy())

    if i % display_interval== 0:
        start_time = time.time()
        # 이미지 제목 정하기
        print ('Iteration: {}'.format(i))
        print ('Total loss: {:.4e}, '
               'style loss: {:.4e}, '
               'content loss: {:.4e}, '
               'time: {:.4f}s'.format(loss, style_score, content_score,
                                      time.time() - start_time))

        # .numpy() 메소드를 사용해 구체적인 numpy 배열 구하기
        plot_img = init_image.numpy()
        plot_img = deprocess_img(plot_img)
        display_result(plot_img)

print('Total time: {:.4f}s'.format(time.time() - global_start))
return best_img, best_loss
```

마지막으로 리스트 6.6에서와 같이 실제 최적화를 위해 코드를 실행하고 원래 콘텐츠 사진이 어떻게 변했는지 본다. 몇 반복마다 멈춰서 변환된 이미지가 어떻게 보이는지 살펴볼 것이다. 그림 6.4를 보자.

리스트 6.6 실제 최적화와 스타일 전이 수행

```
best, best_loss = run_style_transfer(num_iterations=50)
```

이제 됐다. 이미지를 선택해서 유명한 그림의 스타일을 적용했다. 여러분들도 자기 사진을 변환시켜 멋진 효과를 얻을 수 있다. 또는 프리즈마 같은 앱을 내려받아 이 효과가 실제로 나타나는 것을 확인할 수 있다. 또는 프리즈마 같은 자신만의 앱을 만들어보지 않겠는가?

Iteration: 0
Total loss: 6.4202e+08,
style loss: 6.4202e+08,
content loss: 0.0000e+00,
time: 0.0001s

Iteration: 45
Total loss: 2.7569e+07,
style loss: 2.0306e+07,
content loss: 7.2623e+06,
time: 0.0002s

Iteration: 10
Total loss: 7.4515e+07,
style loss: 6.9711e+07,
content loss: 4.8047e+06,
time: 0.0006s

Iteration: 20
Total loss: 5.8446e+07,
style loss: 5.2211e+07,
content loss: 6.2351e+06,
time: 0.0002s

그림 6.4 신경망 스타일 전이의 결과

이 예와 그 코드는 구글 코랩 노트북에서 사용할 수 있다. 링크는 다음과 같다.

다음으로, 또 다른 흥미로운 딥러닝 응용을 살펴보자. 최근 뉴스에서 신경망을 사용해 사진을 생성하는 이 기법에 대해서 많이 들었을 수도 있다.

AI를 사용한 이미지 생성

AI와 관련한 2018년의 빅뉴스는 엔비디아^{NVIDIA} 연구원들이 개발한 유명 인사들의 가짜 사진을 생성하는 새로운 알고리즘이다. 이 사진들은 너무나 진짜 같아서 누가 봐도 속을 정도였다. 그러나 모두 스마트한 AI 알고리즘이 진짜 사진에서 패턴들을 식별해 생성한 가짜 사진들이었다. 이는 입력 데이터의 확률 분포를 학습해 새로운 데이터를 생성하는 생성 모델$^{generative\ models}$이라고 하는 특별한 유형의 알고리즘이다.

우리는 새로운 이미지를 생성하기 위해 생성적 대립 신경망$^{GAN,\ Generative\ Adversarial\ Networks}$이라고 하는 유명한 생성 모델을 사용할 것이다. GAN에 대해 논의하기 전에 신경망은 (그것이 깊든, 얕든) 이미지를 제한된 차원의 벡터로 인코딩하는 것을 학습한다는 것을 기억하자. 이 벡터는 원래 이미지의 압축된 인코딩으로 간주할 수 있다. 그림 6.5에 이를 나타냈다.

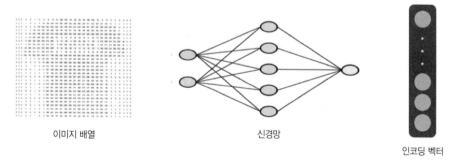

이미지 배열   신경망   인코딩 벡터

그림 6.5 신경망은 이미지의 인코딩을 포착한다.

이제 GAN에 대해 얘기해보자. 그림 6.6은 GAN의 동작 원리에 대한 개념을 미술품 위조범forger 대 감정사inspector로 비유해 설명하고 있다. GAN에는 두 개의 신경망, 즉 생성자Generator(G)와 판별자Discriminator(D)가 있다. 생성자는 랜덤 인코딩 벡터에서 시작해 이미지를 생성한다. 생성자는 그림 6.5에 나타낸 인코딩 과정과 정반대의 과정을 수행한다. 인코딩 벡터로부터 이미지를 생성한다. 예술품 위조범과 유사하다.

다음으로, 미술품이 진품인지 위조품인지 검사하는 예술품 감정사와 유사한 판별자 신경망이 있다. 이 신경망은 진짜 이미지와 생성된 이미지를 한 번에 하나씩 가져다가 분류하는 학습을 한다. G가 생성한 이미지를 D가 진짜라고 판정하게 되면 G는 보상을 받는다. 반대로 가짜라는 것을 D가 찾아내면 D가 보상을 받는다. 이 두 개의 신경망은 서로 경쟁하게 된다. 그래서 대립적(적대적)이라는 명칭을 얻었다. 두 신경망을 훈련시키며 시간이 지나면 G는 진짜 이미지와 똑같은 가짜 이미지를 생성할 수 있게 되며, 이것이 우리가 원하는 것이다. 이러한 개념이 그림 6.6에 나타나 있다.

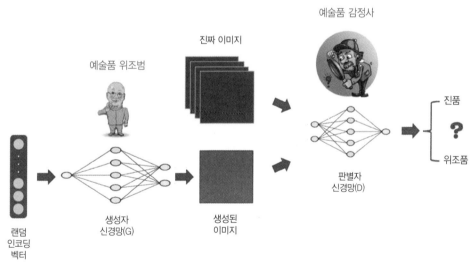

그림 6.6 생성적 대립 신경망의 예술품 위조범 비유

이제 매우 간단한 데이터셋을 사용한 간단한 예제로 이 알고리즘의 동작을 살펴보자. 케라스에서 제공하는 패션 아이템 데이터셋을 사용할 것이다. 이 데이터셋은 28×28픽셀의 패션 아이템 회색조grayscale 이미지들로 돼 있다. 이 데이터는 코트, 티셔츠, 신발 같은 10개의 패션 아이템들로 이루어져 있다(그림 6.7을 보라). 우선 필요한 라이브러리를 로드하고, 데이터셋을 로드한 다음 데이터셋을 탐색해보기 위해 몇 개의 샘플 이미지를 표시해본다. 리스트 6.7을 보자.

그림 6.7 패션 아이템 데이터셋의 표시

리스트 6.7 이미지를 로드하고 데이터셋 샘플을 표시하기

```
# 텐서플로와 수학 계산 라이브러리 로드
import tensorflow as tf
import numpy as np
```

```
# 그림 그리기 라이브러리 로드
import matplotlib.pyplot as plt
%matplotlib inline

# 텐서플로 버전 확인-1.0 이상을 권장함
print(tf.__version__)

# 생성된 이미지를 저장할 폴더 생성
!mkdir images

# 케라스에서 패션 데이터셋 로드
fashion_mnist = tf.keras.datasets.fashion_mnist

# 훈련 및 테스트 데이터 추출
(X_train, Y_train), (X_test, Y_test) = fashion_mnist.load_data()

# 이미지들에 대한 분류명 설정
class_names = ['T-shirt/top', 'Trouser', 'Pullover', 'Dress', 'Coat',
               'Sandal', 'Shirt', 'Sneaker', 'Bag', 'Ankle boot']

# 처음 25개의 이미지를 표시해보기
plt.figure(figsize=(20,20))
for i in range(25):
    plt.subplot(5,5,i+1)
    plt.xticks([])
    plt.yticks([])
    plt.grid(False)
    plt.imshow(X_train[i], cmap=plt.cm.binary)
    plt.xlabel(class_names[Y_train[i]], fontsize=25)
```

그다음은 두 개의 신경망(하나는 생성자(G), 다른 하나는 판별자(D))을 구축한다. G는 랜덤 인코딩 벡터를 입력받아 28×28 크기의 이미지를 생성한다. D는 28×28 크기의 이미지를 받아서 참(진짜 이미지) 또는 거짓(가짜 이미지) 중 하나의 결과를 내준다. 이것을 리스트 6.8에서 볼 수 있다.

```python
# 신경망 생성을 위해 케라스 라이브러리 로드
from keras.layers import Input, ReLU
from keras.models import Model, Sequential
from keras.layers.core import Dense
from keras.optimizers import Adam

# 인코딩 차원 설정 - 이미지 배열을 128차원 벡터로 변환한다.
ENCODING_SIZE = 128

# 훈련 데이터 정규화
X_train = X_train.astype(np.float32)/255.

# 최적화기 정의
adam = Adam(lr=0.0002, beta_1=0.5)

# 이미지 생성하는 생성자 구축
generator = Sequential()
generator.add(Dense(256, input_dim=ENCODING_SIZE, kernel_initializer='random_
uniform'))
generator.add(ReLU())
generator.add(Dense(512))
generator.add(ReLU())
generator.add(Dense(1024))
generator.add(ReLU())
generator.add(Dense(784, activation='tanh'))
generator.compile(loss='binary_crossentropy', optimizer=adam)
print('------ GENERATOR ------')
generator.summary()

# 이미지를 분류할 판별자 구축
discriminator = Sequential()
discriminator.add(Dense(1024, input_dim=784, kernel_initializer='random_uniform'))
discriminator.add(ReLU())
discriminator.add(Dense(512))
discriminator.add(ReLU())
```

```
discriminator.add(Dense(256))
discriminator.add(ReLU())
discriminator.add(Dense(1, activation='sigmoid'))
discriminator.compile(loss='binary_crossentropy', optimizer=adam)
print('------ DISCRIMINATOR ------')
discriminator.summary()

# 두 신경망을 하나의 모델로 결합
discriminator.trainable = False
ganInput = Input(shape=(ENCODING_SIZE,))
x = generator(ganInput)
ganOutput = discriminator(x)
gan_model = Model(inputs=ganInput, outputs=ganOutput)
gan_model.compile(loss='binary_crossentropy', optimizer=adam)
```

결과는 다음과 같다.

```
------ GENERATOR ------
```

Layer (type)	Output Shape	Param #
dense_1 (Dense)	(None, 256)	33024
re_lu_1 (ReLU)	(None, 256)	0
dense_2 (Dense)	(None, 512)	131584
re_lu_2 (ReLU)	(None, 512)	0
dense_3 (Dense)	(None, 1024)	525312
re_lu_3 (ReLU)	(None, 1024)	0
dense_4 (Dense)	(None, 784)	803600

```
Total params: 1,493,520
Trainable params: 1,493,520
Non-trainable params: 0


------ DISCRIMINATOR ------
```

Layer (type)	Output Shape	Param #
dense_5 (Dense)	(None, 1024)	803840
re_lu_4 (ReLU)	(None, 1024)	0
dense_6 (Dense)	(None, 512)	524800
re_lu_5 (ReLU)	(None, 512)	0
dense_7 (Dense)	(None, 256)	131328
re_lu_6 (ReLU)	(None, 256)	0
dense_8 (Dense)	(None, 1)	257

```
Total params: 1,460,225
Trainable params: 1,460,225
Non-trainable params: 0
```

이제 두 개의 함수(훈련 중에 G가 생성한 이미지를 표시하는 함수와 진짜 및 가짜 이미지를 모델에 입력해 실제 훈련을 수행하는 함수)를 작성하려고 한다. 그런 다음 훈련을 실행하고, 각 에포크 종료 후 생성된 이미지들을 보여준다. 리스트 6.9에서 이것을 볼 수 있다.

리스트 6.9 이미지 데이터셋에서 D와 G를 훈련시키기

```python
# 배열에 생성된 이미지 그리기
def plotGeneratedImages(epoch, examples=100, dim=(10, 10), figsize=(10, 10)):
```

```
    # 이미지 생성을 위한 랜덤 인코딩 벡터 생성
    noise = np.random.normal(0, 1, size=[examples, ENCODING_SIZE])
    generatedImages = generator.predict(noise)
    generatedImages = generatedImages.reshape(examples, 28, 28)

    # 이미지 배열을 그리기
    plt.figure(figsize=figsize)
    for i in range(generatedImages.shape[0]):
        plt.subplot(dim[0], dim[1], i+1)
        plt.imshow(generatedImages[i], cmap='gray_r')
        plt.axis('off')
    plt.tight_layout()
    plt.show()

# 생성적 모델의 훈련
def train(epochs=1, batchSize=128):
    # 뱃치 내 샘플 수 가져오기
    batchCount = int(X_train.shape[0] / batchSize)
    print ('Epochs:', epochs)
    print ('Batch size:', batchSize)
    print ('Batches per epoch:', batchCount)

    # 각 에포크에 대해서
    for e in range(1, epochs+1):
        print ('-'*15, '\nEpoch %d' % e)
        # 각 뱃치에 대해서
        for idx in np.arange(0,batchCount):
            if idx%10 == 0:
                print('-', end='')

            # 입력 노이즈와 이미지의 랜덤 집합 구하기
            noise = np.random.normal(0, 1, size=[batchSize, ENCODING_SIZE])
            imageBatch = X_train[np.random.randint(0, X_train.shape[0],
            size=batchSize)]

            # 가짜 패션 아이템 이미지 생성
            generatedImages = generator.predict(noise)
```

```
imageBatch = np.reshape(imageBatch,(batchSize, 784))
X = np.concatenate([imageBatch, generatedImages])

# 생성된 데이터와 진짜 데이터에 대한 클래스 레이블
yDis = np.zeros(2*batchSize)
# one-sided label smoothing
yDis[:batchSize] = 0.9

# 판별자 훈련
discriminator.trainable = True
dloss = discriminator.train_on_batch(X, yDis)

# 생성자 훈련
noise = np.random.normal(0, 1, size=[batchSize, ENCODING_SIZE])
yGen = np.ones(batchSize)
discriminator.trainable = False
gloss = gan_model.train_on_batch(noise, yGen)

plotGeneratedImages(e, examples=25, dim=(5,5))

# 20회 반복 또는 에포크 훈련
train(20)
```

결과는 다음과 같다.

Epochs: 200
Batch size: 128
Batches per epoch: 468

이 훈련 과정에서 생성된 이미지들이 그림 6.8에 나와 있다. 훈련 에포크가 증가함에 따라 생성된 이미지는 목표 이미지와 점점 더 비슷해진다. 패션 아이템들의 패턴이 보이기 시작한다. 훈련을 계속해 이미지를 개선하고 더 선명하게 만들어간다.

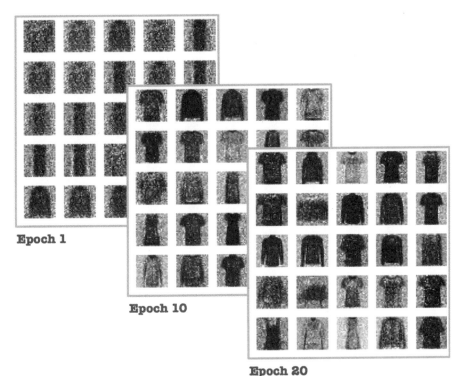

Epoch 1

Epoch 10

Epoch 20

그림 6.8 패션 이미지를 생성하도록 훈련된 GAN의 결과

엔비디아^NVIDIA는 유명 연예인들의 사진을 사용해 GAN 모델이 잘 알려진 얼굴들로부터 학습할 수 있도록 했다. 몇 시간 동안 훈련한 이후, 모델은 얼굴을 형성하는 패턴들을 포착할 수 있었다. 그리고 모델은 매우 유명한 연예인 같이 보이지만 사실은 가짜^fake인 얼굴들을 생성할 수 있게 됐다.

오토인코더를 사용한 신용카드 부정 사용 탐지

앞의 두 가지 예에서는 이미지 형태의 비정형 데이터를 사용했다. 이번에는 표(테이블) 형태의 정형 데이터를 살펴보자. 신용카드 사용 실적이 기록된 금융 거래 데이터셋을 살펴보고 부정사용의 패턴을 찾으려고 한다. 이 특별한 사례는 금융권에서 매우 흔한 것이다. 어쩌면 여러분은 신용카드 회사에서 전화가 걸려와 의심스러운 거래가 있었고 그것이 실제로 여러분이 사용한 것인지 확인하고 싶다고 했던 경험이 있을 수 있다. 그러한 금융 거래는 보통 어떤 종류의 머신러닝 모델을 사용해 찾아내게 된다.

전통적으로 은행들은 의심스런 거래를 경고하기 위해 사전에 정의된 규칙들을 사용해 왔다. 예를 들어 다른 국가에서 갑작스런 거래가 발생하면 사용자의 승인을 구하기 위해 경고를 표시하는 규칙이 있을 수 있다. 또는 사용자가 평소에 들르지 않던 상점으로부터 구매가 발생하면 그것을 경고할 수도 있다. 모든 사용자에 대해서 가능한 모든 경우에 대한 고정된 규칙을 설정한다는 것은 극히 어려운 일이며, 긍정 오류[4]False Positive가 많이 발생할 수 있다. 따라서 최신 시스템에서는 부정 거래의 패턴을 찾기 위해 머신러닝에 의존하며, 어떤 거래가 부정인지 정상인지를 예측한다.

이 데이터를 분석하는 데 오토인코더Autoencoder라고 하는 비지도학습 방법을 살펴보려고 한다. 먼저 데이터셋을 보자. 데이터셋은 정형적이며 테이블 형태를 갖는다. 데이터셋에는 거래별로 시간, 금액, 고객 계좌, 판매자 계좌, 세금 등과 같은 여러 가지 세부 정보들이 들어 있다. 이 예에서는 ULB(브뤼셀 자유대학교Université Libre de Bruxelles) 머신러닝 그룹(http://mlg.ulb.ac.be)에서 공개한 데이터셋을 사용할 것이다. 이 데이터셋은 안드레아 달 포졸로Andrea Dal Pozzolo, 올리비에 케일린Olivier Caelen, 레이드 A. 존슨Reid A. Johnson, 잔루카 본템피Gianluca Bontempi의 연구 과정에서 만들어졌다.

데이터셋은 creditcard.csv라는 CSV 파일이다. 데이터셋에는 2013년 9월에 유럽 신용카드 사용자가 사용한 거래 내역이 들어 있다. 이 데이터셋에는 이틀 동안 일어난 284,807건의 거래가 포함돼 있는데, 그중에서 부정 거래는 492건이었다. 데이터셋은 심하게 편향돼 있다. 양성positive 클래스(부정거래)가 전체 거래 중에서 0.172%뿐이기 때문이다. 또한 3개의 특성(또는 열column)(금액, 시간 및 클래스)이 제공된다. 시간time 특성은 데이터셋의

첫 번째 거래와 그 이후 각 거래 사이의 경과 시간(초)이다. 금액^{amount} 특성은 거래 금액이며, 클래스^{class} 특성은 반응 변수$^{\text{response variable}}$다. 클래스 특성이 1이면 부정 거래를, 0이면 정상 거래를 나타낸다.

데이터셋에는 V1에서 V28까지 28개의 열이 있다. 원래 열에는 각 거래에 대한 고객과 판매자에 대한 상세 정보가 들어 있었다. 그러나 주성분분석$^{\text{PCA, Principal Component Analysis}}$이라고 하는 차원 축소$^{\text{dimensionality reduction}}$ 기법을 통해 이 28개의 V-특성들만 주어진 것이다. 또한 개인정보보호를 위해 고객 및 판매자의 상세 정보를 숨기기 위한 것이기도 하다. 우리는 이 28개의 특성들이 중요하다고 가정하고 데이터를 분석할 수 있다. 그림 6.9는 엑셀에 로드된 데이터를 보여준다.

Time	V1	V2	V3	V4	V5	V6	V7	V8	V9	V10	V11		V27	V28	Amount	Class
0	-1.36	-0.073	2.5363	1.3782	-0.338	0.4624	0.2396	0.0987	0.3638	0.0908	-0.552		0.1336	-0.021	149.62	0
0	1.1919	0.2662	0.1665	0.4482	0.06	-0.082	-0.079	0.0851	-0.255	-0.167	1.6127		-0.009	0.0147	2.69	0
1	-1.358	-1.34	1.7732	0.3798	-0.503	1.8005	0.7915	0.2477	-1.515	0.2076	0.6245		-0.055	-0.06	378.66	0
1	-0.966	-0.185	1.793	-0.863	-0.01	1.2472	0.2376	0.3774	-1.387	-0.055	-0.226		0.0627	0.0615	123.5	0
2	-1.158	0.8777	1.5487	0.403	-0.407	0.0959	0.5929	-0.271	0.8177	0.7531	-0.823		0.2194	0.2152	69.99	0
2	-0.426	0.9605	1.1411	-0.168	0.421	-0.03	0.4762	0.2603	-0.569	-0.371	1.3413		0.2538	0.0811	3.67	0
4	1.2297	0.141	0.0454	1.2026	0.1919	0.2727	-0.005	0.0812	0.465	-0.099	-1.417		0.0345	0.0052	4.99	0
7	-0.644	1.418	1.0744	-0.492	0.9489	0.4281	1.1206	-3.808	0.6154	1.2494	-0.619		-1.207	-1.085	40.8	0
7	-0.894	0.2862	-0.113	-0.272	2.6696	3.7218	0.3701	0.8511	-0.392	-0.41	-0.705		0.0117	0.1424	93.2	0
9	-0.338	1.1196	1.0444	-0.222	0.4994	-0.247	0.6516	0.0695	-0.737	-0.367	1.0176		0.2462	0.0831	3.68	0
10	1.449	-1.176	0.9139	-1.376	-1.971	-0.629	-1.423	0.0485	-1.72	1.6267	1.1996		0.0428	0.0163	7.8	0
10	0.385	0.6161	-0.874	-0.094	2.9246	3.317	0.4705	0.5382	-0.559	0.3098	-0.259		0.0425	-0.054	9.99	0
10	1.25	-1.222	0.3839	-1.235	-1.485	-0.753	-0.689	-0.227	-2.094	1.3237	0.2277		0.0264	0.0424	121.5	0
11	1.0694	0.2877	0.8286	2.7125	-0.178	0.3375	-0.097	0.116	-0.221	0.4602	-0.774		0.0215	0.0213	27.5	0
12	-2.792	-0.328	1.6418	1.7675	-0.137	0.8076	-0.423	-1.907	0.7557	1.1511	0.8446		-0.165	-0.03	58.8	0
12	-0.752	0.3455	2.0573	-1.469	-1.158	-0.078	-0.609	0.0036	-0.436	0.7477	-0.794		-0.181	0.1294	15.99	0
12	1.1032	-0.04	1.2673	1.2891	-0.736	0.2881	-0.586	0.1894	0.7823	-0.268	-0.45		0.0928	0.0371	12.99	0
13	-0.437	0.919	0.9246	-0.727	0.9157	-0.128	0.7076	0.088	-0.665	-0.738	0.3241		0.0797	0.131	0.89	0
14	-5.401	-5.45	1.1863	1.7362	3.0491	-1.763	-1.56	0.1608	1.2331	0.3452	0.9172		0.3921	0.9496	46.8	0
15	1.4929	-1.029	0.4548	-1.438	-1.555	-0.721	-1.081	-0.053	-1.979	1.6381	1.0775		0.0223	0.0076	5	0
16	0.6949	-1.362	1.0292	0.8342	-1.191	1.3091	-0.879	0.4453	-0.446	0.5685	0.0192		0.0866	0.0635	231.71	0
17	0.9625	0.3285	-0.171	2.1092	1.1296	1.696	0.1077	0.5215	-1.191	0.7244	1.6903		0.0164	-0.015	34.09	0
18	1.1666	0.5021	-0.067	2.2616	0.4288	0.0895	0.2411	0.1381	-0.989	0.9222	0.7448		-0.041	-0.011	2.28	0
18	0.2475	0.2777	1.1855	-0.093	-1.314	-0.15	-0.946	-1.618	1.5441	-0.83	-0.583		0.3366	0.2505	22.75	0

그림 6.9 V-특성들 중에서 세부 정보는 가려진 신용카드 거래 데이터셋

이 문제를 풀기 위해 오토인코더^{autoencoder}라고 하는 특별한 종류의 신경망을 사용할 것이다. 이 신경망은 기본적으로 주어진 입력을 복원하려고 하는 비지도학습 신경망이다. 개념은 입력 벡터를 읽어서 인코더 신경망을 사용해 인코딩 벡터$^{\text{encoding vector}}$라고 하는 더 작은 차원의 벡터로 인코딩^{encoding}하는 것이다. 그런 다음 이 작아진 차원의 인코딩 벡

터를 디코딩decoding해 입력 벡터를 복원하는 것이다. 입력은 압축돼 작은 인코딩 벡터로 저장된다. 이 방법은 데이터 압축에 적용되기도 한다.

큰 차원의 입력 벡터를 작은 인코딩 벡터로 인코딩하면 일부 정보의 손실이 발생한다. 발상은 모델의 인코딩을 잘 학습시켜 데이터의 중요한 패턴들이 인코딩에 잘 담길 수 있도록 하는 것이다. 그림 6.10은 이 개념을 설명하는 것이다.

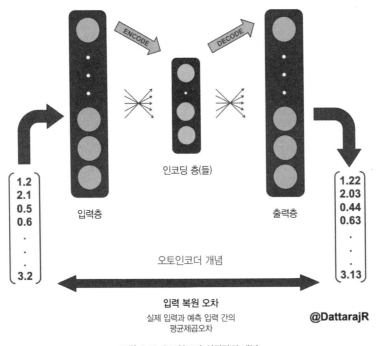

그림 6.10 오토인코더 신경망의 개념

오토인코더를 구축하는 코드를 살펴보고 그것을 사용해 신용카드 거래 데이터에서 이상치anomaly를 탐지해보자. 우선 CSV 파일을 로드해 훈련 데이터셋을 만들 것이다. 오토인코더의 핵심은 입력(X)과 출력(Y)이 같다는 것이다. 따라서 비지도 방식으로 학습할 것이며 들어오는 입력을 재생성하려고 할 것이다. 리스트 6.10은 훈련 데이터를 준비하는 과정이다.

리스트 6.10 신용카드 데이터를 로드하고 데이터셋 준비하기

```
# 그림 그리기를 포함한 필요 라이브러리 로드
import pandas as pd
import numpy as np

import matplotlib.pyplot as plt
%matplotlib inline

# csv 파일 로드
df = pd.read_csv('creditcard.csv')
df.head()
```

결과는 다음과 같다.

TIME	V1	V2	V3	V4	V5	V9	...	V25	V26	V27	V28	AMOUNT	CLASS
0	0.0	−1.359807	−0.072781	2.536347	1.378155	0.098698	0.363787	...	0.128539	−0.189115	0.133558	−0.021053	149.62	0
1	0.0	1.191857	0.266151	0.166480	0.448154	0.085102	−0.255425	...	0.167170	0.125895	−0.008983	0.014724	2.69	0
2	1.0	−1.358354	−1.340163	1.773209	0.379780	0.247676	−1.514654	...	−0.327642	−0.139097	−0.055353	−0.059752	378.66	0
3	1.0	−0.966272	−0.185226	1.792993	−0.863291	0.377436	−1.387024	...	0.647376	−0.221929	0.062723	0.061458	123.50	0
4	2.0	−1.158233	0.877737	1.548718	0.403034	−0.270533	0.817739	...	−0.206010	0.502292	0.219422	0.215153	69.99	0

먼저 우리는 금액이 큰 거래(가령 200달러 이상)에만 관심을 둘 것이다. 사이킷런^{Scikit-Learn}의 내장함수를 사용해 데이터프레임^{DataFrame}의 값들을 스케일링^{scaling}할 것이다. 그런 다음 정상 거래만으로 테스트 배열을 만들 것이다. 비지도학습이므로 x_train과 x_val 배열만 필요하다는 것을 꼭 기억하자. 예측된 Y값은 X값 자체가 된다. 이에 대한 코드는 리스트 6.11에 있다.

리스트 6.11 훈련 및 검증 데이터 배열의 준비

```
# 200달러 이상의 거래만 살펴볼 것이다
cc_data_subset = df[df.Amount > 200]

# 'Time'과 'Amount' 특성치를 표준 스케일로 변환하기
```

```python
# V-features는 이미 스케일링돼 있다.
from sklearn.preprocessing import StandardScaler

cc_data_subset['Time'] = StandardScaler().fit_transform(cc_data_subset['Time']
                                        .values.reshape(-1, 1))
cc_data_subset['Amount'] = StandardScaler().fit_transform(cc_data_subset['Amount']
                                        .values.reshape(-1, 1))

# 정상 거래와 부정 거래를 분리한다.
cc_data_normal = cc_data_subset[cc_data_subset.Class == 0]
cc_data_fraud = cc_data_subset[cc_data_subset.Class == 1]

# 유형별 거래 수를 표시해보기
print("Normal transactions array shape = ", cc_data_normal.shape)
print("Fraud transactions array shape = ", cc_data_fraud.shape)

# 부정 거래 수 구하기
num_of_fraud = cc_data_fraud.shape[0]
print("Number of fraud transactions = ", num_of_fraud)

# 정상 및 부정 거래의 테스트 데이터 만들기
df_testing = cc_data_normal[-num_of_fraud:]
df_testing = df_testing.append(cc_data_fraud)

# 훈련 데이터로는 정상 거래만 사용한다.
df_training = cc_data_normal[:-num_of_fraud]

# 훈련 데이터를 훈련셋과 검증셋으로 분할한다.
# 데이터셋 분할에는 Scikit-Learn의 내장함수 사용
from sklearn.model_selection import train_test_split

# 훈련셋에서는 결과 열이 필요하지 않다.
df_training = df_training.drop(['Class'], axis=1) # Class 열을 지운다.

# 우선 테스트셋의 클래스 레이블 열을 저장하고 그 열을 지운다.
df_testing_labels = df_testing['Class']
df_testing = df_testing.drop(['Class'], axis=1) # Class 열 지우기
```

```
# 이제 오토인코더 신경망을 훈련시키기 위한 배열을 생성한다.
x_training = df_training.values
x_train, x_val = train_test_split(x_training, test_size=0.1)

# 배열의 크기(shape)를 출력해보자.
print("X Training array shape = ", x_train.shape)
print("X Validation array shape = ", x_val.shape)
```

결과는 다음과 같다.

```
Normal transactions array shape = (28752, 31)
Fraud transactions array shape = (85, 31)

Number of fraud transactions = 85

X Training array shape = (25800, 30)
X Validation array shape = (2867, 30)
```

이제 오토인코더 모델을 구축하고자 한다. 앞에서 봤듯이 이 모델에는 인코더 부분과 디코더 부분이 있다. 인코더는 고차원 벡터를 입력받아 저차원 인코딩 벡터를 생성한다. 여기서 입력 벡터는 크기가 30이며, 인코딩 벡터의 크기는 15로 할 것이다. 원하면 이 크기를 변경해 결과가 더 좋아지는지 살펴볼 수 있다. 이 코드는 리스트 6.12에 있다.

Listing 6.12 케라스에서 오토인코더 신경망 구축하기

```
from keras.layers import Input, Dense, Dropout
from keras.models import Model
from keras import regularizers

# 입력 벡터의 차원 - 여기서는 30개의 변수가 있다.
input_dim = 30

# 인코딩된 표상(representation)의 차원을 말한다.
encoding_dim = 15
```

```python
# 오토인코더 신경망
# 입력층
input_layer = Input(shape=(input_dim,))

# 입력의 인코딩된 표상
encoded_layer = Dense(encoding_dim, activation='relu')(input_layer)

# 입력의 유손실 복원
decoded_layer = Dense(input_dim, activation='relu')(encoded_layer)

# 인코더와 디코더를 결합해 하나의 모델로 만들기
autoencoder = Model(input_layer, decoded_layer)

# 평균제곱오차(MSE)를 사용해 모델을 컴파일한다.
autoencoder.compile(metrics=['accuracy'],
                    loss='mean_squared_error',
                    optimizer='adam')

# 모델의 요약 정보
autoencoder.summary()
```

결과는 다음과 같다.

Layer (type)	Output Shape	Param #
input_51 (InputLayer)	(None, 30)	0
dense_119 (Dense)	(None, 15)	465
dense_120 (Dense)	(None, 30)	480

Total params: 945
Trainable params: 945
Non-trainable params: 0

이제 x_train 배열과 v_val 배열로 모델을 훈련시켜보자. 여기서는 y_train과 y_val 이 없다는 것에 주목하자. 우리는 입력을 예상 출력으로 사용할 것이다. 리스트 6.13을 보자.

리스트 6.13 입력 배열만을 사용해 오토인코더 훈련시키기

```
# 오토인코더를 25 에포크 동안 훈련시킨다
history = autoencoder.fit(x_train, x_train,
                          epochs=25,
                          batch_size=32,
                          validation_data=(x_val, x_val),
                          shuffle=True)
```

결과는 다음과 같다.

```
Train on 25800 samples, validate on 2867 samples
Epoch 1/25
25800/25800 [==============================] - 3s 131us/step - loss:
1.7821 - acc: 0.3620 - val_loss: 1.8113 - val_acc: 0.5225
Epoch 2/25
25800/25800 [==============================] - 1s 46us/step - loss:
1.5699 - acc: 0.5834 - val_loss: 1.7444 - val_acc: 0.6264
Epoch 3/25
25800/25800 [==============================] - 1s 48us/step - loss:
1.5282 - acc: 0.6578 - val_loss: 1.7110 - val_acc: 0.6983
Epoch 4/25
25800/25800 [==============================] - 1s 47us/step - loss:
1.5010 - acc: 0.7069 - val_loss: 1.6911 - val_acc: 0.7203
Epoch 5/25
25800/25800 [==============================] - 1s 48us/step - loss:
1.4760 - acc: 0.7460 - val_loss: 1.6697 - val_acc: 0.7719
Epoch 6/25
25800/25800 [==============================] - 1s 47us/step - loss:
1.4617 - acc: 0.7763 - val_loss: 1.6483 - val_acc: 0.7733
Epoch 7/25
```

```
25800/25800 [==============================] - 1s 47us/step - loss:
1.4521 - acc: 0.7834 - val_loss: 1.6391 - val_acc: 0.7939
Epoch 8/25
25800/25800 [==============================] - 1s 48us/step - loss:
1.4463 - acc: 0.7956 - val_loss: 1.6355 - val_acc: 0.8036
Epoch 9/25
25800/25800 [==============================] - 1s 57us/step - loss:
1.4430 - acc: 0.8025 - val_loss: 1.6298 - val_acc: 0.8033
Epoch 10/25
25800/25800 [==============================] - 1s 55us/step - loss:
1.4407 - acc: 0.8062 - val_loss: 1.6350 - val_acc: 0.8022
Epoch 11/25
25800/25800 [==============================] - 1s 49us/step - loss:
1.4398 - acc: 0.8091 - val_loss: 1.6290 - val_acc: 0.8099
Epoch 12/25
25800/25800 [==============================] - 1s 49us/step - loss:
1.4384 - acc: 0.8114 - val_loss: 1.6273 - val_acc: 0.8036
Epoch 13/25
25800/25800 [==============================] - 1s 48us/step - loss:
1.4379 - acc: 0.8126 - val_loss: 1.6258 - val_acc: 0.8183
Epoch 14/25
25800/25800 [==============================] - 1s 51us/step - loss:
1.4374 - acc: 0.8140 - val_loss: 1.6267 - val_acc: 0.8204
Epoch 15/25
25800/25800 [==============================] - 1s 49us/step - loss:
1.4368 - acc: 0.8144 - val_loss: 1.6257 - val_acc: 0.8186
Epoch 16/25
25800/25800 [==============================] - 2s 59us/step - loss:
1.4363 - acc: 0.8164 - val_loss: 1.6260 - val_acc: 0.8141
Epoch 17/25
25800/25800 [==============================] - 1s 53us/step - loss:
1.4358 - acc: 0.8174 - val_loss: 1.6253 - val_acc: 0.8190
Epoch 18/25
25800/25800 [==============================] - 1s 53us/step - loss:
1.4356 - acc: 0.8160 - val_loss: 1.6243 - val_acc: 0.8183
Epoch 19/25
25800/25800 [==============================] - 1s 50us/step - loss:
```

1.4353 - acc: 0.8169 - val_loss: 1.6257 - val_acc: 0.8137
Epoch 20/25
25800/25800 [==============================] - 1s 54us/step - loss:
1.4351 - acc: 0.8186 - val_loss: 1.6245 - val_acc: 0.8134: 0s - loss:
1.4152 - a
Epoch 21/25
25800/25800 [==============================] - 1s 56us/step - loss:
1.4347 - acc: 0.8198 - val_loss: 1.6237 - val_acc: 0.8116
Epoch 22/25
25800/25800 [==============================] - 1s 52us/step - loss:
1.4346 - acc: 0.8181 - val_loss: 1.6255 - val_acc: 0.8193s - loss:
1.3752 - - ETA: 0s - loss: 1.4163 - acc: 0.
Epoch 23/25
25800/25800 [==============================] - 1s 51us/step - loss:
1.4343 - acc: 0.8194 - val_loss: 1.6232 - val_acc: 0.8148
Epoch 24/25
25800/25800 [==============================] - 1s 54us/step - loss:
1.4342 - acc: 0.8189 - val_loss: 1.6230 - val_acc: 0.8155
Epoch 25/25
25800/25800 [==============================] - 1s 56us/step - loss:
1.4340 - acc: 0.8216 - val_loss: 1.6265 - val_acc: 0.8123

훈련 데이터셋과 검증 데이터셋에 대해서 정확도와 손실 값 그래프를 그려보자. 리스트 6.14를 보자.

리스트 6.14 정확도 및 손실 값 그래프 그리기

```
# 정확도 히스토리 요약
plt.figure(figsize=(20,10))
plt.rcParams.update({'font.size': 22})
plt.plot(history.history['acc'])
plt.plot(history.history['val_acc'])
plt.title('model accuracy')
plt.ylabel('accuracy')
plt.xlabel('epoch')
plt.legend(['train', 'test'], loc='upper left')
```

```
plt.show()

# 손실 히스토리 요약
plt.figure(figsize=(20,10))
plt.rcParams.update({'font.size': 22})
plt.plot(history.history['loss'])
plt.plot(history.history['val_loss'])
plt.title('model loss')
plt.ylabel('loss')
plt.xlabel('epoch')
plt.legend(['train', 'test'], loc='upper left')
plt.show()
```

결과는 그림 6.11 및 그림 6.12와 같다.

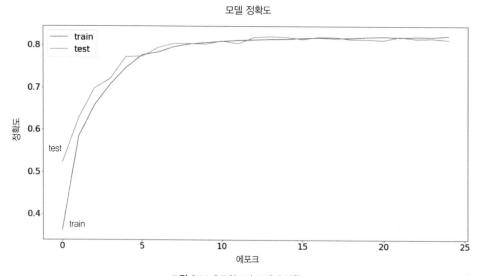

그림 6.11 오토인코더 모델의 정확도

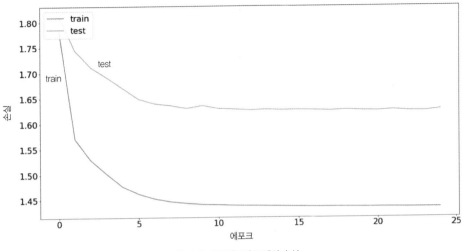

그림 6.12 오토인코더 모델의 손실

이제 훈련된 오토인코더를 사용해 테스트 데이터셋에 대해 예측을 수행한다. 입력을 예측 및 비교하고 각 데이터 포인트에 대해 복원 오차reconstruction error를 계산한다. 정상 거래에 대해 훈련시켰으므로 정상 거래에 대한 복원 오차는 낮을 것이다. 부정 거래는 상이한 데이터 분포를 가질 것이며, 따라서 부정 거개에 대한 복원 오차는 높게 나와야 할 것이다. 리스트 6.15에 이에 대한 코드가 있다.

리스트 6.15 오토인코더를 사용해 예측하고 부정 거래 찾아내기

```
# 테스트 배열 만들기-85개의 정상 거래와 85개의 부정 거래가 있음
x_testing = df_testing.values

# 오토인코더 신경망으로 예측 수행
x_predictions = autoencoder.predict(x_testing)

# 평균제곱오차로 복원 오차 계산
reconstruction_error = np.mean(np.power(x_testing - x_predictions, 2), axis=1)

# 복원 오차와 실제 클래스(정상/부정)를 사용해 새로운 데이터프레임 생성
```

```
# 부정 클래스는 높은 복원 오차를 보여야 한다.
error_df = pd.DataFrame({'Reconstruction_Error': reconstruction_error,
                         'True_Class': df_testing_labels.values})

# 오차에 대한 임곗값 설정
threshold_fixed = 2

# 그림을 그리기 위해 데이터를 그룹별로 분리
groups = error_df.groupby('True_Class')

# 도표 그리기
fig, ax = plt.subplots(figsize=(20,10))
plt.rcParams.update({'font.size': 22})
for name, group in groups:
    ax.plot(group.index, group.Reconstruction_Error, marker='o', ms=8,
linestyle='',
            label= "Fraud" if name == 1 else "Normal")

ax.hlines(threshold_fixed, ax.get_xlim()[0], ax.get_xlim()[1],
          colors="g", zorder=100, label='Threshold')
ax.legend()

plt.title("Reconstruction error for normal and fraud")
plt.ylabel("Reconstruction error")
plt.xlabel("Testing dataset")
plt.show()
```

결과는 그림 6.13과 같다.

그림 6.13의 도표는 의미 있는 정보를 준다. 연한 회색으로 표시된 부정 거래에서는 복원 오차가 높게 나타나고 있다. 진한 회색으로 표시된 정상 거래는 거의 모든 거래가 임곗값 밑에 있다. 모든 부정 거래를 잡아내지는 못했지만, 75% 이상은 잡아냈으며, 꽤 좋은 성능이다. 층 수나 각 층의 뉴런 수 같은 하이퍼파라미터들을 변경해 가면서 성능 변화를 탐구해볼 수 있다. 바라건대, 이 코드를 통해 데이터에서 패턴을 찾아내고 이상치^{anomaly}

를 포착하는 딥러닝의 성능을 느껴 볼 수 있기 바란다. 이 예는 비지도학습이므로 분류된 출력을 내지 않는다. 이러한 접근 방법을 어떤 분야의 데이터에 대해서도 잘 적용할 수 있을 것이다.

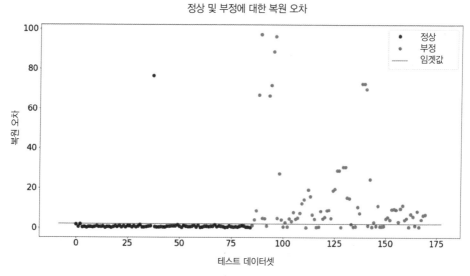

그림 6.13 오토인코더를 사용한 테스트 데이터에 대한 예측

요약

6장에서는 딥러닝 기술을 응용한 몇 가지 독특한 사례를 살펴봤다. 어떤 그림의 스타일을 우리 자신의 이미지에 전이하기 위해 신경망 스타일 전이 방법의 사용법을 살펴봤다. 그리고 생성적 신경망을 살펴보고 실제 데이터를 꼭 닮은 새로운 데이터를 생성했다. 마지막으로 비지도학습을 통해 데이터에서 이상치 탐지를 학습하는 오토인코더라고 하는 특별한 신경망의 사용법을 알아봤다. 이 방법들은 여러 매체를 통해 발표된 상당히 최신의 기법들이다. 딥러닝 커뮤니티는 정말 대단하며 귀중한 지식을 모두가 서로 공유한다. 여러분도 코넬대학교 사이트(arxiv.org)에 게재되는 새로운 논문을 탐색하고 개발되는 새

로운 해법을 공부할 수 있다. 또한 이 사이트에 여러분의 논문으로 기여함으로 모두가 여러분의 지식의 혜택을 받을 수 있기를 강력히 권장한다!

이제 딥러닝은 잠깐 쉬려고 한다. 7장부터는 소프트웨어 애플리케이션의 역사와 컨테이너를 사용해 마이크로서비스와 클라우드 애플리케이션을 개발하는 방법을 살펴본다. 컨테이너 수명주기를 관리하고 서비스형 컨테이너^{CaaS, Container-as-a-Service} 패러다임을 제공하기 위한 최상의 플랫폼으로 빠르게 자리 잡아 가고 있는 쿠버네티스^{Kubernetes}를 살펴볼 것이다. 최신 애플리케이션, 특히 클라우드 네이티브^{Cloud-native} 애플리케이션은 컨테이너로 패키지돼 있으며 쿠버네티스에서 스케줄링할 수 있다. 7장에서 이 모든 마술을 보게 될 것이다.

07

최신 소프트웨어 세계의 AI

이 책의 전반부에서는 인공지능 특히 딥러닝에 초점을 맞춰 논의했다. 여기에는 데이터로부터 패턴을 추출해 분류나 회귀 같은 결과를 도출하기 위해 머신러닝과 딥러닝을 이용하는 예가 포함돼 있다. 청량음료 브랜드 로고logo 데이터를 수집하고, 훈련 샘플을 더 만들어내기 위해 데이터를 보강하며, 이 이미지들을 분류하기 위해 심층 신경망을 구축하는 전체 과정에 관한 예를 봤다. 성능이 입증된 아키텍처를 선택해 특정 문제에 맞도록 커스터마이즈customize하는 전이 학습을 사용했다. 이와 같은 지식을 통해 여러분 스스로 데이터셋을 분석하고 모델을 구축할 수 있게 됐기를 바란다.

이 책의 후반부에서는 모델 구축을 위한 알고리즘 전문가인 데이터 과학자와 실제 운영되는 코드를 만드는 소프트웨어 개발자 간의 간격을 좁혀보려고 한다. 현장의 실제 데이터를 사용한 실시간 추론을 위해 구축된 머신러닝과 딥러닝 모델들을 소프트웨어 코드로 패키징packaging하고 배포deployment하는 방법을 알아본다.

7장에서는 데이터 과학자에게서 모자를 잠시 벗기고 소프트웨어 개발자의 모자를 씌운다. 소프트웨어 개발이 어떻게 발전돼 왔는지, 현재 개발되고 있는 애플리케이션은 어떤 것들이 있는지, 소프트웨어 구축을 위한 프로세스와 도구들이 어떻게 개선되고 있는지 이야기한다. 이런 주제들을 이해하는 것은 중요하다. 우리가 머신러닝 모델들을 구축하고 배포해야 하는 곳은 이 새로운 영역과 환경이기 때문이다.

우리는 웹 애플리케이션의 성장, 클라우드 컴퓨팅의 증가, SaaS[1] 대 PaaS[2] 대 CaaS[3], SOA 대 마이크로서비스microservice 그리고 컨테이너를 사용하는 클라우드 네이티브[4] 애플리케이션의 최신 동향에 관해 논의한다. 그런 다음 쿠버네티스에 대해 이해하고, 프로덕션 배포를 위해 코드를 컨테이너에 패키징해 몇 초만에 수천 개의 노드로 확장하는 방법을 얘기한다.

소프트웨어의 최신 요구 사항 훑어보기

소프트웨어 개발은 최근 커다란 변화를 겪었다. 소프트웨어에 대한 대가를 지불하는 고객들과 그것을 사용하는 소비자들의 요구는 비용, 제공 속도, 더 빠르고 자동화된 업데이트 그리고 향상된 사용자 경험 측면에서 증가했다. 모바일 컴퓨팅의 증가로 전용 인터넷 연결이 가능한 강력한 스마트폰을 모든 사람이 주머니에 지니고 있다. 소프트웨어가 이러한 처리 능력과 연결성을 최대한 활용해 개선된 결과를 가져다줄 것으로 기대한다. 새로운 운영체제로 업데이트하기 위해 이진 파일을 내려받아 노트북 컴퓨터의 USB 포트에 스마트폰을 연결할 것이라고는 아무도 기대하지 않는다. 사람들은 백그라운드에서 진행되고 일상을 방해하지 않는 무선을 통한OTA, Over-The-Air 끊김 없는 업데이트를 기대하는 것이다.

---

1 온디맨드 소프트웨어라고도 하며, 웹브라우저를 통해 씬 클라이언트 사용자가 액세스한다. 클라우드 컴퓨팅 벤더가 모든 것을 관리하며, 사용자는 모든 것을 단지 사용만 한다. – 옮긴이

2 최종 사용자가 인프라 구축과 유지 관리의 복잡성 없이 애플리케이션을 개발, 실행 및 관리할 수 있는 플랫폼을 제공하는 서비스 – 옮긴이

3 컨테이너 엔진, 오케스트레이션 및 기반 컴퓨팅 자원을 클라우드 제공자의 서비스로 사용자에게 제공하는 컨테이너 기반 가상화의 한 형태 – 옮긴이

4 쉽게 얘기하면 클라우드 컴퓨팅 제공 모델의 이점을 활용하는 애플리케이션 구축 및 실행 접근 방법을 말한다. – 옮긴이

고객들은 더 이상 백오피스의 서버 랙에 맞춤 설치해야 하는 커다란 한 덩어리로 된 소프트웨어를 기대하지 않는다. 최신의 웹 애플리케이션은 아마존 웹서버AWS, Amazon Web Services, 구글 클라우드 플랫폼GCP, Google Cloud Platform, 마이크로소프트 애저Microsoft Azure와 같은 퍼블릭 클라우드로 이동하고 있다. 이 클라우드 공급업체들은 소프트웨어의 신속한 구축과 배포를 위한 통일된 생태계ecosystem를 제공하며 개발자의 많은 인프라 관련 문제들을 처리해준다. 예를 들어 AWS를 사용하면 하드웨어를 건들지 않고도 몇 초 만에 새 가상머신virtual machines을 가동할 수 있다. 컴퓨터의 메모리, CPU, 스토리지, 네트워킹, 이 모든 것이 가상으로 수행된다. 지금은 소프트웨어 정의software-defined 하드웨어와 네트워킹의 시대다.

수백만 명의 사용자들을 서로 연결하고 실시간으로 업데이트하는 페이스북Facebook, 트위터Twitter, 왓츠앱WhatsApp, 인스타그램Instagram 같은 소셜미디어 앱들이 폭발적으로 증가하고 있다. 고객들은 모바일 결제, 영화 예약, 온라인 쇼핑 같은 여러 다른 영역들에서 소셜미디어와 같은 경험을 갖기를 기대하고 있다. 몇 년 전 나는 가스 터빈의 건강 상태를 보여주는 소프트웨어를 개발하고 있었다. 고객은 우리에게 트위터 같은 인터페이스를 요구했다. 이 인터페이스는 이벤트(사용자의 메시지)가 발생하자마자 네트워크 전체에 밀리초 단위로 알려준다. 우리는 실제로 트위터 아키텍처를 연구했고, 결국 실시간 알림 엔진을 구축하게 됐다.

앞의 장들에서 예제들을 실행시키기 위해 구글 코래버러토리를 사용해봤다면, 사용자 경험이 매우 매끄럽고 인터페이스가 대단히 강력하다는 것을 느꼈을 것이다. 프로그래머들은 전통적으로 데스크톱 기반의 통합 개발 환경IDE, Integrated Development Environments을 사용해왔으며, 별도로 설치하고 최신 버전으로 계속 업데이트해야 했다. 이제 우리는 데스크톱 IDE가 지원하는 모든 멋진 작업이 웹 브라우저에서 이뤄지는 구글 코래버러토리 같은 웹 기반 IDE로 옮겨 가고 있다. 설치가 필요 없으며, 코드와 라이브러리 패키지의 업데이트도 필요 없다. 특히 텐서플로 같은 라이브러리의 경우 웹 IDE가 항상 최신 버전을 사용할 수 있도록 해줄 것으로 기대할 수 있다.

사용자는 브라우저 내에서 모든 코딩을 할 수 있으며, 코드를 GPU 같은 특수한 하드웨어에서 모두 백그라운드로 실행시킬 수 있다. 이것이 코드 작성 시 코드 구문 자동 완성으로 프로그래머들에게 거의 데스크톱 같은 느낌을 주는 사용자 인터페이스를 포함해 기대만큼 성장한 최신 소프트웨어 시스템의 정교함의 수준이다. 전용 GPU가 있는 가상머신에서 백그라운드로 코드가 실행되며, 이것을 눈치 채지 못할 수도 있다.

소프트웨어에서 개선된 또 다른 주요 사항은 사용자 경험 영역이다. 우리는 전통적인 마우스와 키보드를 사용한 입력 방법에 더 이상 만족하지 않는다. 우리는 이제 터치스크린 전화와 태블릿에서 접속할 수 있고 음성 명령을 들을 수 있는 소프트웨어를 개발해야 한다. 우리는 이제 사용자를 위한 환경을 만들어내는 가상 및 증강현실 장치를 가지고 있으며, 우리의 소프트웨어는 이 환경에서 그려져야 한다.

끊임없이 성장하는 최신 애플리케이션의 요구를 충족시키기 위해 소프트웨어 개발 과정 전체가 변화하고 있다. 전통적으로 엔지니어들은 폭포수 모델waterfall model[5]을 사용해 개발했으며, 사전에 많은 시간과 돈을 들여 요구 사항을 포착하고, 완전한 아키텍처를 구축하고, 세부적인 설계 사양을 작성한 후, 수개월에 걸쳐 완성한 작동 가능한 코드를 전달했다. 문제는 급변하는 세계에서 우리가 소프트웨어를 얻기 위해 그렇게 오래 기다릴 수 없다는 것이다. 사람, 환경, 요구 사항은 끊임없이 바뀐다. 더구나 우리는 모든 요구 사항을 완벽하게 파악했다는 것으로 충분하다고 생각하지만, 사실은 결코 그렇지 않다. 이는 여러 시간의 재작업, 납기일 연장 및 목표 누락으로 이어질 수 있다.

오늘날 거의 모든 조직은 짧은 기간 동안의 개발을 반복적으로 수행하거나 또는 스프린트sprints[6]를 통해 작동 가능한 소프트웨어를 구축하고 제공하는 소규모의 자체 팀을 촉진

---

5   순차적인 소프트웨어 개발 프로세스로, 개발의 흐름이 마치 폭포수처럼 지속적으로 아래로 향하는 것처럼 보이는 데서 이름이 붙여졌다. 소프트웨어 요구사항 분석 단계에서 시작해, 소프트웨어 설계, 소프트웨어 구현, 소프트웨어 시험, 소프트웨어 통합 단계 등을 거쳐, 소프트웨어 유지보수 단계에까지 이른다(출처: 위키피디아). – 옮긴이

6   애자일 방법론에서 사용되는 용어로, 과제가 진행되는 주기를 지칭하며, 1~4주 단위로 구성된다. 하나의 스프린트가 끝나면 곧바로 다음 스프린트가 시작된다. 애자일 방법론에 관한 문헌을 참조하기 바란다. – 옮긴이

하는 애자일agile7 방법론으로 이동하고 있다. 많은 사람들은 애자일이란 품질과 문서화에 집중하지 않고 소프트웨어를 매우 빠르게 구축하는 것이라고 느낀다. 그러나 그것은 전혀 사실이 아니다. 여기서 기대하는 것은, 각 스프린트마다 수용할 만한 수준의 소프트웨어 품질 검사 및 문서화를 끝낸 작동 가능한 프로덕션 품질의 코드를 제공하는 것이다. 엔지니어가 애자일 개발 관행을 달성하도록 해주는 스크럼Scrum과 같은 형식화된 프로젝트 관리 기법이 있다. 이러한 애자일 프로세스를 지원하기 위해서는 엔지니어가 동일한 유닛 및 시스템 테스트를 반복해서 실행하느라 시간을 낭비하게 놔두면 안 된다. 또한 소스 저장소에서 프로덕션 코드를 생성하기 위한 수동 빌드 프로세스를 가질 여유가 없다. 빌드 과정은 개발자들이 코드를 체크인할 때, 테스트가 자동으로 실행돼 잘못된 것들을 확인하고 관련 영역을 수정하는 데 도움이 돼야 한다. 그런 다음 코드가 모든 테스트를 통과하면, 코드가 의존하는 모든 것들(라이브러리, DLLs 등)과 정확하고 자동으로 통합돼 패키지로 배포돼야 한다.

정확히 이 문제를 해결하기 위한 애자일 프로세스의 주요 구성 요소는 CIContinuous Integration와 CDContinuous Delivery(CI/CD)다. CI는 소스 코드를 단위 및 통합 테스트와 통합하고 코드에 문제가 없다는 것을 확인하는 것이다. 이것은 여러 개발자가 (전 세계에서) 동시에 코드를 체크인하는 경우에 정말 중요하다. CD는 검증된 빌드를 바이너리binary로 패키징해 대상 컴퓨터에 배포하는 것에 중점을 둔다. 이것이 회사들이 즉시 테스트할 수 있는 소프트웨어의 최신 빌드8를 관리하는 방법이다. 예를 들어 구글의 크롬 브라우저는 670만 줄의 코드를 가지고 있으며, 모두 그러한 과정을 통해 관리된다. 누구나 웹사이트에 가서 최신 버전을 내려받을 수 있다. 마찬가지로 스마트폰을 움직이게 하는 전체 안드로이드 운영체제는 약 1500만 줄의 코드를 가지고 있다. 이것은 오픈 소스로서, 온라인에서 무료로 코드를 볼 수 있다.

---

7 뜻은 '민첩한' 또는 '기민한'이지만, 개발 프로세스를 지칭하는 경우에는 보통 발음 그대로 부른다. - 옮긴이
8 nightly build 또는 daily build라고 하며, 매일 최신 버전의 빌드를 만드는 것을 의미한다. - 옮긴이

AI가 최신 소프트웨어 개발에 어떻게 적합한가

이러한 것들이 AI와 무슨 상관이냐고 물을지도 모른다. 좋은 질문이다. AI가 효과를 거두려면 AI가 최신 소프트웨어 개발 과정의 일부가 돼야 한다. 이미지를 읽어서 아는 얼굴이면 전화기 잠금 해지 신호를 출력하는 고성능의 AI 모델을 만든다고 상상해보라. 데이터 과학자는 얼굴 인식 알고리즘을 잘 다루기 위해 파이썬과 주피터^{Jupyter} 같은 도구를 사용하는 것에 초점을 맞출 것이다. 하지만 정밀도 98%의 이 뛰어난 모델이 개발되면 이를 스마트폰 앱에 어떻게 통합할 것인가? 그에게는 모바일 소프트웨어 개발자인 친구가 있는데, C++, Java 그리고 모바일 소프트웨어 전문가다. 이 개발자는 스마트폰 카메라에서 이미지를 가져와 정규화해 모델에 제공하는 래퍼^{wrapper} 앱을 만들어야 한다. 이제 모델은 파이썬으로 개발돼 H5 파일로 저장된다. 이 멋진 모바일 소프트웨어 개발자는 Java 또는 C++로 돼 있을 수도 있는 딥러닝 모델을 그의 환경에서 호출해 실행할 방법을 찾아야 한다. 이렇게 한다고 해도 모델의 H5 파일은 CI/CD 프로세스에 통합돼야 하는 심한 의존성을 보일 것이다.

이제 특히 얼굴 인식 문제에 대한 더 우수한 하이퍼파라미터 튜닝에 관한 통찰력 있는 새로운 논문이 발표됐다고 상상해보자. 잠시 설명하자면 하이퍼파라미터 튜닝은 기본적으로 학습되지 않는 모델 파라미터들을 조정하는 것이다. 이것들은 층 수, 각 층의 뉴런 수 등과 같은 구성 파라미터들이다. 들뜬 마음으로 이러한 변경 내용을 데이터 과학 도구에 통합하고 모델을 재훈련한다. 이제 새 모델은 99%의 정밀도를 가지며, 되돌아가서 이 새로운 모델 파일을 코드에 통합해야 하는 모바일 개발자에게 줘야 한다. 이것은 반복적으로 일어날 수 있는 가능성을 가지고 있으며, 좋은 모바일 개발자와의 우정을 상당히 해칠 수 있다.

앞서 언급했듯이 소프트웨어 세계에서 요건은 계속 변화하며, 따라서 우리는 요건의 변화에 맞춰 소프트웨어를 변경할 수 있는 애자일 프로세스가 필요하다. AI도 마찬가지다. 새로운 요건이 제시되면, 딥러닝 모델을 수정하고 소프트웨어 CI/CD 프로세스에 신속하게 통합해야 한다. 모델 파일을 보드board 9에 올리는 것만으로는 해결책이 될 수 없다. 모델 수명주기를 관리하고, 모델들을 동시에 실행해 평가하고, 모델을 위한 원활한 CI/CD 프로세스를 갖출 수 있는 도구가 필요하다. 전체 머신러닝 모델 수명주기를 고려해야 하며, 전체 애플리케이션 개발을 애자일하게 하기 위해 적절한 지점들을 자동화해야 한다. 이것이 이 책 후반부에서 다루고 있는 내용이다.

이 책에서는 클라우드 컴퓨팅, 마이크로서비스, 컨테이너형 애플리케이션과 같은 최신 기술을 사용해 전체 소프트웨어 개발 주기에서 CI/CD가 하는 것처럼 모델 개발 프로세스를 현대화하고 애자일하게 만드는 방법을 보여줄 것이다. 머신러닝 모델 개발 프로세스의 현대화 및 소프트웨어 개발 프로세스와의 통합은 2018년 현재 연구가 활발한 영역이다. 이면의 기술은 여전히 개발 중인 상태다. 나는 산업계에서 사용되는 몇 가지 모범 사례와 몇 가지 주요 도구를 알려줄 것이다. 또한 책의 전반부에서 봤던 케라스나 텐서플로 같은 도구를 사용해 개발된 모델들을 실제 애플리케이션에 배포한 몇 가지 사례를 보여 줄 것이다.

그러나 그 이전에 이러한 기술들 특히 웹 애플리케이션, 클라우드 컴퓨팅, 마이크로서비스, 컨테이너 및 도커Docker의 성장에 관해 좀 더 이야기해보자. 그러나 이 논의에서는 이 기술들 중에서 어떤 것도 포괄적으로 안내하지는 않을 것이며, 단지 그것들을 간단한 말들로 설명하고 이 개념들을 우리가 시작했던 AI 논의들과 다시 연결시키려고 한다.

간편한 웹 애플리케이션

1990년대에 세계가 데스크톱 애플리케이션에서 웹 애플리케이션으로 이동함에 따라, 이러한 애플리케이션을 역동적으로 만들고 데스크톱 애플리케이션 같은 유연성을 확보하는 데 더 많은 발전이 이뤄졌다. 데스크톱 애플리케이션은 컴퓨터나 노트북에서 실행되

---

9   개발방법론 용어로서, 작업의 상태와 흐름을 시각적으로 보여주는 게시판. 스크럼 보드, 칸반 보드 등 – 옮긴이

며 모든 시스템 자원에 접근할 수 있는 마이크로소프트 워드 또는 아웃룩 같은 것이다. 따라서 사용자는 데이터와 화려한 사용자 인터페이스를 엄격히 통제할 수 있다. 반면 웹 애플리케이션은 구글 크롬, 애플 사파리 또는 마이크로소프트 인터넷 익스플로러와 같은 웹 브라우저 안에서 실행된다. 이러한 웹 애플리케이션은 웹 서버라는 원격 컴퓨터에 연결해 HTML^{HyperText Markup Language}로 알려진 범용 형식으로 콘텐츠를 전달한다. 이것이 대다수의 웹 콘텐츠가 전달되는 방식이다. 웹 브라우저 사용자는 Google.com 같은 웹사이트에 접속한다. 웹사이트는 브라우저에서 요청한 정보를 확인하고 응답을 HTML로 패키징해 데이터를 돌려보낸다. HTML은 브라우저가 잘 이해하는 언어다. 브라우저는 이 HTML을 해독해 사용자가 보는 웹 페이지로 만든다. 웹 서버는 사용자의 요청을 이해하고, 어떤 데이터 소스에서 응답을 받아, 브라우저 안에서 표현할 수 있는 HTML 문서로 패키징하는 모든 마술을 실행한다. 그림 7.1을 참조하라.

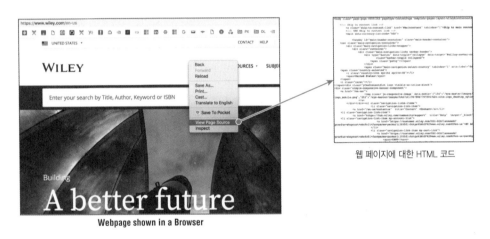

웹 페이지에 대한 HTML 코드

Webpage shown in a Browser

그림 7.1 웹 페이지와 HTML 코드

모든 하층부 통신은 HTTP^{HyperText Transfer Protocol}라는 프로토콜을 사용해 이뤄진다. 네트워크 프로토콜이란 기본적으로 네트워크상에서 데이터를 전송하는 데 사용되는 언어다. HTTP 프로토콜은 클라이언트(브라우저)와 서버 간에 주고 받는 데이터의 구조를 정의한다. 또한 Read, Put, Delete 및 Update 같은 동사는 서버에서 수행돼야 할 작업을 정의한다. 가장 일반적인 사용 예를 든다면, 브라우저가 READ HTTP 메시지를 보내 웹 페이지의 콘텐츠를 가져올 수 있다. 사용자 주소나 ZIP 코드와 같은 데이터베이스의 값을 UPDATE하라는 메시지가 있을 수도 있다. 이것이 HTTP가 메시지를 통해 작동하는 방법이다.

1990년대 초, 웹 서버는 매우 아둔했고 정적^{static} HTML 페이지만을 제공했다. 그래서 데이터를 수집하고 HTML을 구축하는 모든 논리는 저장된 것을 다시 보내는 정적 HTML 페이지를 만드는 담당자가 작성했다. 이것은 웹 애플리케이션의 역동적인 요구를 따라잡기에는 충분하지 않았다. 따라서 서버단 코드가 HTML 콘텐츠를 동적으로 생성할 수 있도록 CGI-Script, Java Servlet, PHP와 같은 방법이 개발됐다. 그러므로 만약 어떤 주제를 검색하기 위해 책 데이터베이스를 조회해야 한다면 서블릿에서 자바 코드를 사용해 그 결과를 사용자 정의 HTML로 표시할 수 있을 것이다.

서버단 스크립팅은 큰 인기를 얻었지만 충분하지 않았다. 결과는 여전히 서버로 전송돼야 했고 클라이언트는 완전한 HTML 문서인 응답을 기다려야 했다. 자바스크립트의 개발로 클라이언트단 스크립팅이 향상됐다. 개발자들은 데이터의 유효성 확인과 페이지 및 애니메이션의 스타일 수정 같은 일들을 하기 위해 멋진 자바스크립트 코드를 작성할 수 있었다. 자바스크립트는 HTML 및 스타일시트^{stylesheet}와 결합해 현대적인 웹 애플리케이션을 위한 매우 진보된 사용자 인터페이스를 만들어냈다. 에이잭스^{Ajax}의 성장으로 HTML 페이지 전체를 요청하지 않고도 웹 페이지에 대한 동적 콘텐츠를 이용할 수 있게 됐다. 페이지는 관련 질의만 되돌려 보낼 수 있었고, 에이잭스를 사용해 페이지에 표시할 수 있도록 결과를 작게 패키지화할 수 있었다. HTML, 자바스크립트 및 스타일시트의 증가로 인해 소위 HTML 2.0(그림 7.2 참조)이 생겨났으며, 이는 동적, 대화형 그리고 반응형 웹 애플리케이션을 구축하기 위해 진화하는 현대적 표준이 됐다.

그림 7.2 HTML 2.0 로고(출처: W3C – 위키미디어)

웹 기반 이메일의 경우 2000년대 초기 버전에서는 로딩하는 데만 수초가 걸렸다. 그 이후 버전에서는 각 메시지를 별도의 탭에서 로딩하는 것으로 발전했다. 그리고 최근 데스크톱 버전에서는 미리보기 창에서 클릭만으로 여러 메시지를 선택하고 삭제할 수 있을 만큼 사용자 인터페이스가 진화했다.

클라우드 컴퓨팅의 부상

2010년대 웹 애플리케이션이 점점 더 날렵해짐에 따라, 이러한 애플리케이션을 호스팅하기 위해 백엔드backend에서 발전하기 시작한 패러다임의 변화도 있었다. 전통적으로 조직들은 사내 서버가 건물 뒤쪽에 설치돼 있었고, 수백 개의 전선들과 케이블들이 대형 박스형 컴퓨터들을 따라 흐르고 있었다. 이 방은 무수한 컴퓨터 때문에 많은 열을 발생시켰고 냉각 팬 같은 전용 냉방 장치가 필요했다. 보통은 전담 IT 관리 팀이 있어서 이러한 전선의 연결 지점들을 파악하고 있었으며 문제가 발생하면 해결하는 데 몇 시간씩 걸렸다. 여러분은 아마도 〈오피스 스페이스Office Space〉와 같은 1990년대 영화에서 이러한 서버 룸을 본 적이 있을 것이다. 그림 7.3을 참조하라.

그림 7.3 블레이드 서버 랙으로 가득 찬 데이터 센터(출처: BalticServer.com – 위키미디어)

애플리케이션의 규모와 복잡성이 증가함에 따라 우리는 곧 애플리케이션을 유지하기에 서버 룸이 충분치 않다는 것을 깨닫게 됐다. 애플리케이션은 더 이상 보고서와 데이터 입력 양식을 보여주는 단순한 웹 페이지가 아니었다. 이것들은 최고 수준의 처리와 고가용성high-availability이 요구되는 복잡한 비즈니스 프로세스 시스템이었다. 또한 세계화의 확산과 더불어, 이러한 애플리케이션들은 더 이상 한두 지역에서 접속하지 않고 세계 각지에서 24×7으로 접속할 수 있게 됐다. 이제 이러한 애플리케이션은 최소의 다운타임downtime을 갖는 극도의 고가용성이 필요하게 됐다.

웹 애플리케이션이 복잡해지고 중요해지면서 다운타임을 추적하는 강력한 지표metric가 활용되기 시작했다. 가용성 지표 95%는 처음에는 좋다고 생각됐지만 곧 바람직하지 않게 됐다. 즉, 연중무휴 웹사이트의 95% 가용성은 1년에 18일의 다운타임을 의미한다. 위키피디아, 페이스북, 베스트바이 또는 은행 웹사이트가 1년 중 18일 동안 다운된다고 상상해보라! 그래서 새로운 가용성 지표는 99.99%(포 나인four nine) 또는 99.999%(파이브 나인five nine)까지 높아졌다. 1년에 5분의 다운타임을 의미하는 파이브 나인이 점차 받아들여지고 있다.

이러한 다운타임은 소프트웨어를 새로운 기능으로 업그레이드하거나 고장 난 하드웨어를 수리하거나 교체하기 위해서도 필요한 것이었다. 엔지니어들은 곧 개별 서버가 이러한 글로벌 고가용성 애플리케이션을 더 이상 지원할 수 없다는 것을 깨달았다. 그로 인해 2000년대 후반에는 애플리케이션이 전용 데이터 센터data center로 이동하게 됐다. 데이터 센터에는 공유 처리 능력, 저장 용량, 냉각 등을 갖춘 블레이드 서버의 전용 랙이 있었다. 현장별로 개별 IT 팀을 두는 대신 데이터 센터에 전담 IT 팀을 둘 수 있었기 때문에 수백만 달러를 절약할 수 있다. 데이터 센터가 제공한 또 다른 주요 이점은 재해 복구였다. 천재지변이나 테러로 데이터 센터가 파괴되면 조직은 수년 동안의 거래 이력을 포함한 귀중한 데이터를 잃을 수 있다. 데이터 센터는 이러한 시나리오를 회피하기 위해 지리적 위치가 서로 다른 사이트들에서 데이터 복제를 지원하기 시작했다. 그러나 데이터 센터는 여전히 사설 네트워크를 이용하고 있었고, 사설 네트워크 연결을 통해서만 액세스할 수 있었다. 데이터 센터는 여전히 자체 인트라넷으로 운영되고 있었다.

2010년대 초반 새로운 개념이 등장하기 시작했는데, 이는 퍼블릭 데이터 센터나 클라우드에 가까운 것이었다. 그 아이디어는 데이터 스토리지와 처리 능력을 갖춘 데이터 센터가 하나 이상 있고, 회사들은 이 스토리지와 처리 능력을 "렌트rent"해 사용하는 것이었다. 이것은 공공 인터넷상에서 이용이 가능했지만, 이면의 세부 내용은 사용자들에게 가려졌다. 따라서 사용자들은 실제로 그 안에서 무슨 일이 일어나는지 알 수 없으며, 이 때문에 클라우드Cloud라는 용어가 사용된다. 사용자는 원하는 스토리지, 메모리 및 처리 자원을 얻고 해당 권리에 대해 매월 수수료를 지불한다.

이를 가능하게 하는 기술을 가상화virtualization라고 한다. 그림 7.3의 데이터 센터에서 볼 수 있는 가상화를 사용하고 있는 서버 랙은 각각 전용 프로세서, 메모리 및 스토리지를 갖춘 소형 가상머신VM, Virtual Machine으로 나눠질 수 있다. 데이터 센터와의 모든 통신은 앞에서 설명한 HTTP 프로토콜을 사용해 공공 인터넷을 통해 이뤄진다.

권한이 있는 사용자는 자기 자원에 접근할 수 있게 하고 무단 접근은 차단하는 보안 계층security layer이 HTTP 상단층에 개발됐다. HTTPS, OAuth, SAML 같은 많은 보안 표준이 이를 보장하도록 발전했다. 따라서 퍼블릭 클라우드 공급자 웹사이트에 계정이 개설되면 클라이언트 소프트웨어를 사용해 엔드포인트endpoint에 연결하고 가상머신을 시작할 수 있다. 사용료는 사용량에 따라 사용자의 계좌로 청구된다. 마치 넷플릭스 같은 유료 서비스를 이용하는 것과 흡사하다.

NOTE 아마존은 AWS(Amazon Web Services)를 제공하는 최초의 주요 클라우드 제공업체였으며 2018년 기준 이 분야를 선도하고 있다. 구글이 제공하는 클라우드 서비스는 GCP이고, 마이크로소프트에는 애저(Azure)가 있다. 누구나 신용 카드로 이러한 서비스에 가입하고 클라우드에서 자원들을 생성할 수 있다. 사실, 이들은 모두 일부 특정 자원을 특정한 시간 동안 운영해볼 수 있는 무료 체험 서비스를 제공한다. 컴퓨팅의 미래가 어디로 향하는지 이해하고 소프트웨어 정의 시스템에 대한 실제 경험을 얻기 위해 이 방법을 시도해볼 것을 강력히 추천한다.

공공 클라우드가 인기를 얻으면서 클라우드 컴퓨팅을 중심으로 여러 "서비스형^{as-a-}Service" 패러다임이 발전했다. 이에 대해서 그림 7.4를 보며 이야기해보자. 인터넷을 찾아보면 이 그림과는 다른 버전이 있을 수도 있지만, 중요한 것은 개념을 이해하는 것이다.

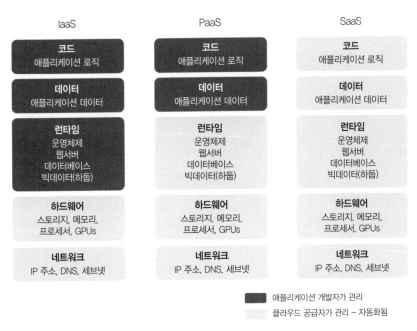

그림 7.4 IaaS 대 PaaS 대 SaaS 비교

가장 기본적인 버전은 서비스형 인프라(또는 서비스로서의 인프라) 또는 IaaS^{Infrastructure-as-a-Service}라고 부른다. 여기서는 사용자가 클라우드 공급자로부터 하드웨어 및 네트워크를 임차한다. 기본적으로 이것은 AWS에 로그온하고 가상머신을 주문하는 것이다. 사용자는 필요한 CPU 프로세서의 종류와 수 그리고 RAM 및 스토리지의 용량을 지정한다. 물론 자원이 클수록 시간당 더 많은 사용료를 지불해야 한다. 그런 다음 계정에 할당된 보안 키를 사용해 SSH(Secure Shell 프롬프트)를 사용해 해당 가상머신에 로그인할 수 있다.

윈도우용 윈도우 원격 데스크톱^{Windows Remote Desktop}을 사용하도록 설정해 일반 데스크톱처럼 취급할 수도 있다. 이 기계에 소프트웨어를 설치하고 처리 작업을 전담하도록 할 수도 있다. 아파치 톰캣^Apache Tomcat과 같은 웹 서버를 설치하고 코드를 배포^deploy해 인터넷에서 호스팅되는 웹 애플리케이션으로 사용할 수 있다. 그런 다음 SQL Server 같은 데이터베이스를 동일한 또는 다른 가상머신에 설치하고 애플리케이션이 이 데이터베이스에 기록하도록 할 수 있다. 많은 웹사이트들이 이런 식으로 호스팅돼 있다. 이것이 IaaS이다. 클라우드 공급업체는 하드웨어와 네트워크만 관리하며, 애플리케이션 개발자는 런타임, 애플리케이션 데이터 및 로직을 처리한다.

애플리케이션 개발자는 IaaS 패러다임을 사용해 많은 작업을 수행해야 한다. 웹 관리 화면을 사용해 VM을 생성하고 VM에 로그인한 다음, OS, 드라이버, 웹 서버, 데이터베이스, 애플리케이션 등을 수동으로 설치해야 한다. 최근 하둡^Hadoop과 같은 빅 데이터 에코시스템이 두드러지고 있다. 하둡은 일반적인 리눅스^Linux 머신들이 통합 클러스터처럼 작동하고 해당 클러스터에서 작업을 배포할 수 있도록 한다. 이렇게 하면 모든 기계의 처리 능력과 스토리지가 결합된다. 8노드 하둡 클러스터를 직접 설정하려면 8개의 VM을 주문한 다음 각 VM이 하둡 클러스터의 일부가 되도록 구성하면 된다. 정말 할 일이 많다!

이 문제를 해결하기 위해 클라우드 공급업체는 PaaS^Platform-as-a-Service 패러다임을 도입하기 시작했다. PaaS를 통해 개발자는 그림 7.4와 같이 애플리케이션 코드와 데이터에 집중하고 런타임을 처리할 수 있다. 여기서 애플리케이션 개발자는 VM을 명시적으로 요청하지 않는다. 대신 VM 코드를 이진 파일로 패키징해 PaaS 에코시스템^ecosystem에 업로드한다. PaaS는 데이터베이스, 앱 서버, 경우에 따라 빅데이터 에코시스템 설정을 담당한다. 런타임^runtime은 애플리케이션 개발자의 주요 관심사로서, 버전들의 설치, 디버깅 및 관리에 많은 시간을 들일 수 있다. PaaS가 이것들을 알아서 처리해준다.

Java 개발자들은 애플리케이션을 JAR 파일로 패키징한다. JAR 파일에는 애플리케이션 코드, 구성 데이터 및 데이터베이스 스크립트가 포함돼 있다. PaaS는 이러한 파일을 자동으로 추출해 환경을 생성한다. 내부적으로는 서버, 데이터베이스 등과 같은 각 런타임 문제를 해결하기 위해 여러 VM을 요청한다. 개발자는 구축 및 유지보수 시간을 절약하지만 IaaS를 사용할 경우 가질 수 있는 섬세한 제어를 희생해야 한다. 또한 PaaS 솔루션이 지원하는 서버와 데이터베이스에 의존해야 한다. AWS Elastic Beanstalk와 GCP App Engine과 같은 최신 PaaS 도구는 최신 개발 서버와 데이터베이스를 모두 지원하는 데 상당히 능숙하다.

다음으로 이야기할 패러다임은 SaaS Software-as-a-Service이다. SaaS는 클라우드의 맥락에서 사용됐지만 클라우드 컴퓨팅이 공식적으로 정의되기 전부터 SaaS 솔루션은 존재했다. SaaS는 네트워크를 포함한 하드웨어로부터 런타임, 애플리케이션 데이터 및 코드까지 모든 애플리케이션 관련 문제를 클라우드 공급자가 도맡아 처리하도록 하는 것을 의미한다. 구글 문서, Gmail, Yahoo 메일 등과 같은 웹 기반 도구는 대부분 SaaS 도구들이다. 컴퓨터에 소프트웨어를 설치할 필요가 없으며 호환되는 웹 브라우저를 열기만하면 전체 애플리케이션이 브라우저 내에서 실행된다. SalesForce.com과 같은 회사는 SaaS 모델을 따라 전체 애플리케이션을 구축할 수 있는 광범위한 도구를 제공한다. 마이크로소프트는 또한 온라인 인터페이스를 통해 클라우드의 모든 문서를 구축하고 관리할 수 있는 Office-365의 SaaS 모델을 채택했다. 최근 몇 년 동안 서비스형 컨테이너 CaaS, Container-as-a-Service라고 부르는 새로운 패러다임이 업계에서 발전하고 있다. 다음 절에서 얘기해보자.

컨테이너와 CaaS

전통적으로 웹 애플리케이션은 Java의 JAR 파일 또는 ZIP 파일 같은 이진 패키지로 패키지화됐다. 개발 및 테스트 팀은 패키지에 모든 의존성이 포함됐고 애플리케이션 서버와 Java 또는 Python과 같은 플랫폼에 잘 설치됐는지 확인하고자 했다. 그러나 패키지가 개발에서 테스트로, 이어서 스테이징 플랫폼으로 계속 이동함에 따라 의존성 누락이나 잘못된 버전 등으로 인한 문제가 발생할 수 있었다. 이렇게 되면 소프트웨어의 배포가 크게 지연될 수 있으며, 애자일 개발의 주요 저해 요인이 돼 왔다.

나는 몇 년 전 Java 애플리케이션을 개발하던 중 JAR 파일을 개발 서버에서 스테이징 서버로 이동했을 때 널 포인터 예외null pointer exception(Java에서는 정말 나쁜 일이다)가 발생하기 시작했던 것을 기억한다. 우리는 이틀 동안 버전을 확인했지만 모두 괜찮아 보였다. 마침내 우리는 우리가 사용한 차트 작성 라이브러리가 해당 환경에서 마이크로 버전micro-version 변경이 있었으며, 그것 때문에 전체 차트 객체가 널null이 되게 됐다는 것을 발견했다. 문제는 우리가 그 차트를 외부 의존성으로 사용하고 있다는 점이었고, 새로운 환경에서도 이 라이브러리가 존재하며 올바른 버전이 깔려 있을 것이라고 기대한 것이었다.

이와 같은 문제를 관리하기 위해 컨테이너형 애플리케이션containerized applications이라고 부르는 새로운 개발 패턴이 진화하고 있으며 큰 인기를 얻고 있다. 이 아이디어는 단순히 애플리케이션을 ZIP 또는 JAR 파일로 패키징하는 것이 아니라 운영체제, 모든 의존 라이브러리 및 코드를 포함한 전체 시스템 이미지를 하나의 컨테이너로 패키징하는 것이다. 컨테이너는 공유 커널shared-kernel 아키텍처를 사용하는 가벼운 가상머신이다.

일반적으로 애플리케이션을 가상머신으로 패키징하면 파일의 크기가 수기가바이트가 될 수 있다. 이것을 다른 컴퓨터에서 초기화하려면 하이퍼바이저Hypervisor라고 하는 특별한 소프트웨어가 필요하며 몇 초 정도 걸릴 것이다. 이는 VM이 시작될 때 전체 OS를 시작한 다음에 애플리케이션 서버, 마지막으로 애플리케이션 코드를 시작해야 하기 때문이다.

이와 대조적으로 컨테이너는 단 몇 밀리초면 시작할 수 있고, 크기는 몇 메가바이트 정도가 될 수 있다. 그 이유는 컨테이너가 그림 7.5와 같이 기본 운영체제의 커널을 재사용하기 때문이다.

그림 7.5 가상머신 대 컨테이너

도커는 오늘날 가장 인기 있는 컨테이너 기술이다. 컨테이너container는 코드와 모든 의존성을 패키징하는 소프트웨어의 표준 단위로, 애플리케이션이 한 컴퓨팅 환경에서 다른 컴퓨팅 환경으로 이동해도 빠르고 안정적으로 실행된다. 도커 컨테이너 이미지는 코드, 런타임, 시스템 도구, 시스템 라이브러리 및 설정 등 애플리케이션을 실행하는 데 필요한 모든 것을 포함하는 가벼운 독립 실행형 소프트웨어 패키지다.

모든 호스트 시스템에 설치돼 있어야 하는 것은 도기 에이전트뿐이다. 컨테이너 이미지는 이 시스템에 다운로드돼 컨테이너로 인스턴스화된다. 컨테이너는 기본 도커 에이전트의 리눅스 커널을 재사용한다. 또한 에이전트는 컨테이너들이 서로 라이브러리를 공유할 수 있도록 함으로써 컨테이너를 고도로 경량화시킨다. 컨테이너는 마이크로 또는 밀리초 단위로 파생시킬 수 있으며, 한 대의 고성능 시스템에서 수천 개의 컨테이너를 가동시킬 수 있다.

컨테이너는 자체 네트워크 스택이 있는 격리된 환경에서 실행되므로 가상머신 같은 느낌을 준다. 컨테이너는 이것을 달성하기 위해 세 가지 리눅스 기술을 사용한다. 컨테이너는 특정 작업을 분리하기 위해 네임스페이스namespace를 사용한다. 각 컨테이너에는 CPU,

RAM 및 스토리지 같은 리소스를 위한 전용 네임스페이스가 있다. 리눅스 cGroup[10]이 컨테이너에 리소스를 할당하는 데 사용된다. 이것은 컨테이너가 소비하는 자원의 양을 제한해 여러 컨테이너들이 동일한 기계에서 공존할 수 있도록 해준다. 마지막으로 컨테이너는 기본 이미지에 더해진 모든 증분을 포함하는 계층화된 운영체제를 사용한다. 예를 들어 사용자는 리눅스 이미지의 표준 버전에서 시작해 웹 서버를 추가하고 데이터베이스를 추가하고 코드를 추가할 수 있다. 이들 각각은 별도의 공유층이 되며 최종층에는 사용자 코드만 있는 매우 경량화된 층이 될 수 있도록 한다. 모든 시스템에서 동일한 OS와 서버 계층이 사용될 것이다.

컨테이너에는 두 가지 주요 장점이 있다. 첫 번째는 DevOps를 위한 것이다. DevOps는 기본적으로 개발자와 운영 팀 간의 좀 더 긴밀한 통합과 조정을 가능하게 하는 애자일 개발의 새로운 개념이다. 개발자들이 자신의 코드를 테스트하고 "칸막이 너머로 던져서" 운영 팀이 배포하고 모니터링하도록 하는 대신, 현대적인 소프트웨어 팀은 개발자들의 코드가 올바르게 검증되고 배포됐는지 확인하는 전담 DevOps 팀을 애자일 개발 팀의 일원으로 두고 있다. 전통적으로 소프트웨어에서 라이브러리의 의존성을 관리하는 것은 DevOps에게는 악몽과 같은 것이다. 개발자들은 항상 "내 기계에서는 잘 돌아간다"는 것만을 주장하며, 스테이징 또는 프로덕션 시스템에서 작동하도록 하는 것은 DevOps의 책임이라고 한다.

컨테이너형 애플리케이션은 DevOps에게 구세주 같은 존재다. 코드와 함께, 앱 서버를 올바른 버전, 올바른 버전의 모든 종속 라이브러리 그리고 OS까지도 패키징하기 때문에, 그 코드가 개발자의 기계에서 작동했던 것과 정확히 같은 방식으로 스테이징 및 프로덕션 환경에서 작동하는 것이 거의 보장된다. 우리는 더 이상 코드를 단순히 배포만 하지 않는다. 우리는 완전히 테스트된 환경을 배포함으로써 DevOps를 훨씬 더 쉽고 잠재적으로 완전 자동화시킨다. 이것이 컨테이너형 앱이 추구하는 주요 장점이다.

10　control group의 약자로 프로세스들의 자원의 사용(CPU, 메모리, 디스크 입출력, 네트워크 등)을 제한하고 격리시키는 리눅스 커널 기능이다. (출처: 위키피디아) – 옮긴이

두 번째, 컨테이너화의 똑같이 중요한 장점은 자원이 고갈되지 않고 수천 개의 컨테이너를 병렬로 파생시킬 수 있다는 것이다. 자원은 컨테이너에 미리 할당되지 않고 컨테이너가 어떤 작업을 수행할 때만 할당된다. 이 공유 자원 모델은 애플리케이션을 병렬로 실행함으로써 애플리케이션의 성능을 향상시키는 데 크게 도움이 된다. 컨테이너를 병렬로 스케줄링할 수 있는 좋은 도구만 있다면, 병렬 컴퓨팅의 이점을 최대한 활용하면서 애플리케이션을 규모에 맞게 실행할 수 있다.

최근 몇 년 동안 PaaS는 CaaS^{Container-as-a-Service} 모델에 의해 적극적으로 대체되거나 확장되고 있다. 이는 PaaS와 유사하지만 JAR 파일을 PaaS로 보내는 대신 CaaS 엔진이 DockerHub와 같은 레지스트리에 게시된 컨테이너를 가리키게 한다. CaaS 엔진은 컨테이너 이미지를 가져와 배포하고 도커와 같은 표준 런타임에 컨테이너를 인스턴스화한다. 컨테이너는 정확한 OS 버전, 시스템 라이브러리, 웹 서버 및 기타 모든 의존성을 포함하는 완전히 독립적인 개체다. 컨테이너가 시작할 때 애플리케이션이 돌게 하고 애플리케이션을 모니터링해 중단되면 다시 시작하도록 구성할 수 있다. 전체 애플리케이션 수명주기가 컨테이너 내부에서 관리되므로, 의존성이 큰 JAR 파일보다 개발자에게 더 큰 유연성을 제공한다. 또한 애플리케이션 로깅 및 모니터링 측면에서 DevOps에게 더 많은 통찰과 시각적 정보를 제공한다.

CaaS가 인기를 끌면서 클라우드에서 소프트웨어 애플리케이션을 구축하기 위한 새로운 보완적 접근 방식인 마이크로서비스^{microservice}가 부각되고 있다. 마이크로서비스 아키텍처를 사용해 클라우드를 염두에 두고 처음부터 새로운 종류의 애플리케이션이 개발되고 있다. 이러한 애플리케이션을 클라우드 네이티브 애플리케이션^{Cloud-native application}[11]이라고 한다.

---

11   또는 클라우드형 애플리케이션 – 옮긴이

컨테이너가 있는 마이크로서비스

데이터 센터 및 퍼블릭 클라우드로의 전환과 함께 소프트웨어 애플리케이션의 아키텍처도 새로운 스타일로 대폭 단순화되고 있었다. 소프트웨어 애플리케이션은 전통적으로 데이터 구조, 뷰 생성 논리 그리고 이 둘의 통합을 위한 컨트롤러가 엄격하게 분리되는 MVC^Model-View-Controller와 같은 계층형 아키텍처로 개발됐다. 그러나 이러한 애플리케이션은 특정 애플리케이션이 서비스할 도메인에 매우 제한적으로 초점을 맞춘 사일로silo에서[12] 개발됐다. 예를 들어 어떤 기업이 매우 정교하고 정형화된 유지보수 관리 애플리케이션을 갖고 있다 하더라도, 재고 관리와 같은 다른 애플리케이션과 효과적으로 통신할 수는 없을 것이다. 조직들은 조직 내의 다른 부문들끼리 서로 효과적으로 소통할 수 있도록 하기 위해 거대한 전사적 자원 관리ERP, Enterprise Resource Planning 시스템을 구축했다.

사일로에서 운영되는 단일 애플리케이션을 제거하기 위한 이 움직임은 서비스 지향 아키텍처SOA, Services Oriented Architecture라는 아키텍처 스타일 내지 패턴의 개발을 이끌었다. SOA의 목표는 일체식 구조의 애플리케이션들 간에 공유할 수 있는 데이터 및 기능을 찾아 통합이 더 잘 되게 하는 것이었다.

SOA의 초점은 시스템 간의 상호운용성을 가능하게 하는 것이었다. 소프트웨어 설계 전문가는 시스템들 간의 통합 지점을 식별하고 데이터와 기능 공유를 가능하게 하는 서비스를 정의하기 시작했다. 이러한 서비스의 수명주기를 관리하고 스마트하게 통신할 수 있는 쉬운 방법을 제공하는 것이 핵심 과제였다. 이 요건은 엔터프라이즈 서비스 버스ESB, Enterprise Service Bus 제품 개발로 이어졌다.

엔터프라이즈 서비스 버스 즉, ESB는 여러 개별 제품들로부터 서비스를 호스팅하고 HTTP나 메시징 같은 공통 프로토콜을 사용해 그들 사이의 통신을 유도하는 방법을 제공하려는 것이다. 또한 ESB가 제공한 핵심 사항은 EIP^Enterprise Integration Pattern를 개별 서비스에 저장하지 않고 통합 계층에 저장할 수 있는 기능이었다. 그래서 서비스는 범용적

---

12 '폐쇄된 틀 안에서' – 옮긴이

으로 개발될 수 있었으며 통신의 모든 스마트한 기능들은 ESB에 캡슐화됐다.

그러한 EIP의 예로는 콘텐츠 기반 라우팅이 있다. 여기서는 (모바일 SMS와 같은) 메시지의 내용에 기반해 요청이 해당 서비스로 전달돼야 할 것이다. 메시지를 처리하고 출력을 적절한 서비스로 전달하는 이러한 논리는 ESB에 의해 관리됐다. 예를 들어 사용자의 모바일 공급자가 피드백을 요청하는 SMS를 보내면 사용자는 긍정은 1로, 부정은 2로 응답한다.

목표는 일체식 애플리케이션의 변경을 최소화하고 통합 패턴을 포착해 ESB에 저장하는 것이었다. ESB에는 메시지 브로커를 통해 통신하는 서비스가 있다.

클라우드 컴퓨팅에 초점을 맞추면서 서비스를 개발하고 구현하는 방법에 대한 철학에 변화가 생겼다. 일체식 애플리케이션을 통합하는 데 초점을 둔 SOA와는 다르게 마이크로서비스microservice라고 부르는 새로운 아키텍처 스타일이 등장하기 시작했다. 마이크로서비스의 아이디어는 독립적으로 확장 및 관리할 수 있는 자립적인 서비스self-contained services를 갖는 것이다. SOA와 달리 일체식 애플리케이션의 통합에는 초점이 있지 않고, 사일로를 깨고 기능을 더 작은 구성 요소들에 분산시키는 데 초점이 맞춰져 있었다. 아이디어는 클라우드에서 호스팅하고 클라우드 컴퓨팅의 분산 특성을 이용해 애플리케이션을 수정하는 것이었다.

제품 검색, 가격 찾기, 구매 완료와 같은 모든 기능을 처리하는 거대한 쇼핑 애플리케이션을 생각해보자. 마이크로서비스 아키텍처에서 각 기능은 별도의 마이크로서비스로 분산될 것이다. 검색 마이크로서비스는 사용자에게 검색 UI를 제공하고 질의query를 실행하며 결과를 보여주는 시스템의 기능을 모두 가질 것이다. 이상적인 마이크로서비스는 자립적일 것이다. 그래서 이 검색 마이크로서비스는 사용자에게 보여지는 UI를 관리할 것이고, 검색에 특별히 최적화된 제품 데이터베이스를 가질 것이다. 사진 기반 검색 같은 새로운 기능을 추가해야 하는 경우, 그 기능은 이 검색 마이크로서비스를 담당한 팀이 구현해야 한다. 그 팀에는 자체적인 코드베이스codebase, 테스트 스크립트 및 릴리스release 주기가 있을 것이다. 또한 검색 속도가 느려지고 있다는 것을 알았다면, 이 검색 마이크로서비스는 50개 노드에서 100개 노드로 독립적으로 확장해 성능을 배가시킬 수 있다.

이 마이크로서비스 아키텍처는 매우 느슨하게 결합된$^{loosely\ coupled}$ 구조를 가져온다. 또한 특정 기능들을 기반으로 개발자, 테스터 및 DevOps 자원을 제공하도록 팀 구조를 커스터마이징^{customizing}할 수 있다. 많은 회사들이 클라우드 애플리케이션을 개발하기 위해 마이크로서비스 방식을 채택하기 시작하고 있다. 앞에서 소프트웨어 애플리케이션의 초기 CI/CD 파이프라인을 살펴봤다. 우리는 마이크로서비스를 위한 독립적인 CI/CD 파이프라인과 릴리스를 가질 수 있어 핵심 기능이 더 빨리 릴리스될 수 있다. 마이크로서비스라고 하면 생각나는 것은 느슨하게 결합된 애플리케이션이다. 따라서 검색 기능에 재빠른 기능 향상이 필요한 경우 다른 서비스에 영향을 주지 않고 해당 마이크로서비스에서 구현될 수 있다.

앞서 우리는 컨테이너가 어떻게 모든 의존성을 포함하는 소프트웨어의 독립적인 구성 요소를 만들 수 있게 하는지 살펴봤다. 보다시피 컨테이너는 마이크로서비스 모델에 적합하도록 만들어졌다. 마이크로서비스를 컨테이너로 패키징해 독립적으로 마이크로서비스들을 확장하고 관리할 수 있는 CaaS 에코시스템에 배포할 수 있다. 단일 컨테이너를 수천 개의 인스턴스로 확장하는 것이 쉽고 빠르다는 것을 봤듯이, 컨테이너로 패키징된 마이크로서비스를 통해서도 동일한 작업을 수행할 수 있다.

앞의 쇼핑 애플리케이션의 검색 마이크로서비스를 다시 생각해보자. 크리스마스나 추수감사절 휴일 동안 검색 질의가 두 배 또는 세 배가 될 것이라는 것을 알게 된다면, 그 부하^{load}를 처리하기 위해 컨테이너를 적절히 확장할 수 있다. 이러한 독립적인 확장성은 마이크로서비스 아키텍처가 추구하는 많은 장점 중 하나일 뿐이다.

이제 우리는 7장의 주요 주제를 알게 됐고, 나는 여러분이 쿠버네티스를 기다리고 있었기를 바란다. 다음 절에서는 쿠버네티스가 마이크로서비스의 구축을 위해 CaaS 프레임워크를 제공하고 애플리케이션 관련 인프라 문제들을 처리하는 방법을 설명한다. 7장의 마지막 부분에서는 컨테이너로 패키징된 사용자의 애플리케이션을 구성하기 위한 몇 가지 기본적인 쿠버네티스 명령을 다룬다.

쿠버네티스: 인프라 관련 문제를 위한 CaaS 솔루션

쿠버네티스^{Kubernetes}는 기본적으로 서비스형 컨테이너^{CaaS} 플랫폼이다. 첫째로, 쿠버네티스는 컨테이너로 패키징된 애플리케이션을 배포하고 독립적으로 확장할 수 있게 해준다. 하지만 쿠버네티스는 그보다 훨씬 더 많은 것을 한다. 쿠버네티스가 제공하는 핵심은 애플리케이션에 대한 많은 인프라 관련 문제들을 처리해준다는 것이다. 쿠버네티스에서 애플리케이션을 구축하기 전에 쿠버네티스 아키텍처와 파드^{pod}, 배포 및 서비스와 같은 주요 추상 개념을 가볍게 살펴보자. 이러한 개념들을 개략적으로 설명하고 몇 가지 예를 보여주고자 한다. 자세한 것은 Kubernetes.io 사이트를 참고할 것을 추천한다. 이 사이트에는 훌륭한 자료들과 온라인 예제들이 있다. 이 책의 마지막 부분에 있는 '참고 자료'에 이에 관한 좋은 논문이 있다.

또한 쿠버네티스 환경에서 실행할 수 있는 명령들을 보여줄 것이다. 이러한 명령들을 실행하기 위해 서버 기반 또는 클라우드에 호스팅된 쿠버네티스 인스턴스에 연결할 수 있다. 노트북의 단일 노드에 로컬 설치를 할 수도 있다. 이 단일 노드 설치는 미니큐브^{MiniKube}라는 별도의 제품이다. 쿠버네티스의 장점은 단일 노드 미니큐브에서 실행되는 모든 명령과 컨테이너가 수백 개의 노드를 가진 클러스터에서도 거의 다 실행될 수 있다는 것이다.

이는 (사내^{on-premise}) 서버 또는 퍼블릭 클라우드에서 실행 중인 다중 노드 클러스터에서도 작동한다. 쿠버네티스는 구글이 개발해 오픈 소스화했다. 따라서 GCP^{Google Cloud Platform}는 쿠버네티스에 대한 지원을 내장하고 있으며 GCP에 로그인하고 신속하게 쿠버네티스 클러스터를 시작해 원격으로 연결할 수 있다. 내부적으로 GCP는 클러스터의 가상머신 부분인 노드를 PaaS 설정과 매우 유사하게 관리한다. AWS와 마이크로소프트도 최근 호스팅된 쿠버네티스 클러스터를 지원하기 시작했다. 쿠버네티스는 클러스터에서 컨테이너형 애플리케이션을 관리하는 기술의 최상의 선택으로 확실히 부상했다.

쿠버네티스에 익숙해지려면 노트북에 미니큐브를 설치하는 것이 좋다. 미니큐브는 컨테이너를 배포할 수 있는 단일 노드 클러스터를 생성한다. 이 단일 노드는 마스터master 및 슬레이브slave의 역할을 한다. 마스터는 슬레이브를 통제하고 작업을 스케줄링한다. 여기서 모든 것은 단일 머신에서 이뤄진다. Kubernetes.io 웹사이트의 설치 절차를 이용해 Windows, Linux, MacOS에 설치할 수 있다.

내부적으로는 그 노드에 대해 전용 IP 주소와 네트워크 스택이 있는 가상머신을 생성한다. VMWare 또는 VirtualBox 같은 모든 가상화 엔진을 이 작업에 사용할 수 있다. 쿠버네티스는 가상화 엔진에 연결해 내부적으로 가상머신VM을 생성한다. 이 VM을 관리하기 위해 아무것도 할 필요가 없다. 표 7.1는 참고할 수 있는 몇 가지 편리한 미니큐브 명령이 나열돼 있다.

표 7.1 유용한 미니큐브 명령들

명령	동작
$ minikube start	VM을 초기화해 미니큐브 단일 노드 클러스터를 시작
$ minikube status	(실행 중인 경우) 미니큐브 클러스터의 상태를 보여준다.
$ minikube stop	클러스터를 중지시키고 VM을 셧다운시킨다.
$ minikube ip	단일 노드 클러스터의 가상머신의 IP 주소를 가져온다.
$ minikube ssh	미니큐브 클러스터의 단일 노드에 대한 SSH. SSH 다음에 커다란 미니큐브 로고가 나타나면 ls, pwd, ifconfig 같은 명령을 실행한다. ifconfig의 경우, 이 VM이 미니큐브가 설치된 머신이 아닌 완전 별도의 네트워크 스택을 가지고 있다는 것을 알 수 있다.

쿠버네티스는 CaaS 플랫폼이므로 애플리케이션 또는 마이크로서비스를 위한 컨테이너를 정의하고 이러한 플랫폼의 수명주기를 관리할 수 있게 해준다. 슬레이브는 스토리지, 메모리 및 CPU를 작업에 사용할 수 있게 하고 마스터는 슬레이브에 대한 데이터와 작업을 제어하는 마스터-슬레이브 아키텍처 패턴을 따른다. 쿠버네티스의 워커worker를 노드node라고 하며, 이것은 실제 또는 가상 시스템일 수 있다. 각 노드는 컨테이너 에이전트를 실행하고 컨테이너를 파생시킬 수 있다. 그러나 이 모든 것은 사용자들에게 보이지 않

는다. 클러스터 세부 정보를 보는 명령은 있지만, 일반적으로 사용자는 애플리케이션과 관련된 추상 개념들을 다룬다.

로컬 미니큐브 클러스터 또는 클라우드/서버 호스팅된 쿠버네티스 클러스터가 있으면 이 클러스터의 리소스에 연결할 수 있다. 쿠버네티스의 두드러진 특징 중 하나는 확장 가능한 API를 제공한다는 것이다. 이 API로 쿠버네티스 클러스터에 연결해 리소스에 액세스하고 수정할 수 있다. 이것은 쿠버네티스 시스템과 상호작용하는 매우 한결같은 방법이다. 커스텀 객체나 데이터 소스와 같은 새로운 리소스가 쿠버네티스에 추가되더라도, 여전히 동일한 API 명령으로 이들을 액세스할 수 있다. 이러한 API 명령을 호출해 우리가 쿠버네티스 클러스터와 상호작용을 할 수 있게 하는 도구를 Kubectl[13]이라고 한다. Kubectl은 사용자의 컴퓨터에 설치할 수 있으며, 사용자는 로컬 클러스터나 원격 클러스터에 연결할 수 있다. 표 7.2는 몇 가지 필수 Kubectl 명령을 나열한 것이다.

표 7.1 유용한 미니큐브 명령들

명령	동작
$ kubectl cluster—info	마스터 노드 URL 같은 클러스터 정보 보기
$ kubectl get nodes	클러스터 내의 모든 노드 보기. 미니큐브의 경우 마스터와 워커로 동작하는 단일 노드일 것이다.
$ kubectl get pods	쿠버네티스 리소스를 얻기 위한 일반적인 get 명령(이 경우는 pods). 여기서는 모든 파드들을 나열할 것이다. 이 절에서 파드에 대해 얘기한다.

쿠버네티스 클러스터에서는 노드가 워커이지만, 보통 그것을 직접 다루지는 않는다. 쿠버네티스는 클러스터상에서 애플리케이션을 실행하기 위한 일련의 추상 개념들을 제공한다. 이러한 추상 개념은 노드에서 작업이 스케줄링되는 방법을 관리해 노력을 절약한다. 쿠버네티스의 핵심적 추상 개념은 파드[pod]라고 하는 것이다. 파드는 하나 이상의

---

13 큐벡틀, 큐브씨티엘, 그 밖에 사람마다 다르게 발음한다. – 옮긴이

컨테이너를 포함하고 있으며 이들은 CPU, 스토리지 및 네트워크를 서로 공유한다. 일반적으로 애플리케이션을 단일 컨테이너로 패키징하고 파드로 추상화한다. 도커는 가장 인기 있는 컨테이너 엔진이지만 쿠버네티스는 다른 컨테이너 엔진들도 지원하며 도커에 묶여 있지 않다. 각 파드는 그것과 연결된 IP 주소를 가지고 있다. 파드는 다른 노드에서 쿠버네티스에 의해 스케줄링된 것이다. 이러한 파드가 결국 어디에서 실행되는지 신경 쓰지 않아도 되며, 따라서 스케일링 문제에서 벗어날 수 있게 된다.

파드는 보통 자체적으로 요청되지 않는다. 파드를 만들기 위해 배포^{deployment}라고 하는 더 상위 수준의 추상 개념을 사용한다. 배포는 쿠버네티스 클러스터에서 가장 일반적인 리소스 유형이다. 이것은 파드 구조, 구성 컨테이너(들), 필요한 복제본의 수를 정의한다. 쿠버네티스 스케줄러는 적절한 수의 파드를 생성해 리소스 가용성에 따라 특정 노드에서 파드들을 실행한다. 파드 생성 정책을 지정할 수 있으며, 예를 들면 각 노드에서 최소 하나의 파드 인스턴스를 생성하는 것이다. 배포는 Kubectl run 명령을 사용하거나 YAML 파일에 명시해 생성할 수 있다. YAML 파일은 작성하려는 쿠버네티스 리소스의 세부 정보를 명시하는 마크업^{Markup} 텍스트 파일이다.

컨테이너로 패키징돼 쿠버네티스에 배포된 매우 단순한 애플리케이션의 예를 보자. 지금은 애플리케이션의 패키징에 집중하지 않고 쿠버네티스에 배포하는 것과 규모 확장(즉, 스케일링^{scaling})에 더 주력하겠다. 8장, 'AI 모델을 마이크로서비스로 배포하기'에서는 웹 애플리케이션의 구축, 컨테이너화, 규모에 맞춰 배포하는 예를 보여준다. 일단은 도커허브^{DockerHub}(https://hub.docker.com)라는 공통 도커 레지스트리에 내가 만들어 업로드한 테스트 웹 애플리케이션 이미지를 활용하겠다. 이 이미지는 dattarajrao/simple-app이라고 한다. 이는 브라우저에 메시지가 있는 색인 페이지를 표시하는 간단한 웹 앱이다. 리스트 7.1은 도커 이미지로 배포를 생성하는 배포 YAML 파일을 보여준다.

리스트 7.1 웹 애플리케이션을 배포하기 위한 간단한 YAML 파일(simple-app.yaml)

```
apiVersion: apps/v1
kind: Deployment
```

```
metadata:
  name: simple-app-deployment
  labels:
    app: simple-app
spec:
  replicas: 1
  selector:
    matchLabels:
      app: simple-app
  template:
    metadata:
      labels:
        app: simple-app
    spec:
      containers:
      - name: simple-app
        image: dattarajrao/simple-app
        ports:
        - containerPort: 80
```

이제 이 YAML 파일을 실행하고 배포를 생성하는 절차를 살펴보자. 앞서 논의했듯이 배포는 컨테이너의 인스턴스 또는 애플리케이션을 포함할 파드를 생성할 것이다. 리스트 7.2를 보자.

리스트 7.2 YAML 파일 배포하기

```
$ kubectl create -f simple-app.yaml
deployment.apps/simple-app-deployment created
```

이 코드는 YAML 파일을 사용해 배포를 생성한다. dattarajrao/simple-app 이미지에 의해 지정된 컨테이너가 있는 파드를 생성한다.

```
$ kubectl get deployments
```

```
NAME                      DESIRED   CURRENT   UP-TO-DATE   AVAILABLE   AGE
simple-app-deployment     1         1         1            1           41s
```

배포는 API를 사용해 얻을 수 있는 자원이다.

```
$ kubectl get pods
NAME                                       READY   STATUS    RESTART   AGE
simple-app-deployment-98f597cdb-dtplp      1/1     Running   0         1m
```

이 명령은 이 배포에 의해 생성된 파드를 가져온다. 이 경우에는 1개에 불과하다. 리스트 7.3은 배포 리소스를 3개의 복제본으로 확장한다. 이제 3개의 파드가 생성된다.

리스트 7.3 리소스 확장하기

```
$ kubectl scale deployment simple-app-deployment --replicas=3
deployment.extensions/simple-app-deployment scaled
```

다음 명령을 사용해 이러한 경우를 확인할 수 있다.

```
$ kubectl get pods
NAME                                       READY   STATUS    RESTART   AGE
simple-app-deployment-98f597cdb-dtplp      1/1     Running   0         2m
simple-app-deployment-98f597cdb-kch76      1/1     Running   0         7s
simple-app-deployment-98f597cdb-wgpq9      1/1     Running   0         7s
```

이제 3개의 복제본을 사용해 배포 리소스를 확장한다. 이제 3개의 파드가 만들어진다.

리스트 7.4는 파드를 수동으로 삭제하는 방법을 보여준다. 이제 배포에서 이 파드를 다시 만들어야 한다.

리스트 7.4 안정성 데모: 실패한 파드 표시

```
$ kubectl delete pod simple-app-deployment-98f597cdb-dtplp

pod "simple-app-deployment-98f597cdb-dtplp" deleted
$ kubectl get pods

NAME                                        READY   STATUS    RESTART   AGE
simple-app-deployment-98f597cdb-kch76       1/1     Running   0         6m
simple-app-deployment-98f597cdb-pj7pd       1/1     Running   0         4s
simple-app-deployment-98f597cdb-wgpq9       1/1     Running   0         6m
```

새 파드가 새 ID로 생성된다. 배포는 필요한 파드가 중단될 때 재시작하는 것을 처리
한다.

```
$ kubectl describe pod simple-app-deployment-98f597cdb-kch76

Name:           simple-app-deployment-98f597cdb-kch76
Namespace:      default
Node:           minikube/172.17.0.7
Start Time:     Tue, 13 Nov 2018 13:22:12 +0000
Labels:         app=simple-app
                pod-template-hash=549153786
Annotations:    <none>
Status:         Running
IP:             172.18.0.5
Controlled By:  ReplicaSet/simple-app-deployment-98f597cdb
Containers:
  simple-app:
    Container ID:
docker://e203d9037001a44e5c3b0b93945c0d06f48be29538fabe41be012e9c7757a56b
    Image:        dattarajrao/simple-app
    Image ID:     docker-pullable://dattarajrao/simple-app@sha256:e670
81c7658e7035eab97014fb00e789ddee3df48d9f92aaacf1206ab2783543
    Port:         80/TCP
```

```
Host Port:      0/TCP
State:          Running
  Started:      Tue, 13 Nov 2018 13:22:15 +0000
Ready:          True
Restart Count:  0
```

파드에 대한 설명에는 사용된 이미지, IP 주소 및 흥미로운 로그 메시지와 같은 세부 정보가 있다. 자세한 내용을 살펴보지는 않겠지만, 이 로그를 보고 - kubectl logs <podname> 명령을 사용해 더 많은 로그를 가져와 많은 문제를 디버깅할 수 있다.

리스트 7.2에서는 파드의 수를 증가시켜 배포를 확장하는 예를 봤다. 쿠버네티스는 내부적으로 이 파드들을 실행할 노드를 결정하며 사용자는 이를 전혀 몰라도 된다. 미니큐브의 경우는 물론 모든 파드가 같은 노드에서 실행된다. 또한 수동으로 파드를 중단시키고 쿠버네티스가 자동으로 파드를 백업하게 하는 방법도 확인했다. 데이터 또는 네트워크 문제로 인해 애플리케이션이 실행 중에 종료되는 경우 이런 일이 발생한다. 파드에 패키징된 애플리케이션이 종료되면, 배포는 자동으로 다시 파드를 올린다. 이것이 쿠버네티스가 처리하는 안정성reliability 관련 사항이다. 애플리케이션의 안정성은 장애와 장애 후의 재시작을 처리한다. 장애 후 애플리케이션을 빠르게 재시작할 수 있다면, 이는 안정성을 크게 향상시킬 것이다.

배포를 통해 생성된 파드에는 ID가 있을 수 있으며, 파드가 삭제되고 재생성됨에 따라 계속 변경될 수 있다는 것을 알 수 있다. 파드에 할당된 IP 주소도 변경된다. 쿠버네티스는 이러한 파드의 수명주기를 관리한다. 그렇다면 어떻게 클라이언트들이 파드의 절대 명칭absolute name이나 IP 주소를 지정하지 않고 애플리케이션을 호출할 수 있을까? 이것은 애플리케이션의 네트워킹 관련 사항에 의해 처리된다. 네트워킹은 서비스service라는 또 다른 추상 개념에 의해 처리된다.

배포를 위한 서비스를 만들고 클라이언트들이 그 서비스를 이용하는 예를 살펴보자. 리스트 7.5는 이에 대한 YAML을 보여준다.

```
kind: Service
apiVersion: v1
metadata:
  name: simple-app-service
spec:
  selector:
    app: simple-app
  ports:
  - protocol: TCP
    port: 80
    targetPort: 80
```

이제 이 YAML 파일을 쿠버네티스 환경에 배포하고 서비스를 생성하기 위한 절차를 살펴보자. 그런 다음 서비스의 네트워킹 기능을 사용해 URL로부터 파드를 호출한다. 리스트 7.6을 보자.

리스트 7.6 서비스 YAML 파일의 배포

```
$ kubectl create -f simple-app-service.yaml
service/simple-app-service created
```

이것은 YAML 파일로 서비스를 생성한다. 이제 서비스에 대해 자세히 알아보자.

```
$ kubectl get service
NAME                  TYPE        CLUSTER-IP     EXTERNAL-IP   PORT(S)    AGE
kubernetes            ClusterIP   10.96.0.1      <none>        443/TCP    47m
simple-app-service    ClusterIP   10.109.89.2    <none>        80/TCP     9s
```

기본적으로 환경에는 쿠버네티스 서비스가 있으며 이제 simple-app-service가 추가됐다. 클러스터 IP의 기본 유형으로 이는 클러스터에 고유한 IP 주소가 할당됨을 의미한다. 이 서비스는 이 IP 주소를 사용해 액세스할 수 있다. 다른 유형의 서비스로는 각 노드에서 인스턴스가 생성되는 NodePort와 별도의 IP 주소가 할당되는 LoadBalancer가 있다.

우리의 서비스는 YAML의 **app** 필드에서 앞서 만든 배포를 가리킨다. 따라서 URL을 이용해 서비스에 액세스하면, 쿠버네티스는 자동으로 이러한 요청을 배포 앱의 일부인 다른 포드로 전달한다. 애플리케이션이 확장되는 파드 수에 따라 여러 요청이 로드밸런싱된다. 이러한 방식으로 로드밸런싱 문제가 처리된다.

마지막으로 서비스를 호출해보자. 복잡한 클라이언트를 사용하지 않고 CURL 명령을 사용해 HTML 콘텐츠를 얻는다. 리스트 7.7을 참조하라.

리스트 7.7 새로 만들어진 서비스 호출

```
$ curl 10.109.89.2
<html>
<title>
  Sample application by Dattaraj Rao
</title>
<body>
  <h3>Simple docker application - Hello World!</h3>
  <b>by Dattaraj Rao - for Keras 2 Kubernetes.</b>
</body>
</html>
```

우리는 서비스의 클러스터 IP를 얻었고 CURL 명령을 사용해 이것을 호출했다. CURL 명령은 기본적으로 URL에서 HTTP 응답을 가져온다. 앞에서 본 것처럼 요청은 배포의 일부인 파드로 라우팅된다. 이 HTML은 웹 브라우저에서 그림 7.6처럼 보인다.

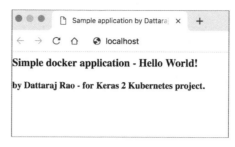

그림 7.6 브라우저에 나타난 simple—app

요약

7장에서는 머신러닝에서 잠시 벗어나 소프트웨어 애플리케이션의 개발 방법을 살펴봤다. 클라우드 컴퓨팅의 발전과 IaaS, PaaS, SaaS, 새로운 CaaS 같은 패러다임의 성장에 대해서 알아봤다. 우리는 SOA(서비스 지향 아키텍처)와 마이크로서비스와 같은 아키텍처 패턴의 등장과 함께 소프트웨어 애플리케이션의 역사를 돌아봤다. 또한 소프트웨어 애플리케이션을 컨테이너에 패키징하고 마이크로서비스를 구축하는 방법도 살펴봤다.

그런 다음 쿠버네티스 플랫폼을 살펴보는 데 상당한 시간을 할애했다. 규모에 맞게 컨테이너로 패키징된 애플리케이션을 쿠버네티스를 사용해 배포하는 방법을 살펴봤다. 쿠버네티스가 확장scaling, 장애 극복fail-over, 안정성reliability, 로드밸런싱load-balancing 및 네트워킹networking과 같은 인프라 관련 문제를 관리하는 방법을 배웠다. 쿠버네티스에 웹 애플리케이션을 배포하는 예를 봤다. 8장에서는 머신러닝 모델의 개발 주기와 7장에서 공부한 소프트웨어 개발 아키텍처와 사례가 어떻게 적용되는지 살펴본다. 그런 다음 앞서 개발한 케라스 모델을 가지고 쿠버네티스에 마이크로서비스로 배포할 것이다.

AI 모델을 마이크로서비스로 배포하기

7장에서는 클라우드 컴퓨팅, 컨테이너 및 마이크로서비스에 대해서 이야기했다. 쿠버네티스가 서비스형 컨테이너 플랫폼을 넘어 마이크로서비스로 패키징된 소프트웨어 애플리케이션을 배포하기 위해 전체 에코시스템으로 어떻게 확장되는지 살펴봤다. 파드, 배포, 서비스 등의 추상화를 이용해 쿠버네티스에 애플리케이션을 배포하는 예도 봤다.

8장에서는 쿠버네티스를 사용한 애플리케이션 구축에 대해 좀 더 자세히 알아본다. 파이썬을 사용해 간단한 웹 애플리케이션을 구축해 도커 컨테이너로 패키징한 후 쿠버네티스 클러스터에 배포한다. 그런 다음 이 응용프로그램을 수정해 실제로 딥러닝 모델을 호출하고 그 결과를 웹 페이지에 표시한다. 이제 케라스와 쿠버네티스 세계를 연결하기 시작한다. 프로덕션 품질의 딥러닝 애플리케이션을 구축해 두 가지 최고의 기술을 결합하는 방법을 살펴본다.

도커와 쿠버네티스를 사용한 간단한 마이크로서비스 구축

간단한 마이크로서비스 애플리케이션을 만들고 컨테이너에 패키징하는 것으로 시작해보자. 마이크로서비스의 아이디어는 애플리케이션이 자립적self-contained이므로 컨테이너 인스턴스로서 독립적으로 배포되고 확장될 수 있다는 것이다. 먼저 우리의 애플리케이션은 문자열을 읽어 간단한 메시지만을 표시한다. 나중에 그 문자열로 어떤 처리를 할 것이다.

이 웹 애플리케이션을 만들기 위해 파이썬을 사용할 것이다. 파이썬은 전통적으로 스크립팅scripting[1]과 데이터 과학 애플리케이션에 더 많이 사용됐다. 그러나 최근 몇 년 동안 웹 애플리케이션을 포함한 모든 종류의 소프트웨어의 개발에 사용되면서 큰 인기를 얻게 됐다. 파이썬 위에서 돌아가면서 애플리케이션을 신속하게 구축할 수 있도록 도와주는 많은 웹 애플리케이션 프레임워크가 있다. 여기서 사용할 장고Django와 플라스크Flask가 그 가운데 일부다.

파이썬 대신 Java나 NodeJS(자바스크립트)와 같은 언어로 웹 애플리케이션을 구축할 수도 있다. 언어가 무엇이든 애플리케이션의 중추를 형성할 어떤 프레임워크가 필요하다. NodeJS와 자바를 위한 가장 인기 있는 프레임워크는 각각 익스프레스제이에스ExpressJS와 스프링Spring이다(2018년 기준). 이러한 웹 애플리케이션 프레임워크는 애플리케이션 구축과 HTTP를 통한 통신에 대한 기본적인 세부 사항을 처리한다. 궁극적으로 애플리케이션에 특정된 매우 기본적이고 집중적인 코드를 작성하게 되므로, 전체 애플리케이션을 위한 연결에 대해 걱정할 필요가 없게 된다.

파이썬으로 된 예를 살펴보자. Python 2.7(또는 그 이상) 또는 Python 3.3(또는 그 이상)을 설치해야 한다. 대부분의 최신 시스템에는 파이썬이 설치돼 있다. 아직 설치되지 않은 경우 python.org에서 다운로드할 수 있다. 파이썬 패키지 설치 프로그램인 pip를 사용해

---

1 응용 소프트웨어를 제어하는 컴퓨터 프로그래밍 언어를 가리킨다. 스크립트 언어는 응용프로그램과 독립해 사용되고 일반적으로 응용프로그램의 언어와 다른 언어로 사용돼 최종 사용자가 응용프로그램의 동작을 사용자의 요구에 맞게 수행할 수 있도록 해준다. (출처: 위키피디아)

Flask 웹 프레임워크를 설치할 것이다. 도커 엔진도 필요하며 docker.com에서 설치할 수 있다. 리스트 8.1에 표시된 명령을 사용하면 파이썬, 플라스크, 도커를 포함한 필요한 패키지들의 설치를 위한 환경을 확인할 수 있다. 또한 사용자의 앱(simple-app 등)의 이름으로 된 새 폴더를 만들고 명령을 실행해 앱의 기본적인 골격을 만든다. 다음 절에서는 세부 사항을 추가할 것이다.

리스트 8.1 시작하는 명령. 빈 폴더에서 실행하기

```
$ python --version
$ pip install -U Flask
$ docker --version
$ touch app.py requirements.txt Dockerfile
```

리스트 8.1의 끝 줄의 **touch** 명령은 웹 앱의 골격 역할을 하는 빈 파일들을 생성한다. 이 예에서는 세 개의 파일을 생성한다. 각 파일에 무엇이 들어 있는지 살펴보자.

- app.py: 파이썬으로 된 애플리케이션 주 로직. 앱의 HTTP 종단점[endpoint]을 생성
- requirements.txt: 이 앱과 의존성 관계인 파이썬 라이브러리들
- Dockerfile: 앱을 도커 컨테이너에 패키지화하는 명령들

이제 이 세 파일을 앱의 로직으로 채워보자. 개발할 애플리케이션이 들어갈 app.py 파일부터 시작할 것이다. 애플리케이션에는 플라스크 프레임워크를 사용하는 데 필요한 보일러플레이트[boilerplate][2] 코드가 있다. 바로 복사할 수 있도록 강조 표시를 해놓겠다. 클라이언트로부터 들어오는 요청에 응답할 HTTP 종단점을 만들 것이다. 클라이언트는 웹 브라우저를 사용해 종단점에 HTTP GET 호출 또는 POST 호출을 수행하고 추가한 코드에 따라 응답한다. 이것이 우리 웹 애플리케이션의 로직이 될 것이다. 리스트 8.2는 텍스트 편집기에서 로드한 파이썬 파일을 보여준다. #로 시작하는 줄은 주석이다.

---

2 상용구 또는 표준 문구 – 옮긴이

리스트 8.2 웹 애플리케이션을 위한 파이썬 코드(app.py)

```python
#### Boilerplate code - 1 #####
# Flask 라이브러리를 로드
from flask import Flask
from flask import request

# Flask app 생성
app = Flask(__name__)
#### Boilerplate code - 1 #####

# Route / HTTP endpoint 역할을 하는 함수 작성
@app.route('/hello')
def hello():
    return 'Hello, World!'

#### Boilerplate code - 2 #####
# 메인 애플리케이션 실행 코드
if __name__ == '__main__':
    app.run(debug=False,host='0.0.0.0',port=1234)
#### Boilerplate code - 2 #####
```

리스트 8.3은 requirements.txt 파일의 내용을 보여준다. 의존성 해결에 필요한 라이브러리들을 추가해야 한다. 여기서 웹 애플리케이션을 실행하기 위해 플라스크가 필요하다. 또한 텐서플로와 케라스도 포함시킨다. 이 라이브러리들은 장차 딥러닝 코드를 추가하면 사용될 것이다. 사용하는 최신 버전으로 업데이트할 수 있다.

리스트 8.3 requirements.txt 파일의 내용

```
Flask==1.0.2
tensorflow==1.9.0
Keras==2.1.6
```

마이크로서비스 애플리케이션은 한 개의 HTTP 종단점을 가지며, Hello World! 메시지

로 응답할 것이다. 파이썬 인터프리터를 실행해 우리의 애플리케이션을 테스트할 수 있으며, 리스트 8.4에서처럼 웹 브라우저에서 그 결과를 볼 수 있다.

리스트 8.4 app.py를 실행하고 웹 브라우저에서 결과 보기

```
$ python app.py
* Running on http://0.0.0.0:1234/ (Press CTRL+C to quit)
```

컴퓨터의 포트를 열 수 있도록 허락해 달라는 요청을 받을 수 있다. 이것은 기본적으로 HTTP 프로토콜 포트를 열고 그 포트로 들어오는 메시지를 수신하는 것이다. 그 포트의 클라이언트에서 메시지가 들어오면 함수 코드가 호출되고 멋진 반환 메시지를 받게 될 것이다.

그림 8.1은 http://localhost:1234/hello를 열면 브라우저에 나타나는 것을 보여준다.

그림 8.1 브라우저에 보이는 것

이제 텍스트 매개변수를 읽기 위해 **process**라는 새로운 HTTP 종단점을 추가할 것이다. 애플리케이션 로직은 다음과 같을 것이다. 매개변수가 전달되지 않으면 큰 텍스트 상자(HTML 용어로 TEXTAREA)가 있는 간단한 HTML 페이지가 표시된다. 동일한 **process** 종단점에 텍스트를 다시 제출할 수 있도록 HTML SUBMIT 버튼을 갖게 된다. 이제 **TEXTAREA** 매개변수(text_input)의 값으로 양식^{form}을 제출하면, 이 값을 화면에 표시할 것이다. 이것이 전부다.

실제 HTML에서는 스타일시트^{stylesheet}를 사용해 이 페이지를 꾸미고 이 HTML 코드를 템플릿^{template}이라고 하는 별도의 파일에 보관한다는 것을 명심하자. 또한 보통은 여러 페이지가 있는데, 하나는 입력 양식을 표시하고 다른 하나는 제출 결과를 표시하기 위한 것이다.

그러나 로직을 깔끔하고 단순하게 유지하기 위해 하나의 코드 블록으로 유지한다. app.py 파일에 추가한 새 코드를 살펴보자. 리스트 8.5에서는 app.py의 전체 코드를 표시하지만 새 코드는 "##### 새 코드 시작 #####"과 "##### 새 코드 끝 #####" 코멘트 사이에 표시해 새 코드에만 집중할 수 있도록 했다. 리스트 8.6은 새로운 app.py 파일을 실행하는 것을 보여준다.

리스트 8.5 텍스트를 처리할 HTTP 종단점을 포함하도록 app.py 업데이트

```
#### Boilerplate code - 1 #####
# Flask library 로드
from flask import Flask
from flask import request

# Flask app 생성
app = Flask(__name__)
#### Boilerplate code - 1 #####

# route / HTTP endpoint 함수 작성
@app.route('/hello')
def hello():
    return 'Hello World!'

##### 새 코드 시작 #####
# 처음에 입력이 없을 때 보여줄 기본 HTML
htmlDefault = '<h4>Simple Python NLP demo</h4><form><textarea rows=10
cols=100 name=\'text_input\'></textarea><br><input type=submit></form>'

# route / HTTP endpoint 구축
# 이 route는 텍스트 매개변수를 읽어서 분석한다.
@app.route('/process')
def process():
    # 'text_input'라는 이름으로 HTTP 매개변수를 받는다.
    in_text = request.args.get('text_input')

    # 입력이 주어지면 처리하고 아니면 기본 페이지를 보여준다.
```

```
    if in_text is not None:
        # 보여주기
        return 'You typed: <b>%s</b>'%(in_text)
    else:
        return htmlDefault
##### 새 코드 끝 #####


#### Boilerplate code - 2 #####
# 메인 애플리케이션 실행 코드
if __name__ == '__main__':
    app.run(debug=False,host='0.0.0.0',port=1234)
#### Boilerplate code - 2 #####
```

웹 브라우저에서 http://localhost:1234/process로 가면 그림 8.2 같은 것을 볼 수 있을 것이다.

그림 8.2 브라우저에 표시된 새 app.py 파일

텍스트를 입력하고 Submit을 클릭한다. 그러면 그림 8.3 같은 웹 페이지를 보게 된다.

그림 8.3 Submit 클릭 후 결과

입력한 텍스트가 text_input(HTML TEXTAREA 필드에 부여한 이름)라는 이름의 매개변수로 종단점에 제출됐다는 것을 볼 수 있다. 물론 텍스트는 실제로 공백과 쉼표를 대체하도록 수정돼 HTTP를 통해 제대로 전송될 수 있게 한다. 결과 페이지에서는 굵은 <B> 태그 안에 HTML로 디코딩돼 표시된다.

앱에 AI 스마트 추가하기

자, 이렇게 입력을 처리하기 위한 새로운 애플리케이션을 작성했다. 아직 어떤 텍스트 입력도 처리하지 않았다. 앞서 파이썬과 케라스로 만든 자연어 처리의 감정 분석sentiment analysis 모델을 사용해 텍스트를 처리해보자. 5장('고급 딥러닝')에서 우리는 케라스를 사용해 LSTM층을 사용한 순환 신경망RNN을 구축했다. 그 모델을 긍정적인 감정과 부정적인 감정이 있는 텍스트 표본에서 훈련시켰다. 이제 이 웹 애플리케이션에서 그 모델을 사용할 것이다.

NLP 모델은 H5 이진 파일로 저장돼 있다. 웹 애플리케이션을 로딩하기 시작하는 초기에 이 파일을 케라스에서 로딩할 것이다. 모델의 이 인스턴스는 애플리케이션 실행되는 동안은 메모리에 남아 있다. 이 애플리케이션을 세 개의 실제 또는 가상머신으로 확장하면, 각 시스템에는 모델의 인스턴스가 있고 각자의 프로세스와 메모리 공간에서 예측을 수행한다. 규모 확장은 이러한 방법으로 딥러닝 모델에 도움을 준다. 단일 노드의 리소스를 줄이는 것이 아니라 부하를 여러 대의 시스템에 분산시킨다.

리스트 8.7은 모델을 로드하는 파이썬 코드이며, 제공하는 텍스트를 처리해 0(긍정) 또는 1(부정)을 반환하는 함수를 포함한다. 따라서 이 딥러닝 모델을 웹 애플리케이션의 텍스트에 적용하면, 텍스트 입력을 읽고 의도가 좋은지 나쁜지를 말해줄 수 있는 인공지능 시스템을 가질 수 있을 것이다.

먼저 app.py 파일과 동일한 폴더에 imdb_nlp.h5 이진 파일을 배치해야 한다. 리스트 8.7에 표시된 파이썬 코드는 이 파일을 로드하고 입력 텍스트의 감정을 알기 위해 호출할 수 있는 함수를 구현한다. 역시 새로운 코드는 "##### 새 코드 시작 #####"과 "##### 새 코드 끝 #####" 코멘트 사이에 있다.

리스트 8.7 텍스트를 처리하기 위한 NLP 모델과 함수를 로드하기 위한 app.py 업데이트

```
#### Boilerplate code - 1 #####
# Flask 라이브러리 로드
from flask import Flask
from flask import request

# Flask app 생성
app = Flask(__name__)
#### Boilerplate code - 1 #####


##### 새 코드 시작 #####
#### NLP 모델을 로드하고 함수를 준비하기 위한 코드 ####
from keras.preprocessing import sequence
from keras.models import load_model
from keras.preprocessing.text import text_to_word_sequence
from keras.datasets import imdb
import numpy as np

# 각 시퀀스의 최대 단어 수 설정
maxlen = 10

# imdb 데이터셋에서 단어 인덱스 가져오기
word_index = imdb.get_word_index()

# 파일에서 모델 로드
nlp_model = load_model('imdb_nlp.h5')

# 예측 수행 방법 - 나중에 호출할 것이다.
def predict_sentiment(my_test):
    # 문장을 토큰화하기
    word_sequence = text_to_word_sequence(my_test)

    # 빈 정수 시퀀스 생성
```

```python
    int_sequence = []

    # 문장의 각 단어에 대해서
    for w in word_sequence:
        # 어휘로부터 정수를 가져와 리스트에 추가
        int_sequence.append(word_index[w])

    # 정수 시퀀스를 모델이 예측한 입력 크기로 패딩
    sent_test = sequence.pad_sequences([int_sequence], maxlen=maxlen)

    # 모델을 사용해 예측 수행
    y_pred = nlp_model.predict(sent_test)

    # 예측된 0과 1 사이의 실수인 감정 값을 반환
    return y_pred[0][0]

#### NLP 모델을 로드하고 함수를 준비하기 위한 코드 ####
##### 새 코드 끝 #####

# route 또는 HTTP 종단점 구축
@app.route('/hello')
def hello():
    return 'Hello World!'

# 입력이 없을 때 처음 보여주는 기본 HTML
htmlDefault = '<h4>Simple Python NLP demo</h4><b>Type some text to
analyze its sentiment using Deep Learning</b><br><form><textarea rows=10
cols=100 name=\'text_input\'></textarea><br><input type=submit></form>'

# route 또는 HTTP 종단점 구축
# 이 route는 텍스트 매개변수를 읽고 분석한다.
@app.route('/process')
def process():
    # 반환하는 HTML의 정의
    retHTML = ''

    # 'text_input'라는 이름으로 HTTP 매개변수 가져오기
```

```
        in_text = request.args.get('text_input')

        # 입력이 있으면 처리하고 아니면 기본 페이지를 표시한다.
        if in_text is not None:
            # 우선, 입력된 것을 표시
            retHTML += 'TEXT: <b>%s</b>'%(in_text)
            # 딥러닝 모델 실행
            result = predict_sentiment(in_text)
            # 긍정적 감정이면
            if result > 0.5:
            # 부정적 감정이면
                retHTML += '<h4>Positive Sentiment! :-)</h4><br>'
            else:
                retHTML += '<h4>Negative Sentiment! :-(</h4><br>'

            # 단순히 표시하기
            return retHTML
        else:
            return htmlDefault

#### Boilerplate code - 2 #####
# 메인 애플리케이션 실행 코드
if __name__ == '__main__':
    app.run(debug=False,host='0.0.0.0',port=1234)
#### Boilerplate code - 2 #####
```

리스트 8.7의 코드를 잠시 살펴보자. 이 리스트는 테스트 웹 앱을 위해 작성된 코드를 기반으로 한다. 앞에서 본 것처럼 HTML 양식의 입력을 in_text 변수로 받는다. 그러나 단순히 그것을 다시 작성하는 대신에 predict_sentiment라고 하는 새로 만든 함수에 제공한다. 이 함수는 이진 파일에서 로드된 NLP 모델을 호출한다. 이 함수는 훈련 데이터에 사용한 것과 동일한 어휘^{vocabulary}를 사용해 텍스트 시퀀스를 정수 시퀀스로 변환한다.

다시 말해 어휘는 기본적으로 도메인의 모든 단어들의 목록을 정수와 함께 표현한 것이다. 일반적으로 이 정수 값은 이 단어가 문서 목록에 나타나는 빈도에 해당한다. 따라서 가장 흔한 단어들은 큰 정수 값을 가지며 빈도가 낮은 단어들은 더 낮은 정수 값을 가진다. 우리가 사용하는 어휘는 케라스가 NLP 모델 테스트용으로 제공하는 IMDB 데이터셋에서 만들어졌다.

process라는 새로운 경로가 있는데, 이것은 동일한 이름의 HTTP 종단점에 매핑^{mapping}된다. 여기서는 HTML 양식에 전달된 입력 텍스트를 가져와 함수에 전달한다. NLP 모델의 출력에 따라 그것이 부정적인 감정(출력 > 0.5)인지 긍정적인 감정(출력 < 0.5)인지를 결정한다. 모델은 제공되는 훈련 데이터만큼만 좋은 성능을 낸다는 것을 명심하자. 우리가 사용한 훈련 데이터는 IMDB 영화 리뷰 텍스트 데이터베이스에서 나온 것이고, 그 감정을 분류하기 위해 리뷰의 첫 번째 열 단어를 선택한다. 단어를 더 많이 사용하거나 더 큰 텍스트 데이터베이스를 사용하면 정확도가 높아진다. 리스트 8.8이 현재의 결과를 보여준다.

리스트 8.8 웹 브라우저에 표시된 새로운 앱의 결과

```
$ python app.py
* Running on http://0.0.0.0:1234/ (Press CTRL+C to quit)
```

웹 브라우저에서 http://localhost:1234/process로 가면 그림 8.4와 같은 이미지를 볼 수 있을 것이다.

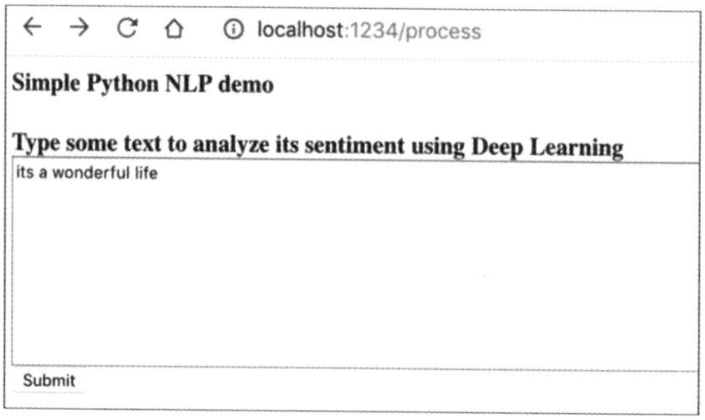

그림 8.4 브라우저에서의 새로운 앱 데모

문구를 입력하고 Submit 버튼을 클릭한다. 여기서 "it's a wonderful life"라는 문구를 입력했다. 결과는 그림 8.5와 같다.

그림 8.5 Submit을 입력한 결과

바로 이것이다. 이 간단한 앱은 텍스트를 읽고 문구가 보여주는 감정을 말해준다. 그림 8.6과 그림 8.7에 있는 다른 예를 시도해보자.

그림 8.6 새로운 문구 입력

그림 8.7 이번 결과는 부정적인 감정이다.

다른 문구들로 시험해볼 수도 있다. 프로그램이 항상 정확하다는 보장은 없지만, 더 좋은 모델을 만들면 정확도를 크게 높일 수 있을 것이다.

바로 이것이다. 케라스를 사용해 자연어 처리[NLP] 모델을 개발했다. 이 모델은 LSTM 층을 사용한 순환 신경망[RNN]이다. 이 모델을 감정 분석을 위해 공개된 IMDB 영화 리뷰 데이터셋에서 훈련시켰다. 정확도는 훈련 데이터에서 95%이고 검증 데이터에서 70%였다. 이 모델을 HDF5 형식의 H5 파일로 저장했다.

우리는 플라스크 프레임워크를 사용해 파이썬 웹 애플리케이션을 만들었다. 그 애플리케이션은 텍스트 데이터를 입력할 수 있는 HTML 양식을 보여주었고, 그 입력은 애플리케이션으로 전달된다. HTTP 종단점을 통해 그 데이터를 가져오면, 그 텍스트에 대해서 NLP 모델을 실행하고 감정을 예측한다. 예측에 근거해 감정이 긍정적인지 부정적인지 사용자에게 알려준다.

이것은 아주 기본적인 애플리케이션이다. 데이터를 입력하고 표시하기 위한 특별한 종류의 위젯과 함께 CSS와 자바스크립트의 경이로운 기능을 사용해 이 애플리케이션을 멋지게 만들 수 있다. 어쩌면 밋밋한 텍스트 메시지 대신에 행복하거나 슬픈 감정의 스마일리[smiley][3]를 보여주고 싶을 수도 있다. 텍스트 상자에 입력되는 텍스트를 실시간으로 처리하고 싶을 수도 있다. 견고한 딥러닝 모델과 HTML 데이터로부터 그것을 호출하기 위한 적절한 연결이 설정돼 있으면 이러한 모든 결과를 탐구할 수 있다. 8장의 코드가 멋진 애플리케이션을 만들 수 있는 바탕이 됐기를 바란다!

앱을 컨테이너로 패키징하기

우리 앱으로 도커 컨테이너를 만들어보자. 기억하겠지만 도커 컨테이너는 AI 모델, 소스 코드, 애플리케이션 서버 그리고 운영체제 전체가 될 것이다. 물론 이것들은 컨테이너에 캡슐화되지 않고 개별 레이어로 참조될 것이다.

---

3 이메일에서의 :-) 표시 또는 웃는 얼굴 기호나 이모티콘 – 옮긴이

먼저 컨테이너를 만들 때 설치가 필요한 의존성들을 requirement.txt 파일에 포함시킨다. 지금의 경우 웹 애플리케이션을 만들기 위해 필요한 의존성으로서 플라스크가 있다. 딥러닝 모델을 실행하기 위해 텐서플로와 케라스도 필요하다. 이것들도 포함시키자. 이 라이브러리들에 대한 버전을 포함시킬 수 있으며, 그렇지 않으면 최신 버전이 배포될 것이다. 일반적으로 의외의 결과를 피하기 위해서 테스트했던 라이브러리들의 버전과 동일한 버전을 사용하는 것이 좋다. 설치한 라이브러리의 현재 버전을 알기 위해서는 `pip freeze` 명령을 실행하면 된다.

리스트 8.9는 requirement.txt의 내용을 보여준다.

리스트 8.9 설치될 파이썬 의존성들(requirement.txt)

```
Flask==1.0.2
tensorflow==1.9.0
Keras==2.1.6
```

이제 도커파일을 다음과 같은 명령들로 채운다. 이들은 파이썬에서 사용할 명령들이며, NodeJS와 Java 같은 다른 플랫폼을 위한 명령들은 인터넷에서 찾을 수 있다. 앞서 봤듯이, 도커파일은 app.py 파일과 동일한 폴더에 있어야 한다.

도커파일에는 애플리케이션 환경을 스크래치[4]로 생성하는 일련의 명령들이 있다. 이 파일을 어떤 기계에서도 실행할 수 있고 정확히 똑같은 도커 컨테이너가 생성되며, 앱이 이 환경 내에서 실행될 것이다. 이것의 도커의 강점이다. 환경을 처음부터 구축하는 것이므로 모든 의존성이 해결된다는 것을 확신할 수 있다. 다시 말해 현실에서는 전체를 모두 설치하는 일은 없으며, 환경을 구축하기 위해 필요한 층들이 단계적으로 추가된다. 도커파일에는 리눅스와 유사한 명령들과 주석을 나타내는 해시(#)로 시작되는 줄들이 있다.

---

4   scratch. 아무것도 없는 상태에서 처음부터 시작하는 것을 의미한다. – 옮긴이

이 컨테이너를 구축하는 단계들을 살펴보자. 리스트 8.10을 보자.

리스트 8.10 앱을 컨테이너로 도커파일에 패키징하기 위한 스크립트

```
# 간단한 NLP app을 위한 도커 파일
# 저자: Dattaraj J Rao
# 저서: Keras2Kubernetes

# 최신 Ubuntu image로 시작하자
FROM ubuntu:latest

# 최신 업데이트 설치
RUN apt-get update -y

# 파이썬 설치 및 라이브러리 구축
RUN apt-get install -y python-pip python-dev build-essential

# 현재 폴더(.)에서 컨테이너 폴더(.)로 모든 파일을 복사
COPY . .

# 워킹 디렉터리를 컨테이너 기본 폴더(.)로 설정
WORKDIR .

# requirements 파일에 명시된 모든 의존성 설치
RUN pip install -r requirements.txt

# 컨테이너가 시작할 때 실행할 프로그램 지정
ENTRYPOINT [ "python" ]

# 앱을 실행하기 위해 입력 명령에 파일을 매개변수로 전달
CMD [ "app.py" ]
```

주석이 쉽고 상세하므로, 각 단계를 잘 따라갈 수 있기를 바란다. 컨테이너에 포함시키길 원하는 OS부터 시작한다. 여기서는 우분투^{Ubuntu} 최신 버전을 선택했다. 업데이트를 실행하고 파이썬과 일부 빌드 도구를 설치한다. 그런 다음 현재 폴더에서 컨테이너로 모든

파일을 복사하고 **pip**를 실행해 모든 파이썬 의존성을 설치한다. 끝으로 파일명을 매개변수로 갖는 파이썬 명령을 실행시켜 애플리케이션을 시작한다.

이제 도커파일에 있는 이 빌드 스크립트를 사용해 컨테이너 이미지를 만든다. 이 이미지는 컨테이너의 템플릿이며, 한 번 만들어지면 컨테이너는 원하는 만큼 많이 파생시킬 수 있다.

다음은 이미지를 빌드하는 명령이다. 나의 이미지는 **dattarajrao/simple-nlp-app**라고 부른다. 이름을 마음대로 지정할 수는 있지만 나는 **<<docker account>>** / **<<image name>>** 규칙을 사용하는 것을 선호한다. 이렇게 하면 도커 이미지 저장소^{repository}에 이미지를 빨리 업로드할 수 있다. 리스트 8.11을 참조하라.

리스트 8.11 도커 컨테이너 이미지 빌드하기

```
$ ls
        Dockerfile
        app.py
        requirements.txt
        imdb_nlp.h5
```

먼저 현재 폴더를 살펴보자. 애플리케이션의 파이썬 파일, 도커파일, 요구 사항 파일 그리고 NLP 모델 이진 파일이 있나. 만일 조금 더 복잡한 모델이라면, HTML, CSS 그리고 JS 파일 같은 더 많은 파일들이 있을 것이다. 지금은 매우 간단한 앱이다. 컨테이너를 빌드해보자.

```
$ docker build -t dattarajrao/simple-nlp-app
```

다음은 이 명령에 대한 통합된 출력이다. 도커파일에 정의된 8개의 실행 단계가 있으며, 각 실행 단계마다 상태를 보여준다. 어느 한 단계라도 실패하면 이들 명령이 다른 버전으로 변경됐을 수도 있으므로, 정확한 명령을 찾기 위해 구글링해야 할 수도 있다. 인터넷 속도에 따라 몇 분 정도 걸릴 것이다. 이미지를 빌드하기 위해 필요한 의존층들을 내려받는다.

```
Sending build context to Docker daemon 32.34MB
Step 1/8 : FROM ubuntu:latest

        << will take some time to download image >>

---> 113a43faa138

Step 2/8 : RUN apt-get update -y

        << will take some time to run command >>

 ---> a497349f5615

Step 3/8 : RUN apt-get install -y python-pip python-dev build-essential

        << will take some time to run command >>

 ---> dd4b73ae6437

Step 4/8 : COPY . .
 ---> 6cedbaa3a50a

Step 5/8 : WORKDIR .
 ---> Running in 1f83ed6e49b3
Removing intermediate container 1f83ed6e49b3
 ---> 87faae5504c6

Step 6/8 : RUN pip install -r requirements.txt
 ---> Running in e4aa8eeff06d
Collecting Flask==1.0.2 (from -r requirements.txt (line 1))
  Downloading

        << will take time to download,install dependencies >>
```

```
Removing intermediate container e4aa8eeff06d
 ---> 1729975b6f07

Step 7/8 : ENTRYPOINT [ "python" ]
 ---> Running in 24dec1c6e94b
Removing intermediate container 24dec1c6e94b
 ---> c1d02422f07

Step 8/8 : CMD [ "app.py" ]
 ---> Running in 53db54348f94
Removing intermediate container 53db54348f94
 ---> 9f879249c172

Successfully built 9f879249c172
Successfully tagged dattarajrao/simple-nlp-app:latest
```

이제 도커 이미지를 생성했으며 이미지 목록에서 볼 수 있다. 이미지에는 dattarajrao/simple-nlp-app:latest라는 이름으로 태그가 달려 있다. 이 이름을 사용해 이미지를 참조하고 그로부터 컨테이너를 빌드한다. 또한 이 이름을 사용해 이미지를 DockerHub 같은 중앙 컨테이너 저장소에 푸시push[5]한다.

```
$ docker images
```

REPOSITORY	TAG	IMAGE ID	CREATED	SIZE
dattarajrao/simple-nlp-app	latest	9f879249c172	25 minutes ago	1.11GB
ubuntu	latest	113a43faa138	5 months ago	81.2MB

두 개의 이미지가 생성돼 다운로드된 것이 보인다. 하나는 생성된 애플리케이션 이미지다. 그리고 우분투 최신 버전이 다운로드돼 기계가 사용할 수 있게 했다. 이 이미지는

---

5 로컬 컴퓨터의 저장소에서 변경된 이력을 원격 저장소에 업로드하는 것을 푸시(push)한다고 한다. 원격 저장소에서 로컬 저장소로 업데이트하는 것은 풀(pull)한다고 한다. – 옮긴이

맨 위에 애플리케이션 이미지를 빌드하는 데 사용됐다.

이제 이미지를 실행해 컨테이너를 생성해보자. 컨테이너는 이 이미지의 인스턴스이며 가상머신처럼 동작한다. 훨씬 더 빨리(몇 밀리초) 생성되고 크기도 훨씬 더 작아지게 된다. 일단 생성되면 컨테이너는 자체 IP 주소를 갖게 되며 모든 실제 목적을 위해 별도의 기계처럼 작동한다. 리스트 8.12를 보자.

리스트 8.12 새로 생성된 컨테이너 이미지 실행하기

```
$ docker run -p 1234:1234 dattarajrao/simple-nlp-app:latest
```

이 명령은 도커 이미지를 템플릿으로 사용해 컨테이너를 생성한다. 컨테이너는 IP 주소를 갖는 별도의 기계이므로, 애플리케이션에 액세스하기 위한 방법이 필요하다. 따라서 -p 옵션을 사용해 기계의 1234번 포트를 컨테이너 포트로 매핑한다. 컨테이너가 시작되고 플라스크 애플리케이션을 실행할 파이썬 애플리케이션이 실행될 것이다. 애플리케이션 초기에 NLP 모델을 로드하므로, 케라스는 모델에 데이터로 공급할 어휘를 얻기 위해 IMDB를 다운로드한다. 일반적으로 다음과 같은 출력을 보게 된다.

```
Using TensorFlow backend.

Downloading data from https://s3.amazonaws.com/text-datasets/imdb_
word_index.json
1654784/1641221 [==============================] - 9s 5us/step

* Serving Flask app "app" (lazy loading)
* Environment: production
   WARNING: Do not use the development server in a production environment.
   Use a production WSGI server instead.
* Debug mode: off
* Running on http://0.0.0.0:1234/ (Press CTRL+C to quit)
```

개발 서버의 경고에 대해서는 걱정하지 않아도 된다. 플라스크 자체적으로 실험용 웹 서버를 제공하는데, 데모용으로는 좋으나 프로덕션용으로 사용하면 안 된다. 일반적으로 애플리케이션을 NGINX 같은 전체 웹 서버에 연결해야 한다. 플라스크 문서documentation에서 이 작업을 수행하는 방법을 찾을 수 있다.

이제 로컬 머신에서 컨테이너로 1234 포트를 매핑했으므로 애플리케이션을 로컬 호스트에서 볼 수 있을 것이다.

웹 브라우저에서 http://localhost:1234/process 로 가면 그림 8.8과 같은 화면을 볼 수 있을 것이다.

그림 8.8 로컬 호스트에서의 데모

문구를 입력하고 Submit을 클릭해보자. 여기서는 "its a wonderful life"라고 쳤다. 결과는 그림 8.9와 같다.

그림 8.9 로컬 호스트에 표시된 결과

저장소에 도커 이미지 푸시하기

이제 이 컨테이너 이미지를 도커허브라고 하는 도커 이미지 저장소^{repository}에 푸시할 것이다. 조직은 필요에 따라 이미지에 대한 프라이빗 저장소^{private repository}를 유지할 수 있다. 이 예에서는 도커허브를 사용한다.

이미지를 푸시하기 전에 계정이 필요하다. https://hub.docker.com에 로그인하거나 계정을 만든 다음, 지시에 따라 이미지를 푸시한다. 이미지를 푸시하는 동안 이미지 태그 명이 도커허브 계정과 일치해야 한다. 나의 경우 도커허브 계정명이 dattarajrao이므로, 리스트 8.13과 같은 명령을 사용해 이미지를 푸시할 수 있다.

리스트 8.13 이미지를 도커 저장소인 도커허브에 푸시하기

$ docker login

도커허브에서 이미지를 푸시^{push}하거나 풀^{pull}하기 위해서는 도커 ID로 로그인해야 한다. 도커 ID가 없다면 https://hub.docker.com으로 가서 하나 만들면 된다.

```
Username: dattarajrao
Password: ***********
Login Succeeded


$ docker push dattarajrao/simple-nlp-app
b0a427d5d2a8: Pushed
dcf3294d230a: Pushed
435464f9dced: Pushed
fff2973abf54: Pushed
b6f13d447e00: Mounted from library/ubuntu
a20a262b87bd: Mounted from library/ubuntu
904d60939c36: Mounted from library/ubuntu
3a89e0d8654e: Mounted from library/ubuntu
db9476e6d963: Mounted from library/ubuntu
```

```
latest: digest: sha256:5a1216dfd9489afcb1dcdc1d7780de44a28df59934da7fc3a
02cabddcaadd62c size: 2207
```

이제 이미지가 도커 저장소에 푸시됐으며 다른 사람도 그 이미지에 액세스할 수 있다. 푸시도 층별로 일어난다는 것을 알게 될 것이다. 이러한 방법으로 매번 전체 이미지를 쓰는 대신 변경된 부분만 덮어써진다. 이제 이것을 쿠버네티스 배포에 사용할 수 있다.

앱을 쿠버네티스에 마이크로서비스로 배포하기

이제 우리는 애플리케이션을 AI 모델 및 모든 의존성과 함께 도커 컨테이너로 패키징했으며, 그것을 쿠버네티스 에코시스템에 배포할 수 있다. 7장에서 봤던 일반적인 웹 앱과 마찬가지로 AI 모델을 포함하는 이 애플리케이션에 대한 배포를 생성할 것이다.

배포를 위한 YAML 파일을 만드는 것부터 시작한다. 리스트 8.14를 보자.

리스트 8.14 웹 애플리케이션을 배포하기 위한 YAML 파일(simple-nlp-app.yaml)

```yaml
apiVersion: apps/v1
kind: Deployment
metadata:
  name: simple-nlp-app-deployment
  labels:
    app: simple-nlp-app
spec:
  replicas: 3
  selector:
    matchLabels:
      app: simple-nlp-app
  template:
    metadata:
      labels:
        app: simple-nlp-app
```

```
    spec:
      containers:
      - name: simple-nlp-app
        image: dattarajrao/simple-nlp-app
        ports:
        - containerPort: 1234
```

이 YAML 파일은 7장의 simple-app.yaml 파일과 매우 비슷해 보인다. 모든 AI 로직이 도커 컨테이너에 포함돼 있기 때문에 쿠버네티스 배포는 대단히 표준적인 형태를 유지하고 있다. 유일한 큰 변화는 도커 이미지 이름과 컨테이너 포트뿐이다. 이제 이 YAML 파일을 사용해 배포를 만들 것이다. 리스트 8.15를 보자.

리스트 8.15 YAML 파일의 배포

```
$ kubectl create -f simple-nlp-app.yaml
deployment.apps/simple-nlp-app-deployment created
```

이 YAML 파일을 사용해 배포를 만들자. `dattarajrao/simple-app`이라는 이미지가 지정하는 컨테이너로 파드를 생성한다.

```
$ kubectl get deployments
NAME                         DESIRED    CURRENT    UP-TO-DATE    AVAILABLE    AGE
simple-nlp-app-deployment    3          3          3             3            58s
```

케라스 모델의 크기에 따라 컨테이너 크기는 증가한다. 그러므로 저장소에서 이미지를 다운로드해야 하기 때문에, 컨테이너를 생성하는 데 어느 정도 시간이 걸릴 수 있다. 얼마간의 시간이 흐른 후, 모든 파드가 실행되는 것을 보게 될 것이다.

```
$ kubectl get pods
NAME                                          READY    STATUS     RESTARTS    AGE
simple-nlp-app-deployment-98d66d5b5-5l8x6     1/1      Running    0           1m
```

```
simple-nlp-app-deployment-98d66d5b5-95c9m   1/1      Running   0        1m
simple-nlp-app-deployment-98d66d5b5-bvnq5   1/1      Running   0        1m
```

YAML 파일을 사용해 서비스를 정의함으로써 전처럼 배포를 노출할 수 있다. 배포를 노출하기 위해 서비스를 빠르게 작성할 수 있는 또 다른 방법은 expose deployment 명령을 사용하는 것이다.

```
$ kubectl expose deployment simple-nlp-app-deployment
--type=NodePort
```

이제 생성된 배포와 서비스의 이름이 같은 것을 볼 수 있다. 미니큐브를 사용한다면 다음과 같은 명령을 사용해 서비스의 IP 주소를 알 수 있다.

```
$ minikube service simple-nlp-app-deployment --url
http://192.168.99.100:32567
```

설정에 따라 결과는 다르게 된다. 쿠버네티스 클러스터에 접속 중이라면 서비스에 대한 외부 IP 주소를 받을 수 있을 것이다. 주소를 받으면 브라우저에서 그 링크를 사용해 애플리케이션에 액세스할 수 있다. 그림 8.10을 보자.

그림 8.10 도커 앱으로 애플리케이션 액세스하기

이제 됐다. NLP 애널리틱스 애플리케이션은 이제 도커 컨테이너로 패키징됐으며 쿠버네티스 에코시스템 내부에서 실행되고 있다. 이제 확장, 장애 극복, 부하 분산 등과 같은 쿠버네티스가 제공하는 모든 인프라 기능들을 활용할 수 있다.

요약

8장에서는 파이썬과 플라스크 프레임워크를 사용해 웹 애플리케이션을 개발했다. 그것을 도커 컨테이너로 패키징해 공통 컨테이너 레지스트리에 배포했다. 코드를 추가해 딥러닝 NLP 모델을 호출하고 결과를 웹 페이지에 표시하도록 애플리케이션을 업데이트했다. 명령줄과 데이터 과학 노트북을 넘어서 실제 세상으로 나아가, 모델을 웹 애플리케이션과 함께 실행하는 방법을 배웠다. 이제 쿠버네티스 플랫폼의 강력한 기능을 활용해 AI 애플리케이션을 확장하고 부하를 분산함으로써 AI 애플리케이션을 안전하고 강건하게 만들 수 있다.

웹 애플리케이션 내에 모델을 배포하는 것은 수박 겉핥기일 뿐이다. AI 모델 구축과 관련된 데이터 과학 단계를 소프트웨어 개발 수명주기에 통합할 수 있어야 한다. 지속적인 통합 및 제공과 같은 최신 애자일 개발 관행을 사용함으로써, 코드를 통합하고 제공하는 것뿐만 아니라 딥러닝 모델도 제공할 수 있어야 한다. 이것이 9장에서 이야기할 내용이다. 9장에서는 일반적인 머신러닝 모델 수명주기 및 개발 프로세스에 관해 이야기한다. 또한 배포를 좀 더 쉽고 자동화할 수 있는 모범 사례 및 도구도 살펴본다.

09

머신러닝 개발 수명주기

8장에서는 HTTP 요청에 반응하는 웹 애플리케이션으로 패키징된 AI 모델을 배포했다. 이 모델을 샘플 데이터를 사용해 개발하고, 훈련하고, 검증하는 방법을 봤다. 그런 다음 이 모델은 도커 컨테이너로 함께 패키징된 웹 애플리케이션 내부에 배포됐다. 이후 이 컨테이너는 확장, 장애 극복 및 부하 분산과 같은 인프라 기능을 제공하는 플랫폼을 갖춘 마이크로서비스로 쿠버네티스에 배포됐다. 이러한 접근 방법은 고도로 맞춤화돼 있으며 애플리케이션 코드와 모델 간의 긴밀한 결합이 필요하다. 소프트웨어 엔지니어는 모델을 호출하는 방법을 정확히 알아야 하며 모델의 런타임을 관리해야 한다. 더 나은 접근법은 모델을 독립적인 마이크로서비스로 배포하고 애플리케이션이 합의된 경량 프로토콜을 사용해 이 마이크로서비스를 호출하도록 하는 것이다. 이런 방식을 통해, 애플리케이션 은 자체적인 개발 수명주기를 가지며 모델은 모델 자체의 개발 수명주기를 가진다. 이러 한 머신러닝 개발 수명주기가 업계에서 큰 인기를 얻고 있다.

머신러닝 개발 수명주기와 관련된 단계들에 대해 이야기할 것이다. 데이터 수집, 정제 및 정형화와 같은 데이터 과학 문제의 여러 단계에서 데이터 과학자가 사용하는 모범 사례 에 대해 이야기하겠다. 데이터의 유형과 해결하려는 문제를 바탕으로 최상의 모델링 기술을 선택하기 위한 정책을 살펴보겠다. 마지막으로 클라우드와 엣지edge1 모두에서 프로덕션 환경에 모델을 배포하는 것에 대해 이야기할 것이다. 엣지 장치에서 모델 훈련 및 추론을 더 빠르게 할 수 있는 하드웨어 가속기를 알아볼 것이다.

머신러닝 모델 수명주기

머신러닝 프로젝트를 개념화하고 문제 도메인을 이해한 다음에는 모델 개발 과정이 개시돼야 한다. 그림 9.1은 모델 개발 수명주기와 관련된 전형적인 단계들을 보여준다. 다른 책과 웹사이트에서 이것과는 다른 버전을 볼 수 있으나 본질은 같다.

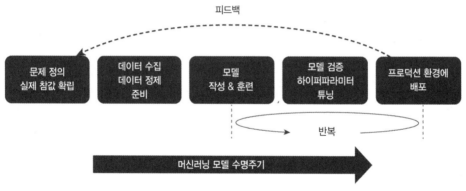

그림 9.1 머신러닝 개발 수명주기 단계

데이터 과학자는 일반적으로 AI로 구동되는 시스템을 구축하는 동안 이런 단계를 따른다. 이 전체 머신러닝 수명주기에는 시간이 걸리거나 수작업으로 해야 하는 많은 작업들이 포함된다. 데이터 과학자들에게 이러한 수동적manual이고 반복적이며 시간이 많이 소요되는 부분을 처리하는 도구를 제공해야 한다. 이러한 도구는 머신러닝 모델 파이프

---

1   엣지 컴퓨팅이란 사물과 사람이 정보를 생산하거나 소비하는 엣지에 가깝게 위치한 분산 컴퓨팅 토폴로지의 일부이다. 〈가트너〉 − 옮긴이

라인pipeline이라고도 부르는 데이터 수집 및 모델 구축의 전체 공정에서 주요 부분을 자동화하는 데 도움이 돼야 한다.

9장에서는 머신러닝 수명주기의 각 단계에 대해 이야기하고 개발자를 더 편하게 해주는 도구들을 소개한다. (배포에서 프로덕션까지) 이 과정의 마지막 단계는 데이터 과학자와 소프트웨어 개발자 간의 활발한 협업을 필요로 한다. 데이터 과학자의 일뿐만 아니라 개발자의 일도 자동화할 수 있는 도구가 필요하다. 이미 짐작했겠지만 쿠버네티스는 소프트웨어를 마이크로서비스로 배포할 수 있게 함으로써 관리와 확장을 용이하게 해주는 도구들 중 하나다. 쿠버네티스는 확장성, 장애 극복 그리고 부하 분산과 같은 인프라 관련 문제들을 처리해준다. 쿠버네티스는 특별한 플러그인plug-ins이나 확장extension을 사용해 마이크로서비스로 패키징된 머신러닝 모델을 직접 배포할 수 있게 도와준다. 큐브플로Kubeflow라고 하는 쿠버네티스상에 구축된 특별한 솔루션을 사용해 이에 대한 예를 살펴볼 것이다.

현대의 소프트웨어 애플리케이션은 더 이상 코드로 프로그래밍된 고정된 규칙이나 로직에만 의존하지 않는다. 데이터에서 패턴을 배우고 예측하는 데이터 중심 모델을 활용하는 애플리케이션이 점점 더 많아지고 있다. 머신러닝 모델은 중대한 돌파구를 만들어내고 있으며, 현대적인 소프트웨어 개발은 종종 머신러닝 모델을 기존 코드와 통합하는 단계를 포함한다. 대부분 이러한 통합은 고도로 맞춤화되고 재사용성이 낮은 경향이 있다. 이들은 데이터 과학자와 소프트웨어 개발자 사이의 매우 긴밀한 조정을 필요로 한다.

오늘날 이러한 단계를 자동화할 수 있는 툴링tooling[2] 구축에 노력을 기울이고 있으며, 이는 지속적 통합CI, Continuous Integration 및 지속적 배포CD, Continuous Delivery가 소프트웨어 개발 수명주기SDLC, Software Development Lifecycle를 자동화하는 방법과 다르지 않다. 특히 머신러닝과 관련해서는 머신러닝 또는 데이터 과학 플랫폼이 등장하고 있으며, 이 플랫폼은 데이터 과학자의 작업을 편리하게 만드는 데 초점을 맞추고 있다. 이러한 플랫폼의 예로

---

2   (공장의) 공작 기계 일습을 가리키는 말로, 여기서는 필요한 모든 도구들을 총칭한다. – 옮긴이

는 AWS SageMaker, 세일즈포스의 아인슈타인Einstein 플랫폼, 페이스북의 FBLearner Flow, 구글의 AutoML, 마이크로소프트의 Azure ML Studio 등이 있다. 뉴스 기사에서 이 이름들 중 일부를 듣거나 혹은 이들 중 일부를 경험했을 수도 있다. 데이터 과학자가 데이터 소스에 연결해 데이터를 작업하고 배포 준비가 된 머신러닝 모델을 구축 및 훈련할 수 있는 매우 사용자 친화적인 웹 기반 환경을 제공한다.

9장에서는 머신러닝 수명주기의 각 단계와 쿠버네티스의 머신러닝 파이프라인 구축에 있어 동급 최고의 도구들을 살펴본다. 이러한 도구를 보기 전에 먼저 ML 모델 수명주기의 각 단계에 대해 이야기해보자.

1단계: 문제의 정의와 실제 참값 확립

어떤 엔지니어링 문제를 해결하는 첫 번째 단계는 해결하려는 문제를 명확히 정의하는 것이다. 일련의 데이터가 준비된 상태로 시작하고 데이터를 중심으로 문제를 정의하는 경우를 많이 보게 된다. 준비된 데이터로부터 떨어져 있어도 적절한 통찰을 얻을 수 있다. 그러나 데이터를 수집하고 처리하기 전에 한발 물러나 보기를 강력히 권고한다. 해결하려는 문제와 성공의 의미를 명확하게 정의하라. 문제 우선 접근법이 아니라 데이터 우선 접근법으로 시작하면 데이터에 의해서 편향되기 쉽다(2장에서 모델이 편향되는 이유와 마찬가지다).

AI와 머신러닝이 널리 사용되고 라이브러리와 파이썬 코드 형태로 접근하기 용이해지면서, 데이터 우선 접근법으로 흐르기 쉬워졌다. 구하기 쉬운 데이터의 일부를 구해 무슨 문제를 해결하는지 보기 위해 AI를 적용하려는 사람들을 많이 봤다. 다행히 운이 좋아서 풀 만한 가치가 있는 좋은 문제를 찾을 수도 있다. 그러나 나는 일반적으로 시스템을 이해하고 어떤 영역의 문제를 해결할 수 있는지를 생각하는 시간을 가지라고 권고한다.

문제 영역을 명확히 이해하고 사용자와 시스템 전문가를 만나며 가능한 한 많은 질문을 하라고 권고한다. 직면하고 있는 문제에 영향을 미치는 요인을 파악하라. 연구 대상 시스템의 어떤 요소를 측정할 수 있는지 파악하라. 존재하는 측도와 새로 측정해야 할 것을 결정하라. 2장에서 논의한 종속변수와 독립변수의 관점에서 이것을 고려하는 것이 좋다. 종속변수의 관점에서 문제의 틀을 잡고 이러한 변수들에 영향을 미칠 독립변수를 찾도록 하라. 때로는 기존의 데이터 소스가 해결하려는 문제의 완전한 종속성을 제공하지 못한다고 느낄 수도 있다. 이 경우, 시스템에서 새롭게 측정하는 것이 바람직할 수 있다. 그러나 대부분의 시스템의 경우 사용 가능한 데이터로 작업해야 한다.

또, 일단 AI 시스템을 구축하고 나면 어떤 것에 대해 그 성능을 측정해야 한다. 처음부터 참값$^{ground\ truth3}$이 무엇인지를 명확히 정의하는 것이 매우 바람직하다. 이 값을 기준으로 AI 성능을 측정하는 것이다.

예를 들어 주차장을 드나드는 자동차를 감시하기 위해 보안 카메라 영상을 지켜보는 AI 시스템을 구축하고 있다고 하자. 목표는 자동차 탐지에 있어 인간만큼 훌륭한 시스템을 갖추는 것이며, 자동차 번호판 번호를 기록하고 얼마나 많은 차량이 주차장에 드나드는지를 세는 것일 수도 있다. 이러한 각 작업은 특정 머신러닝 솔루션 또는 모델을 구축하는 문제 정의이다. 이제 이런 문제들을 해결하는 데 있어 AI 시스템이 인간과 비슷한지 혹은 더 나은지 어떻게 알 수 있을까? 그러기 위해서는 참조할 실제 참값이 필요하다.

같은 장소에서 차량들을 찍은 과거 영상을 선택할 수도 있으며, 사람이 앉아서 드나드는 차량에 대해서 수동으로 사동차 번호판을 기록하고 출입하는 차량의 수를 기록하게 할 수도 있을 것이다. 알다시피 이는 꽤 힘든 작업이다. AI 문제가 참조할 실제 참값을 명확히 확립하고 이에 대한 정보 수집을 계획하는 것이 바람직하다.

2단계: 데이터의 수집, 정제 및 준비

이전 단계에서 충분한 노력을 기울이고 문제를 정의하고 실제 참값을 확립한다면, 시스

---

3 실측값, 정답 또는 예상값이라고도 하며 회귀 문제의 경우 가장 정확한 방법으로 실제 관측한 값을 의미한다. 분류 문제의 경우 훈련 데이터의 실제 클래스 레이블을 뜻한다. – 옮긴이

템에서 어떤 데이터 소스를 이용할 수 있는지 꽤 잘 알게 될 것이다. 이것들은 센서, 플랫파일flatfile4, 데이터베이스, 이력 파일, 카메라, 웹사이트 등이 될 수 있다. 데이터는 모델을 훈련시키는 데 사용되므로 GIGO Garbage-In-Garbage-Out 원칙이 적용된다. 모델에 불량한 데이터를 주면 실제 현장 데이터에서 잘 일반화되지 않는 불량한 모델을 얻게 된다.

많은 경우 현재의 데이터 소스가 해결하려는 문제에 대해 좋은 추정치를 주지 못할 것이라고 느낌을 가질 수 있다. 차고를 드나드는 차들의 예에서와 같이 카메라가 입구와 출구를 향하지 않으면 차를 분석하고 추적하는 데 사용할 수 있는 좋은 비디오는 얻을 수 없을 것이다. 이 경우, 많은 분석을 수행하기 전에 카메라에 대한 올바른 설치 위치와 각도를 제시해야 할 수 있다.

올바른 데이터를 수집한 후에는 데이터의 노이즈를 측정하고 깨끗이 정제cleanse하는 것이 중요하다. 일반적인 단계는 데이터 소스에서 샘플을 수집하고 여기에 기술 통계descriptive statistics를 적용하는 것이다. 엑셀 또는 MATLAB 및 R 같은 도구의 통계 요약 또는 차트를 살펴볼 수 있다. 이미지나 비디오와 같이 비정형 데이터인 경우 데이터 노이즈를 수동으로 검사하는 데 시간이 걸릴 수 있다. 노이즈가 많은 데이터는 AI 모델의 성능에 매우 부정적인 영향을 미칠 것이다.

데이터 정제data cleansing는 현장 데이터를 AI 모델에 사용될 수 있도록 깨끗한 상태로 만드는 데 있어 매우 중요한 단계다. 정제란 데이터셋에서 불량하거나 누락된 데이터를 제거하거나 대체하는 것이다. 센서 모니터링을 하는 경우에는 감지 장치의 고장, 데이터를 네트워크를 통해 애널리틱스로 전송해야 하는 경우에는 통신 불량, 데이터베이스에 데이터를 입력하는 경우에는 인간의 오류, 그 밖에 많은 원인으로 인해 불량 또는 누락 데이터가 생길 수 있다. 정제는 불량/누락 데이터의 삭제deletion 또는 데이터 포인트를 새로운 값으로 대체imputation하는 것이 포함될 수 있다. 세 번째 옵션은 데이터가 불량하면 결함fault이 있음을 표시하고 처리하지 않는 것이다. 이것은 보통 임무 지향형mission-critical 시

---

4   아무런 구조적 상호관계가 없는 레코드들이 들어 있는 파일 또는 단순 텍스트로 된 파일 – 옮긴이

스템에서 수행된다. 정제는 엑셀과 같은 기본적인 도구를 사용하거나 MATLAB이나 파이썬의 정교한 프로그래밍을 사용할 수도 있으며, 심지어는 정제 전용 도구를 사용해 수행할 수도 있다. 정제 방법에서 필요로 하는 정교함의 수준은 노이즈 섞인 데이터가 결과에 미치는 영향에 따라 달라진다.

온도 조절기로부터 실내 온도 값을 수집하고 있다고 가정해보자. 데이터는 시간에 따른 일련의 값(시계열timeseries)으로 구성되며, 각 데이터 포인트는 시간 축에서의 이벤트를 나타낸다. 특정 시간 동안 −9999 또는 9999 또는 NULL과 같은 노이즈가 섞이거나 불량한 데이터가 발생한다고 가정하자. 데이터 수집 시스템에 따라 다르겠지만 이러한 값은 감지 장비 고장으로 인한 불량 데이터를 나타낼 것이다. 이제 이러한 데이터 포인트를 필터링해 무시할 수 있다. 그래서 본질적으로 양질의 데이터를 얻지 못해 발생한 사건들을 모델이 고려하지 않도록 하는 것이다. 이 삭제 옵션은 보통 데이터가 많고 특정 포인트가 중요하지 않을 때 사용된다. 여기서 주의할 점은 이러한 데이터를 무시하는 동안 시스템이 시스템에서는 포착되지 않는 어떤 중요한 변화를 겪고 있을 수 있다는 것이다.

또 다른 방법은 누락된 데이터 포인트를 대체하는 것이다. 이것은 보통 연속된 기간 동안 데이터가 누락된 경우에 더 좋은 방법이다. 예를 들어 온도조절기의 온도를 기록하고 있었는데 배터리 수명이 다해 2시간 동안 데이터가 잘못됐다고 가정하자. 그 이벤트 전후의 평균 실내 온도로 그 데이터를 채울 수 있다. 또는 그날의 평균 실내 온도로 데이터 포인트를 채울 수도 있다. 문제 영역에 따라 누락된 데이터를 대체하는 전략을 선택할 수 있다.

문제가 매우 중요하고 누락 데이터가 주요 문제를 일으킬 수 있는 경우, 잘못된 데이터로 예측을 시도하기보다는 장애fault로 지정할 수 있다. 예를 들어 환자의 심장 박동을 측정하는 경우, 잘못된 데이터가 나타나면 보간interpolation을 시도하기보다는 장애로 표시하는 것이 훨씬 좋다.

데이터 수집을 시작하고 데이터 정제 전략을 수립하고 나면, 다음 단계는 모델이 사용할 데이터를 준비하는 것이다. 여기에는 특성 공학feature engineering과 데이터를 훈련 및 검증 데이터셋으로 분할하는 작업이 포함된다. 특성 공학은 원시 데이터에서 적절한 특성을 추출해 모델 구축에 사용될 수 있도록 하는 것이다. 만약 시계열^{timeseries} 같은 정형 데이터^{structured data}가 있다면, 특성 공학은 관심 있는 특성들을 식별하고 불필요하거나 중복된 데이터를 제거하는 작업을 포함한다. 비정형 데이터의 경우 특성 공학은 데이터 유형에 따라 여러 가지 특별한 기법을 필요로 할 수 있다. 예를 들어 이미지 데이터의 경우 이미지를 그레이스케일로 변환하거나, 크기 조정, 자르기 등을 통해 관련 특성(픽셀 값)들만 추출할 수 있다. 이러한 방법으로 이미지의 크기를 줄여 예측 모델에 적절한 데이터만 보관할 수 있다.

데이터가 제한된 머신러닝 프로젝트에서 모든 데이터를 훈련에 써버리는 경우를 많이 본다. 그러면 그 모델이 훈련 데이터에 대해서 과적합^{overfitting}됐는지 검증할 수 있는 방법이 없게 된다. 훈련 데이터와 검증 데이터 모두를 수집해야 하며 두 데이터셋을 별도로 가지고 있어야 한다는 것을 명심하자.

데이터의 양을 증가시키기 위해 데이터 보강^{augmentation}과 같은 기법을 사용할 수 있다. 로고 이미지 분류 문제에서 이 예를 봤다. 일반적으로 인공적인 데이터 생성을 위해 훈련 데이터셋에 데이터 보강 기법 또는 방법을 사용하는 것이 좋다. 그러나 검증 데이터셋은 가능한 한 실제 데이터에 가깝도록 유지하는 것이 좋다.

이에 대해 생각할 수 있는 한 가지 방법은 여러분이 선생님이라고 가정하고 생각해보는 것이다. 정규 교육 과정 동안 선생님은 여러 가지 주제로 학생들을 훈련시킬 것이다. 하지만 학생들이 그 주제를 제대로 학습했는지 검사하기 위해 남겨두고 싶은 몇 가지 도전적인 문제들이 있을 것이다. 이 질문들은 교과서에 없는 내용이므로 학생들이 실제로 그 주제를 잘 이해했는지 확인할 수 있다. 같은 방법으로 검증 데이터를 상당히 도전적으로 유지함으로써 이 데이터에 대해 정확도 점수가 좋게 나오면 좋은 모델을 얻게 됐다는 것을 알게 될 것이다.

현장 또는 데이터 저장소에서 사용 가능한 데이터가 모델 훈련에서 요구되는 형식이 아닐 수 있다. 훈련에 적절한 형식으로 데이터를 가져오려면 몇 가지 형식 변환을 해야 할 수도 있다. 예를 들어 비디오 데이터는 흔히 압축률이 높은 H.264 형식으로 저장된다. 그러나 컴퓨터 비전이나 딥러닝 애플리케이션에 사용하기 위해서는 H.264 코덱^{codec}을 사용해 디코딩하고 3차원 픽셀 배열로 변환해 분석해야 한다. 데이터 형식은 모델 개발 주기에서 반드시 고려해야 할 사항이다.

3단계: 모델 구축 및 훈련

이제 문제를 정의하고, 데이터 소스를 식별하고, 데이터를 정제하고, 관련 기능을 분리하고, 데이터셋을 훈련 및 검증으로 분리했으므로, 모델을 구축하고 훈련하는 더 재미있는 부분으로 넘어가보자. 재작업을 줄이기 위해서는 모델 구축에 뛰어들기 전에 이러한 단계들에 대해 깊이 생각해보는 것이 중요하다.

2장과 4장에서 여러 가지 다른 머신러닝과 딥러닝 모델링 기법들을 봤다. 그림 9.2는 모델을 선택하기 위해 따를 수 있는 고수준의 전략을 보여준다. 데이터 과학자로서 이 전략을 계획하기 위한 자신만의 방법을 찾을 수도 있고 또 찾아야 하겠지만, 이 그림을 참고로 할 수도 있다.

첫 단계는 데이터의 유형이 정형적^{structured}인지 또는 비정형적^{unstructured}인지를 파악하는 것이다. 정형 데이터의 경우 모든 특성^{feature}과 열^{column}이 문제와 관련된 의미를 갖는다. 이 유형의 데이터는 보통 데이터베이스 테이블 같은 테이블 형식 또는 센서값 같은 시계열 형식이다. 비정형 데이터는 이미지, 텍스트, 오디오 또는 비디오 같은 것들이며, 컴퓨터 메모리에 배열 또는 배열의 시퀀스로 표현된다. 이 경우 데이터의 각 열은 의미가 없으며 보통 이미지에 대한 픽셀 값 또는 텍스트에 대한 단어 임베딩이다. 이 숫자들은 이미지 또는 텍스트 시퀀스 전체로 볼 때 의미를 갖는다.

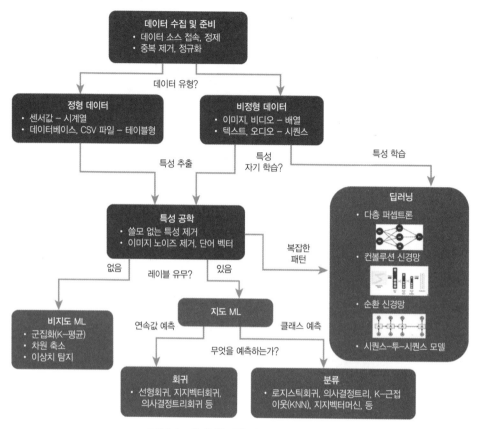

그림 9.2 모델 선택을 위한 비공식적인 일반 지침

정형 및 비정형 데이터 모두에 대해 특성 공학을 수행할 수 있다. 의미가 없는 특성을 제거하거나 중요한 특성을 추출하기 위해 컴퓨터 비전 또는 자연어 처리 방법을 적용한다. 차고에 출입하는 차량을 모니터링하는 앞의 예에서, 큰 이미지를 잘라내 차량이 존재할 가능성이 있는 출입구만 보이는 작은 창으로 만들 수 있다. 이미지 데이터의 나머지 부분은 상관이 없으므로 없애버려도 된다. 정형 데이터의 경우 특성 공학은 특히 중요하다.

특성 공학을 수행한 다음에는 2장에서 논의했던 지도 또는 비지도 머신러닝 기법을 적용할 수 있다. 지도학습이란 훈련을 안내할 레이블이 붙은 데이터가 있는 경우이며, 비지도학습은 레이블 없이 패턴을 찾아내는 것이다.

기술적인 방법으로 특성 공학을 생략하고 4장에서 논의한 딥러닝 기법을 사용할 수 있다. 딥러닝은 데이터를 원시 형태 그대로 사용해 중요한 특성을 자동으로 추출하는 종단간 모델end-to-end model을 구축할 수 있게 한다. 이 방법은 비정형 데이터인 경우 특히 중요하다. 이미지 또는 텍스트 형식의 원시 데이터를 딥러닝 모델에 넣어주면, 여러 층을 거치면서 모델이 중요한 특성을 추출한다. 픽셀 값 같은 가장 낮은 수준의 특성에서 시작해 각 층에서 고수준의 특성을 추출한다. 이러한 방법으로 픽셀들의 복잡한 3차원 배열을 이미지가 속할 10개 클래스를 가리키는 10개 숫자로 매핑하게 된다.

처리하는 데이터 유형에 따라 표준화된 특정 신경망 아키텍처가 있다. 이미지 분석의 경우 컨볼루션 신경망CNN, Convolutional Neural Networks이 거의 보편적으로 선택된다. 텍스트나 오디오 같은 시퀀스 데이터의 경우, 특히 LSTMLong Short-Term Memory 형태의 순환 신경망 방식이 업계 표준이다. 한 언어에서 다른 언어로 텍스트를 변환하거나 텍스트를 음성으로 변환하는 것과 같이 한 시퀀스를 다른 시퀀스로 변환하는 경우, 시퀀스−투−시퀀스 sequence-to-sequence 모델이라는 더 새로운 아키텍처가 있다. 유사한 문제를 풀기 위해 다른 사람들이 사용했던 유명한 신경망 아키텍처를 찾아볼 수도 있다. 예를 들어 VGG−16이라는 특별한 형태의 컨볼루션 신경망은 이미지 인식에 있어 매우 유명하다. 유사한 문제를 푸는 경우 특정 아키텍처로 모델을 구축하고 주어진 데이터셋으로 훈련할 수 있다. 또다른 선택지는 훈련된 기존 모델을 가중치와 함께 택해 전이 학습transfer learning으로 데이터를 학습하는 것이다. 이에 대한 예는 4장에서 봤다.

실제로 모델을 구축하기 위해 일반적인 프로그래밍 방식을 사용할 수 있다. 이 경우 파이썬Python, 알R 또는 맷랩MATLAB 같은 선호하는 데이터 과학 언어를 사용해 모델을 구축한 다음, 배포를 위한 이진 형식으로 모델을 저장한다. 최근에는 데이터 과학자가 코드를 쓰지 않거나 최소한의 코드만으로 모델을 만들 수 있도록 하는 많은 AI 워크벤치들이 각광을 받고 있다. 소프트웨어를 설치하지 않고 클라우드 CPU와 GPU에서 파이썬 코드를 실행할 수 있게 해주는 구글 코래버러토리를 봤다. H2O나 DataRobot 같은 AI 워크벤치를 사용하면 모델 개발까지 자동화할 수 있다. H2O.ai는 그림 9.3과 같은 웹 인터페이스를 제공하며, CSV 파일과 데이터베이스에서 데이터를 업로드할 수 있으며, 구성 configuration만으로 머신러닝 모델을 구축할 수 있게 해준다.

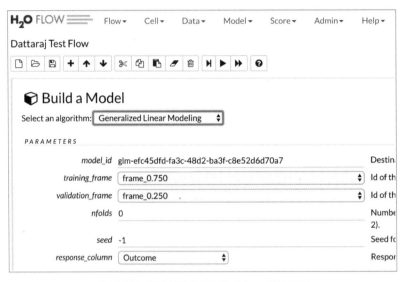

그림 9.3 코드 없이 모델 개발이 가능한 H2O AI 워크벤치

4단계: 모델 검증 및 하이퍼파라미터 튜닝

모델을 구축한 다음 데이터셋에서 모델을 훈련시키고 검증해야 한다. 데이터셋에서의 훈련 및 검증에서 처음부터 좋은 정밀도precision를 얻는 경우는 드물다. 대부분 성능을 개선하기 위해 여러 조정 노브knob를 튜닝해야 한다. 어떤 머신러닝 기법을 사용할지 또는 어떤 심층 아키텍처를 사용할지 같은 초기 결정이 명백히 내려진 후, 대부분의 데이터 과학의 노력은 이러한 하이퍼파라미터를 튜닝하는 데 들어간다. 층layer의 수, 층별 뉴런 수, 학습율learning rate, 활성화 함수 종류 등과 같은 하이퍼파라미터의 값을 변경함으로써 어떻게 모델의 정밀도를 향상시킬지를 이해할 수 있다. 이러한 결정의 대부분은 문제 영역과 데이터셋에 따라 달라지겠지만, 수년 간의 경험을 거친 숙련된 데이터 과학자가 사용하는 특정한 경험 법칙이 있다. H2O와 같은 AI 워크벤치는 이러한 모범 사례를 포착하

고 사용자가 그에 따라 값을 수정할 수 있도록 돕는다.

최근에는 모델 하이퍼파라미터 튜닝에 오토 머신러닝^{Auto ML}이라는 새로운 기법이 큰 인기를 끌고 있다. Auto ML은 계속 발전 중이지만, 본질적으로 모델을 자동으로 구축하고 훈련시키는 방법을 제공한다. 아이디어는 연구 대상 데이터셋에 대해 많은 다른 샬로 모델^{shallow model}과 딥러닝 모델을 동시에 적용한다는 것이다. 각 모델은 많은 데이터 과학자들이 따르는 모범 사례에 따라 결정된 많은 하이퍼파라미터들과 함께 적용된다. 이러한 조합을 병렬로 사용해, 특정 문제에 대한 모델과 하이퍼파라미터의 최선의 조합을 찾아낸다.

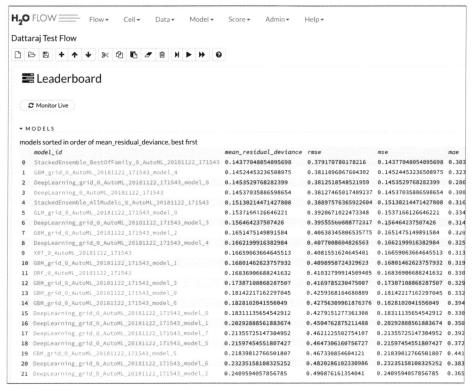

그림 9.4 Auto ML 리더보드의 H2O AI 예

구글은 신경망이 새로운 신경망을 구축하는 기술로 AutoML을 공격적으로 마케팅해 왔다. 앞서 살펴본 H2O 워크벤치는 AutoML도 지원한다. 훈련 및 검증 데이터와 함께 주어진 문제에 대해 H2O에서 AutoML을 실행할 때, AutoML은 여러 모델과 파라미터 조합을 병렬로 시도한다. 그런 다음 그림 9.4와 같이 상위 모델과 순위를 보여주는 결과가 포함된 리더보드를 보여준다.

5단계: 프로덕션 환경으로 배포

모델이 만족할 만한 정밀도로 훈련 및 검증된 후에는 프로덕션에 배포할 수 있다. 8장에서 봤듯이, 이것은 사용자 인터페이스에서 수집돼 모델에 제공되는 데이터를 사용하는 웹 애플리케이션으로 할 수 있다. 여기서 명심해야 할 것은 훈련 중 적용한 데이터 선처리preprocessing가 추론 중에도 적용돼야 한다는 것이다. 예를 들어 이미지 데이터의 경우, 0과 1 사이의 값으로 정규화하기 위해 255로 나눈다. 웹 애플리케이션에서도 모델에 공급하기 전에 동일한 작업이 수행돼야 한다. 그런 다음 모델의 결과를 평가해야 한다.

MATLAB 및 R과 같은 일부 환경은 모델을 실행 파일로 패키징해 시스템에 배포할 수 있는 방법을 가지고 있다. 최근에는 클라우드 기반 모델 배포가 많은 주목을 받고 있다. 그 예가 바로 아마존 웹 서비스AWS 세이지메이커SageMaker이다. AWS SageMaker는 개발자들에게 모델을 만들 수 있는 주피터 노트북을 제공한다. 데이터는 웹 또는 AWS S3Simple Storage Service에서 가져올 수 있으며, 어떤 종류의 파일도 저장할 수 있다. 코드를 사용한 훈련 및 검증 후, 모델을 클라우드에 자동으로 배포하고 여러 대의 컴퓨터에서 실행되도록 확장할 수 있다.

이전의 예에서 모델을 도커 컨테이너에 마이크로서비스로 패키징해 쿠버네티스 클러스터에 배포했다. 규모 확장, 장애 극복 및 부하 분산은 쿠버네티스가 처리한다. 그러나 모델 파일을 패키징하려면 애플리케이션 코드를 작성해야 한다. 또한 사용자가 입력한 입력은 코드에서 호출한 형식으로 모델에 제공돼야 한다. 텐서플로 서빙TensorFlow-Serving이라는 구글이 개발한 오픈 소스 솔루션이 있는데, 이를 통해 모델 파일을 마이크로서비스와 배포에 자동으로 패키징할 수 있다. 이것은 이제 HTTP 호출을 사용하는 REST API로 호출할 수 있다. TensorFlow−Serving은 구글의 고성능 원격 프로시저 호출^{RPC, Remote Procedure Call} 프로토콜인 gRPC도 지원한다. 이에 대해서는 10장에서 더 자세히 이야기하겠다.

피드백과 모델 업데이트

모델을 프로덕션에 배포하는 것이 끝이 아니라는 것을 명심하라. 모델이 실제 데이터상에서 얼마나 잘 작동하는지 확인하기 위해 지속적인 피드백 메커니즘이 마련돼야 한다. 여러 가지 이유로 실제 현장 데이터로 정확한 수치를 얻지 못하는 경우가 많다. 모델은 새로운 데이터로 재보정하고 정밀하게 튜닝해 재배포할 필요가 있을 수 있다. 모델 구축에서부터 프로덕션 배포에 이르기까지, 머신러닝 수명주기의 어떤 부분은 여러 번 반복될 수 있다. 머신러닝 플랫폼은 이러한 반복적 특성을 고려해야 하며, 성능을 모니터링하고, 모델을 재구축하고, 재훈련하고, 새로운 버전을 프로덕션에 배포할 수 있는 자동화된 도구가 있어야 한다.

> **NOTE** 각각의 새 모델 배포는 코드 배포와 분리돼야 한다. 소프트웨어 팀이 프로덕션 환경에서 새 머신러닝 모델의 배포를 주도하고 문제를 디버깅하는 것을 원하지 않는다. 머신러닝 플랫폼은 데이터에서 새로운 모델을 검증하고 그것을 배포할 수 있는 권한을 데이터 과학자에게 부여해야 한다. 좋은 머신러닝 플랫폼에는 최소한의 수동 개입으로 모델의 새 버전을 자동 배포하는 자동화 도구가 있어야 한다.

시간이 흐름에 따라 모델의 성능이 저하되는 것 또한 가능하다. 이것은 환경의 변화, 부정확한 보정 등으로 인한 것일 수 있다. 또는 모델의 훈련 및 검증 단계에서 수집한 데이터가 더 이상 유효하지 않기 때문일 수도 있다. 시스템은 바뀌었고 재훈련이 필요하다. 재훈련이란 소프트웨어 과정의 일부분으로 신중히 고려해야 하는 일이다. 모든 문제를 영원히 해결해줄 단 하나의 범용 모델을 만들어내는 것은 불가능하다. 모델을 만든 이후에도 수차례에 걸쳐 새로운 데이터에서 모델을 수정하고 재훈련, 재배포해야 한다. 개발 과정은 이러한 변화 관리 단계를 포함해야 한다. 이와 같이 신규 데이터를 수집하고, 모델을 검증하고, 신규 버전을 재훈련 및 재배포하는 과정을 정의했다.

쿠버네티스는 모델 재훈련 및 재배포에 있어 커다란 도움이 될 수 있다. 새로운 데이터에서 모델을 테스트하고 새 모델을 구축하고 프로덕션에 배포하는 방법을 포함한 머신러닝 파이프라인을 구축하는 것을 돕는 큐브플로우^{Kubeflow}와 같은 새로운 워크플로 도구들이 발전하고 있다. 이러한 시스템들은 기존의 지속적인 통합 도구와 통합돼 배포를 매우 간단하게 만든다. 10장에서 이 새로운 도구들에 관해 논의할 것이다.

엣지 장치에 배포하기

지금까지 쿠버네티스 같은 플랫폼을 사용해 클라우드나 사내 서버에 배포하는 것에 대해 이야기했다. 그러나 많은 경우 소스에 가까운 데이터를 분석하고 결과를 제공해 즉각적인 조치를 취해야 한다. 전용 하드웨어의 엣지^{Edge}에서의 배포에는 자체적인 제약이 존재한다. 모델은 이진 파일로 패키징돼 있으며 보통 C 또는 C++로 작성된 내장 코드 embedded code에 의해 호출된다. AI 모델을 배포하는 또 다른 방법은 그것을 모바일 앱으로 패키징하고 클라우드 서버에 비해 상대적으로 저전력인 모바일 기기에 배포하는 것이다.

이러한 모바일 및 엣지 장치는 보통 처리 능력과 메모리에 제한을 받는다. 따라서 모델이 이러한 장치에서 실행되려면 모델이 매우 효율적이고 가벼워야 한다. 또한 이러한 장치들은 모델을 더 빨리 실행하기 위해 하드웨어 가속을 사용하는 경우가 많다. 이러한 모델은 일반적으로 현장에서 발생하는 특정 활동을 실시간으로 알리기 위한 것이다. 예를 들어 차가 출입하는 것을 지켜보는 카메라로 주차장 게이트를 제어하려면 엣지 장치에서 실행되면서 차량을 감지하고 차량이 접근하면 게이트를 여는 회로를 실시간으로 호출하는 모델이 필요하다.

최신 엣지 장치는 하드웨어 가속 칩을 사용해 딥러닝 모델을 지원한다. 이 가운데 가장 인기 있는 칩은 NVIDIA GPU^{Graphics Processing Unit}다. GPU는 복잡한 그래픽을 화면에 매우 빠르게 렌더링하는 특수 칩으로 출발했다. 노트북과 게임기에 쓰이는 그래픽 카드에는 GPU 칩이 내장돼 있다. 이 칩들은 대규모 병렬 선형대수 계산을 지원한다. GPU에는 이러한 작업을 병렬로 수행하고 화면에 이미지를 렌더링할 수 있는 수천 개의 프로세싱 코어가 있다.

고급 딥러닝을 위해서도 대규모 병렬 선형대수 계산이 필요하다는 것이 밝혀졌다. NVIDIA는 컴퓨팅을 위해 그래픽 카드를 확장하기 시작했고 매우 유명해졌다. 이제 NVIDIA는 딥러닝을 위한 전용 GPU 카드를 만든다. 또한 DGX-1과 같은 고급 시스템을 개발하는데, DGX-1은 여러 개의 GPU 카드가 하나처럼 기능하며 복잡한 딥러닝 문제를 매우 빠르게 풀 수 있다. GPU에 대한 아이디어는 꽤 간단하다. CPU 칩은 복잡한 유형의 작업을 매우 빠르지만 순차적으로 수행할 수 있는 범용 칩이다. 멀티 코어 CPU를 사용하면 병렬 처리도 가능하지만 제한적이다. GPU는 이러한 기본 코어를 수천 개의 코어로 확장함으로써 병렬 계산의 진정한 강점을 이용할 수 있게 된다.

(2018년 기준) 다른 기업들도 딥러닝 칩셋 분야에 뛰어들기 시작했다. 구글은 GPU와 동일한 원리로 작동하지만 전력 소비가 적다고 주장하는 TPU^Tensor Processing Unit를 출시했다. 마이크로소프트는 프로그래밍 방식의 프로세서 개발을 가능하게 하는 FPGA^Field-Programmable Gate Array라는 기술에 투자하고 있다. 마이크로소프트는 FPGA를 사용하면 GPU와 유사한 병렬 컴퓨팅의 이점이 더 많다고 주장한다.

이 기술은 지속적으로 발전하고 있다. NVIDIA가 GPU를 가지고 시장을 주도하고 있지만, 경쟁사들이 빠르게 추격하고 있다. 수년 후면 어떤 특정 기술이 주도하며 어떤 특정 종류의 칩이 엣지에서의 딥러닝에 최적인지를 확실하게 얘기할 수 있을 것이라고 믿는다.

GPU와 TPU가 CPU에 비해 딥러닝 모델 훈련 시간을 어떻게 향상시키는지 실제로 보여주기 위해, 다른 시스템에서 동일한 코드를 실행하고 성능을 분석해보자. 가장 손쉬운 방법은 구글 코래버러토리에 주피터 노트북을 만드는 것이다. 이를 통해 듀얼 코어 CPU, NVIDIA K80 GPU 및 Google TPU 간에 런타임을 전환할 수 있다. 이런 방법으로 세 가지 환경에서 코드를 따로 테스트할 수 있다. 먼저 리스트 9.1의 코드를 보자.

먼저 구글 코랩^{Colab} 인스턴스에 GPU, TPU 또는 CPU-only 중에서 어떤 장치에 연결할지를 결정할 것이다. GPU와 TPU는 모두 보조 프로세서이며, 기계가 메인 OS를 실행하기 위해서는 여전히 CPU가 필요하다는 것을 명심하라.

리스트 9.1 GPU 또는 TPU 연결을 체크하는 코드

```
# 필요한 라이브러리 임포트
import tensorflow as tf
import os

# GPU 유무 체크
gpu_exists = (tf.test.gpu_device_name() != '')
# TPU 유무 체크
tpu_exists = (os.getenv('COLAB_TPU_ADDR') is not None)

# GPU 장치가 있는 경우
if gpu_exists:
    print('GPU device found: ', tf.test.gpu_device_name())
# TPU 장치가 있는 경우
elif tpu_exists:
    print('TPU device found: ', os.getenv('COLAB_TPU_ADDR'))
else:
    print('No GPU or TPU. We have to reply on good old CPU!')

print ('----------------')
print ()
print ()
print('---------- CPU configuration --- START ----------')
command = 'cat /proc/cpuinfo'
print (os.popen(command).read().strip())
print('---------- CPU configuration --- END ----------')

print('---------- Memory configuration --- START ----------')
command = 'cat /proc/meminfo'
print (os.popen(command).read().strip())
print('---------- Memory configuration --- END ----------')
```

구글 코래버러토리 노트북을 새로 열고 이 코드를 셀에 입력할 수 있다. 그러고 나서 세 가지 런타임 옵션을 하나씩 차례로 선택해 실행시켜보자. 각 런타임을 선택한 후, Connect를 클릭해 클라우드 가상머신을 요청하고 이 머신이 준비되면 이 코드를 실행한다. 그러면 머신의 구성을 알고 GPU와 TPU를 구별할 수 있을 것이다. 이 코드는 구글 코래버러토리에만 해당되지만 사용자가 보유한 특정 엣지 하드웨어에 맞도록 쉽게 수정할 수 있다.

런타임 메뉴에서 런타임 유형 변경 옵션을 선택한 다음 GPU, TPU 또는 없음 중에서 선택할 수 있다(그림 9.5 참조). None은 하드웨어 가속기가 없이 CPU만 사용할 수 있다는 것을 의미한다. 그런 다음 해당 런타임에 연결하고 다른 인스턴스에서 이 코드 블록을 실행해 어떤 하드웨어 가속기가 있는지 확인할 수 있다.

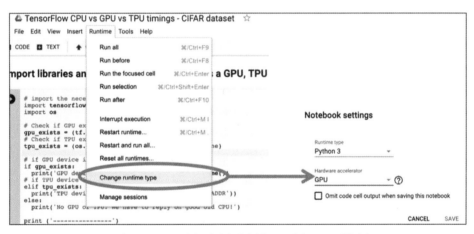

그림 9.5 구글 코래버러토리에서 런타임을 CPU에서 GPU로 전환하기

케라스와 함께 제공되는 표준 CIFAR 데이터셋에서 컨볼루션 신경망을 훈련시킨다. 그런 다음 런타임을 변경하면서 훈련 시간이 어떻게 변하는지 살펴보고자 한다. GPU 또는 순수 CPU에서 실행하는 경우, 동일한 코드가 양쪽 모두에서 작동한다는 것을 알 수 있다. 구글 TPU에 대해서는 약간의 수정이 필요하다. 그러나 TPU 기술이 발전함에 따라, TPU에서도 같은 코드를 실행할 수 있을 것이라고 생각한다. 이상적으로는 하드웨어

가속 칩이 코드에 영향을 미치지 않아야 한다. GPU나 TPU에 적합한 드라이버가 구성돼 있는 한 동일한 코드를 여러 환경에서 실행할 수 있어야 한다. 결국 그것이 텐서플로나 케라스와 같은 플랫폼이 제공하는 힘이다. 리스트 9.2를 참조하라.

리스트 9.2 데이터셋을 로드하고 일부 이미지를 표시하고 모델을 만드는 코드

```
# 라이브러리 임포트
from tensorflow import keras
import numpy as np
# 그림을 위한 구성
import matplotlib.pyplot as plt
%matplotlib inline

# 데이터셋 임포트
dataset = keras.datasets.cifar10

# 훈련 데이터 및 테스트 데이터로 분할
(train_images, train_labels), (test_images, test_labels) = dataset.load_data()

# CIFAR 10에 대한 클래스명 정의
class_names = ['airplane', 'automobile', 'bird', 'cat', 'deer', 'dog',
'frog', 'horse', 'ship', 'truck']

# 샘플 이미지 표시해보기
plt.figure(figsize=(8,8))
for i in range(25):
    plt.subplot(5,5,i+1)
    plt.xticks([])
    plt.yticks([])
    plt.grid(False)
    plt.imshow(train_images[i])
    plt.xlabel(class_names[train_labels[i][0]])

# 훈련 및 테스트 데이터 선처리
x_train, x_test = train_images / 255.0, test_images / 255.0
y_train, y_test = train_labels, test_labels
```

```
# 컨볼루션 신경망 구축
model = tf.keras.models.Sequential([
            tf.keras.layers.Conv2D(32, (3, 3), padding='same', input_shape=x_
train.shape[1:]),
            tf.keras.layers.Activation('relu'),
            tf.keras.layers.MaxPooling2D(pool_size=(2, 2)),
            tf.keras.layers.Dropout(0.25),
            tf.keras.layers.Conv2D(64, (3, 3), padding='same'),
            tf.keras.layers.Activation('relu'),
            tf.keras.layers.Conv2D(64, (3, 3)),
            tf.keras.layers.Activation('relu'),
            tf.keras.layers.MaxPooling2D(pool_size=(2, 2)),
            tf.keras.layers.Dropout(0.25),
            tf.keras.layers.Flatten(),
            tf.keras.layers.Dense(512, activation=tf.nn.relu),
            tf.keras.layers.Dropout(0.2),
            tf.keras.layers.Dense(10, activation=tf.nn.softmax)
            ])

model.compile(optimizer='adam',
            loss='sparse_categorical_crossentropy',
            metrics=['accuracy'])

model.summary()
```

그림 9.6은 샘플 이미지를 표시한 것이다.

그림 9.6 CIFAR-10 데이터셋의 샘플 이미지들

이제 데이터를 로드하고 모델을 정의했으므로 데이터셋에서 모델을 훈련시키자. GPU 및 TPU를 위한 모델 구축 부분에 대한 코드는 동일하다. TPU를 위한 모델 실행 코드는 약간 차이가 있으므로 TPU를 사용하는지 여부를 알려주는 tpu_exists 플래그를 사용한다. 리스트 9.3을 보자.

리스트 9.3 TPU가 사용 여부를 체크하고 코드를 실행해 모델 훈련 – 시간 재기

```
import datetime

# 시작 시간 읽기
st_time = datetime.datetime.now()
```

```python
# 10 에포크 동안 훈련
num_epochs = 10

# TPU가 없으면 단순한 훈련 명령을 실행
if not tpu_exists:
    model.fit(x_train, y_train, epochs=num_epochs)

# TPU가 있으면 이에 맞는 데이터 구조를 사용해야 한다.
else:
    tpu_url = 'grpc://' + os.environ['COLAB_TPU_ADDR']
    tpu_model = tf.contrib.tpu.keras_to_tpu_model(
            model, strategy = tf.contrib.tpu.TPUDistributionStrategy(
            tf.contrib.cluster_resolver.TPUClusterResolver(tpu=tpu_url)
            )
        )
    tpu_model.compile(
            optimizer=tf.train.AdamOptimizer(learning_rate=1e-3, ),
            loss=tf.keras.losses.sparse_categorical_crossentropy,
            metrics=['sparse_categorical_accuracy']
        )

    # 훈련 함수의 정의
    def train_gen(batch_size):
        while True:
            offset = np.random.randint(0, x_train.shape[0] - batch_size)
        yield x_train[offset:offset+batch_size], y_train[offset:offset + batch_size]

    # TPU에서 모델 적합시키기
    tpu_model.fit_generator(
        train_gen(1024),
        epochs=num_epochs,
        steps_per_epoch=100,
        validation_data=(x_test, y_test),
        )

# 훈련이 끝나면 시간 기록
```

```
end_time = datetime.datetime.now()

print('Training time = %s'%(end_time-st_time))
```

이제 런타임을 GPU에서 TPU로, 다시 CPU로 변경하며 훈련 시간을 기록해보자. 하드웨어 가속이 훈련에 어떻게 도움을 주는지 보게 될 것이다. 머신러닝 작업에서는 일반적으로 훈련에 시간이 더 걸린다. 거의 대부분의 경우 예측 시간에서도 동일한 성능 개선을 볼 수 있을 것이다. 그림 9.7과 리스트 9.4를 보자.

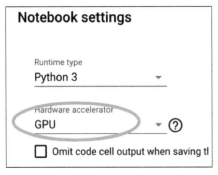

그림 9.7 GPU를 사용하도록 설정 변경

리스트 9.4 GPU, TPU 및 CPU에서 훈련을 실행한 결과

```
GPU device found:    /device:GPU:0

----------------
Epoch 1/10
50000/50000 [==============================] - 22s 430us/step - loss:
1.4497 - acc: 0.4754
Epoch 2/10
50000/50000 [==============================] - 19s 372us/step - loss:
1.0527 - acc: 0.6242
Epoch 3/10
50000/50000 [==============================] - 19s 386us/step - loss:
0.9037 - acc: 0.6807
```

```
Epoch 4/10
50000/50000 [==============================] - 19s 370us/step - loss:
0.8085 - acc: 0.7163
Epoch 5/10
50000/50000 [==============================] - 19s 376us/step - loss:
0.7259 - acc: 0.7443
Epoch 6/10
50000/50000 [==============================] - 18s 370us/step - loss:
0.6556 - acc: 0.7687
Epoch 7/10
50000/50000 [==============================] - 19s 375us/step - loss:
0.6067 - acc: 0.7864
Epoch 8/10
50000/50000 [==============================] - 19s 373us/step - loss:
0.5561 - acc: 0.8038
Epoch 9/10
50000/50000 [==============================] - 19s 375us/step - loss:
0.5156 - acc: 0.8187
Epoch 10/10
50000/50000 [==============================] - 19s 379us/step - loss:
0.4776 - acc: 0.8319
----------------

Training time = 0:03:11.096094

TPU device found: 10.12.160.114:8470

----------------
Epoch 1/10
100/100 [==============================] - 24s 243ms/step - loss: 1.6977
- sparse_categorical_accuracy: 0.3873 - val_loss: 1.4215 - val_sparse_
categorical_accuracy: 0.4956
Epoch 2/10
100/100 [==============================] - 16s 162ms/step - loss: 1.3143
- sparse_categorical_accuracy: 0.5318 - val_loss: 1.1858 - val_sparse_
categorical_accuracy: 0.5812
Epoch 3/10
```

```
100/100 [==============================] - 15s 151ms/step - loss: 1.1498
- sparse_categorical_accuracy: 0.5938 - val_loss: 1.0693 - val_sparse_
categorical_accuracy: 0.6247
Epoch 4/10
100/100 [==============================] - 16s 157ms/step - loss: 1.0443
- sparse_categorical_accuracy: 0.6324 - val_loss: 0.9734 - val_sparse_
categorical_accuracy: 0.6594
Epoch 5/10
100/100 [==============================] - 15s 152ms/step - loss: 0.9380
- sparse_categorical_accuracy: 0.6722 - val_loss: 0.9119 - val_sparse_
categorical_accuracy: 0.6779
Epoch 6/10
100/100 [==============================] - 14s 144ms/step - loss: 0.8462
- sparse_categorical_accuracy: 0.7031 - val_loss: 0.8745 - val_sparse_
categorical_accuracy: 0.6959
Epoch 7/10
100/100 [==============================] - 15s 148ms/step - loss: 0.7809
- sparse_categorical_accuracy: 0.7281 - val_loss: 0.8322 - val_sparse_
categorical_accuracy: 0.7050
Epoch 8/10
100/100 [==============================] - 15s 147ms/step - loss: 0.7181
- sparse_categorical_accuracy: 0.7507 - val_loss: 0.8213 - val_sparse_
categorical_accuracy: 0.7170
Epoch 9/10
100/100 [==============================] - 15s 148ms/step - loss: 0.6556
- sparse_categorical_accuracy: 0.7708 - val_loss: 0.7956 - val_sparse_
categorical_accuracy: 0.7236
Epoch 10/10
100/100 [==============================] - 14s 145ms/step - loss: 0.5934
- sparse_categorical_accuracy: 0.7922 - val_loss: 0.7902 - val_sparse_
categorical_accuracy: 0.7333
----------------

Training time = 0:02:58.394083

No GPU or TPU. We have to reply on good old CPU!
```

```
----------------
Epoch 1/10
50000/50000 [==============================] - 206s 4ms/step - loss:
1.4893 - acc: 0.4583
Epoch 2/10
50000/50000 [==============================] - 203s 4ms/step - loss:
1.1087 - acc: 0.6055
Epoch 3/10
50000/50000 [==============================] - 204s 4ms/step - loss:
0.9576 - acc: 0.6615
Epoch 4/10
50000/50000 [==============================] - 203s 4ms/step - loss:
0.8492 - acc: 0.7010
Epoch 5/10
50000/50000 [==============================] - 203s 4ms/step - loss:
0.7750 - acc: 0.7285
Epoch 6/10
50000/50000 [==============================] - 202s 4ms/step - loss:
0.7060 - acc: 0.7523
Epoch 7/10
50000/50000 [==============================] - 203s 4ms/step - loss:
0.6430 - acc: 0.7733
Epoch 8/10
50000/50000 [==============================] - 203s 4ms/step - loss:
0.5984 - acc: 0.7884
Epoch 9/10
50000/50000 [==============================] - 203s 4ms/step - loss:
0.5564 - acc: 0.8027
Epoch 10/10
50000/50000 [==============================] - 203s 4ms/step - loss:
0.5184 - acc: 0.8172
----------------

Training time = 0:33:54.456107
```

이제 코랩에서 설정을 변경해 TPU를 포함하도록 하고 다시 CPU만 사용하는 것으로 돌아가보자. 그림 9.8과 9.9가 이 설정을 보여준다.

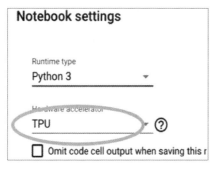

그림 9.8 TPU를 사용하도록 설정 변경

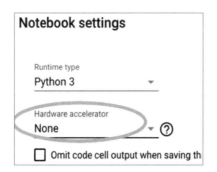

그림 9.9 CPU만 사용하도록 설정 변경

딥러닝 모델을 훈련시키는 데 CPU(33:54)와 비교해 GPU(3:11)과 TPU(2:58)가 훨씬 좋은 성능을 보인다는 것을 알 수 있다. 10배 성능이 향상된 것을 볼 수 있다. 즉, GPU 또는 TPU를 사용하면 훈련 시간이 10배 줄어든다. 기본 모델 훈련에 30분이라는 시간 절약은 대단히 값진 것이다. 데이터 과학자가 여러 가지 시나리오를 시도해보고 수백 개의 모델을 훈련시키는 경우, 모델당 30분의 시간 절약은 대단한 가치가 있는 것이다. 그래서 GPU 하드웨어의 값이 꽤 비싼 것이다. 그러나 팀이 여러 가지 구성의 많은 모델을 훈련시키게 된다면, 분명히 투자에 대한 좋은 수익을 얻게 될 것이다.

기술이 빠르게 발전하고 있기 때문에 GPU와 TPU 간은 실제로 일대일로 직접 비교할 대상이 아니다. 새로운 NVIDIA GPU는 K80보다 성능이 더 나을 수 있다. 동시에 구글은 더 나은 TPU 옵션을 만들어낼 것이다. 새 장치를 사용할 수 있게 되면 이 코드를 사용해 새 장치의 성능을 검증할 수 있다.

요약

9장에서는 머신러닝 모델 개발의 수명주기를 살펴봤다. 데이터를 구하고 정제하는 것과 관련한 단계들을 알아봤다. 데이터 유형을 기반으로 최선의 모델 구축 기법을 선택하기 위한 워크플로도 봤다. 마지막으로 모델의 프로덕션 배포에 대해서 논의했다. 또한 엣지 장치에 배포하는 것과 GPU 및 TPU와 같은 하드웨어 가속기를 사용해 훈련 및 예측 성능을 향상시키는 것에 대해서도 논의했다.

10장에서는 머신러닝 모델을 프로덕션에 배포하는 것과 사용 가능한 동급 최강의 도구에 관해 구체적으로 논의할 것이다. 머신러닝 수명주기의 여러 단계를 위한 오픈 소스 도구의 예와 이들을 조합해 쿠버네티스를 사용하는 머신러닝 파이프라인을 구축하는 방법을 논의할 것이다. 회귀 모델을 만드는 예를 가지고 H2O AI 워크벤치에 대해서 논의할 것이다. 도커 컨테이너에 마이크로서비스로 패키징된 모델의 배포를 위한 텐서플로-서빙에 대해서 일아본나. 데이터 과학을 위한 CI 과정을 확립하기 위한 머신러닝 파이프라인의 구축을 돕는 큐브플로를 알아볼 것이다.

머신러닝 플랫폼

9장에서는 머신러닝 수명주기에 관해 이야기했다. 모델 개발이 어떻게 문제 정의, 데이터 수집, 정제, 준비, 하이퍼파라미터 튜닝, 배포를 포함하는 더 큰 퍼즐의 한 조각이 되는지 봤다. 우수한 데이터 과학 또는 머신러닝 플랫폼은 데이터 과학자가 소프트웨어 개발에 관여하지 않고 종단간$^{end-to-end}$ 싸이클을 주도할 수 있도록 이러한 서로 다른 단계에서 자동화를 추진할 수 있는 도구를 제공해야 한다. 이것은 머신러닝을 위한 DevOps와 같다. 일단 모델이 프로덕션에 릴리스되면 특별한 통합 없이 소프트웨어 애플리케이션에 의해 사용돼야 한다.

10장에서는 머신러닝 플랫폼 구축을 위해 광범위하게 채택되고 있는 몇 가지 도구와 기술을 살펴본다. 인공지능 솔루션을 배포하면서 데이터 과학자가 대처해야 하는 공통적인 문제에 대해 논의할 것이다. 각 문제를 해결하는 동급 최고의 도구들을 보게 될 것이다. 또한 이러한 개별 제품들을 어떻게 묶어 쿠버네티스에서 호스팅되는 더 큰 데이터 과학 플랫폼을 형성할 수 있는지 볼 것이다.

머신러닝 플랫폼 문제

9장에서 실제 알고리즘 선택과 모델 개발이 인공지능 문제를 해결하는 데 있어서 얼마나 중요한 활동인지를 봤다. 그러나 보통은 시간이 많이 걸리는 활동은 아니다. 우리는 이 활동을 단순화하고 몇 줄의 코드만으로 모델을 구축하고 훈련시키게 해주는 강력한 라이브러리와 플랫폼을 가지고 있다. 어떤 최신 데이터 과학 플랫폼은 실제로 한 줄의 코드도 작성하지 않고 올바른 모델을 선택하고 훈련할 수 있게 해준다. 데이터를 이용한 모델 개발 및 훈련은 순전히 구성을 통해 이뤄진다. 10장에서 그러한 플랫폼의 예를 볼 수 있다.

데이터 과학자는 일반적으로 데이터 수집, 데이터 정제, 모델이 사용할 데이터 준비, 모델 및 하이퍼파라미터에 대한 훈련의 분산에 더 많은 시간을 할애한다. 모델을 프로덕션에 배포하는 것 또한 다른 주요 활동이며 대부분 데이터 과학자와 소프트웨어 개발자 사이의 많은 수동적 상호작용과 변환 작업을 포함한다. 데이터 과학자들은 전체 솔루션 개발 시간의 50~80%가 데이터 준비, 정제 및 배포 같은 모델 구축 또는 훈련과 직접 관련이 없는 활동에 사용된다고 말한다. 사실 오늘날의 모델 개발은 파이썬과 R 같은 언어로 된 라이브러리를 사용해 상당히 잘 자동화돼 있다. 그러나 나머지 데이터 과학 과정은 여전히 대부분 수동으로 남아 있다.

모델 개발 수명주기 동안 이러한 다양한 활동을 자동화할 수 있는 머신러닝이나 데이터 과학 플랫폼을 개발하기 위해 아마존, 구글, 마이크로소프트와 같은 최고의 애널리틱스 사용 기업들이 큰 노력을 기울이고 있다. 이러한 플랫폼의 예로는 아마존 SageMaker, 구글 AutoML, 마이크로소프트 Azure Studio 등이 있다. 이들은 일반적으로 특정 공급 업체의 각 클라우드 판매 서비스에 연계돼 있다. 모든 빅데이터를 해당 공급업체의 클라우드에 저장하고 비용을 지불하는 한, 그들의 데이터 과학 플랫폼을 사용해 모델 개발 과정을 쉽게 진행할 수 있다. 특정 요구 조건에 따라 이러한 클라우드 판매 서비스에 제약이 있다는 것을 알게 되거나 퍼블릭 클라우드에 데이터를 저장하는 것을 원치 않을 수 있다. 이 경우 특정 요구 사항에 맞는 자체적인 사내 데이터 과학 플랫폼을 구축할 수 있다.

각 접근 방법의 장단점에 대해 이야기해보자. 어느 쪽이든 회사가 많은 애널리틱스를 구축하고 소비하고 있다면 데이터 과학자가 수행하는 소프트웨어 활동을 용이하게 할 수 있는 머신러닝 플랫폼에 투자하는 것이 유리하다.

소프트웨어 개발에서 애자일 프레임워크$^{agile\ framework}$는 짧은 개발주기로 새로운 코드를 더 빨리 릴리스함으로써 반복적으로 제품에 기능을 추가하려고 한다. 이 속도는 코드 컴파일, 단위 테스트 실행, 의존성 통합 같은 문제들을 처리하는 CI/CD와 같은 자동화 도구를 사용해 달성된다. 이와 유사한 방식으로, 데이터 과학 플랫폼은 데이터를 신속하게 수집, 접근 및 분석할 수 있고, 수익 창출을 위해 현장에 배포할 수 있는 패턴을 찾는데 도움이 될 것이다. 플랫폼이 처리해주기를 원하는 특정 데이터 과학 문제들이 있으므로, 데이터 과학자는 수동으로 이 작업을 수행하는 데 너무 많은 시간을 낭비하지 않는다. 그림 10.1에 요약된 이러한 문제 중 일부를 살펴보자.

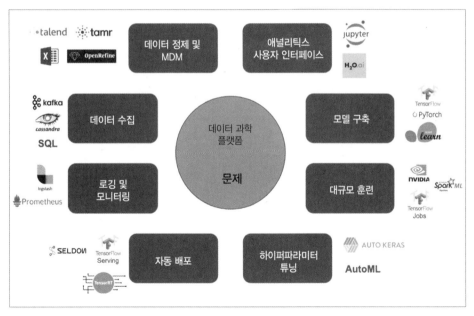

그림 10.1 일반적인 데이터 과학 문제와 이를 해결하는 도구들

그림 10.1은 우수한 데이터 과학 또는 머신러닝 플랫폼이 해결해야 할 주요 문제 중 일부를 보여준다. 현업에서는 두 가지 명칭을 모두 사용하기 때문에 이 용어를 서로 바꿔 사용해왔다. 이 플랫폼은 기본적으로 데이터 과학자들이 그림 10.1에서 보는 문제를 해결하는 데 도움이 되는 플랫폼이다. 이제 이러한 문제들을 살펴보고 주요 도구 중 일부가 이러한 문제를 어떻게 해결하는지 살펴보자.

데이터 수집

모델을 훈련시킬 올바른 데이터를 구하는 일은 현장에서 작동하는 모델을 만들고 있는지 확인하는 데 필수적이다. 머신러닝에 관한 대부분의 온라인 학습서나 책에서는 이미 모델에 공급할 CSV 파일로 패키징된 데이터를 볼 수 있다. 그러나 깔끔하게 패키징된 이 CSV를 생성하는 데는 상당한 노력이 필요하며 플랫폼이 일부를 처리할 수 있다면 데이터 과학자에게 도움이 될 것이다. 이것은 프로덕션 데이터 소스에 연결하고, 올바른 데이터를 질의^{query}하고, 원하는 형식으로 변환하는 것을 포함한다.

기존의 데이터 소스는 대량의 데이터를 저장하기 위해 관계형 데이터베이스를 사용했다. 구조화 질의 언어$^{SQL, Structured Query Language}$는 이러한 데이터베이스에서 데이터를 가져오기 위한 도구다. 관계형 데이터베이스는 기본 키$^{primary key}$ 또는 외부 키$^{foreign key}$라고 하는 특정 필드에 연결된 테이블과 함께 테이블 형식으로 데이터를 저장한다. 데이터 테이블 간의 관계를 이해하면 올바른 데이터를 가져올 수 있는 SQL 질의를 작성하는 데 도움이 된다. 그런 다음 질의 결과를 CSV 파일처럼 관리 가능한 형식으로 저장할 수 있다.

최신 소프트웨어 시스템은 종종 하둡^{Hadoop}과 카산드라^{Cassandra} 같은 빅데이터 기술을 사용해 데이터를 저장한다. 이 시스템들은 많은 노드가 있는 클러스터를 형성하며, 데이터는 노드들 간에 복제돼 장애 극복과 고가용성을 보장한다. 이 시스템들은 일반적으로 데이터를 수집하기 위해 SQL과 유사한 질의 언어를 가지고 있다. 반복하지만 데이터 구조를 아는 것은 데이터를 가져오는 올바른 질의를 작성하기 위해 중요하다.

마지막으로 현재 부상 중인 트렌드는 실시간 데이터를 사용하는 것이다. 연속적으로 발생하는 데이터 이벤트는 메시지 큐^{message que}로 푸시^{push}되며 관심 있는 컨슈머^{consumer}들은 데이터를 구독^{subscribe}하고 받을 수 있다. 카프카^{Kafka}는 발생 빈도가 높은 데이터를 위한 매우 인기 있는 메시지 브로커^{message broker}가 돼 가고 있다.

플랫폼은 데이터 소스에 자동으로 연결해 데이터를 가져올 수 있어야 한다. 매번 데이터를 추출하고 CSV를 수동으로 구축하는 것에 대해 걱정할 필요가 없다. 데이터 과학 플랫폼에는 필요에 따라 데이터를 가져올 수 있도록 SQL, 빅데이터 및 카프카 데이터 소스에 대한 커넥터가 있어야 한다. 다양한 데이터 소스에서 수집된 이 데이터를 결합해 훈련을 위해 모델에 제공돼야 한다. 이것은 데이터 과학자들의 수동 개입 없이 백그라운드에서 일어나야 한다.

인기가 매우 높아지고 있는 한 가지 접근법은 카프카를 여러 데이터 소스로부터 오는 모든 데이터에 대한 단일 입력 소스로 사용하는 것이다. 카프카는 매우 높은 속도로 데이터를 수집하고 처리하기 위해 특별히 고안된 메시징 시스템이다. 카프카는 링크드인^{LinkedIn}에 의해 개발된 후 아파치^{Apache} 재단을 통해 오픈 소스화 됐다. 카프카는 특정 주제^{topic}에 대한 메시지로 패키징된 데이터를 게시^{publish}하는 데이터 처리 파이프라인을 구축할 수 있게 한다. 클라이언트 애플리케이션은 이러한 주제를 구독^{subscribe}하고 새로운 메시지가 추가될 때마다 알림을 받는다. 이렇게 하면 메시징 시스템을 통해 데이터의 게시자와 구독자를 분리할 수 있다. 이 느슨한 결합^{louse coupling}은 강력한 엔터프라이즈 애플리케이션을 구축하는 데 도움이 된다. 다음 페이지의 그림 10.2는 실제 과정을 보여준다.

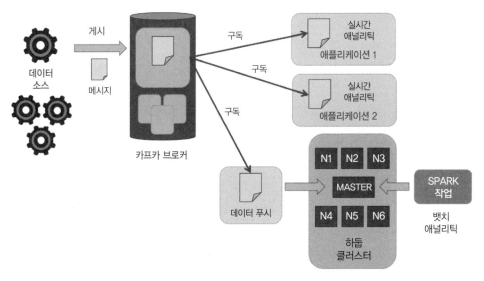

그림 10.2 데이터 섭취(ingestion)을 위한 이 카프카 기반 시스템은 장기 데이터 스토리지를 위한 하둡 커넥터(Hadoop connector)를 포함한다.

그림 10.2는 데이터 소스가 메시지로 패키징된 데이터를 게시하는 주제가 있는 카프카 브로커를 보여준다. JSON과 같은 표준화된 형식을 사용해 데이터를 패키징하고 이를 메시지로 푸시할 수 있다. 일반적으로 각 데이터 소스의 주제를 만들어 그 메시지를 다르게 처리할 수 있도록 한다. 카프카는 게시-구독^{publish-subscribe} 메커니즘을 구현한다. 하나 이상의 클라이언트 또는 컨슈머^{consumer} 애플리케이션이 메시지 주제^{topic}를 구독할 수 있으며, 새로운 메시지가 주제에 도달하면 구독한 클라이언트에게 알린다. 각각의 새로운 메시지에 대해, 클라이언트는 메시지와 함께 들어오는 데이터로 무엇을 해야 하는지 설명하는 어떤 처리 논리를 쓸 수 있다. 새로운 데이터가 들어오면 요약, 추세 및 특이점 찾기 같은 데이터 분석을 할 수 있다. 이러한 분석은 새로운 데이터가 메시지로 들어오면서 시작되며, 카프카는 구독자들에게 새로운 데이터에 대한 특정 주제를 알린다. 알다시피, 같은 주제나 데이터 소스에 더 많은 클라이언트를 쉽게 추가할 수 있으므로 동일한 데이터를 여러 클라이언트 간에 공유할 수 있다. 이것은 이 아키텍처를 매우 느슨하게 결합^{loosely-coupled} 되게 한다. 많은 최신 소프트웨어 제품들은 느슨하게 결합된 아키텍처를 따른다.

또한 그림 10.2에서 하둡 클러스터에 데이터를 푸시하는 특별한 클라이언트 또는 컨슈머가 있다는 것을 알 수 있다. 여기서 들어오는 메시지는 데이터를 장기간 저장하기 위해 하둡 클러스터로 전송된다. 하둡은 뱃치 작업batch job을 처리하기 위해 가장 널리 사용되는 오픈 소스 데이터 처리 프레임워크다. 하둡은 마스터-슬레이브master-slave 아키텍처를 따른다.

그림 10.2에서는 6개의 슬레이브 노드가 있는 단일 마스터를 볼 수 있다. 마스터는 슬레이브 노드에 데이터와 처리 로직을 분배한다. 이 예에서는 실시간 또는 스트리밍 클라이언트와 함께 데이터를 하둡 분산 파일 시스템에 저장하는 하둡 클러스터로 전송한다. 이제 이 저장된 데이터를 사용해 뱃치 작업을 실행할 수 있다. 예를 들어 매시간마다 저장된 데이터에 대한 뱃치 작업을 실행해 평균과 주요 성능 지표KPI, Key Performance Indicators를 계산할 수 있다. 또한 하둡은 아파치 스파크Apache Spark라고 하는 뱃치 처리를 위한 또 다른 오픈 소스 프레임워크와 매우 잘 통합된다. 스파크는 분산된 하둡 클러스터에서 뱃치 작업을 실행할 수도 있지만 이러한 작업은 메모리에서 실행되며 매우 빠르고 효율적이다. 카산드라Cassandra와 같은 다른 빅데이터 시스템에는 데이터를 클러스터에 저장하고 머신러닝 모델을 그 데이터에 적용하고 결과를 추출하는 방법이 있다.

이 예에서는 빅데이터 처리에 대한 두 가지 시나리오가 있다. 카프카를 이용한 실시간 또는 스트리밍 데이터 처리다. 특정 주제에 대한 데이터를 소비하는 구독자를 만들고 이 데이터에 대한 특정한 분석을 적용한다. 또한 이 데이터를 하둡 클러스터에 저장해 장기 저장하고 이 데이터에 머신러닝 모델을 뱃치 모드로 적용하는 것을 볼 수 있다.

원본 데이터 소스와 상관없이 모든 데이터는 공통 형식으로 변환되며, 분석 모델에서 쉽게 사용할 수 있다. 컨슈머로부터 데이터 소스를 분리하는 이러한 패턴은 데이터 과학 워크플로를 크게 단순화시키고 확장성을 높인다. 합의된 공통 형식으로 기존 큐queue에 데이터를 추가함으로써 새로운 데이터 소스를 빠르게 추가할 수 있다. 최신 데이터 과학 플랫폼은 일반적으로 이러한 스트리밍 및 뱃치 처리 시스템에 대한 연결을 지원한다. AWS SageMaker와 같은 플랫폼이 카프카 주제에서 데이터를 가져와 머신러닝 모델을 실행하거나 하둡 데이터 소스(AWS에서 호스팅)에 연결하고 데이터를 읽어 모델을 훈련하도록 할 수 있다.

업계에서 부상하고 있는 또 다른 트렌드는 골드 데이터셋$^{gold\ dataset}$이라는 것을 보유하는 것이다. 이것은 모델이 현장에서 보게 될 데이터의 종류를 완벽하게 나타내는 데이터셋이다. 이상적으로는 플래그가 지정돼야 하는 이상치^{anomaly}를 비롯해 모든 극단적인 경우를 포함해야 한다. 예를 들어 모델이 주식 가격을 보고 매수 대 매도 결정을 한다고 하자. 만약 시장이 크게 상승하거나 폭락하는 과거 사례가 있다면, 골드 데이터셋에서 이러한 사례와 그에 상응하는 구매 또는 판매 결정을 각각 포착하고 싶을 것이다. 개발하는 어떤 새로운 모델도 그것이 잘 작동한다는 것을 알 수 있도록 이러한 패턴을 정확하게 예측할 수 있어야 한다. 일반적으로 골드 데이터셋은 모델이 더 복잡한 패턴으로 이동할 수 있게 되기 전에 예측해야 할 명백한 사례들로 구성된다. 머신러닝 연속 통합 과정의 일환으로 골드 데이터셋을 사용한 유효성 검사를 프로덕션에 배포하기 위한 전제조건으로 포함할 수도 있다.

데이터 정제

데이터 정제는 모델에 공급할 수 있도록 데이터의 노이즈를 제거하는 것이다. 여기에는 중복된 레코드를 삭제하고, 누락된 데이터를 채우며, 데이터 구조를 공통적인 형식으로 변경하는 것이 포함될 수 있다. 마이크로소프트 엑셀에서 CSV를 로드하고 간단한 검색 및 필터링 도구를 적용해 데이터 정제를 수행할 수는 있지만 이것은 가장 기본적인 형태이며 실제 프로덕션 환경에서는 거의 수행되지 않는다. 실제 시스템 규모의 데이터는 엑셀과 같은 도구에서 처리될 수 없다. 일반적으로 누락되거나 잘못된 데이터를 처리하는 규칙을 포함하는 전문적인 스트리밍 또는 뱃치 작업을 사용해 데이터를 정제한다.

데이터 수집에 관해 앞 절에서 봤듯이, 여러 다른 데이터 소스의 데이터를 제공하는 통합 카프카 브로커가 있을 수 있다. 이제 이 주제들을 구독하고 논리를 작성해 데이터를 정제하고 정제된 데이터를 새로운 큐에 다시 쓸 수 있게 됐다. 정제는 스파크와 같은 뱃치 작업 처리 프레임워크를 사용해 하둡에 저장된 데이터에 대한 뱃치 작업으로 수행될 수 있다.

데이터 정제를 위한 몇 가지 전용 도구도 있다. 널리 사용되는 이러한 도구로는 Tamr이 있으며 Tamr은 내부적으로 AI를 사용해 데이터를 일치시킨다. 이 방법은 유사한 데이터의 클러스터를 식별하고 이 데이터에 공통적인 정제 전략을 적용하는 비지도학습 Unsupervised Learning 원칙에 따라 작동한다. 비슷한 기능을 가진 또 다른 도구로 Talend가 있다. 이것은 더 결정적이고 미리 정해진 규칙에 따라 정제를 한다. 이러한 도구는 또한 하둡과 카프카와 같은 데이터 소스에 연결해 머신러닝 모델을 구축하기 위해 정제된 데이터를 제공한다.

많은 데이터 소스가 있는 대규모 시스템의 또 다른 일반적인 문제는 마스터 데이터의 부족이다. 동일한 정보가 여러 장소에 복제돼 있으며 데이터를 연관시킬 표준적인 식별 필드가 없다. 고객 이름이나 주소와 같은 공통 데이터 필드는 서로 다른 시스템에 서로 다른 방식으로 저장되는 경우가 많아 검색 도중 문제가 발생한다. 따라서 큰 기업은 마스터 데이터 관리MDM, Master Data Management 전략을 채택한다. 여기서는 특정 데이터 소스의 데이터가 기준으로 간주되고 단일 진실의 원천을 나타내는 데 사용된다. 모든 시스템은 이것을 표준으로 사용하고 그것을 중심으로 작동한다. 이 MDM 시스템은 머신러닝 모델 훈련을 위한 우수한 입력으로 사용될 수 있으며, 데이터 과학 플랫폼과의 통합을 고려해야 한다. Talend와 Informatica는 다양한 데이터 소스를 결합하고 하위 애플리케이션에서 사용할 수 있는 단일 진실의 원천을 확립하는 데 도움을 주는 매우 인기 있는 MDM 시스템이다.

애널리틱스 사용자 인터페이스

애널리틱스를 위한 사용자 인터페이스는 직관적이면서 데이터에 대한 기술 통계descriptive statistics를 수행하기 위해 접근이 용이해야 한다. 프로그래밍 방식 또는 코드를 통해 SQL

이나 카프카 같은 데이터 소스에 액세스할 수 있어야 한다. 데이터에 대해 다른 머신러닝 알고리즘을 시도하고 결과를 비교할 수 있어야 한다.

브라우저에서 열 수 있는 웹 기반 사용자 인터페이스는 최신 분석 모델을 구축하는 표준이 됐다. 주피터 노트북은 구글의 코래버러토리와 아마존 SageMaker 등 많은 데이터 과학 플랫폼이 채택한 오픈 소스 솔루션이다. 주피터는 데이터를 실험하고 코드를 실행해 즉각적인 결과를 얻을 수 있는 매우 직관적인 프로그래밍 인터페이스를 제공한다. 주피터 노트북은 파이썬에서 시작되므로, 필요한 파이썬 라이브러리를 모두 갖춘 환경을 만들어 노트북 내에서 사용할 수 있다. 이제 노트북은 이러한 라이브러리를 명시적으로 설치하지 않고도 이러한 많은 복잡한 함수를 호출할 수 있다. 9장에서 구글 코래버러토리에서 제공하는 노트북의 TPU에서 모델 실행을 위해 사용자 지정 코드를 실행했을 때 이에 대한 예를 봤다.

데이터 과학을 위한 강력한 구성 가능한 사용자 인터페이스에 대해 연구해온 몇몇 신생 기업 중 H2O.ai와 DataRobot이 있다. 이들은 코드를 작성하지 않고도 데이터 소스에 연결하고 모델을 개발할 수 있는 매우 강력한 사용자 경험을 제공한다. 이들은 2018년 기준으로 여전히 시작 단계에 있으며, 독자가 이 책을 접할 때까지 얼마나 성장할지 알 수 없다. 아마도 그들 중 하나는 머신러닝 모델을 만드는 UI 도구의 실질적 표준이 될 것이다!

이제 H2O.ai가 어떻게 코드 한 줄 쓰지 않고 모델을 만들 수 있게 하는지 간단히 살펴보자. 인터페이스는 바뀔 수 있겠지만, 엔지니어들을 위한 데이터 과학 과정을 단순화하는 사고 과정에 집중해주기 바란다. H2O는 분산 머신러닝 프레임워크다. H2O는 앞서 이야기한 데이터 과학의 몇 가지 문제를 해결하려 한다. 여기에는 H2O Flow라는 분석 UI와 최고 수준의 지도 및 비지도학습 알고리즘을 지원하는 머신러닝 엔진이 포함된다. 또한 클러스터에 데이터를 저장하고 클러스터에 머신러닝 작업을 분배할 수 있도록 지원한다.

H2O는 오픈 소스이며 무료로 사용할 수 있다. 로컬 컴퓨터에서 다운로드해 실행하거나 H2O.ai에서 도커 이미지를 받을 수 있다. 유일한 의존성은 Java이다. H2O는 기본적으로 그 자체가 Java 애플리케이션이다. 설치와 설정에 대해 자세하게 설명하지 않을 것이다. 맞춤형 데이터로 모델을 만드는 예를 보여주려고 한다. 다운로드한 데이터는 CSV 파일로 공개적으로 사용이 가능한 와인 품질 데이터셋이다. 이 데이터 파일과 함께 H2O에 내장된 모델은 다음 절에 나와 있다. 사용자 인터페이스의 사용 편의성에 주목하기 바란다.

코드 작성 없이 H2O에서 머신러닝 회귀 모델 개발하기

H2O는 H2O.ai사가 개발한 최신 데이터 과학 플랫폼이다. H2O는 사용자가 데이터에서 패턴을 발견하기 위한 일환으로 수천 개의 잠재적 모델을 적합할 수 있게 한다. H2O 소프트웨어 실행은 통계 패키지 R과 Python 및 기타 환경에서 호출할 수 있다. H2O는 또한 한 줄의 코드 없이도 데이터를 가져오고, 모델을 구축하고, 웹 브라우저 안에서 훈련시킬 수 있는 H2O Flow라고 부르는 매우 직관적인 웹 UI를 가지고 있다. 이 모든 것은 웹 기반 UI와 그 구성을 사용해 이뤄진다. 다음에는 예를 살펴보자. H2O를 설치하려면 다음 웹 링크의 단계를 따르면 된다.

http://h2o-release.s3.amazonaws.com/h2o/rel-xu/1/index.html

H2O를 독립 실행형 Java 애플리케이션이나 도커 컨테이너로 설치할 수 있다. H2O를 독립 실행형 또는 도커 컨테이너로 설치한 후 웹 UI를 실행해보자. 웹 UI에서 다양한 메뉴와 도움말 옵션을 탐색할 수 있다. CSV 파일을 업로드하려면 데이터 메뉴에서 Upload File 옵션을 선택한다. H2O는 SQL 데이터베이스와 HDFSHadoop Distributed File System에 대한 연결도 지원한다. H2O 웹 UI는 그림 10.3과 같다.

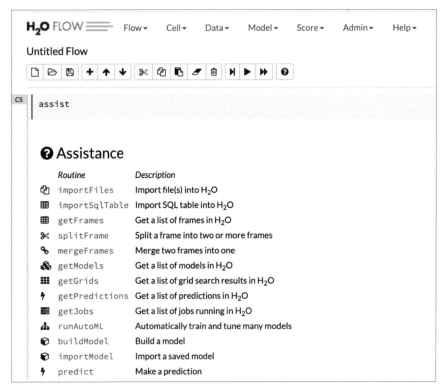

그림 10.3 H2O 웹 사용자 인터페이스 – Flow

이제 와인 품질 CSV 파일을 업로드하자(그림 10.4 참조). CSV 파일이 업로드되면 도구가 자동으로 열column을 파싱parsing하고 데이터를 추출한다. 사용 가능한 필드 또는 열과 데이터 유형이 표시된다. 데이터 유형은 수정할 수 있다. 예를 들어 수치형numeric을 범주형categorical으로 변경할 수 있다. 와인 품질이 0과 10 사이의 정수 값으로 돼 있다면 범주형으로 변환하는 것이 좋다. 그런 다음 버튼을 클릭하면 이 CSV 파일을 파싱해 데이터프레임data frame이라고 하는 압축된 이진 데이터 구조에 데이터를 저장할 수 있다. 데이터프레임의 장점은 분산된 데이터 구조라는 것이다. 따라서 예를 들어 5노드 클러스터가 있는 경우, 이 클러스터 전체에 분산된 데이터를 저장할 수 있다. 분산된 데이터 스토리지 관련 문제는 도구가 처리하므로 걱정할 필요가 없다.

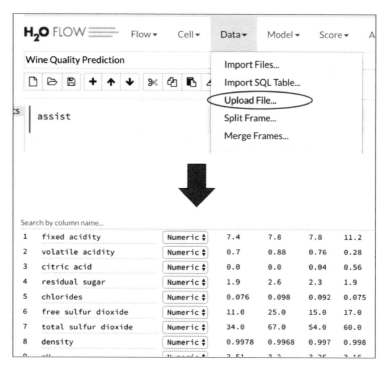

그림 10.4 CSV 파일을 업로드하고 파싱하기 – 코드가 필요 없다.

H2O는 또한 데이터를 훈련 및 검증 데이터프레임으로 분할할 수 있는 간편한 인터페이스를 가지고 있다. 이렇게 하면 모델을 만들 때 훈련에 사용할 데이터프레임과 유효성 검사를 위해 사용할 데이터프레임을 지정할 수 있다. 네이터를 훈련 및 검증에 분배하는 데 사용할 백분율을 지정할 수 있다. 일반적으로 80–20 또는 75–25 분할이다. 그림 10.5를 참조하라.

⊞ Key_Frame__winequality_red.hex

Actions: ▦ View Data | ✂ Split... | ⬡ Build Model... | ⚡ Predict | ☁ Download | 🖫 Export

Rows	Columns	Compressed Size
1599	12	42KB

▾ COLUMN SUMMARIES

label	type	Missing	Zeros	+Inf	-Inf	min	max	mean	sigma	cardinali
fixed acidity	real	0	0	0	0	4.6000	15.9000	8.3196	1.7411	
volatile acidity	real	0	0	0	0	0.1200	1.5800	0.5278	0.1791	
citric acid	real	0	132	0	0	0	1.0	0.2710	0.1948	
residual sugar	real	0	0	0	0	0.9000	15.5000	2.5388	1.4099	
chlorides	real	0	0	0	0	0.0120	0.6110	0.0875	0.0471	
free sulfur dioxide	real	0	0	0	0	1.0	72.0	15.8749	10.4602	
total sulfur dioxide	real	0	0	0	0	6.0	289.0	46.4678	32.8953	

그림 10.5 파싱된 데이터프레임을 검사하고 훈련 및 테스트 데이터셋으로 분할하기

데이터프레임을 정의했으면 모델 메뉴로 이동해 사용할 알고리즘을 선택한다. H2O(2018년 기준)는 일반화 선형 모델GLM, generalized linear model, 랜덤 포레스트random forest 등을 포함한 널리 사용되는 몇 가지 알고리즘에 대한 모델링 옵션을 제공한다. 또한 딥러닝을 지원하지만 정형 데이터 대해서만 지원한다. 모델 유형, 훈련 및 검증 프레임 그리고 예측하려는 출력 특성feature을 선택한다. 선택한 모델을 기반으로 적절한 하이퍼파라미터가 채워진다. 각 하이퍼파라미터에는 기본값이 있으며 필요에 따라 수정할 수 있다. 데이터 과학자가 다뤄야 할 주요 관심사는 정확한 하이퍼파라미터를 선택하는 것이다. 일반적으로 경험이 쌓여 감에 따라 문제 영역과 처리 중인 데이터의 유형에 따라 올바른 하이퍼파라미터 선택을 위한 경험 법칙을 개발하게 된다. 그림 10.6을 참조하라.

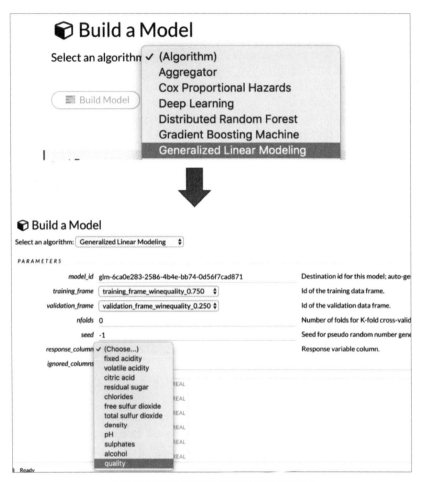

그림 10.6 모델을 정의하고 하이퍼파라미터 정의하기

그런 다음 특정 모델을 구축하는 모델을 훈련시키기 위한 작업을 제출^{submit}할 수 있다. 이 도구는 구성^{configuration} 중에 선택한 훈련 및 유효성 검사 데이터셋에 대한 정확도 파라미터도 보여준다. 그림 10.6에서는 일반화 선형 모델을 선택했으며 각 변수(X)가 종속변수(Y)(이 경우는 와인 품질)에 영향을 미치는 정도를 보여준다. 이 모델은 아무 코드도 쓰지 않고 오직 구성 UI 만을 통해 구축, (하이퍼파라미터가) 구성되고 훈련된 것을 알 수 있다. 이것이 H2O의 파워다. 물론, 코딩은 훨씬 더 많은 유연성을 제공하지만 H2O는

머신러닝의 다른 측면에 익숙해지는 좋은 방법이다. 그림 10.7을 참조하라.

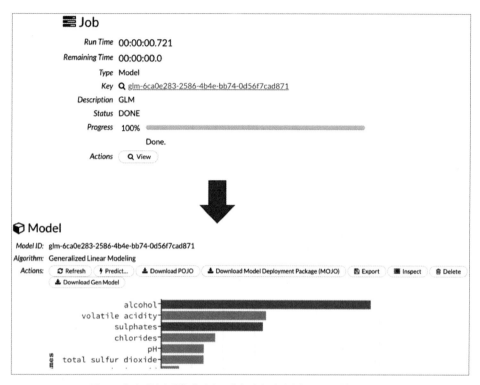

그림 10.7 훈련 작업의 실행. 훈련된 모델의 평가. 아직까지 코드를 사용하지 않았다.

그다음에 생성된 모델은 이진 파일로 내보내기[export]를 할 수 있다. 모델을 실행하기 위해 이 이진 파일을 호출하는 Java 코드를 작성할 수 있다. 또한 이 코드는 웹 애플리케이션으로 패키징해 마이크로서비스로 배포할 수 있다. 이러한 모델 배포 방법은 업계에서 커다란 호응을 얻고 있다.

H2O의 예를 보여주기 위해 잠시 옆길로 갔었다. 데이터 과학자가 일반적으로 처리해야 하는 다른 주요 문제에 대한 논의로 되돌아가자.

모델 개발

H2O 같은 플랫폼이 모델 개발을 위해 직관적인 웹 기반의 UI를 사용함으로써 어떻게 모델 구축 문제를 처리하는지 살폈다. 많은 CPU, 메모리 및 스토리지를 갖춘 극도로 강력한 서버 클러스터에 H2O나 주피터 노트북을 호스팅할 수 있다. 그러면 회사 또는 아마도 전 세계의 데이터 과학자들로 하여금 클러스터에 액세스하고 모델을 구축하게 할 수 있다. 이러한 방법으로, 모델 개발을 위해 개별 데이터 과학자별로 강력한 기계와 (MATLAB 같은) 라이선스를 구입해주는 막대한 투자를 아낄 수 있을 것이다. 이것이 오늘날 애널리틱스의 비중이 큰 기업에서 가장 널리 사용되는 패턴이다. 이것은 기업이 웹 브라우저와 같은 씬 클라이언트^{thin client}가 액세스할 수 있는 중앙 집중화된 공통 모델 개발 사용자 인터페이스를 가질 수 있게 해준다.

파이썬에서 프로그래밍 방식으로 모델을 작성하는 경우, 선택하는 라이브러리는 샐로 머신러닝 모델을 위한 사이킷런이다. 딥러닝의 경우 신경망을 나타내는 계산 그래프를 만들 수 있는 프레임워크를 사용하는 것이 좋다. 인기 있는 프레임워크는 구글의 텐서플로와 페이스북의 파이토치다. 둘 다 무료 오픈 소스로, 도메인에서 문제를 해결하는 데 도움이 되는 다양한 피드포워드^{feed-forward} 및 순환 신경망 아키텍처를 구축할 수 있게 한다. 일반적으로 이들은 기존의 런타임에 연결되는 것이 아니라 완전한 런타임으로 제공되기 때문에 이들을 프레임워크라고 부른다. 이 프레임워크를 통해 개발자는 파이썬, Java 또는 C++와 같은 언어를 사용해 런타임에 연결하고 훈련 작업을 실행할 수 있다. 텐서플로 모델을 구축하면 자체 클러스터에서 별도의 세션으로 실행되며 CPU나 GPU로 구성될 수 있다.

일반적으로 모델 개발을 위한 문서화가 잘돼 있는 인기 있는 도구들이 많다. 이것이 일반적으로 가장 큰 관심을 보이는 사항이다.

규모에 맞는 훈련

작은 데모 프로젝트나 개념 증명의 경우, 대부분 CSV 같은 공통 형식의 제한된 데이터를 가지고 신속히 모델을 구축해 그것이 이 데이터에 얼마나 잘 적합하는지 보게 된다. 그러나 훈련 데이터가 커지면 모델도 더욱 일반화된다. 현실 세계에서는 데이터의 규모는 대단히 크고 종종 하둡 같은 프레임워크를 사용한 클러스터상에 분산돼 있게 된다. 데이터가 대규모인 경우, 분산 데이터의 특성을 활용하기 위해 모델 훈련을 클러스터에 분산시키는 방법이 필요하게 된다. 앞에서 H2O 훈련 예를 봤으며 H2O는 훈련 작업을 클러스터에 자동으로 분산시킨다. H2O는 이러한 패턴을 잘 잡아내지만 그것을 활용하기 위해서는 H2O 에코시스템 내에 있어야 한다. 대규모로 훈련시키는 이러한 문제를 해결하는 데 초점을 맞춘 다른 도구들이 있다.

스파크^{Spark} 프레임워크는 분산 훈련 파이프라인을 구축할 수 있게 해주는 MLLib 모듈을 가지고 있다. 스파크는 파이썬, C++ 및 Java 인터페이스 제공하므로 어떤 언어로도 논리를 작성해 스파크 프레임워크에서 실행할 수 있다. 스파크나 하둡과 같은 빅데이터 프레임워크의 이면에 있는 아이디어는 데이터가 있는 곳에서 컴퓨팅을 실행한다는 것이다. 클러스터에 분산된 방대한 양의 데이터를 처리하기 위해 중앙 집중식으로 데이터를 수집하는 것은 많은 시간이 소요된다. 따라서 여기서의 패턴은 코드를 패키징하고 데이터가 존재하는 개별 기계에 배포한 다음 결과를 수집하는 것이다. 데이터가 존재하는 기계에서의 이러한 모든 데이터 처리는 백그라운드에서 이뤄지며 최종 사용자는 코드를 한 번만 작성해야 한다. 스파크 MLLib 모듈은 일반적으로 머신러닝 알고리즘에 적합하다.

딥러닝을 위한 텐서플로 또한 분산 모델 훈련을 지원한다. 계산 그래프를 생성한 후 그것을 세션에서 실행하는데, 이 세션은 분산 환경에서도 실행될 수 있다. 세션은 GPU처럼 고도로 병렬화된 환경에서 실행될 수도 있다. 9장에서 봤듯이 GPU는 각각 선형대수 연산 수행을 전담하는 수천 개의 병렬 처리 코어를 가지고 있다. 전체적으로 이러한 코어는 딥러닝 계산을 병렬로 실행하는 데 도움이 되며, CPU보다 모델을 더 빨리 훈련시킨다.

구글은 또한 TFJob이라고 하는 쿠버네티스를 위한 텐서플로 분산 훈련 모듈을 개발하고 있다. 이 이야기는 10장 끝 부분에서 더 이야기하겠다.

하이퍼파라미터 튜닝

일반적으로 데이터 과학자들은 층^{layer}의 수, 층의 뉴런, 학습률, 알고리즘의 종류 등과 같은 다양한 하이퍼파라미터를 시험하는 데 대부분의 시간을 보낸다. 9장에서 하이퍼파라미터 튜닝에 대해 이야기했다. 일반적으로 데이터 과학자는 당면한 특정 문제나 데이터셋에 대해 하이퍼파라미터 선택을 위한 모범 사례를 개발한다. H2O와 같은 도구는 이러한 모범 사례를 포착하고 권장 사항을 제공한다. 이러한 권장 사항으로 시작한 다음 더 적합한 하이퍼파라미터를 검색할 수 있다.

많은 조합을 병렬로 검색함으로써 최고의 하이퍼파라미터들을 자동으로 찾는 AutoML 이라고 부르는 새로운 방법론이 발전하고 있다. AutoML은 여전히 진화하는 분야다. AutoML이 성숙해짐에 따라 데이터 과학자들은 확실히 많은 시간을 절약할 수 있을 것이다.

H2O는 모델 메뉴에 서로 다른 하이퍼파라미터로 여러 종류의 모델을 병렬로 실행하는 AutoML 모듈을 가지고 있다. AutoML은 성능면에서 앞서고 있는 모델들이 표시되는 리더보드^{leaderboard}를 보여준다. 구글은 이미지나 텍스트와 같은 데이터를 업로드할 수 있는 Cloud AutoML 제품을 제공하며 시스템은 올바른 하이퍼파라미터로 올바른 딥러닝 아키텍처를 선택한다. 다음 절에서 설명하는 H2O의 AutoML 모듈을 빠르게 살펴보자.

케라스에는 오토케라스^{AutoKeras}라는 새로운 도구가 부상하고 있다. 오토케라스는 케라스 모델을 위한 AutoML 인터페이스를 제공한다. 이제 딥러닝 모델에서 하이퍼파라미터들을 튜닝하고 가장 정확한 수치를 제공하는 모델을 선택할 수 있다.

AutoML을 사용하는 H2O 예

와인 품질 데이터셋에서 회귀 분석을 위한 H2O 웹 UI를 사용하는 앞의 예를 가지고 계속하겠다. H2O가 제공하는 AutoML 기법을 선택하고 도움이 되는지 살펴보자. 우선 AutoML 옵션을 선택하고 훈련 및 검증 데이터프레임을 선택한다. 그림 10.8을 보자.

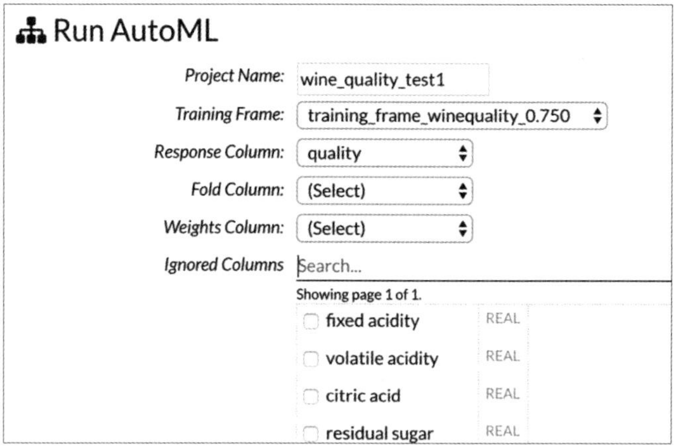

그림 10.8 메뉴 바에서 AutoML 실행 선택

이제 AutoML 작업을 실행한다. 실행하고 진행률 표시줄에 진행 상태를 표시하는 데 몇 분 정도 시간이 걸린다. 상당수의 모델이 병렬로 실행되면 결과를 비교하는 리더보드가 제공된다. 그림 10.9를 참조하라. 여기서 회귀 분석이 있으므로, `mean_residual_deviance`가 리더보드에서 모델의 점수를 매기는 측도로 사용된다. 리더보드의 모든 모델은 이진 파일로 다운로드돼 배포될 수 있다.

그림 10.9 AutoML 작업의 실행. 주어진 데이터셋에 대해서 비교된 모든 다른 모델들의 리더보드에 주목하자.

자동 배포

모델 개발 과정에서 자동화할 수 있는 두 가지 영역이 있다. 즉, 모델을 훈련하고 새로운 데이터를 추론하는 것이다. 훈련은 모델이 정확한 예측을 할 수 있도록 훈련 데이터셋을 사용해 가중치를 튜닝하는 것을 포함한다. 추론이란 모델에 새로운 데이터를 제공하고 예측하는 것이다. 9장에서 데이터를 훈련된 모델에 공급하고 추론을 하며 그 결과를 애플리케이션에 보여주는 웹 애플리케이션을 개발했다. 이것은 기본적인 모델들로 이뤄진 작은 애플리케이션에서 잘 작동할 것이다. 그러나 대규모 애플리케이션의 경우, 소프트웨어 코드와 모델 간에 느슨한 결합$^{loose\ coupling}$이 필요하다.

이 느슨한 결합을 만드는 가장 보편적인 방법은 마이크로서비스 아키텍처 패턴을 사용하는 것이다. 모델은 컨테이너로 패키징돼 경량 HTTP 요청으로 호출되는 마이크로서비스로 배포된다. 이 작업은 7장에서와 같이 사용자 지정 애플리케이션을 사용하거나 자동화된 배포 프레임워크를 사용해 수행할 수 있다. 머신러닝 모델 구축 프레임워크는 여전히 발전하고 있다. 아마존 SageMaker에는 AWS 고유의 배포 엔진이 있다. 데이터 과학 플랫폼에 연결할 수 있는 몇 가지 공개적으로 사용 가능한 모델 서비스 프레임워크가 있다. 이들 중 일부를 살펴보자.

널리 사용되는 오픈 소스 배포 및 추론 엔진은 구글의 텐서플로 서빙$^{Tensorflow-Serving}$(줄여서 TF-Serving)이다. TF-Serving은 명칭과는 다르게 매우 유연하며 사이킷런에서 개발된 일반 머신러닝 모델도 배포할 수도 있다. 유일한 걸림돌은 그 모델이 구글의 오픈 프로토타입 버퍼 형식으로 제공돼야 한다는 것이다. 모델은 확장 PB 파일로 저장돼야 하며 그런 다음 TF-Serving에서 마이크로서비스로 배포할 수 있다. 다른 버전의 모델들을 관리할 수 있으며, TF-Serving은 그것들을 로드하고 별도의 URL로 호출할 수 있게 한다.

진화하고 있는 또 다른 인기 추론 엔진은 NVIDIA의 Tensor-RT다. 이것은 엣지에서 모델을 매우 빠르게 실행하는 것으로서 매우 인기가 있다. 서버 및 클라우드 모델 배포를 위한 방법으로도 관심을 끌고 있다. Tensor-RT는 TensorFlow와 관련이 없다. Tensor-RT는 다른 딥러닝 프레임워크에서 개발된 모델을 배포하고 추론할 수 있게 한다. 모델을 배포하기 전에 Tensor-RT 이진 형식으로 변환해야 한다. 기본 텐서플로를 사용해 추론을 실행하는 것과 비교해 보통 Tensor-RT로 10배 정도의 성능이 개선된다. Tensor-RT는 여러 가지 최적화를 적용하고 보다 소형화된 아키텍처를 적용해 딥러닝 모델을 재생성하기 때문이다. Tensor-RT는 사용자 환경에 배포할 수 있는 도커 기반 컨테이너형 마이크로서비스로 제공된다.

TF-Serving은 도커허브에서 도커 이미지로 제공된다. 이 이미지를 사용해 패키징된 모델을 제공하는 마이크로서비스 역할을 하는 컨테이너를 만들 수 있다. 모델은 특정 폴더 구조와 함께 프로토타입 버퍼 형식으로 패키징된다. 구축 방법을 살펴보자. 기본적인 계산 그래프를 만들기 위해 매우 간단한 텐서플로 코드를 예로 사용할 것이다. 층이 많은 심층 신경망이 없으므로 케라스는 사용하지 않을 것이다. 개념을 설명하기 위해 기본적인 연산만 수행할 것이다.

리스트 10.1은 두 개의 입력 변수(x1, x2)를 받아 출력(y)을 계산하는 단순 계산 그래프의 코드를 보여준다.

리스트 10.1 단순한 모델을 구축하고 프로토타입 버퍼로 내보내는 텐서플로 코드 - app.py

```python
# 텐서플로 라이브러리 임포트
import tensorflow as tf

# 모델을 내보낼(export) 경로 정의 - 버전과 함께
export_path = "/tmp/test_model/1"

# 텐서플로 세션 시작
with tf.Session() as sess:
    # 2개의 텐서플로 상수를 정의하고 값을 할당
    a = tf.constant(10.0)
    b = tf.constant(20.0)

    # x1과 x2를 위한 2개의 placeholder를 정의 - 추론 시 데이터 공급
    # Y에 대한 예측값은 간단한 공식 y = a*x1 + b*x2이다.
    x1 = tf.placeholder(tf.float32)
    x2 = tf.placeholder(tf.float32)
    y = tf.add(tf.multiply(a, x1), tf.multiply(b, x2))

    # 그래프의 변수 초기화
    tf.global_variables_initializer().run()

    # 입력/출력을 캡슐화하는 protobuf 객체 생성
    tensor_info_x1 = tf.saved_model.utils.build_tensor_info(x1)
```

```
tensor_info_x2 = tf.saved_model.utils.build_tensor_info(x2)
tensor_info_y = tf.saved_model.utils.build_tensor_info(y)

# 시그니처 정의 - TF Predict API 사용
prediction_signature = (
        tf.saved_model.signature_def_utils.build_signature_def(
            inputs={'x1': tensor_info_x1, 'x2': tensor_info_x2 },
            outputs={'y': tensor_info_y}, method_name=tf.saved_model.
            signature_constants.PREDICT_METHOD_NAME))

# 모델을 폴더에 내보내기
print ('Exporting trained model to', export_path)
builder = tf.saved_model.builder.SavedModelBuilder(export_path)

# 텐서플로 서빙이 호출할 수 있게 내보낸다.
builder.add_meta_graph_and_variables(
        sess, [tf.saved_model.tag_constants.SERVING],
        signature_def_map={
            'predict_images':
                prediction_signature,
            tf.saved_model.signature_constants.DEFAULT_SERVING_SIGNATURE_
            DEF_KEY:
                prediction_signature,
        },
        main_op=tf.tables_initializer())

# 모델 저장
builder.save()
```

이 파일을 실행하면 /tmp/test_model/1이라는 폴더가 생성되고 방금 만들어진 모델이 그 안에 저장된다. 이것은 항상 동일한 출력을 내는 결정론적 모델이었다. 복잡한 패턴을 포착해 이 모델을 구축할 수 있다.

이제 텐서플로 서빙 이미지를 사용해 컨테이너를 만들고 REST API를 통해 모델을 호출할 것이다. 텐서플로 서빙 이미지는 공개된 도커허브^{DockerHub} 저장소에서 다운로드할 수 있다. 이미지로부터 도커 컨테이너를 실행하고 모델을 개발했던 폴더를 파라미터로서 전달할 것이다. 네트워크 포트를 컨테이너로부터 기계로 매핑함으로써 호스트 기계를 호출해 마이크로서비스를 액세스할 수 있게 할 것이다. 텐서플로 서빙은 모델을 패키징하며 마이크로서비스로 사용할 수 있게 한다. 리스트 10.2를 보자.

리스트 10.2 모델을 마이크로서비스로 배포하기

```
$ docker run -it --rm -p 8501:8501 -v '/tmp/test_model:/models/test_model' -e
MODEL_NAME=test_model tensorflow/serving
```

모델 폴더와 모델명을 전달했다는 것에 주목하자. 또한 8501번 포트를 로컬 포트로 매핑했다. 이미지 이름은 tensorflow/serving이다. 이제 다음과 같이 REST API 호출을 사용해 이 모델을 직접 호출할 수 있다.

```
$ curl -d '{"instances": [{"x1":2.0,"x2":3.0},{"x1":0.5,"x2":0.2}]}' -X
POST http://localhost:8501/v1/models/test_model:predict

{
    "predictions": [80.0, 9.0]
}
```

텐시플로 서빙에 의해 노출된 모델의 URL을 호출한다. 처리할 포인트 수(즉, 인스턴스 수)와 각각에 대한 변수 x1 및 x2의 값을 가리키는 JSON 데이터를 전달한다. 이것이 전부다. JSON으로 패키징된 더 많은 데이터를 전달할 수 있으며 이미지는 컨테이너로 제공될 것이다. 그 결과는 예측값이 포함된 JSON 문자열이다. 케라스 같은 라이브러리가 있는 딥러닝 모델에 대해서도 마찬가지다.

케라스 딥러닝 모델의 배포

앞 절은 마이크로서비스로 배포한 텐서플로의 계산 그래프의 기본적인 예로 별로 인상적

이지 않았다. 이제 딥러닝 모델을 선택해 "서비스"하고 클라이언트 애플리케이션을 사용해 실행해보자. 펩시와 코카콜라 로고를 분류하기 위해 5장에서 만든 케라스 모델을 사용한다. 기억하겠지만 이 모델을 my_logo_model.h5라는 HDF5 파일로 저장했다. 이 파일을 폴더에 저장하고 리스트 10.3의 코드를 실행해 텐서플로 서빙이 기대하는 프로토타입 버퍼^{prototype buffer} 형식으로 변환한다.

일반적으로 이런 종류의 변환을 하기 위해서는 매번 맞춤형 코드를 작성하는 것보다는 일반 유틸리티 파일을 작성하는 것이 좋다. H5 파일을 가지고 모델명과 버전을 파라미터로 출력하고 H5 파일을 나중에 서비스할 버전의 모델로 변환하는 유틸리티를 작성해보자.

명령줄 파라미터를 처리하고 텐서플로 라이브러리를 호출할 수만 있다면, 이 유틸리티를 작성할 언어는 마음대로 선택할 수 있다. 여기서는 파이썬을 사용하겠다. 리스트 10.3에 코드가 있다.

리스트 10.3 케라스 H5 모델 파일을 버전이 지정된 포로토타입 버퍼 PB 파일로 변환하기 위한 명령줄 유틸리티용 파이썬 코드 - h5_to_serving.py

```python
import os
import sys

# h5 파일과 내보내기할 폴더명이 파라미터로 제공됐는지 체크
if len (sys.argv) != 4:
    print ("Usage: python h5_to_serving.py <my_file.h5>
            <model_name> <model_version>")
    sys.exit (1)

# 변환할 h5 파일과 내보내기할 폴더명 가져오기
h5_file = sys.argv[1]
model_name = sys.argv[2]
model_version = sys.argv[3]
export_folder = './' + model_name + '/' + model_version

# print(export_folder)
```

```
if os.path.isdir(export_folder):
    print ("Model name, version exists - delete existing folder.")
    sys.exit (1)

import tensorflow as tf

# 텐서플로에서 케라스를 사용해 h5 파일 로드
model = tf.keras.models.load_model(h5_file)
tf.keras.backend.set_learning_phase(0)

# 케라스 세션을 가져오고 모델을 저장한다.
# 시그니처 정의는 입력 및 출력 텐서에 의해 정의된다.
with tf.keras.backend.get_session() as sess:
    tf.saved_model.simple_save(
        sess,
        export_folder,
        inputs={'input_image': model.input},
        outputs={t.name:t for t in model.outputs})

# 세션 닫기
sess.close()
```

이 유틸리티를 사용하면 PB 파일이 생성된다. 코드를 자세히 살펴보면 H5 파일과 모델 명 및 버전에 대해 올바른 파라미터를 전달했는지 확인할 수 있다. 또한 동일한 모델과 버전이 존재하지는 않는지 확인한다. 어떤 코드를 작성할 때 이와 같이 실패 모드를 점검 하는 것은 좋은 생각이다. 그것은 코드의 신뢰성을 크게 향상시킨다. 이러한 입력에 대해 사용자가 무엇을 입력할지는 결코 알 수 없다.

그런 다음 이 코드는 H5 파일에서 케라스가 저장한 모델을 로드한다. 케라스는 텐서 플로상에서 실행되므로 이 모델은 텐서플로 세션 객체에도 자동으로 로드된다. 이제 이 세션 객체를 저장하기만 하면 프로토타입 버퍼 파일이 생성된다. 그것이 우리가 하 는 일이며 그 모델을 제공할 준비가 됐다. 텐서플로 서빙은 폴더 구조에 있어 <Model_ Name>/<Version>의 구조를 취한다. 이를 통해 모델의 버전을 더 잘 관리할 수 있다.

이제 이 유틸리티를 사용해 `my_logo_model.h5` 파일을 변환해보자. 이 파이썬 스크립트를 실행하는 폴더에 파일을 넣은 다음 리스트 10.4의 코드를 실행한다.

리스트 10.4 H5 파일을 PB 파일로 변환하고 그것을 텐서플로 서빙 컨테이너에서 실행한다

```
$ python h5_to_serving.py my_logo_model.h5 my_logo_model 1
```

모델 H5 파일을 전달하고 모델명과 버전을 파라미터로 출력한다. 결과는 `my_logo_model/1`이라는 새 폴더가 되며 여기에는 PB 파일과 `variables` 폴더가 포함된다.

```
$ ls my_logo_model/1/
   saved_model.pb   variables
```

이제 이전에 `tensorflow/serving` 이미지를 사용해서 했던 것처럼 도커 컨테이너를 만든다. 이 컨테이너는 모델을 호스팅하고 모델을 호출할 HTTP 인터페이스를 노출한다. 사용자 정의 애플리케이션 코드를 작성할 필요가 없다. REST API를 노출하기 위한 모든 파이프는 TF-Serving에 의해 처리된다.

```
$ docker run -it --rm -p 8501:8501 -v '/my_folder_path/my_logo_model:/
models/logo_model' -e MODEL_NAME=logo_model tensorflow/serving

     Adding/updating models.
Successfully reserved resources to load servable {name: logo_model version: 1}
     ....
Successfully loaded servable version {name: logo_model version: 1}
```

이제 마이크로서비스로서의 역할을 하기 위해 TF-Serving에 로고 인식 모델을 로드했다. 앞의 예에서는 모델 마이크로서비스 호출 및 매개변수 전달을 위해 CURL 명령을 사용했다. 이 예에서 150×150 크기의 이미지 전체를 모델에 전달해야 한다. 이를 위해 파이썬을 사용해 이미지를 로드하고 서비스를 호출한다. 리스트 10.5는 이를 정확히 수

행하는 클라이언트를 구축한다.

리스트 10.5 모델 마이크로서비스를 호출하기 위한 파이썬 코드

```python
import requests
import json
from keras.preprocessing.image import load_img
from keras.preprocessing.image import img_to_array

# 모델 마이크로서비의 URL - TF-Serving이 제공
MODEL_URL = 'http://localhost:8501/v1/models/logo_model:predict'

# 마이크로서비스를 호출하고 로고를 예측하기 위한 함수 작성
def predict_logo(image_filename):
    # 이미지를 로드하고 배열과 변환
    image = img_to_array(load_img(image_filename, target_size=(150,150))) / 255.

    # HTTP 요청에 전달할 것들을 생성
    payload = {
                "instances": [{'input_image': image.tolist()}]
              }

    # HTTP post 호출
    r = requests.post(MODEL_URL, json=payload)

    # JSON 결과 받기
    return json.loads(r.content)

    # 다른 이미지들을 위해 함수를 호출한다.

    print('Prediction for test1.png = ', predict_logo('test1.png'))
    print('Prediction for test2.png = ', predict_logo('test2.png'))

OUTPUT :

  Prediction for test1.png = {'predictions': [[1.23764e-24]]}
  Prediction for test2.png = {'predictions': [[1.0]]}
```

그림 10.10은 테스트를 위해 사용된 이미지들을 보여준다(test1.png 및 test2.png)

'test2.png'

'test1.png'

그림 10.10 모델 검증에 사용된 이미지

코카콜라 이미지(test1.png)의 경우, 이미지를 모델에 전달하면 0에 가까운 예측을 하고, 펩시 이미지(test2.png)의 경우 1의 값을 반환한다. 이렇게 하도록 모델을 훈련시켰던 것이며, 좋은 결과를 얻었다. 인터넷으로 다운로드한 이미지들을 사용해 결과를 살펴볼 수도 있다.

실행한 클라이언트 코드에는 직접적인 텐서플로 종속성이 없다는 점에 주목하자. 이미지를 정규화(255로 나누기) 리스트로 변환한 후 REST 종단점endpoint으로 전달한다. 0 또는 1로 결과를 얻기 위해 디코딩할 수 있는 JSON 값으로 결과가 반환된다. 이것은 이진 분류binary classification이므로, 0 또는 1값을 갖는 1개의 결과만 얻는다. 실무에서는 다중 클래스 예측을 할 수 있는 더 복잡한 모델을 만들게 될 것이다. 그것들 역시 TF-Serving에서 호스팅될 수 있다.

데이터 과학자들의 주요 관심사인 규모에 따른 모델 배포가 TF-Serving을 사용해 어떻게 처리되는지 봤다. 앞에서 본 것처럼 TF-Serving은 도커 컨테이너로 실행되므로 쉽게 쿠버네티스에서의 배포로 패키징하고 그 배포를 여러 파드로 확장할 수 있다. 쿠버네티스는 대규모 클라이언트 부하를 처리하기 위해 확장 및 장애 극복을 처리할 것이다. 모델 파일을 저장하기 위한 볼륨을 생성해야 할 것이다. 쿠버네티스는 이를 해결할 수 있는 영구 볼륨persistent volume과 영구 볼륨 클레임persistent volume claim과 같은 개념을 포함한다.

데이터 과학자들의 또 다른 주요 관심사인 로깅과 모니터링으로 돌아가 이 플랫폼을 사용해 이들을 해결하는 방법에 대해 논의해보자.

로깅 및 모니터링

마지막으로 모든 유형의 소프트웨어 애플리케이션 중에서 가장 공통적인 두 가지 문제는 로깅logging 및 모니터링monitoring과 관련된 문제들이다. 메모리 부족 오류, 런타임 예외 발생, 사용 권한 오류 등과 같은 오류를 포착하고 기록하기 위해 소프트웨어 애플리케이션을 지속적으로 모니터링할 수 있어야 한다. 운영팀이 소프트웨어 또는 모델의 상태를 식별할 수 있도록 이러한 오류나 관심 항목을 기록해야 한다. 모델을 서비스하는 애플리케이션이나 마이크로서비스도 클라이언트가 사용할 수 있도록 모니터링해야 한다. 쿠버네티스와 같은 플랫폼을 사용하는 경우, 이러한 관심사를 해결하는 데 도움이 되는 로그 수집 및 모니터링 도구가 함께 제공된다. 텐서플로 서빙 및 Tensor-RT와 같은 배포 플랫폼에는 로깅 기능이 내장돼 있으며 빠른 출력을 제공할 수 있다.

모니터링 및 로깅에 대한 우려는 일반적으로 쿠버네티스와 같은 플랫폼에 맡기게 된다. 모델 훈련과 추론 마이크로서비스를 쿠버네티스에 배포하는 경우, 프로메테우스Prometheus 같은 모니터링 도구와 로그스태시Logstash 같은 로깅 도구를 사용한다. 또한 이 두 가지 모두 동일한 쿠버네티스 클러스터에 마이크로서비스로 배포될 수 있다.

머신러닝 플랫폼 통합

앞 절에서는 특정 데이터 과학 관심사들을 해결하기 위해 도구를 사용하는 방법에 대해 살펴봤다. 또한 쿠버네티스가 소프트웨어 애플리케이션 문제를 해결하기 위한 단일 통합 플랫폼으로 어떻게 작용할 수 있는지도 살펴봤다. 쿠버네티스를 확장함으로써 이러한 데이터 과학에 대한 문제들을 해결할 수 있다. 앞에서 본 많은 도구들이 마이크로서비스로 패키징될 수 있으므로, 쿠버네티스가 데이터 과학 요구 사항을 처리할 수 있도록 특정 마이크로서비스를 호스팅할 수 있었다. 이러한 확장은 구글에서 개발 중인 오픈 소스 프로젝트인 큐브플로에 의해 수행된다.

큐브플로를 사용하면 쿠버네티스 클러스터에서 머신러닝 워크플로를 쉽고 균일하게 배포할 수 있다. 로컬 미니큐브, 사내 쿠버네티스 클러스터 및 클라우드 호스팅 환경에서 동일한 머신러닝 배포 파이프라인을 수행할 수 있다.

큐브플로Kubeflow는 많은 데이터 과학 문제를 해결하기 위해 업계 최고의 솔루션을 채택하고 있으며, 이를 쿠버네티스에 함께 배포하고 있다. 쿠버네티스 클러스터에 큐브플로를 설치하는 것에 대해서는 언급하지 않을 것이다. 이 지침들은 제품이 안정돼가고 있는 동안 계속 바뀌기 때문이다. Kubeflow.org에서 최신 지침을 얻을 수 있다.

큐브플로가 네임스페이스에 설치되면 해당 네임스페이스에 배포 및 서비스를 나열해 무엇이 설치돼 있는지 확인할 수 있다. 큐브플로는 쿠버네티스에 설치된 고급 애플리케이션으로 모든 특정 마이크로서비스를 설치한다. 큐브플로 자체는 어떤 데이터 과학적인 문제도 해결하지 못하지만 개별적인 요소들을 통합하는 일을 한다.

최소한 주피터허브JupyterHub(애널리틱스 UI), TF-Job(모델 훈련), TF-Serving(배포) 구성 요소가 표시돼야 한다. 주피터 노트북으로 시작해 모델을 구축한 후 TF-Job에 제출해 분산된 훈련 작업 일정을 스케줄링할 수 있다. 모델 훈련을 마친 후에는 쿠버네티스 클러스터에서 TF-Serving을 사용해 배포할 수 있다. 클라이언트는 HTTP API를 호출해 모델을 호출하고 추론을 실행할 수 있다. TF-Serving은 또한 HTTP보다 훨씬 빠른 구글의 gRPC 프로토콜을 지원한다. gRPC는 데이터를 이진 형식으로 패키징하고 이미지처럼 구조화되지 않은 데이터를 처리하기 위해 HTTP/2를 이용한다.

보다시피 큐브플로 자체로는 완전한 솔루션이 아니다. 오히려 쿠버네티스에서 머신러닝 구성 요소를 통합하는 표준 인터페이스를 제공하는 접착제와 더 유사하다. 시간이 지남에 따라, 점점 더 많은 구성 요소가 큐브플로에 추가되고, 쿠버네티스에 쉽게 배포될 수 있을 것이다. 데이터 과학자들을 위한 고유의 플랫폼을 구축하려고 한다면, 쿠버네티스의 큐브플로는 목록의 맨 위에 있어야 한다.

요약

10장에서는 데이터 정제, 애널리틱스 UI, 분산 훈련 등 데이터 과학자에게 영향을 미치는 주요 공통 관심사에 대해 설명했다. 특정한 문제를 해결하기 위해 TF-Serving과 주피터 같은 산업 표준 도구들을 살펴봤다. 그런 다음 앞으로 출시될 큐브플로라는 기술을 살펴봤다. 큐브플로는 쿠버네티스에 머신러닝 워크로드를 배포하는 표준 방법을 제공한다. 또한 TF-Serving을 사용해 간단한 텐서플로 애널리틱을 배포하는 예를 봤다.

드디어 다 왔다! 우리는 머신러닝과 딥러닝의 기본 개념을 봤다. 정형 데이터와 비정형 데이터를 처리하는 방법을 배웠다. 케라스라는 유명한 라이브러리를 사용해 텍스트와 이미지 데이터를 분석하기 위한 딥러닝 모델을 개발했다. 소다 음료 로고 이미지를 분류하고 텍스트에서 감정을 식별하는 모델을 개발했다. 또한 AI 모델이 그림을 만들고 새로운 이미지를 만들어내는 멋진 사례들을 봤다. 이 책의 후반부에서는 모델을 마이크로서비스로 패키징하고 배포를 관리하는 것에 대해 살펴봤다. 데이터 수집, 정제, 준비, 모델 구축, 하이퍼파라미터 튜닝, 분산 훈련 및 배포와 같은 다양한 데이터 과학 관련 사항을 살펴봤다. 마지막으로 쿠비네티스에 머신러닝 워크플로를 배포하기 위한 차세대 기술인 큐브플로에 관해 배웠다.

맺음말

이 책의 모든 코드는 깃허브 링크에서 사용할 수 있다. 주소는 다음과 같다.

https://github.com/dattarajrao/keras2kubernetes

이 책이 AI 모델을 구축하고 이를 프로덕션 환경에 대규모로 배포하는 전체적인 그림을 제공하길 바란다. 우리는 종종 데이터 과학자들이 알고리즘 개발에만 집중하고 있으며, 그들의 레퍼토리에 데이터 정제, 분산 훈련, 배포와 같은 다른 문제들을 처리할 수 있는 도구들이 충분히 없다는 사실을 보게 된다. 본 것처럼 이 기술은 아직 개발 중이다. 이 분야에는 커다란 기회가 있으며 새로운 솔루션들이 등장하고 있다. 바라건대, 이 책으로 인해 이 분야에 대한 관심을 갖게 돼 이러한 문제에 직면했을 때 올바른 도구를 사용할 수 있기를 바란다. 책에 대한 피드백과 의견은 언제든 환영한다. 실제 머신러닝의 여정에서 최선을 다하기를 바란다!

참고 자료

여기서는 책에서 언급했던 많은 주제들을 자세히 다룬 책, 논문 및 온라인 기사에 대한 참고 자료를 제공한다. 각 장별로 참고 자료를 소개하고 있고 대부분 무료이며 쉽게 사용할 수 있는 코드 샘플을 포함한 자료들이다. 정말 놀라운 딥러닝 커뮤니티 덕분에 여러분이 쉽게 이용할 수 있는 많은 자원들이 있다. 머신러닝과 딥러닝에 관한 기본 개념을 이해하는 한 이러한 참고 자료와 코드를 따라갈 수 있을 것이다.

1장 빅데이터와 인공지능

- 스탠포드 대학의 앤드류 응Andrew Ng 박사는 머신러닝과 AI 분야의 최고 연구자 중 한 명이다. AI의 상태를 정의하는 그의 영상과 뉴스 아이템을 적극 추천한다. https://www.deeplearning.ai/the-state-of-artificial-intelligenceandrew-ng-at-mit-emtech-2017/

- 제너럴 일렉트릭General Electric은 산업용 인터넷의 부상으로 산업 분야의 빅데이터 혁명을 주도해왔다. 여기 GE의 산업용 IoT 전망에 대한 훌륭한 백서가 있다. https://www.ge.com/docs/chapters/Industrial_Internet.pdf

- 산업 IoT 혁명은 특히 유럽에서 인더스트리 4.0으로 알려져 있다. 버나드 마 Bernard Marr의 멋진 기사가 여기 있다.

  https://www.forbes.com/sites/bernardmarr/2018/09/02/what-is-industry-4-0-heres-a-super-easy-explanation-for-anyone/#2c0bb9af9788

- 아마존이 인공지능을 중심으로 어떻게 변모했는지를 보여주는 멋진 글이다. 여기에는 여러 제품을 한 번에 개선하기 위해 플랫폼 비전을 추진하는 훌륭한 예가 포함돼 있다.

  https://www.wired.com/story/amazon-artificial-intelligence-flywheel

- 최신 AI가 그림과 가짜 유명인의 이미지를 생성하는 멋진 개발에 관한 뉴스가 있었다. 인공지능으로 만든 예술품이 $ 432,500에 팔렸다!

  https://www.christies.com/features/A-collaboration-betweentwo-artists-one-human-one-a-machine-9332-1.aspx

  AI가 가짜 연예인 사진을 만들었다.

  https://www.theverge.com/2017/10/30/16569402/ai-generate-fake-faces-celebs-nvidia-gan

- 마지막으로 이들 상위 기업의 AI 연구 페이지를 방문해볼 것을 권한다. 여기에는 종종 놀라운 내용이 있다. 내가 자주 방문하는 페이지다.

  - Google https://ai.google/
  - Facebook https://onnx.ai
  - NVIDIA https://www.nvidia.com/en-gb/deep-learning-ai/
  - Intel https://software.intel.com/en-us/ai-academy
  - IBM Watson https://www.ibm.com/watson/
  - Salesforce Einstein https://www.salesforce.com/products/einstein/overview/
  - H2O: https://www.h2o.ai/

2장 머신러닝

- 누군가가 나에게 머신러닝과 딥러닝을 시작할 수 있는 좋은 방법에 대해 문의할 때마다 나는 항상 앤드류 응^{Andrew Ng} 박사의 비디오 코스를 먼저 추천한다. 이 강의는 머신러닝을 배우는 데 있어 가장 중요한 자료라고 인정받고 있다. 다양한 알고리즘을 잘 설명하며 기본 개념에 대한 많은 자세한 정보를 알려준다. 다음 사이트에서 인증 과정에 참여할 수 있다. 교육 과정 수료에 대한 인증을 받기 위한 인증 비용은 들지만 코스 비디오는 무료다.
  https://www.coursera.org/learn/machine-learning
  https://www.deeplearning.ai/
  일부는 유튜브에서 무료로 볼 수 있다.
  https://www.youtube.com/user/StanfordUniversity

- 구글은 상당히 훌륭한 무료 온라인 머신러닝 속성 과정을 제공한다.
  https://developers.google.com/machine-learning/crash-course/ml-intro

- 개인적으로 좋아하는 것 중 하나로 타일러 레넬^{Tyler Renelle}의 머신러닝 기초에 관한 팟캐스트^{pocast}다. 여러 가지 개념에 관한 타일러의 설명 방법에 푹 빠진 적이 있었다. 적극 추천한다.
  http://ocdevel.com/mlg

- 추천하고 싶은 팟캐스트 몇 군데
  https://www.thetalkingmachines.com/
  https://soundcloud.com/datahack-radio
  https://www.oreilly.com/topics/oreilly-data-show-podcast

- 멋진 머신러닝 기사와 샘플 코드가 있는 또 다른 훌륭한 사이트는 Analytics Vidya다. 이 사이트는 쿠날 자인^{Kunal Jain}이 설립했고 훌륭한 튜토리얼을 제공한다. 다음은 큰 도움이 될 만한 곳들이다.

https://www.analyticsvidhya.com/blog/2017/09/common-machine-learning-algorithms/

https://www.analyticsvidhya.com/blog/2016/01/complete-tutorial-learn-data-science-python-scratch-2/

https://www.analyticsvidhya.com/blog/2018/03/comprehensive-collection-deep-learning-datasets/

- 머신러닝 실무자들에게 캐글Kaggle은 놀라운 자원이다. 캐글에는 회사가 주최하는 대회가 있다. 이 대회에서는 여러분이 분석할 수 있는 좋은 데이터셋을 제공한다. 여러분은 전 세계 데이터 과학자들과 경쟁해 사전 정의된 결과와 비교하면서 최고 정확도의 모델을 만들 수 있다. 이것은 여러분의 데이터 과학 기술을 탐구하고 실제 데이터를 가지고 플레이할 수 있는 좋은 방법이며, 많은 대회와 상금이 걸려 있다. 적극 추천한다.

  https://www.kaggle.com/

3장 비정형 데이터 다루기

- OpenCV 튜토리얼 사이트에는 컴퓨터 비전에 대한 세부 내용과 튜토리얼이 있다. 나는 파이썬을 선호하지만 여기에는 C++와 Java에 대한 튜토리얼도 제공한다.

  https://docs.opencv.org/3.0-beta/doc/py_tutorials/py_tutorials.html

- 매우 잘 만든 코드가 있는 또 다른 멋진 컴퓨터 비전 튜토리얼 리소스는 애드리언 로즈브록Adrian Rosebrock의 사이트다. 애드리언이 제공하는 샘플 코드는 고도로 일반화돼 있고 재사용하기 용이하다는 점에서 특히 높이 평가한다.

  https://www.pyimagesearch.com/

  애드리언은 또한 컴퓨터 비전에 대한 꽤 좋은 속성 과정을 제공한다.

- 핵심 머신러닝 알고리즘에 대해서 싸이킷런Scikit-Learn 라이브러리 역시 대단히

좋은 튜토리얼을 제공한다.

https://scikit-learn.org/stable/tutorial/index.html

- 자연어 처리에 대해서는 NLP 툴킷에 의한 온라인 튜토리얼이 있으며 상당히 포괄적이다.

https://www.nltk.org/book/

- NLP에 대해서 이 논문이 간단하면서 매우 유용했다.

https://dzone.com/articles/nlp-tutorial-using-python-nltk-simple examples

- 주피터 노트북 사용법에 관한 좋은 입문서다.

https://www.dataquest.io/blog/jupyter-notebook-tutorial/

4장 케라스를 사용한 딥러닝

- 딥러닝의 경우 앞에서 언급한 앤드류 응의 비디오 코스를 적극 추천한다. 개념이 아름답게 설명돼 있고, 시작하기에 가장 좋은 방법이다.

https://www.coursera.org/learn/machine-learning

- 케라스는 공식적으로 텐서플로의 최고 프론트엔드 라이브러리로 인정받고 있다. 텐서플로 웹사이트에는 케라스를 이용해 심층 신경망을 구축하는 방법에 관한 매우 좋은 코드 예제들이 있다.

https://www.tensorflow.org/tutorials/

- 케라스를 사용한 딥러닝을 위해서는 케라스의 창시자인 프랑수아 숄레[François Chollet]의 저서 『Deep Learning with Python』(Manning, 2017)을 추천한다.

https://www.manning.com/books/deep-learning-with-python

- 프랑수아 숄레의 깃허브 페이지에 있는 유용한 케라스 리소스 목록이다.

https://github.com/fchollet/keras-resources

5장 고급 딥러닝

- 딥러닝에 관한 또 다른 훌륭한 자원은 레자 자데Reza Zadeh와 바라스 람순다르Bharath Ramsundar의 저서 『딥러닝을 위한 텐서플로』(한빛미디어, 2018)이다. 특히 이 책의 '강화학습Reinforcement Learning' 장을 추천한다.

- 웹사이트 KDNuggets.com에는 대단히 유용한 케라스를 사용한 딥러닝 논문들이 있다.
  https://www.kdnuggets.com/2017/10/seven-stepsdeep-learning-keras.html

6장 최첨단 딥러닝 프로젝트

- 레온 게티스, 알렉산더 에커, 마티아 베트게의 기술 논문 「A Neural Algorithm of Artistic Style」은 훌륭한 리소스다.
  https://arxiv.org/abs/1508.06576

- 텐서플로 팀의 레이몬드 유안Raymond Yuan의 신경 스타일 전달neural style transfer에 관한 포스트를 확인하라.
  https://medium.com/tensorflow/neural-style-transfer-creating-artwith-deep-learning-using-tf-keras-and-eager-execution-7d541ac31398

- 이안 굿펠로우Ian J. Goodfellow, 장 푸졔 아바디Jean Pouget-Abadie, 메디 미르자Mehdi Mirza, 빙 수Bing Xu, 데이비드 와드 팔리David Warde-Farley, 세르질 오제어Sherjil Ozair, 아론 쿠르빌Aaron Courville 및 요슈아 벤지오Yoshua Bengio의 기술 논문 「Generative Adversarial Networks」 또한 좋은 자료다.
  https://arxiv.org/abs/1406.2661

- 내가 좋아하는 웹사이트인 Analytics Vidhya에서 생성적 대립 신경망에 대한 글과 샘플 코드를 확인하라.

https://www.analyticsvidhya.com/blog/2017/06/introductory-generative-adversarial-networks-gans/

- 데이비드 엘리슨^{David Ellison} 박사의 케라스를 사용한 사기 탐지에 관한 멋진 논문을 확인하자.

  https://www.datascience.com/blog/fraud-detection-with-tensorflow

7장 최신 소프트웨어 세계의 AI

- 쿠버네티스 웹사이트는 기본적인 명령들을 포함해 클러스터의 설정에 관한 훌륭한 대화식 튜토리얼을 제공한다. 이것은 기계에 설치하지 않고도 인터페이스에 친숙해질 수 있는 대단히 좋은 방법이다.

  https://kubernetes.io/docs/tutorials/kubernetes-basics/

- 훌륭한 대화식 튜토리얼을 제공하는 또 다른 웹사이트는 카타코다^{Katacoda}이다. 프로덕션 쿠버네티스 설치에서 볼 수 있는 인터페이스와 동일한 인터페이스이지만, 모든 명령을 안전하게 시도할 수 있다. 이는 기술을 가르치는 놀라운 방법이다.

  https://www.katacoda.com/courses/kubernetes

8장 AI 모델을 마이크로서비스로 배포하기

- 마틴 파울러^{Martin Fowler}와 제임스 루이스^{James Lewis}의 마이크로서비스 아키텍처에 대한 이 훌륭한 튜토리얼을 확인하기 바란다. 여기에 코드는 없지만, 아키텍처를 정의하는 핵심 개념에 대한 놀라운 설명을 담고 있다.

  https://martinfowler.com/articles/microservices.html

- 여기 이미지 처리 케라스 모델을 플라스크에 호스팅된 마이크로서비스로 빠르게 변환할 수 있는 오픈 소스 툴킷이 있는 나의 깃허브 저장소가 있다.

  https://github.com/dattarajrao/keras2kubernetes

9장 머신러닝 개발 수명주기

- 여기 데이터 과학을 위한 종단간^{end-to-end} 플랫폼을 구축하기 위한 메조스피어 Mesosphere의 멋진 백서가 있다. 여기에는 데이터 과학의 여러 가지 관심 사항과 플랫폼이 이를 어떻게 해결할 수 있는지에 대한 내용이 포함돼 있다.

  https://mesosphere.com/resources/building-data-science-platform/

- 구글 클라우드 플랫폼 팀의 "The 7 Steps of Machine Learning" 비디오를 확인하기 바란다.

  https://www.youtube.com/watch?v=nKW8Ndu7Mjw

- 알고리즈미아^{Algorithmia}의 블로그 포스트 "Data Scientists and Deploying Machine Learning into Production: Not a Great Match"를 확인하기 바란다.

  https://blog.algorithmia.com/data-scientists-and-deploying-machine learning-into-production-not-a-great-match/

10장 머신러닝 플랫폼

- 쿠버네티스에서 텐서플로 모델의 훈련 및 배포에 관한 인텔^{Intel}의 블로그를 확인하라.

  https://ai.intel.com/lets-flow-within-kubeflow/

- 이 글은 구글 텐서플로 팀인 고탐 바수데반^{Gautam Vasudevan}과 아비지트 카르마르카^{Abhijit Karmarkar}의 「Serving ML Quickly with TensorFlow Serving and Docker」라는 멋진 논문이다.

  https://medium.com/tensorflow/serving-ml-quickly-with-tensorflow serving-and-docker-7df7094aa008

- 큐브플로 및 쿠버네티스를 사용한 머신러닝 워크로드 배포에 대한 카타코다의 대화형 튜토리얼을 확인하기 바란다.

  https://www.katacoda.com/kubeflow/scenarios/deploying-kubeflow

| 찾아보기 |

케라스부터 쿠버네티스까지
머신러닝, 딥러닝 모델 개발부터 배포까지 단계별 가이드

발 행 | 2021년 6월 30일

지은이 | 다타라지 재그디시 라오
옮긴이 | 김 광 일

펴낸이 | 권 성 준
편집장 | 황 영 주
편 집 | 이 지 은
디자인 | 송 서 연

에이콘출판주식회사
서울특별시 양천구 국회대로 287 (목동)
전화 02-2653-7600, 팩스 02-2653-0433
www.acornpub.co.kr / editor@acornpub.co.kr

한국어판 ⓒ 에이콘출판주식회사, 2021, Printed in Korea.
ISBN 979-11-6175-541-0
http://www.acornpub.co.kr/book/keras-kubernetes

책값은 뒤표지에 있습니다.